आर॰ गुप्ता® कृत

वस्तुनिष्ठ हिन्दी
— वृहत् परिचय

द्वारा
संपादक मंडल
RPH

रमेश पब्लिशिंग हाउस, नई दिल्ली

प्रकाशक:

ओ॰पी॰ गुप्ता, **रमेश पब्लिशिंग हाउस**

प्रशासनिक कार्यालय:

12-H, न्यू दरियागंज रोड, ऑफिसर्स मेस के सामने,
नई दिल्ली-110002 ① 23261567, 23275224, 23275124

E-mail: info@rameshpublishinghouse.com
Website: www.rameshpublishinghouse.com

विक्रय केन्द्र:

● बालाजी मार्किट, नई सड़क, दिल्ली-6 ① 23253720, 23282525
● 4457, नई सड़क, दिल्ली-6, ① 23918938

Book Code: R-986

ISBN: 978-81-7812-370-7

HSN Code: 49011010

आजकल अनेक प्रतियोगी परीक्षाओं में सामान्य हिन्दी का प्रश्न-पत्र अनिवार्य है। इन दिनों प्रतियोगिता परीक्षाओं की पद्धति में अन्तर आने लगा है तथा सामान्य हिन्दी विषयक प्रश्न नए प्रकार से पूछे जाने लगे हैं। यह पुस्तक आपकी आवश्यकताओं को पूरा करने के उद्देश्य से ही तैयार कराई गई है।

पुस्तक के प्रारम्भ में भाषा और व्याकरण का अध्ययन तथा किसी भी प्रकरण पर वस्तुनिष्ठ प्रश्न देने से पहले विषय का विस्तार से विवेचन इस उद्देश्य से किया गया है ताकि प्रतियोगी प्रकरण संबंधी आवश्यक ज्ञान स्वयं उपार्जित कर लें और फिर निज विवेक द्वारा अपेक्षित प्रश्न का उत्तर देने में अपनी प्रज्ञा का प्रयोग करके सही उत्तर को चिन्हित कर सकें। पूरी पुस्तक को सत्रह अध्यायों में विभक्त किया गया है। इस विभाजन में यह ध्यान रखा गया है कि न तो आवश्यक विषय को अछूता रहने दिया जाए और न अनावश्यक विषय को इसमें शामिल किया जाए।

हमें पूरा विश्वास है कि हमारे अन्य प्रकाशनों की तरह यह पुस्तक भी हमारे प्रतियोगियों की आवश्यकताओं की सम्यक पूर्ति कर सकेगी और उनके भावी जीवन का मार्ग प्रशस्त करने में अपनी विनम्र भूमिका निभाएगी।

सुयोग्य सुझावों का स्वागत है।

प्रकाशक

अनुक्रमणिका

वस्तुनिष्ठ हिन्दी

अध्याय 1

संधि

संधि

व्याकरण के अंतर्गत संधि शब्द का अर्थ जोड़ अथवा मिलना है। अंग्रेजी में संधि के पर्यायवाची शब्द—a treaty, conjunction, union आदि हैं। जब दो शब्दों पुस्तक और आलय को नियमानुसार मिलाया जाता है और उनके मिलाने से जो नया शब्द पुस्तकालय बनता है वह संधि का ही प्रतिफल है। इसी प्रकार, स्व + आधीन = स्वाधीन, परम + अणु = परमाणु, विद्या + अर्थी = विद्यार्थी आदि शब्द एक दूसरे से मिलते हैं और उनके मिलने से ध्वनि अथवा ध्वनियों में परिवर्तन होता है। अतएव संधि का दूसरा गुण ध्वनि में परिवर्तन लाना है।

राजभाषा हिंदी में दो प्रकार की संधियों का व्यवहार होता है, यथा—

1. संस्कृत की संधियां।

2. हिंदी की संधियां।

संस्कृत की संधियां

संस्कृत भाषा में संधियों के तीन रूप निर्धारित किए गए हैं जो इस प्रकार हैं—

(i) **स्वर संधि :** यह संधि दो स्वरों के मेल से बनती है। जैसे—पुस्तकालय = पुस्तक + आलय, गिरीश = गिरि + ईश आदि।

(ii) **व्यंजन संधि :** इसके अंतर्गत पहली ध्वनि व्यंजन होती है तथा दूसरी ध्वनि स्वर अथवा व्यंजन दोनों में से कोई भी हो सकती है, जैसे—शरदचन्द्र = शरत् + चन्द्र, जगदीश = जगत् + ईश आदि।

(iii) **विसर्ग संधि :** इस प्रकार की संधि में पहली ध्वनि विसर्ग होती है तथा दूसरी ध्वनि स्वर अथवा व्यंजन में से कोई भी हो सकती है। जैसे—मनोहर = मनः + हर, निराश = निः + आश आदि।

स्वर संधि

वैयाकरणों ने स्वर संधि के पाँच भेद बताए हैं, जो इस प्रकार हैं—

A. दीर्घ अथवा सवर्ण संधि

B. गुणसंधि

C. वृद्धि संधि

D. यण् संधि

E. अयादि संधि

निर्देश : *निम्नलिखित शब्दों के संधि विच्छेद के सही विकल्प को चुनिए।*

1. सुरेन्द्र
   A. सुर + इन्द्र
   B. सुरअ + इन्द्र
   C. सुरः + इन्द्र
   D. सु + रेन्द्र

2. सदाचार
   A. सदा + आचार
   B. सद् + आचार
   C. सत् + आचार
   D. सदा + चार

3. महेन्द्र
   A. महे + इन्द्र
   B. मह + इन्द्र
   C. महान् + इन्द्र
   D. महा + इन्द्र

4. देव्यर्पण
   A. देव्य + अर्पण
   B. देव + अर्पण
   C. देव्या + अर्पण
   D. देवी + अर्पण

5. गायक
   A. गा + यक
   B. गाय + इक
   C. गै + अक
   D. ग + आयक

6. संशय
   A. सम् + शय
   B. सन् + शय
   C. स + शंय
   D. सम + शंय

7. निर्भय
   A. निर + भय
   B. नि + रभय
   C. निः + भय
   D. नृ + भय

8. शरदचन्द्र
   A. शरद + चन्द्र
   B. शरत् + चन्द्र
   C. शरच् + चन्द
   D. शरद् + चन्द्र

9. उल्लेख
   A. उल + लेख
   B. उत् + लेख
   C. उत + लेख
   D. उल् + लेख

10. निषेध
    A. निष् + एध
    B. नि + सेध
    C. नि + षेध
    D. निः + षेध

11. व्यूह
    A. व्यू + ह
    B. वि + ओह
    C. वि + ऊह
    D. व्य + उह

12. नाविक
    A. नै + इक
    B. नो + इक
    C. नाव + इक
    D. नौ + इक

13. बिम्बोष्ठ
    A. बिम्ब + ओष्ठ
    B. बिम्ब + औष्ठ
    C. बिम्बौ + अष्ठ
    D. बिम् + बौष्ठ

14. अक्षौहिणी
    A. अक्ष + उहीणी
    B. अक्ष + ऊहिणी
    C. अक्षो + ऊहिणी
    D. अक्षौ + ऊहिणी

15. दशार्ण
    A. दश + ऋण
    B. दश + अर्ण
    C. दशा + एरण
    D. दश् + वर्ण

16. देव्यागम
    A. देव + आगम
    B. देव्या + गम
    C. देवि + अगम
    D. देवी + आगम

17. अभिषेक
    A. अभी + सेक
    B. अभि + सेक
    C. अभि + षेक
    B. अभी + सेक

18. पृष्ठ
   A. पृस् + थ
   B. पृस् + ठ
   C. पृष् + थ
   D. पृष् + ठ

19. धनित्व
   A. धनिन् + त्व
   B. धन + ईत्व
   C. धन + नित्व
   D. धमिन् + इत्व

20. लड़कपन
   A. लड़क + पन
   B. लड़का + पन
   C. लड़ + कपन
   D. लड़का + अपन

21. यद्यपि
   A. यदि + अपि
   B. यद् + आपि
   C. यद्या + पि
   D. यदा + इपि

22. सरस्वयोध
   A. सरस्वती + अयोध
   B. सरस्वती + ओध
   C. सरस्वति + अयोध
   D. सरस्वत + अयोध

23. गवीश
   A. गवा + ईश
   B. गो + ईश
   C. गव + ऐश
   D. गाय + ईश

24. सख्येव
   A. सखा + ऐव
   B. सखि + एव
   C. सखी + इव
   D. सखी + एव

25. पित्रिच्छा
   A. पितृ + इच्छा
   B. पितृ + एच्छा
   C. पित्र + इच्छा
   D. पितर + इच्छा

26. जगज्ज्वाल
   A. जग + जाल
   B. जगद् + जाल
   C. जगत् + जाल
   D. इनमें से कोई नहीं

27. दुश्शासन
   A. दु + शासन
   B. दुः + शासन
   C. दश्श + आसन
   D. दुःशा + सन

28. सच्चिदानंद
   A. सत + आनंद
   B. सत् + चित् + आनंद
   C. सच्चिद + आनंद
   D. सच्चि + आनंद

29. उन्नति
   A. उत् + नति
   B. उन् + नति
   C. उ + नति
   D. उन + नति

30. षण्मार्ग
   A. षण् + मार्ग
   B. षट् + अमार्ग
   C. षण + मार्ग
   D. षट् + मार्ग

31. मनोरथ
   A. मनो + अर्थ
   B. मनः + रथ
   C. मनः + अरथ
   D. मने + ओरथ

32. उज्ज्वल
   A. उत् + ज्वल
   B. उज् + ऊजल
   C. उन् + जल
   D. उज् + ज्वल

33. अन्नाभाव
   A. अन्ना + भाव
   B. अन्न + अभाव
   C. अन्य + भाव
   D. अन्न + आभाव

34. देवीच्छा
   A. देव + इच्छा
   B. देवि + इच्छा
   C. देवी + इच्छा
   D. देवा + इच्छा

35. सप्तर्षि
   A. सप्तः + ऋषि
   B. सप्त + ऋषि
   C. सप्त + ऋर्षि
   D. सप्तत् + ऋषि

36. निर्मल
   A. नि + र्मल   B. नीः + मल
   C. निः + मल   D. निर + मल

37. भास्कर
   A. भाः + कर
   B. भा + आस्कर
   C. भाष् + कर
   D. भौ + स्कर

38. जगदीश
   A. जगत् + ईश   B. जग + ईश
   C. जग + दीश   D. जगद + ईश

39. न्यून
   A. नि + यून   B. नी + युन
   C. नि + उन   D. नि + ऊन

40. इत्यादि
   A. इत + आदि
   B. ईत + आदी
   C. इति + आदि
   D. ईति + आदी

41. विद्यालय
   A. विद्या + अलय
   B. विद्य + आलय
   C. विद्या + आलय
   D. इनमें से कोई नहीं

42. अम्बूर्मि
   A. अम्ब + बूर्मि
   B. अम + ऊर्मि
   C. अम्बु + ऊर्मि
   D. अंब + ऊर्मि

43. उपदेशान्तर्गत
   A. उपदेश + अन्तर्गत
   B. उपदेशा + नर्गत
   C. उपदे + शन्तर्गत
   D. उपदेशा + गत

44. कवीन्द्र
   A. कवि + इन्द्र   B. कव + इन्द्र
   C. कवी + इन्द्र   D. कवि + ईन्द्र

45. संजय
   A. सम् + जय   B. सं + जय
   C. सः + जय   D. सा + जय

46. पित्राज्ञा
   A. पित्र + आज्ञा
   B. पितृ + आज्ञा
   C. पितर + आज्ञा
   D. पित्रा + ज्ञा

47. परन्तु
   A. परम् + अन्तु
   B. पर + अन्तु
   C. प + रन्तु
   D. परम् + तु

48. पितृण

A. पितर् + अण

B. पितर् + ऋण

C. पितृ + ऋण

D. इनमें से कोई नहीं

49. श्रावण

A. श्रौ + अन   B. श्राव् + अण

C. श्राव् + अन   D. श्रौ + अण

50. पित्रादेश

A. पितृः + आदेश

B. पितृ + आदेश

C. पिता + आदेश

D. पितृ + अ + आदेश

51. अबिन्धन

A. अप् + इन्धन

B. अब + इन्धन

C. अपः + बिन्धन

D. अब + बिन्धन

52. संगम

A. संग + अम्   B. सम् + गम

C. सन् + गम   D. स + अगम

53. उच्छवाश

A. उच + श्वाश

B. उत् + श्वाश

C. उद् + श्वाश

D. उच्छ + श्वाश

54. प्रत्युत्तर

A. प्र + त्युत्तर   B. प्रति + युत्तर

C. प्रति + उत्तर   D. प्रत्यु + उत्तर

55. नमस्ते

A. नम + स्ते

B. नम् + स्ते

C. नमः + स्ते

D. नमः + ते

56. निस्तार

A. निः + स्तार

B. निस् + तार

C. निः + तार

D. निस्त + आर

57. यथैव

A. यथा + एव

B. यथ + ऐव

C. यथा + इव

D. इनमें से कोई नहीं

58. मतैक्य

A. मत + एक्य   B. मत + ऐक्य

C. मति + एक्य   D. मत्य + ऐक्य

59. परमौदार्य

A. परम् + औदार्य

B. परमो + दार्य

C. परम + औदार्य

D. परम + उदार्य

60. स्वल्प

A. स्व + अल्प   B. सु + वल्प

C. सु + अल्प   D. स्वलः + प

61. युधिष्ठिर

A. युधि + स्थिर

B. युद्ध + इष्ठिर

C. युद्ध + इस्थिर

D. इनमें से कोई नहीं

62. वागीश

A. वाक् + ईश

B. वागी + इश

C. वाग + ईश

D. इनमें से कोई नहीं

63. कनकटा
    A. कन + कटा
    B. कान + कटा
    C. कनक + कटा
    D. इनमें से कोई नहीं

64. रामायण
    A. रामः + यण
    B. रामः + आयन
    C. राम + अयन
    D. रामा + यन्

65. रजनीन्दु
    A. रजनि + इन्दु
    B. रजनी + ईन्दु
    C. रजनी + इन्दू
    D. रजनी + इन्दु

66. सदैव
    A. सदा + एव
    B. सदा + ऐव
    C. सद + ऐव
    D. सता + ऐव

67. वध्वागमन
    A. वध्वा + गमन
    B. वध्व + आगमन
    C. वधू + आगमन
    D. वध + उगमन

68. सुरेश
    A. सूर + ईश
    B. सुर + ईश
    C. सूरा + ईश
    D. सुर + ऐश

69. सन्तोष
    A. सन् + तोष
    B. सम + तोष
    C. सम् + तोष
    D. समन् + तोष

70. नयन
    A. ने + अन
    B. न + यन
    C. नय + अन
    D. नय + न

71. अनभिज्ञ
    A. अन + भिज्ञ
    B. अन् + भिज्ञ
    C. अन् + अभिज्ञ
    D. इनमें से कोई नहीं

72. महत्त्व
    A. महत् + त्व
    B. महत्व + व
    C. मह + त्व
    D. महत् + व

73. दीपावली
    A. दीपा + वली
    B. दीप + अली
    C. दीप + आवली
    D. दीप + अवली

74. निष्कारण
    A. निः + कारण
    B. निस + कारण
    C. निष + कारण
    D. निष् + कारण

75. तेजोमय
    A. तेजः + मय
    B. तेज + उमय
    C. तेज + ऊमय
    D. तेजो + मय

76. गिरीश
    A. गिरि + ईश
    B. गिरी + ईश
    C. गिरि + इश
    D. गिर + ईष

77. स्वर्ग
    A. स्वः + ग
    B. स्वर + ग
    C. स्वः + अर्ग
    D. स + अर्ग

78. पुनर्विवाह
    A. पुनर + विवाह
    B. पुनस् + विवाह
    C. पुर्न + विवाह
    D. पुनः + विवाह

79. निराशा
    A. निर + आशा
    B. निः + आशा
    C. निरा + शा
    D. उपर्युक्त सभी सही

80. निरापद
    A. निः + पद
    B. निः + आपद्
    C. निर + आपद
    D. निरा + पद

81. निरुपाय
    A. निः + पाय
    B. निर + उपाय
    C. निः + उपाय
    D. निरु + पाय

82. निरीक्षण
    A. निरी + क्षण
    B. निरा + इक्षण
    C. निर् + ईक्षण
    D. निः + ईक्षण

83. संसार
    A. सम् + सार
    B. सं + सार
    C. सन + सार
    D. संन + सार

84. अनन्त
    A. अन् + अन्त
    B. अन + अन्त
    C. अ + नन्त
    D. अनन् + त

85. काव्योर्मि
    A. का + योर्मि
    B. कवि + उर्मि
    C. काव्य + उर्मि
    D. काव्य + ओर्मि

86. भवन
    A. भ + वन
    B. भो + अन
    C. भु + वन
    D. भव + न

87. सच्छास्त्र
    A. सच + शास्त्र
    B. सच्चा + शास्त्र
    C. सत् + शास्त्र
    D. सत् + अस्त्र

88. निष्कपट
    A. निः + कपट
    B. निष + कपट
    C. निष्क + कपट
    D. इनमें से कोई नहीं

89. तद्धित
    A. तत् + हित
    B. तत + हित
    C. तद् + हित
    D. तध + हित

90. सत्याग्रह
    A. सत्य + ग्रह
    B. सत्य + आग्रह
    C. सत + आग्रह
    D. सत्या + अग्रह

91. बहिष्कार
    A. बहिः + कार
    B. बहिष + कर
    C. बहि + अकार
    D. बहि + सकार

92. यशोदा

  A. यशो + दा   B. यश + अदा

  C. यशु + अदा   D. यशः + दा

93. नाविक

  A. नौ + इक   B. ना + इक

  C. नो + इक   D. ना + विक

94. निर्धन

  A. निः + धन   B. निर + धन

  C. नृः + धन   D. निरः + धन

95. एकैक

  A. एकः + एक   B. एक + एक

  C. एको + एक   D. एकाः + एक

96. सुक्ति

  A. स + उक्ति   B. सु + उक्ति

  C. सम + उक्ति   D. सो + ऊक्ति

97. उल्लेख

  A. उल् + लेख

  B. उत् + लेख

  C. उल्ल + लेख

  D. उ + आलेख

98. अत्याचार

  A. अत्य + आचार

  B. अति + चार

  C. अत्या + चार

  D. अति + आचार

99. दिगम्बर

  A. दिग् + अम्बर

  B. दिक् + अम्बर

  C. दिग + अम्बर

  D. दिक + अम्बर

100. पावक

  A. पौ + अक   B. पा + अवक

  C. पव + अक्   D. पाव + अक

101. उपैति

  A. अप + इति   B. उपै + इति

  C. उप + ऐति   D. उप + एति

102. तज्जन्य

  A. तज + जन्य   B. ततः + जन्य

  C. तत् + जन्य   D. तद् + जन्य

103. भगवद्गीता

  A. भगवद् + गीता

  B. भग + वद् + गीता

  C. भगवत् + गीता

  D. भग + वद्गीता

104. अन्वेषण

  A. अन + वेषण   B. अनु + एषण

  C. अनु + वेषण   D. अन्व + ऐषण

105. निष्कलंक

  A. निः + कलंक

  B. निस + कलंक

  C. निष + कलंक

  D. इनमें से कोई नहीं

106. उन्नायक

  A. उत् + नायक

  B. उन + नायक

  C. उना + नायक

  D. इनमें से कोई नहीं

107. हिमाच्छादित

  A. हिमा + आच्छादित

  B. हिम + आच्छादित

  C. हिमः + आच्छादित

  D. हिम + अच्छादित

108. पुनर्जन्म

  A. पुनः + जन्म

  B. पुनर + जन्म

  C. पूर्ण + जन्म

  D. इनमें से कोई नहीं

109. मुनीन्द्र
   A. मुनि + ईन्द्र   B. मुनि + इन्द्र
   C. मुनीन + इन्द्र   D. मुनी + इन्द्र

110. तमोगुण
   A. तम + गुण
   B. तमः + गुण
   C. तमो + गुण
   D. तम + ओगुण

111. परिच्छेद
   A. परित् + छेद
   B. परी + छेद
   C. पारी + आच्छेद
   D. इनमें से कोई नहीं

निर्देश : *नीचे प्रत्येक शब्द से संधि के लिए चार विकल्प दिए गए हैं। इनमें से जो विकल्प सही है उसका चयन कीजिए।*

112. लज्जाभाव
   A. गुण संधि
   B. दीर्घ स्वर संधि
   C. यण् संधि
   D. अयादि संधि

113. जब ए, ऐ, ओ, औ के बाद कोई विजातीय स्वर आता है, तो वह क्रमशः अय्, आय, अब, आव हो जाता है इस विकार को कौन−सी संधि कहा जाता है?
   A. अयादि   B. यण
   C. गुण   D. वृद्धि

114. निश्चल
   A. विसर्ग   B. गुण
   C. दीर्घ   D. यण

115. मनोहर
   A. गुण   B. वृद्धि
   C. विसर्ग   D. दीर्घ

116. परिच्छेद
   A. गुण   B. व्यंजन
   C. विसर्ग   D. दीर्घ

117. सप्तर्षि
   A. वृद्धि   B. दीर्घ
   C. विसर्ग   D. गुण

118. जगन्नाथ
   A. व्यंजन
   B. विसर्ग
   C. स्वर
   D. इनमें से कोई नहीं

119. इत्यादि
   A. गुण संधि   B. यण संधि
   C. विसर्ग संधि   D. वृद्धि संधि

120. निस्तेज
   A. यण संधि   B. वृद्धि संधि
   C. विसर्ग संधि   D. गुण संधि

121. स्वागतम्
   A. विसर्ग संधि
   B. गुण संधि
   C. यण संधि
   D. इनमें से कोई नहीं

122. तथेति
   A. वृद्धि संधि   B. यण संधि
   C. विसर्ग संधि   D. गुण संधि

123. षडानन
   A. दीर्घ संधि   B. वृद्धि संधि
   C. यण संधि   D. गुण संधि

124. धर्मात्मा
   A. स्वर संधि   B. व्यंजन संधि
   C. विसर्ग संधि   D. यण संधि

125. रेखांकित
   A. गुण संधि   B. वृद्धि संधि
   C. दीर्घ संधि   D. स्वर संधि

126. अत्यूष्म
  A. गुण संधि   B. यण संधि
  C. दीर्घ संधि   D. वृद्धि संधि

127. दुरुपयोग
  A. स्वर संधि   B. यण संधि
  C. गुण संधि   D. दीर्घ संधि

128. देवेन्द्र
  A. दीर्घ संधि   B. गुण संधि
  C. अयादि संधि   D. वृद्धि संधि

129. पित्रीहा
  A. दीर्घ संधि   B. व्यंजन संधि
  C. यण् संधि   D. गुण संधि

130. कोणार्क
  A. गुण संधि
  B. दीर्घ स्वर संधि
  C. वृद्धि संधि
  D. यण् संधि

131. सदैव
  A. वृद्धि संधि
  B. दीर्घ स्वर संधि
  C. अयादि संधि
  D. गुण संधि

132. यद्यपि
  A. व्यंजन संधि   B. वृद्धि संधि
  C. यण् संधि   D. गुण संधि

133. षड्दर्शन
  A. यण् संधि   B. व्यंजन संधि
  C. गुण संधि   D. वृद्धि संधि

134. निष्फल
  A. विसर्ग संधि   B. व्यंजन संधि
  C. गुण संधि   D. वृद्धि संधि

135. उपेन्द्र
  A. अयादि संधि   B. गुण संधि
  C. विसर्ग संधि   D. दीर्घ संधि

136. महीन्द्र
  A. दीर्घ संधि   B. गुण संधि
  C. वृद्धि संधि   D. यण् संधि

137. सूक्ति
  A. गुण संधि   B. वृद्धि संधि
  C. अयादि संधि   D. दीर्घ संधि

138. चन्द्रोदय
  A. दीर्घ संधि   B. गुण संधि
  C. व्यंजन संधि   D. वृद्धि संधि

139. हितैषी
  A. दीर्घ संधि   B. वृद्धि संधि
  C. गुण संधि   D. अयादि संधि

140. अन्वय
  A. गुण संधि   B. अयादि संधि
  C. वृद्धि संधि   D. यण् संधि

141. शयन
  A. अयादि संधि   B. यण् संधि
  C. गुण संधि   D. वृद्धि संधि

142. सत्येन्द्र
  A. वृद्धि संधि   B. गुण संधि
  C. व्यंजन संधि   D. विसर्ग संधि

143. दिगम्बर
  A. व्यंजन संधि   B. विसर्ग संधि
  C. गुण संधि   D. अयादि संधि

144. निस्स्वार्थ
  A. व्यंजन संधि   B. विसर्ग संधि
  C. गुण संधि   D. अयादि संधि

145. कवीश्वर
  A. दीर्घ संधि   B. गुण संधि
  C. व्यंजन संधि   D. स्वर संधि

146. संसार
  A. स्वर संधि
  B. विसर्ग संधि
  C. व्यंजन संधि
  D. इनमें से कोई नहीं

147. तन्मय
  A. व्यंजन संधि
  B. विसर्ग संधि
  C. स्वर संधि
  D. इनमें से कोई नहीं

148. महोत्सव
  A. व्यंजन संधि
  B. दीर्घ संधि
  C. गुण संधि
  D. इनमें से कोई नहीं

149. गिरीन्द्र
  A. दीर्घ संधि
  B. गुण संधि
  C. विसर्ग संधि
  D. व्यंजन संधि

150. अत्याचार
  A. दीर्घ संधि
  B. व्यंजन संधि
  C. यण् संधि
  D. अयादि संधि

151. सज्जन
  A. व्यंजन संधि
  B. अयादि संधि
  C. गुण संधि
  D. इनमें से कोई नहीं

152. अतएव
  A. गुण संधि
  B. व्यंजन संधि
  C. यण् संधि
  D. विसर्ग संधि

153. महोरू
  A. गुण संधि
  B. यण् संधि
  C. वृद्धि संधि
  D. दीर्घ संधि

154. भानूदय
  A. व्यंजन संधि
  B. दीर्घ संधि
  C. गुण संधि
  D. वृद्धि संधि

155. सूर्योदय
  A. गुण संधि
  B. वृद्धि संधि
  C. यण् संधि
  D. दीर्घ संधि

156. हरिश्चन्द्र
  A. स्वर संधि
  B. व्यंजन संधि
  C. विसर्ग संधि
  D. दीर्घ संधि

157. उच्चारण
  A. व्यंजन संधि
  B. स्वर संधि
  C. विसर्ग संधि
  D. विलोम संधि

158. समुद्रोर्मि
  A. दीर्घ स्वर संधि
  B. गुण स्वर संधि
  C. वृद्धि स्वर संधि
  D. व्यंजन संधि

159. निर्विकार
  A. व्यंजन
  B. दीर्घ स्वर
  C. विसर्ग
  D. गुणस्वर

160. दन्तोष्ठ
  A. गुण संधि
  B. वृद्धि संधि
  C. अयादि संधि
  D. यण् संधि

161. महौषधि
  A. गुण संधि
  B. वृद्धि संधि
  C. दीर्घ संधि
  D. यण् संधि

162. चयन
  A. विसर्ग संधि
  B. गुण संधि
  C. यण् संधि
  D. विसर्ग संधि

163. दिग्भ्रम
  A. व्यंजन संधि
  B. अयादि संधि
  C. यण् संधि
  D. विसर्ग संधि

164. निश्शेष
  A. दीर्घ संधि
  B. विसर्ग संधि
  C. गुण संधि
  D. यण् संधि

165. उद्घाटन
A. गुण संधि   B. यण् संधि
C. व्यंजन संधि   D. वृद्धि संधि

166. परमौजस्वी
A. गुण संधि   B. व्यंजन संधि
C. अयादि संधि   D. वृद्धि संधि

167. वध्वागमन
A. दीर्घ संधि
B. यण् संधि
C. वृद्धि संधि
D. व्यंजन संधि

168. निर्धन
A. गुण संधि   B. यण् संधि
C. अयादि संधि   D. विसर्ग संधि

169. अधोगति
A. विसर्ग संधि   B. दीर्घ संधि
C. गुण संधि   D. यण् संधि

170. शुभागमन
A. दीर्घ संधि   B. विसर्ग संधि
C. गुण संधि   D. वृद्धि संधि

171. गिरीश
A. गुण संधि
B. वृद्धि संधि
C. दीर्घ संधि
D. यण् संधि

172. अत्युत्तम
A. अयादि संधि   B. यण् संधि
C. वृद्धि संधि   D. गुण संधि

173. देवर्षि
A. गुण संधि   B. यण् संधि
C. अयादि संधि   D. वृद्धि संधि

174. एकैक
A. दीर्घ संधि
B. यण् संधि
C. वृद्धि संधि
D. अयादि संधि

175. रेखांश
A. दीर्घ संधि
B. वृद्धि संधि
C. गुण संधि
D. यण् संधि

176. सख्युचित
A. गुण संधि   B. वृद्धि संधि
C. यण् संधि   D. अयादि संधि

177. वनौषधि
A. वृद्धि संधि
B. गुण संधि
C. दीर्घ संधि
D. यण् संधि

178. श्रवण
A. गुण संधि
B. यण् संधि
C. अयादि संधि
D. वृद्धि संधि

179. निष्पाप
A. विसर्ग संधि
B. व्यंजन संधि
C. गुण संधि
D. वृद्धि संधि

180. वाङ्मय
A. विसर्ग संधि
B. व्यंजन संधि
C. गुण संधि
D. यण् संधि

उत्तरमाला

1	2	3	4	5	6	7	8	9	10
A	C	D	B	C	A	C.	B.	B.	B.

11	12	13	14	15	16	17	18	19	20
C	D	A	B	A	D	B	C	A	B

21	22	23	24	25	26	27	28	29	30
A	B	B	D	A	C	B	B	A	A

31	32	33	34	35	36	37	38	39	40
B	A	B	C	B	C	A	A	D	C

41	42	43	44	45	46	47	48	49	50
C	C	A	A	A	B	D	C	A	B.

51	52	53	54	55	56	57	58	59	60
A	B	B	C	D	C	A	B	C	C

61	62	63	64	65	66	67	68	69	70
A	A	A	C	D	A	C	B	C	A

71	72	73	74	75	76	77	78	79	80
A	A	D	A	A	A	A	D	B	B

81	82	83	84	85	86	87	88	89	90
C	D	A	A	C	B	C	A	A	B

91	92	93	94	95	96	97	98	99	100
A	D	A	A	B	B	B	D	B	A

101	102	103	104	105	106	107	108	109	110
C	C	C	B	A	A	B	A	B	B

111	112	113	114	115	116	117	118	119	120
A	B	A	A	C	B	D	A	B	C

121	122	123	124	125	126	127	128	129	130
C	D	A	A	C	B	A	B	C	B

131	132	133	134	135	136	137	138	139	140
A	C	B	A	B	A	D	B	B	D

141	142	143	144	145	146	147	148	149	150
A	B	A	B	A	C	A	C	A	C

151	152	153	154	155	156	157	158	159	160
A	D	A	B	A	C	A	B	C	A

161	162	163	164	165	166	167	168	169	170
B	D	A	B	C	D	B	D	A	A

171	172	173	174	175	176	177	178	179	180
C	B	A	C	A	C	A	C	A	B

अध्याय 2

वर्तनी

भूमिका

हिंदी की वर्तनी को लेकर काफी वाद–विवाद रहा है किंतु आचार्य पं. किशोरीदास वाजपेयी का हिंदी जगत को आभार मानना चाहिए कि संस्कृत के इस विद्वान ने हिंदी शब्दानुशासन, हिंदी वर्तनी जैसे ग्रंथों का प्रणयन करके हिंदी के शब्दों को लिखने में एकरूपता लाने का सराहनीय कार्य किया है।

हिंदी भाषा के संबंध में वाजपेयी जी ने लिखा है कि—''हिंदी बहुत सरल तथा पूर्ण वैज्ञानिक भाषा है और इसलिए बिना पढ़े ही लोग बोलने तथा समझने लगते हैं। हिंदी के अपने नियम हैं; अपने अधिनियम हैं। इन्हीं के द्वारा सब काम चलता है। हिंदी के नियम स्वयं हिंदी के बनाए हुए हैं; अपने आप बने हैं; किसी के बनाए हुए नहीं हैं। कोई भी शासन या महाविद्वान अपने नियम बनाकर हिंदी को उनके अनुसार नहीं चला सकता। यह स्वतंत्र और वैज्ञानिक भाषा है।''

जैसा कि मैंने ऊपर लिखा है हिंदी की वर्तनी को एकरूपता देने में आचार्य जी का सर्वोत्कृष्ट योगदान रहा है तथा हिंदी समाज ने उनकी मान्यताओं को सहज ही अपनाया है। अतएव वस्तुनिष्ठ प्रकार से सही शब्दों का चयन करने में आचार्य जी द्वारा निर्धारित वर्तनी को ही उपयुक्त समझकर उसे मान्यता दी गई है। हाँ! विकल्प के रूप में जरूर वर्तनी के तीन अन्य रूप लिखे गए हैं जो प्रायः अज्ञानता के कारण प्रचलित हैं अथवा प्रचलित रहे हैं, किंतु वास्तव में वे रूप सही नहीं हैं। सही रूप निर्धारित करने में 'हिंदी वर्तनी' नामक आचार्य जी की पुस्तक को ही प्रामाणिक माना गया है।

इस अध्याय के प्रणयन में ध्यान इस बात पर रखा गया है कि केवल वे ही शब्द लिए जाएँ जो अलग-अलग वर्तनी अपनाकर लिखे जाते हैं तथा जिनकी वर्तनी को लेकर भ्रम फैला हुआ है तथा आचार्य वाजपेयी जी ने उनके किस रूप को सही माना है। जिन शब्दों की वर्तनी में किसी प्रकार का मतभेद नहीं है उन्हें न तो बिगाड़ने की चेष्टा की गई है और न उनके किसी अन्य रूप को प्रचलित करने का दुष्प्रयास ही किया गया है। वर्तनी को प्रामाणिक तथा ग्राह्य बनाने के लिए हिंदी शब्दानुशासन, हिंदी का निखार तथा परिष्कार एवं हिंदी वर्तनी तथा शब्द विश्लेषण जैसी सुप्रसिद्ध पुस्तकों के अलावा व्याकरण की कुछेक अन्य पुस्तकों के मन्तव्य भी साभार ध्यान में रखे गए हैं।

कुल मिलाकर अभिप्राय यह रहा है कि यदि परीक्षा में वर्तनी संबंधी वस्तुनिष्ठ प्रश्न पूछे जाते हैं तो परीक्षार्थी उनका सही रूप पहचान कर सही उत्तर लिख सकें। इस सारी प्रक्रिया को काफी आसान बनाने का प्रयास किया गया है तथा आशा है कि वर्तनी की वस्तुनिष्ठ प्रणाली परीक्षार्थी अथवा अध्येता को पसन्द आएगी और वे किसी भ्रम में न पड़कर किसी शब्द की सही वर्तनी लिखने की ओर अग्रसर होंगे।

हिंदी भाषी लोगों को वर्तनी संबंधी कठिनाई प्रायः नहीं होती किंतु किसी अहिंदी भाषी के लिए यह एक मुश्किल कार्य होता है। संयुक्त 'र' के तीन चार रूप प्रचलित हैं जो कभी ऊपर कभी बगल में तथा कभी-कभी नीचे 'ृ' अथवा '्र' की शक्ल में लिखे जाते हैं। इनका सम्यक् ज्ञान न होने के कारण त्रुटियां होना सहज तथा स्वाभाविक है। शब्दों की वर्तनी के यहाँ विविध रूप दिए गए हैं जिनमें से सही वर्तनी पर निशान लगाना है ताकि परीक्षार्थी सही और गलत वर्तनी के रूप से परिचित हो सकें और उन्हें सदा शब्द की सही वर्तनी लिखने का अभ्यास हो जाए।

हिंदी की वर्तनी तथा वाक्य-विन्यास में हिंदी की क्रियाओं को लेकर भी विवाद और भ्रम पैदा किया जाता है। इस संबंध में कुछ उदाहरण देना आवश्यक लगता है ताकि स्थिति को अधिक स्पष्ट किया जा सके। हिंदी में खाया, पिया, आया, गया, लिया, दिया आदि ऐसे शब्द हैं जिनको स्त्रीलिंग में प्रयोग करते समय खाई, पी, आई, गई, ली, दी आदि में बदल दिया जाता है। कुछ भाषाविद् कहते हैं कि स्त्रीलिंग में उक्त रूप सही नहीं हैं और ये गलत लिखे जाते हैं। उनके मतानुसार खाया का खायी, पिया का पियी, आया का आयी, गया का गयी, लिया का लियी तथा दिया का दियी होना चाहिए। आचार्य किशोरी दास वाजपेयी ने इस दुविधा का निवारण करते हुए लिखा है कि—"य तथा इ, ई सवर्ण तथा समस्थानीय हैं। यदि दो सवर्ण स्वर (समस्थानीय) 'य' के बीच में पाए जाते हैं तो उसे एकदम दबा देते हैं—उसका नित्य लोप हो जाता है। कियी, लियी आदि में य् बीच में पड़ गया है और 'इ' तथा 'ई' ने उसे दबोच लिया है।"

भारतेन्दु बाबू हरिश्चंद्र तथा द्विवेदी युगीन हिंदी के धुरंधर विद्वान भी आरंभ में हिंदी शब्दों को बड़े अटपटे तरीके से लिखते थे। धीरे-धीरे हिंदी साहित्याकाश में द्विवेदी के उदय से बहुत बड़ा काम हुआ तथा हिंदी के शब्द लिखने में एकरूपता आने लगी। आचार्य किशोरीदास वाजपेयी के हिंदी शब्दानुशासन से रही-सही त्रुटियाँ भी दूर हो गईं।

हिंदी में बिंदी का प्रयोग

अरबी, फारसी और उर्दू के शब्दों को हिंदी में लिखते समय उनके मूल स्वरूप को बरकरार रखा जाए अथवा उनको हिंदी के सांचे में ढालकर लिखा जाए—यह समस्या हिंदी विद्वानों को काफी समय तक सालती रही थी। किंतु, भारतेन्दु बाबू हरिश्चंद्र जैसे साहित्यकारों की राय यह नहीं थी कि अरबी, फारसी तथा उर्दू के शब्द मूल रूप में ही हिंदी में लिखे जाएँ। प्रारंभ में काशी नागरी प्रचारिणी सभा हिंदी में फारसी या अरबी शब्द लिखने में यथा स्थान बिंदी लगाने की पक्षधर थी। वृन्दावन निवासी पं. राधाचरण गोस्वामी ने नागरीदास कृत 'इश्क चमन' छपवाया था उसमें उन्होंने उर्दू शब्दों को नागरी लिपि में लिखने पर बिन्दी का प्रयोग इतना अधिक किया था कि जहाँ उसकी जरूरत नहीं थी वहां पर भी बिन्दी लगा दी थी। कहते हैं कि पं. प्रतापनारायण मिश्र ने जब 'इश्क चमन' देखा तो खीझकर कह उठे थे कि बिंदी लगाने की विचित्र बीमारी हिंदी वालों को लग गई है। यह उन्हें दूर तक खराब करेगी।

कालान्तर में हिंदी में बिंदी लगाने की जरूरत से छुटकारा मिल गया। उर्दू, फारसी तथा अरबी के शब्दों को देवनागरी में लिखने पर जहां बिंदी लगानी पड़ती थी अब बिंदी लगाने की जरूरत नहीं रही जब तक कि मूल उद्धरण ही हिंदी पाठकों के लिए देवनागरी लिपि में न लिखा गया हो।

हिंदी वर्तनी में एकरूपता लाने का श्रेय भारतेन्दु बाबू हरिश्चंद्र, आचार्य पं. महावीर प्रसाद द्विवेदी, आचार्य पं. रामचंद्र शुक्ल जैसे शीर्षस्थ विद्वानों को जाता है। हिंदी व्याकरण के क्षेत्र में आचार्य कामता प्रसाद गुरु तथा पं. किशोरी दास वाजपेयी ने जो स्तुत्य कार्य किया है उसके लिए हिंदी जगत सदा उनका ऋणी रहेगा। हिंदी वर्तनी में विविधता की जो एकाध परिपाटी चल रही थी उसे भी वाजपेयी जी ने 'हिंदी वर्तनी तथा शब्द विश्लेषण' लिख कर दूर कर दिया है।

निर्देश : *इन प्रश्नों में स्वर या मात्रा की दृष्टि से शब्द को अशुद्ध रूप में लिया गया है नीचे दिए गए चार विकल्पों में से शुद्ध रूप चुनिए—*

1. A. निलिप्त B. निर्लप्त
   C. निर्लिप्त D. निर्लीप्त

2. A. इच्छादुम B. इच्छाद्रम
   C. इच्छाद्रुम D. इच्छादम

3. A. द्विरुक्ति B. दिरुक्ति
   C. द्विरक्ती D. द्विरुकती

4. A. विसमृति B. विसमरती
   C. विस्मती D. विस्मृति

5. A. जगतापाण B. जगत्प्राण
   C. जगत्राण D. जगत्र्पाण

6. A. आर्शीवाद B. आशिर्वाद
   C. आशीर्वाद D. आर्शिवाद

7. A. सास्टांग B. साष्टांग
   C. सस्टांग D. शाष्टांग

8. A. परिस्थती B. परीस्थिति
   C. परिस्थिति D. परिस्थती

9. A. पृक्रति B. प्रकृती
   C. प्रिकृति D. प्रकृति

10. A. वाँक्षनीय B. वाँछनीय
    C. वाँछनिय D. वान्छनीय

11. A. स्वर्गिय B. स्वर्गीय
    C. स्वर्गीय D. स्वर्गीअ

12. A. विस्वास B. विश्वास
    C. वीश्वास D. विष्वास

13. A. प्रज्वलित B. प्रज्जलित
    C. प्रज्जवलित D. प्रजलित

14. A. कौशल्या B. कोशल्या
    C. कौसल्या D. कोसल्या

15. A. पूज्यनीय B. पूजनीय
    C. पुजनीय D. पूजनिय

16. A. ओषधि B. औषधि
    C. औषधी D. औसधि

17. A. कवयित्री B. कवियित्री
    C. कवियत्री D. कवीयित्री

18. A. संन्यासी B. सन्यासी
    C. सनासी D. सन्याशी

19. A. समयसारिणी B. समयसरणी
    C. समयशारणी D. समयसारणी

20. A. सौहार्द्र B. सौहार्द
    C. सौहार्दयता D. सौहार्दय

21.	A. उज्वल	B. उज्ज्वल
	C. उज्जवल	D. उज्जल
22.	A. मृत्योपरांत	B. मृत्यूपरांत
	C. म्रत्युपरांत	D. मृत्युपरांत
23.	A. ईर्षा	B. ईर्ष्या
	C. ईर्स्या	D. इर्ष्या
24.	A. माधुर्य	B. माधुर्यता
	C. मार्धुता	D. माधुयर्ता
25.	A. छटांक	B. छठाँक
	C. छटाँक	D. छाँटाक
26.	A. श्रीयुत्	B. श्रीयुत
	C. श्रियुत्	D. श्रीयूत्
27.	A. सामुद्रिक	B. समुद्रिक
	C. सांमुद्रिक	D. सामुद्रिक
28.	A. षड्दर्शन	B. शड्दर्शन
	C. षड्दर्षन	D. षड्दर्शण
29.	A. दामीनी	B. दामिनि
	C. दमिनी	D. दामिनी
30.	A. मैथलीशरण	B. मैथलीसरण
	C. मैथिलीशरण	D. मेथिलीशरण
31.	A. श्रुतिलिपि	B. श्रुतिलीपि
	C. श्रूतिलिपि	D. श्रुतीलिपि
32.	A. दुर्भिक्ष	B. दूर्भिक्ष
	C. दुर्भीक्ष	D. दूर्भीक्ष
33.	A. गृहिणी	B. ग्रहिणी
	C. ग्रहीणि	D. गृहीणि
34.	A. रुग्न	B. रुग्ण
	C. रुगन	D. रुगण
35.	A. माधुर्य	B. माधुय
	C. माधुर्यता	D. मारधुर्य
36.	A. शूर्पनखाँ	B. सूर्पणखाँ
	C. शूर्पणखा	D. सुर्पणखा
37.	A. आविष्कार	B. आविस्कार
	C. आविश्कार	D. अविस्कार
38.	A. शत्रुन्न	B. शत्रुघ्न
	C. शत्रुधन	D. शत्रूघ्न
39.	A. पैत्रिक	B. पैतृक
	C. पैत्रीक	D. पैतृक्
40.	A. यथेष्ट	B. यथेष्ठ
	C. यथेस्ट	D. यथेस्ठ
41.	A. अस्तुत्य	B. स्तुत्य
	C. स्तूत्य	D. स्तुतय
42.	A. स्मसान	B. समसान
	C. श्मशान	D. श्मसान
43.	A. शिर्षस्थ	B. शीर्षस्थ्य
	C. सीर्षस्थ	D. शीर्षस्थ
44.	A. आवश्यकता	B. आवश्यकक्ता
	C. आवशयकता	D. अवश्यकता
45.	A. सहस्रृ	B. सहस्र
	C. सहस्तृ	D. सहर्स
46.	A. प्राप्ती	B. प्राप्ति
	C. प्रापती	D. प्राप्ती
47.	A. प्रथक	B. पर्थक
	C. पृथक्	D. प्रर्थक
48.	A. प्रसंशा	B. प्रशंसा
	C. पृशंसा	D. परंशंसा
49.	A. विध्यालय	B. विधालय
	C. विद्धालय	D. विद्यालय
50.	A. भविष्य	B. भवीष्य
	C. भविशय	D. भविस्य
51.	A. रात्री	B. रातरि
	C. रात्रि	D. रातरी
52.	A. बुडडा	B. बुढढा
	C. बूडढा	D. बुड्ढा

53. A. विभिषिका B. विभिषीका
    C. विभीषिका D. वीभिषिका

54. A. निर्विघ्न B. नीर्विघ्न
    C. नीर्वीघ्न D. निविघ्न

55. A. विचीत्र B. विचित्र
    C. विचिन्र D. विचीर्त

56. A. स्वभाविक B. स्वाभविक
    C. स्वाभाविक D. श्वाभाविक

57. A. छत्रछाया B. छत्रच्छाया
    C. छत्रछाया D. छात्रछाया

58. A. वीविध B. विविध
    C. वीवीध D. विवीध

59. A. परिपाटी B. परीपाटी
    C. परिपार्टि D. परिपाटी

60. A. गांधी B. गाँधी
    C. गांधि D. गांन्धी

61. A. कोमलांगिनी B. कोमलांगी
    C. कोमलंगी D. कोमल अंगी

62. A. स्वयम्वर B. स्वयंबर
    C. स्वयंवर D. स्वयम्बर

63. A. त्रिदोश B. तिरदोष
    C. त्रिदोष D. तृदोष

64. A. महिन्द्रा B. महिन्दर
    C. महीन्दर D. महीन्द्र

65. A. मातः B. माते
    C. मातु D. माई

66. A. दम्पत्ति B. दम्पती
    C. दम्पति D. दमपति

67. A. अधम्न B. अध्रम
    C. अधर्म D. अध्रृम

68. A. अनुक्रृम B. अनुक्रम
    C. अनुकर्म D. अनुकर्म्र

69. A. दीर्घायु B. दीरघायु
    C. दीघायु D. दीघीयु

70. A. पत्लि B. पतनी
    C. पतनि D. पत्नी

71. A. याक्षुष B. चाच्छुष
    C. चक्षुश D. चासुस

72. A. दुरव्यवहार B. दुव्यर्वहार
    C. दुर्व्यवहार D. द्रव्यवहार

73. A. अलंकार B. अलँकार
    C. अंलकार D. अलकांर

74. A. अच्छर B. अक्षर
    C. अक्छर D. आक्षर

75. A. उरिन B. उरिण
    C. उत्ऋण D. उऋिन

76. A. दन्तोष्ठ B. दन्तौष्ठ्य
    C. दन्तौष्ठ D. दनतौष्ठ

77. A. ऐशवर्य B. ऐश्वर्य
    C. ऐश्वय D. ऐश्वय

78. A. मुहूर्त B. मुहुर्त्त
    C. मूहूर्त D. मुहूर्त

79. A. नूपुर B. नुपुर
    C. नुपूर D. नपुर

80. A. अपहहति B. अपन्हुति
    C. अपह्नुति D. अपहनुती

81. A. नीरोग B. निरोर्ग
    C. निरोग D. निर्रोग

82. A. दूधिया B. दूधीया
    C. दुधिया D. दुधीया

83. A. मन्त्रिमंडल B. मंत्रिमंडल
    C. मंत्री मंडल D. मँत्री मंडल

84. A. ऊपरोक्त B. उपर्युक्त
    C. उपोरोक्त D. उपरोक्त

85. A. सामाजिक B. समाजिक
    C. समाजीक D. सामाजीक

86. A. मन्दिर B. मन्दर
    C. मन्दिल D. मन्दीर

87. A. चाँद B. चन्दृ
    C. चन्दर D. चनदर

88. A. रितु B. ऋतु
    C. रीतु D. ॠतु

89. A. निरभय B. निर्भय
    C. नीरभय D. निरभै

90. A. निराकार B. निरंकार
    C. नीराकार D. निरकार

91. A. पिताभक्ति B. पितृभक्ती
    C. पृतिभक्ति D. पितृभक्ति

92. A. विस्मरण B. विस्मरन
    C. विष्मरण D. विश्मरण

93. A. चारदीवारी B. चहारदीवारी
    C. चारदिवारी D. चहारदीवारि

94. A. अत्याधिक B. अत्याधक
    C. अत्यधिक D. अत्यधीक

95. A. मधुसूदन B. मधुसुदन
    C. मखसूदन D. मधूसूदन

96. A. अध्यन B. अध्ययन
    C. अधय्यन D. अधियन

97. A. कैलाश B. कैलास
    C. केलास D. केलाश

98. A. क्षात्र B. छातर
    C. छात्र D. क्षातर

99. A. अध्यात्मिक B. आध्यात्मिक
    C. आध्यात्मक D. अध्यात्मक

100. A. गरहन B. गिरहण
     C. गृहण D. ग्रहण

101. A. घनिष्ठ B. घनिष्ट
     C. घनिस्ट D. घनीष्ठ

102. A. अनुग्रहित B. अनुगृहीत
     C. अनुग्रहीत D. अनुगृहीत

103. A. कृष्निका B. क्रष्णिका
     C. कृष्णिका D. कृशिणका

104. A. प्रेरेति B. प्रेरित
     C. प्ररति D. प्रेरीत

105. A. माहोदय B. मोहदय
     C. मोहादय D. महोदय

106. A. उन्नति B. उनति
     C. उन्नती D. उनती

107. A. कुआँ B. कूँआ
     C. कूआँ D. कुआ

108. A. स्थायि B. स्थायी
     C. स्थाई D. स्थाइ

109. A. भिक्खारी B. भिखारी
     C. बिखारी D. भिकारी

110. A. प्रर्दशनी B. प्रदर्शनी
     C. प्रदर्शिनी D. पर्दशिनी

111. A. अनुशहरण B. अनोसरण
     C. अनुसरन D. अनुसरण

112. A. अत्युष्म B. अत्यूष्म
     C. अतियुष्म D. अत्युिष्म

113. A. इकट्ठा B. इखट्ठा
     C. इकड्डा D. इखड्डा

114. A. सिंगार B. सिंगारि
     C. श्रंगार D. श्रृंगार

115. A. अनयथा B. अंयथा
     C. अन्यथा D. आन्यथा

116. A. माहामहिम B. महामहीम
     C. माहामहीम D. महामहिम

117. A. अन्तोदय   B. अन्त्योदय
    C. अन्तयौदय   D. अन्तयुदय

118. A. अमरत   B. अमर्त
    C. अम्रत   D. अमृत

119. A. युधिष्ठिर   B. युद्धिष्ठिर
    C. युधष्ठिर   D. युधिष्ठर

120. A. गर्विला   B. गर्वीला
    C. गरवीला   D. गरविला

121. A. गरिश्ठ   B. गरिश्ट
    C. गरिष्ठ   D. गरीष्ट

122. A. कुटुम्बिक   B. कुटुम्बीक
    C. कुटूम्बीक   D. कूटुम्बिक

123. A. कर्मछेत्र   B. कर्मछेतर
    C. करमक्षेत्र   D. कर्मक्षेत्र

124. A. स्वास्थ्य   B. स्वास्थ
    C. सुवास्थ   D. स्वासथ

125. A. चतुर्थांश   B. चतुर्थांस
    C. चतुर्थाश   D. चतुर्थांष

126. A. अनुछेद   B. अनुछदेद
    C. अनुच्छेद   D. अनूछेद

127. A. पुँजीवाद   B. पूँजीवाद
    C. पुंजिवाद   D. पुजीवांद

128. A. अंर्तनिहित   B. अंतनिर्हित
    C. अन्तर्निहीत   D. अन्तरनिहित

129. A. परिक्षा   B. परिच्छा
    C. परीच्छा   D. परीक्षा

130. A. षड्यन्त्र   B. षढयन्त्र
    C. षड़यन्त्र   D. षड्यन्तर

131. A. तातपर्य   B. ततपर्य
    C. तात्पर्य   D. तात्पग्र

132. A. दृष्टा   B. द्रष्टा
    C. द्रिष्टा   D. दिरष्टा

133. A. गृहस्थ   B. ग्रहस्थ
    C. गिरिहस्त   D. गिरहस्त

134. A. नमष्कार   B. नमशकार
    C. नमस्कार   D. नमसकार

135. A. पुष्टि   B. पुष्टी
    C. पुरिस्ट   D. पुश्टि

136. A. तदात्म्य   B. तादात्म्य
    C. तादात्य   D. तादात्मय

137. A. तितिछा   B. तितिक्षा
    C. तीतिक्षा   D. तितीक्षा

138. A. तीर्थाटन   B. तीरथाटन
    C. तीर्थाठन   D. तिरथाटन

139. A. प्रेमश्वर   B. परमेश्वर
    C. परमेश्रवर   D. प्ररमेश्वर

140. A. उपरिलिखित
    B. उपरीलिखित
    C. उपरिलिखीत
    D. उपरीलिखीत

141. A. प्रसस्ति   B. प्रसशित
    C. प्रशशित   D. प्रशस्ति

142. A. परफुल्लित   B. प्रफुलित
    C. प्रफुल्लित   D. प्रफुल्लीत

143. A. अहोरात्र   B. आहोरात्र
    C. आहोरात   D. आहोरात्र

144. A. निरविकार   B. निर्वीकार
    C. निर्विकार   D. नीर्वीकार

145. A. अन्तग्रत   B. अन्तरगत
    C. अंतृगत   D. अन्तर्गत

146. A. संग्रहित   B. संगृहीत
    C. संगृहित   D. संग्रहीत

147. A. अनुकरणीय   B. अनूकरणीय
    C. अनूकरणिय   D. अणुकरणिय

148. A. परीहास B. परीहास
C. परिहास D. परिहास

149. A. तुषाराद्री B. तुशाराद्रि
C. तुषाराद्रि D. तुषारार्दि

150. A. दम्पत्य B. दाम्पत्य
C. दामपत्य D. दमपत्य

151. A. बुनीयाद B. बूनियाद
C. बुनियाद D. बूनीयाद

152. A. मिथयाचार B. मिथ्याचार
C. मिथ्याचार्य D. मिथ्यचार्य

153. A. निक्षिप्त B. नीक्षिप्त
C. निछिप्त D. नीक्षीप्त

154. A. रूधीर B. रुधिर
C. रुधिर्य D. रूधिर

155. A. सिद्धार्थ B. सिद्धार्थ
C. शिद्धार्थ D. सिद्धारथ

156. A. अतिरिक्त B. अतिरक्त
C. अतीरिक्त D. अतिरक्ति

157. A. दार्शणिक B. दार्षनिक
C. दर्शनिक D. दार्शनिक

158. A. दिग्दर्षन B. दिग्दर्शन
C. दिक्दर्षन D. दिक्दर्शन

159. A. दिक्भ्रम B. दिग्भ्रम
C. दिक्भर्म D. दिःभ्रम

160. A. किंकर्त्तव्यविमूढ़
B. किंकर्त्तव्य विमूढ़
C. किंकर्त्तव्य विमूढ़
D. किंकर्त्तव्य विमूड़

161. A. कंटकाकिर्ण
B. कंटकाकीर्ण
C. कंकटकीर्ण
D. कंकटकिर्ण

162. A. अन्योन्याश्रित
B. अनयोन्याश्रित
C. अन्योन्यश्रित
D. अन्योनियाश्रित

163. A. दिव्याआश्रम B. दिव्याश्रम
C. दिवयाश्रम D. दीव्याश्रम

164. A. अन्तराष्ट्रीय
B. अन्तरराष्ट्रीय
C. अन्तर्राष्ट्रीय
D. अन्तर्रास्ट्रीय

165. A. साम्रग्री B. सामिग्री
C. सामग्री D. समग्री

166. A. अनन्य B. अनान्य
C. अनानय D. आनन्य

167. A. प्रतिपन्नमति
B. प्रत्युत्पन्नमति
C. प्रत्यूत्पन्नमती
D. प्रतिपन्नमती

168. A. प्रायाशिचत B. प्रायस्चित
C. प्रायास्चित D. प्रायश्चित

169. A. दुष्प्रचार B. दुःप्रचार
C. दुष्परचार D. दुश्प्रचार

170. A. परित्यक्त B. प्रत्यक्त
C. परीत्यक्त D. परितक्त

171. A. विशेस B. विसेश
C. विषेष D. विशेष

172. A. आक्रषण B. आकर्षण
C. आर्कषण D. आकर्शण

173. A. चरमोत्कर्ष B. चर्मोत्कर्ष
C. चरमोतकर्श D. चर्मोत्कर्श

174. A. बाल्मीकि B. वाल्मीकि
C. वाल्मिकि D. वालमिकि

175. A. प्रतिछत   B. परतीक्षित
    C. प्रतीच्छीत   D. प्रतीक्षित

176. A. दूरदर्शिता   B. दूरदरशिता
    C. दूरदर्षिता   D. दूरदर्शीता

निर्देश : नीचे दिए गए वाक्यों में गहरे काले शब्दों की वर्तनी के लिए चार—चार विकल्प दिए गए हैं। इनमें से एक विकल्प में शब्द की वर्तनी शुद्ध है। उस विकल्प को चुनिए—

177. चारों ओर **उजज्वल** चाँदनी फैली थी

    A. उज्वल   B. उज्ज्वल
    C. उज्जवल   D. उजज्वल

178. हमें नियमों का **उलंल्घन** नहीं करना चाहिए

    A. उल्लंघन   B. उलंल्घन
    C. उलंघन   D. ऊल्लंघन

179. हम **जान्तंत्रिक** पद्धति में विश्वास करते हैं

    A. जानतांत्रिक   B. जनतांत्रिक
    C. जनतांत्रीक   D. जनतंत्रिक

180. इस पुस्तक के अन्त में दो **परिशिष्ठ** दिए गए हैं

    A. परिशिष्ठ   B. प्ररिशिष्ट
    C. परिशिष्ट   D. प्रशिष्ट

181. आपके दर्शन कर मैं स्वयं को **कृत्यकृत्य** अनुभव करता हूँ

    A. कृत्यकृत   B. कृत्यक्रत्य
    C. कृत्कृत्य   D. कृतकृत्य

182. यदि आप **विद्वेशपूर्ण** अफवाहें फैलाते हैं तो आपके साथी भी यही करने लगेंगे

    A. विद्धेषपूर्ण   B. विद्वेशपूर्ण
    C. वीद्वेशपूर्ण   D. विद्वेषपूर्ण

183. अपने **तात्कालीक** कर्त्तव्य के अतिरिक्त अन्य किसी भी बात पर विचार न कीजिए

    A. तत्कालिक   B. तात्कालिक
    C. तातकालिक   D. तात्कालीक

184. आइए पढ़—लिखकर स्वयं को **लाभान्वीत** करें

    A. लाभान्वित   B. लाभानिवित
    C. लाभान्वीत   D. लाभन्वित

185. कानपुर एक महत्त्वपूर्ण **व्यावसाइक** केन्द्र है

    A. व्यावसायक   B. व्यावसाइक
    C. व्यावसाइक   D. व्यावसायिक

186. प्रगति मैदान **प्रदर्शिनी** के लिए उपयुक्त स्थान है

    A. पृदर्शनी   B. प्रदर्शनी
    C. प्रदर्शिनी   D. प्रियदर्शिनी

187. अपने पूर्वजों के **पदचिन्हों** पर चलना हमारा कर्त्तव्य है

    A. पादचि_ ह्रों   B. पदचिह्रों
    C. पदचिहनों   D. पदचिण्हों

188. कल **साँयंकाल** का मौसम बड़ा ही सुहावना था

    A. सायंकाल   B. सांयकाल
    C. साँयकाल   D. सायमकाल

189. विक्रमी **संवत** ईसवी सन् से 57 वर्ष आगे रहता है

    A. संवत्   B. संबत
    C. सम्वत   D. समवत्

190. **युधिस्टिर** सबसे बड़े पाण्डव थे

    A. युधिस्थिर   B. युधिस्टिर
    C. युधिष्ठिर   D. युधष्ठिर

191. प्रधानमंत्री ने **मंत्रिमण्डल** के बैठक की अध्यक्षता की
  A. मन्त्रिमन्डल   B. मन्त्रिमण्डल
  C. मन्त्रीमण्डल   D. मंत्रीमण्डल

192. वह इन सब तथ्यों से **अनभिग्य** है
  A. अनिभिज्ञ   B. अनिभिज्ञ
  C. अनभिग्य   D. अनभिज्ञ

193. दिन–ब–दिन रसायनों के **आप्रत्याशीत** प्रभाव सामने आ रहे हैं
  A. आप्रत्याशीत   B. आप्रत्याशित
  C. अप्रत्याशित   D. अप्रत्याशीत

194. आजकल **आर्युवैदिक** औषधियों की विश्वसनीयता बढ़ रही है
  A. आर्युवैदिक   B. आयुर्वेदिक
  C. आयुर्वैदिक   D. आयुर्वेदीक

195. चन्द्र–**ज्योतसना** सरिता के प्रभाव को मोहक बना रही थीं
  A. ज्योतिसना   B. ज्योतसना
  C. ज्योत्सना   D. ज्योत्स्ना

196. सच्चा **सनयास** त्याग और उत्सर्ग में है
  A. सन्यास   B. सनयास
  C. संन्यास   D. सनयास

197. युवावस्था के **निरुद्देश्या** भटकाव ने युवक को पतन के कगार पर ला खड़ा किया
  A. निरउदेश्य   B. निरुदेश्य
  C. निरुद्देश्य   D. नीरुदेश्य

198. यह आपकी **अनिधिकार** चेष्टा है
  A. अनधिक्कार   B. अनधिकार
  C. अनाधिकार   D. अन्धीकार

199. साम्राज्य के शासन–सूत्र को धारणा करने वाली स्त्री **समरागी** कहलाती है
  A. सामरागी   B. साम्राज्ञी
  C. सम्राज्ञी   D. साम्राग्यी

200. दोस्तों में ऐसी **घनिश्टता** कहीं देखी नहीं गई
  A. घनिष्टता   B. घनिष्ठता
  C. घनीश्टता   D. घनिश्ठता

201. सरकारी कार्यालयों में **अकसमिक** छुट्टियाँ कम कर दी गई हैं
  A. आकर्स्मिक
  B. अकर्स्मिक
  C. आकसमीक
  D. आक्स्मिक

202. भूकम्प पीड़ित क्षेत्रों में **पुनरवास** एक बड़ी समस्या है
  A. पूर्नवास   B. पुर्णवास
  C. पुनर्वास   D. पुनरवास

203. धन के पीछे भागना **म्रिगतृष्णा** है
  A. मिगतृष्णा   B. म्रगतृष्णा
  C. मृगतृष्णा   D. मृगत्रिष्णा

204. **ओद्योगिक** क्रांति ने यूरोप के स्वरूप को पूर्णतः परिवर्तित कर दिया
  A. उद्योगिक   B. ओद्योगिक
  C. औद्योगिक   D. ओद्यौगिक

205. भारत की प्रथम महिला प्रधानमन्त्री **सिरीमति** इंदिरा गाँधी थीं
  A. श्रीमति   B. श्रीमती
  C. सिरीमती   D. शिरीमती

206. सर्वत्र **चंद्रोत्सव** मनाया जा रहा था।
  A. चन्द्रकोत्सव
  B. चन्द्रिकोत्सव
  C. चंद्रिकोत्सव
  D. इनमें से कोई नहीं

207. मैं आपके **सुखद** वैवाहिक जीवन की कामना करता हूँ
  A. वैवाहित   B. वौयाहित
  C. विवाहित   D. व्याहित

208. अच्छे **सिल्पकार** की कद्र आज भी होती है।
- A. शिल्पाकर
- B. शील्पकार
- C. शिल्पकार
- D. शिलपकार

209. महाभारत की लड़ाई में लगभग सभी वीरों ने अपने **प्रराकर्म** का जौहर दिखाए।
- A. प्राक्रम
- B. पराक्रम
- C. प्राकर्म
- D. पराकर्म

210. रोगी में उत्कट **जिजीविशा** थी
- A. जीजीविशा
- B. जिजीविषा
- C. जिजिविषा
- D. जिजीविशा

211. मैं **आपके दिर्घायु** होने की कामना करता हूँ
- A. दीर्घायु
- B. दीर्घायु
- C. दीघ्रायु
- D. दिघ्रायु

212. **प्रकारान्त्र** से मेरे कथन का अभिप्राय आपसे मिलता है
- A. प्राकारान्तर
- B. प्रकारान्त्र
- C. प्राकारान्त्र
- D. प्रकारान्तर

213. मनुष्य जिसको **सामान्य** समझता है, उसकी सेवा में उसे आनन्द प्राप्त होता है
- A. सामन्य
- B. सम्मान्य
- C. समान्य
- D. साम्मान्य

214. जहाँ आत्मीयता हो, वहाँ विचार–विनिमय में **उपचारीकता** नहीं होती
- A. औपचारिकता
- B. उपचारीकता
- C. उपचारिकता
- D. ओपचारिकता

215. दिन–रात **अध्ययन** करके भी वह प्रथम श्रेणी प्राप्त न कर सका
- A. आध्यन
- B. अध्ययन
- C. अध्ध्यन
- D. इनमें से कोई नहीं

216. दिनकर राष्ट्रीय भावधारा के ओजस्वी कवियों में **अगरगन्य** है
- A. अग्रगन्य
- B. अग्रगण्य
- C. अगरगन्य
- D. अर्गगन्य

217. सीता राम की **परीणिता** है
- A. प्रणीता
- B. प्रणयीता
- C. परीणिता
- D. परिणीता

218. हमें आपके **आशीरवाद** की कामना है
- A. आशिर्वाद
- B. आर्शीवाद
- C. आशीरवाद
- D. आशीर्वाद

219. देश–सेवा के मार्ग पर चलते हुए उन्होंने **व्यक्तिक** कष्टों की बिल्कुल परवाह नहीं की
- A. वैयक्तिक
- B. व्यक्तिक
- C. वैयक्तीक
- D. वैयकतिक

220. दिन के पहले दो पहरों का समय **पूर्वान्ह** कहलाता है
- A. पूर्वान्ह
- B. पूर्वाह्न
- C. पूर्वाहन
- D. पूवाहन

221. संस्कृत **संश्लिष्ट** भाषा है
- A. संश्लिष्ट
- B. संशिलस्ट
- C. संस्लिष्ट
- D. संश्लिष्ठ

222. वह अभी–अभी तो यहाँ बैठा था, न जाने कहाँ **अन्त्रध्यान** हो गया
- A. अन्त्रध्यान
- B. अन्तध्र्यान
- C. अन्तर्धान
- D. अन्तःर्धान

223. सभी भारतीय गीता के **माहात्म्य** से परिचित हैं
- A. माहात्म्य
- B. महात्म्य
- C. माहातम्य
- D. माहात्तम्य

224. मन्दाकिनी की जलधारा **अजस्सर** रूप से प्रवाहित हो रही थी
- A. अजस्सर
- B. अजस्त्र
- C. अजस्र
- D. अजसर

225. अंग–प्रत्यारोपण के क्षेत्र में भारतीय शल्य–**चिकित्सिक** पर्याप्त सफल रहे हैं
- A. चिकित्सक
- B. चिकित्सिक
- C. चिकीत्सक
- D. चिकत्सक

226. शारीरिक **आरोझ** के लिए प्रातः एवं संध्याकालीन भ्रमण अत्यन्त लाभप्रद माना गया है
- A. आरोझ
- B. अरोग्य
- C. आरोग
- D. आरोग्य

227. मदर टेरिसा का जीवन रोगियों के सेवा–**सूश्रूषा** के लिए समर्पित था
- A. शूश्रूषा
- B. सूश्रूसा
- C. शूश्रुषा
- D. सुश्रुसा

228. **सन्न्यासी** निवृत्ति मार्ग को अपनाता है
- A. सन्यासी
- B. संनयासी
- C. संन्यासी
- D. संन्यासि

229. **अत्याधिक** व्यस्तता से जीवन में नीरसता आ जाती है
- A. अत्याधीक
- B. अत्यधिक
- C. अत्याधिक
- D. अत्यधीक

230. **पूज्यनीय** पिताजी को सादर प्रणाम
- A. पूजनीय
- B. पूज्यनिय
- C. पुज्यनीय
- D. इनमें से कोई नहीं

231. रूप–रस–गंध आदि के अनुभव के लिए मनुष्य के पास पाँच **ज्ञानेन्द्रियाँ** हैं
- A. ज्ञानेन्द्रिआँ
- B. ज्ञानेन्द्रियाँ
- C. ग्यानेंद्रीआँ
- D. ज्ञानेंद्रीयँ

232. **तमक्षादित** बरसात की रात बड़ी भयानक थी
- A. तमाछादित
- B. तमअच्छादित
- C. तमाच्छादित
- D. तमक्छादित

233. तुम्हें इस कार्य के लिए समुचित **पारिश्रमीक** मिलेगा
- A. पारश्रमिक
- B. परिश्रमिक
- C. पारीश्रमिक
- D. पारिश्रमिक

234. साहित्यकार ही समाज को **दिग्भ्रान्त** होने से बचा सकता है
- A. दिग्भ्रान्त
- B. दिगर्भान्त
- C. दिर्गभान्त
- D. दिर्गभ्रान्त

235. **निश्कषता** रो–धोकर जीने से बेहतर है, हँस–बोलकर जीना
- A. निश्कर्षतः
- B. निस्कर्षतः
- C. निष्कर्षतः
- D. नीष्कर्षतह

236. जल प्रपात को देखकर मन **आहलाद** से भर गया
- A. आहलाद
- B. आहालाद
- C. आह्लाद
- D. अहलाद

237. इस सहायता के लिए मैं आपका सदैव **अनुग्रहित** रहूँगा
- A. अनुग्रहीत
- B. अनुगृहीत
- C. अनुगृहित
- D. अनुग्रहित

238. तुम्हारा यह कथन मात्र **अतिशयोक्ती** है
  A. अतीश्योक्ती
  B. अतिश्योक्ति
  C. अतिशयोक्ति
  D. इनमें से कोई नहीं

239. 'संन्यासी' उपन्यास के **रचइता** इलाचन्द्र जोशी हैं

  A. रचईता   B. रचीयता
  C. रचयीता   D. रचयिता

240. "समारोह का आरम्भ दीप **प्रज्ज्वलन** से होगा"। इसमें काले शब्द का शुद्ध रूप है

  A. प्रज्ज्वलन   B. प्रज्वलन
  C. प्रजवलन   D. प्रजवल्लन

उत्तरमाला

1	2	3	4	5	6	7	8	9	10
C	C	A	D	C	C	B	C	D	A

11	12	13	14	15	16	17	18	19	20
C	B	C	A	B	B	A	A	D	B

21	22	23	24	25	26	27	28	29	30
B	B	B	A	C	B	D	A	D	C

31	32	33	34	35	36	37	38	39	40
A	A	A	B	A	C	A	B	B	A

41	42	43	44	45	46	47	48	49	50
B	C	D	A	B	B	C	B	D	A

51	52	53	54	55	56	57	58	59	60
C	D	C	A	B	C	B	B	D	A

61	62	63	64	65	66	67	68	69	70
B	C	C	D	A	B	C	B	A	D

71	72	73	74	75	76	77	78	79	80
C	C	A	B	C	B	B	A	A	C

81	82	83	84	85	86	87	88	89	90
C	C	A	B	A	A	B	B	D	A

91	92	93	94	95	96	97	98	99	100
D	A	B	C	A	B	A	C	B	D

101	102	103	104	105	106	107	108	109	110
A	C	C	B	D	A	A	C	B	B

111	112	113	114	115	116	117	118	119	120
D	B	C	D	C	D	B	D	A	B

121	122	123	124	125	126	127	128	129	130
C	A	D	A	C	C	B	C	D	C

131	132	133	134	135	136	137	138	139	140
C	B	A	C	A	C	B	A	B	A
141	142	143	144	145	146	147	148	149	150
D	C	A	C	D	D	A	D	C	B
151	152	153	154	155	156	157	158	159	160
C	B	A	B	A	A	D	B	B	A
161	162	163	164	165	166	167	168	169	170
B	A	B	C	C	A	B	D	C	A
171	172	173	174	175	176	177	178	179	180
D	B	A	B	D	A	B	A	B	C
181	182	183	184	185	186	187	188	189	190
D	D	B	A	D	B	B	A	A	C
191	192	193	194	195	196	197	198	199	200
B	D	C	C	D	C	B	C	B	B
201	202	203	204	205	206	207	208	209	210
A	C	C	C	B	D	B	C	B	B
211	212	213	214	215	216	217	218	219	220
B	D	B	A	D	B	D	D	A	C
221	222	223	224	225	226	227	228	229	230
A	C	A	C	A	D	D	C	B	D
231	232	233	234	235	236	237	238	239	240
B	C	D	A	C	A	B	D	D	B

अध्याय 3

समानार्थक शब्द

हिंदी भाषा में भी अन्य भाषाओं की तरह शब्दों का संसार अर्थ व प्रयोग की दृष्टि से अत्यन्त विलक्षण है। देखने व सुनने में सदृश होते हुए भी उनका अर्थ बिल्कुल ही भिन्न होता है। यह अध्याय आपके शब्दकोष को बढ़ाने में सहायक सिद्ध होगा। प्रतियोगिता परीक्षाओं में भी इस अध्याय से संबंधित कई प्रश्न पूछे जाते हैं। इसी को ध्यान में रखते हुए इस अध्याय को विशेष तौर से तैयार किया गया है। आप इसकी तैयारी अच्छी तरह से करें।

निर्देश : *निम्नलिखित शब्दों के आगे चार—चार शब्द दिए गए हैं। इनमें से उचित समानार्थक पर्याय चुनकर चिह्नित करें।*

1. वक्त्र
   A. कपोल
   B. सिर
   C. मुख
   D. नेत्र

2. ब्रह्मा
   A. देवता
   B. प्राचीन
   C. विधाता
   D. अनादि

3. सरस्वती
   A. वाणी
   B. विद्या
   C. बुद्धि
   D. सरोवर

4. समीर
   A. अग्नि
   B. पानी
   C. हवा
   D. ठंडा

5. दिन
   A. घाम
   B. दिवस
   C. प्रकाश
   D. सफेद

6. मोक्ष
   A. निर्वाण
   B. मूँछ
   C. प्रस्थान
   D. स्वर्ग

7. गंगा
   A. नदी
   B. धारा
   C. मंदाकिनी
   D. सूर्यपुत्री

8. सूर्य
   A. मार्त्तण्ड
   B. देवता
   C. किरण
   D. प्रकाश

9. लक्ष्मी
   A. पद्मा
   B. सुन्दरी
   C. बड़ी
   D. माता

10. वृक्ष
    A. आम
    B. पादप
    C. बाग
    D. घास

11. वलय
    A. वृक्ष की छाल
    B. मृग छाल
    C. घेरा
    D. आवरण

12. सम्पुट
    A. मिश्रण
    B. बंधी हुई अंजलि
    C. पिटारी
    D. मन्जूषा

13. प्रभंजन
    A. अंजन
    B. तोड़—फोड़
    C. खण्ड—खण्ड
    D. तेज वायु

14. पुष्कल
A. जायफल B. पुण्यफल
C. बहुत–सा D. हरा–भरा

15. प्रत्यागमन
A. परिक्रमा करना
B. प्रतिरोध करना
C. बार–बार आना
D. वापस आना

16. परिवाद
A. विवाद B. सम्वाद
C. निन्दा D. परिवारवाद

17. शबनम
A. शीत B. ओस
C. पाला D. कोहरा

18. नैसर्गिक
A. प्राकृतिक B. स्वर्गिक
C. पारस्परिक D. स्वर्णिम

19. अस्मिता
A. आत्म प्रशंसा B. अहंता
C. स्वार्थ D. स्वाभिमान

20. अतीत
A. आने वाला B. बीता हुआ
C. आगम D. आरम्भ

21. प्रष्टव्य
A. पाने योग्य B. पूजने योग्य
C. देखने योग्य D. पूछने योग्य

22. आजीवन
A. जीवन–भर B. मरण तक
C. असीम D. आज–कल

23. आन्दोलन
A. आरोहण B. उद्वेलन
C. अभियान D. उच्छ्लन

24. अनुज्ञा
A. अजा B. अवज्ञा
C. प्रज्ञा D. अनुमति

25. तूणीर
A. असंग B. निषंग
C. उत्संग D. निःसंग

26. फिजूल खर्ची
A. अव्यय B. मितव्यय
C. परिव्यय D. अपव्यय

27. कमल
A. पारिजात B. रजनी
C. विभावरी D. भामिनी

28. कलानिधि
A. नीर B. हिमाँशु
C. अम्बु D. आगार

29. तुंग
A. उन्नत B. प्रचण्ड
C. नारियल D. पुन्नाग

30. शिखी
A. शिखायुक्त B. मयूर
C. बुलबुल D. बैल

31. मिलिन्द
A. भुजंग B. सरिता
C. कगार D. भ्रमर

32. चारू
A. उपयुक्त
B. श्रेष्ठ
C. चार की संख्या
D. उज्ज्वल

33. परिचर
A. आग B. वायु
C. निशाचर D. सेवक

34. द्विज
A. ब्राह्मण
B. वायु
C. अंधेरा
D. आकाश

35. तरणि
A. युवती
B. भौंरे
C. सखी
D. सूर्य

36. धर्मादा
A. धर्म–कर्म आदि
B. धर्म विरुद्ध
C. धर्मार्थ हेतु रखा गया धन
D. धार्मिक लोक

37. तितीक्षा
A. भूख
B. त्याग
C. प्यास
D. सहनशक्ति

38. नेपथ्य
A. अपथ्य वस्तु
B. रास्ते का सामान
C. पर्दे के पीछे का रहस्य
D. रंगमंच का अगला भाग

39. खेचर
A. खर्चर
B. खिचड़ी
C. आकाश में विचरने वाला
D. मजाकिया

40. ठिठोली
A. परिहास
B. नाराजगी
C. ठगी
D. खेल

41. राशि
A. रास आना
B. ढेर
C. रात
D. रूठना

42. उपेक्षा
A. उत्कंठा
B. आशा
C. ऊँची आशा
D. तिरस्कार

43. ऐहिक
A. सांसारिक
B. एक रोग
C. पागल
D. दीवाना

44. अशी
A. सर्प
B. एक प्रकार का वाद्य
C. अंग
D. सम्पूर्ण

45. अधिकोष
A. बैंक
B. ट्रैजरी
C. खजाने
D. उपर्युक्त सभी

46. चिउँटा
A. चिमटा
B. चींटा
C. चिपकने वाला
D. प्रेमी

47. द्वीप
A. टापू
B. शत्रु
C. हाथी
D. कमल

48. भैक्ष
A. भीख
B. भिखारी
C. खाने योग्य
D. जो सब कुछ भक्षण कर ले

49. चाष
A. चाशनी
B. स्वादिष्ट
C. देखने योग्य
D. नीलकण्ठ पक्षी

50. तनु
A. गाय
B. छोटा
C. वृक्ष
D. सुन्दर

51. कपिश
  A. बन्दर
  B. सुग्रीव
  C. भूरा
  D. इनमें से कोई नहीं

52. सर
  A. वाण B. यश
  C. तालाब D. देवता

53. प्रत्युत्पन्नमति
  A. जो तत्काल उत्तर दे सके
  B. जो फिर से उत्पन्न हुआ हो
  C. उत्तर न देने की क्षमता
  D. जिसकी बुद्धि में नई–नई बातें उत्पन्न होती हों

54. स्पृहणीय
  A. जिससे घृणा की जाए
  B. जिसके लिए कामना की जाए
  C. प्रेम करने योग्य
  D. जिसे छुआ जा सके

55. अभिभावक
  A. माता–पिता B. पोषक
  C. संचालक D. पालनकर्ता

56. परिवेश
  A. कवदार B. आंगन
  C. वातावरण D. आवरण

57. पुष्कर
  A. सरोवर B. कमल
  C. सूर्य D. चन्द्र

58. मनोज
  A. सुन्दर B. कामदेव
  C. योगी D. कल्पित

59. तथागत
  A. अतिथि B. दिवंगत
  C. गौतम बुद्ध D. बौद्ध भिक्षु

60. शार्दूल
  A. शेर B. चीता
  C. शिकारी D. योद्धा

61. ऊर्जा
  A. धूप B. बिजली
  C. शक्ति D. तापमान

62. वनिता
  A. जंगली क्षेत्र B. कृत्रिम
  C. स्त्री D. पुत्री

63. चंचरीक
  A. तितली
  B. कोयल
  C. भौंरा
  D. एक विशेष पुष्प

64. कौस्तुभ
  A. देवता विशेष
  B. पक्षी विशेष
  C. एक प्रकार का सिक्का
  D. विशिष्ट रत्न

65. धूर्जटि
  A. धूमिल B. धूल धूसरित
  C. शिव D. पार्वती

66. इयत्ता
  A. अत्याचार B. सीमा
  C. थकान D. स्वेच्छा

67. ज्येष्ठ
  A. आगामी B. पूज्य
  C. गुरु D. बड़ा

68. शारीरिक कष्ट
  A. दुःख B. व्याधि
  C. पीड़ा D. सुश्रुषा

69. योजना
  A. प्रयास B. दिशा
  C. प्रतिज्ञा D. कार्यक्रम

70. निश्चय
  A. इच्छा B. चिन्तन
  C. तय D. प्रयत्न

71. परिमल
  A. सुख B. सर्वोत्तम गन्ध
  C. विमर्दन D. सहवास

72. प्रताप
  A. सूर्य B. युवती
  C. पौरुष D. नदी

73. पनस
  A. गुलाब B. आम
  C. अंगूर D. कटहल

74. पार्थ
  A. कृष्ण B. अर्जुन
  C. युधिष्ठिर D. नकुल

75. नियति
  A. आदत B. इच्छा
  C. किस्मत D. मंशा

76. कीर्ति
  A. शोभा B. कालापन
  C. कांति D. प्रमाण

77. परिणति
  A. अन्त B. परित्राण
  C. अवशिष्ट D. परिणय

78. जठर
  A. अग्नि B. ठठारी
  C. पेट D. बूढ़ा

79. धनुष
  A. शर B. विशिरवासन
  C. कापिक्ष D. कोदण्ड

80. भूख
  A. दावानल
  B. बड़वानल
  C. जठराग्नि
  D. इनमें से कोई नहीं

81. अवनि
  A. सर्प B. उम्र
  C. पृथ्वी D. भौंरा

82. अंधकारि
  A. ब्रह्मा B. गणेश
  C. इन्द्र D. महादेव

83. द्विप
  A. टापू B. शत्रु
  C. हाथी D. कमल

84. उद्धत
  A. तैयार B. पत्थर
  C. ऋण D. उदण्ड

85. दिनकर
  A. रवि B. आदित्य
  C. अदित D. प्रभाकर

86. हिमांशु
  A. शशि B. विधु
  C. मृगांक D. सुधांशु

87. धनंजय
  A. धनद B. अर्जुन
  C. धर्मराज D. धन्वन्तरि

88. कीर
  A. शेर B. मोर
  C. हाथी D. तोता

89. धरती
  A. चंचला B. विपुला
  C. सरसी D. अचला

निर्देश : नीचे प्रत्येक शब्द समूह में चार—चार शब्द दिए गए हैं। इनमें से तीन के अर्थ समान हैं। एक शब्द बेमेल है। बेमेल शब्द का चयन करें।

90. A. अमृत B. पीयूष
  C. सुधा D. लोचन

91.   A. समझ   B. बुद्धि
      C. सोम   D. अक्ल

92.   A. जानशीन   B. राजगद्दी
      C. तख्त   D. सिंहासन

93.   A. आत्मजा   B. सुता
      C. सूनु   D. मेदिनी

94.   A. अमर   B. अमर्त्य
      C. वेदना   D. दिव्य

95.   A. शकुन   B. सरित
      C. शकुन्त   D. पतंग

96.   A. मेरू   B. आर्या
      C. उमा   D. रुद्राणी

97.   A. भूसुर   B. महीसुर
      C. विप्र   D. भूरि

98.   A. तड़ाग   B. पुष्करिणी
      C. सर   D. मयंक

99.   A. अक्षि   B. कृशानु
      C. रोहिताश्र   D. वायुसखा

100. A. अंधा   B. प्रारब्ध
      C. भाग्य   D. नसीब

101. A. क्रोध   B. नयन
      C. वक्षु   D. नेत्र

102. A. व्योम   B. नभ
      C. अम्बर   D. नरभि

103. A. इन्द्र   B. सुरेश
      C. धनाधिप   D. सुरेन्द्र

104. A. सरस्वती   B. वाचा
      C. धनद   D. शारदा

105. A. आतुरता   B. आकुलता
      C. भार्या   D. उत्सुकता

106. A. सारंग   B. शिखी
      C. विशिख   D. मयूर

107. A. तुरंग   B. मृगेन्द्र
      C. मृगराज   D. व्याघ्र

108. A. पावक   B. अनिल
      C. अनल   D. कृशानु

109. A. गौतमी   B. अहिल्या
      C. व्योम   D. दुर्गा

110. A. गोपाल
      B. श्रीकृष्ण
      C. अथर्ववेद का ब्राह्मण
      D. ग्वाला

111. A. सुमन   B. कुसुम
      C. चमन   D. पुष्प

112. A. गुलामी   B. गुलशन
      C. दासत्व   D. परतंत्रता

113. A. सीमा   B. सागर
      C. पारावार   D. जलधि

114. A. दोष   B. परिवाद
      C. निन्दा   D. बुराई

115. A. अन्याय   B. धांधली
      C. परायण   D. अन्धेर

116. A. तख्त   B. राजगद्दी
      C. सिंहासन   D. जानशीन

117. A. वित्त   B. धन
      C. विरति   D. भत्ता

118. A. आभूषण   B. नागर
      C. जेवर   D. अलंकार

119. A. सौरभ   B. जलज
      C. पंकज   D. कंज

120. A. सज्जन   B. सत्कार
      C. सद्भावना   D. सजीव

121. A. चालक   B. जातक
      C. तैराक   D. लेखक

122. A. तरावट B. दिखावट
C. थकावट D. घबराहट

123. A. गवैया B. बजैया
C. रखैया D. गायक

124. A. आनंद B. उन्नति
C. उच्चारण D. उन्माद

125. A. राकेश B. निशाकर
C. मार्तण्ड D. शशी

126. A. हिमांशु B. सुधांशु
C. राकेश D. राजेश

127. A. रजनी B. रजनीचर
C. निशा D. रैन

128. A. प्रभाकर B. दिवाकर
C. सुधाकर D. सविता

129. A. भलाई B. बुराई
C. अच्छाई D. खुशी

130. A. बैरागी B. सेवक
C. परिव्राजक D. त्यागी

131. A. मालिक B. भृत्य
C. परिचारक D. चेरा

132. A. ससुर B. सहोदर
C. साला D. सखा

133. A. पार्क B. वन
C. उद्यान D. वाटिका

134. A. दधि B. दुग्ध
C. मद्य D. घृत

135. A. दर्द B. पीड़ा
C. वेदना D. प्रेक्षा

136. A. रात्रि B. रजनी
C. निशा D. दिशा

137. A. कमल B. कामिनी
C. पंकज D. सरसिज

138. A. पृथ्वी B. संसार
C. जगत D. लोक

139. A. हवा B. वायु
C. अनल D. समीर

निर्देश : *निम्नलिखित प्रश्नों में समूहार्थक शब्दों से बनने वाले चार–चार विकल्प दिए गए हैं, इनमें एक विकल्प गलत हैं। आप गलत अर्थात् जो शब्द समूहार्थी नहीं है, का चयन कीजिए।*

140. कुल–कूल
A. परिवार–योग B. योग–वंश
C. वंश–किनारा D. वंश–ठंडा

141. अवधि–अवधी
A. समय–सीमा
B. बोली–समय
C. गिनती–समय
D. समय–बोली

निर्देश : *निम्नलिखित प्रश्नों में समूहार्थक शब्दों से बनने वाले चार–चार विकल्प दिए गए हैं, इनमें एक विकल्प गलत है। आप गलत अर्थात् जो शब्द समूहार्थी नहीं है, का चयन कीजिए।*

142. कुंज
A. वानीरकुंज B. लता कुंज
C. बेलसकुंज D. शक्तिकुंज

143. गण
A. तारागण B. पुष्पगण
C. छात्र गण D. बंधु गण

144. गुच्छ
A. गलगुच्छ B. रत्र गुच्छ
C. पुष्प गुच्छ D. अंगूर गुच्छ

145. दल
  A. दल-दल   B. यात्री दल
  C. कृषक दल   D. टिड्डी दल

146. कुल
  A. नकुल   B. क्षत्रिय कुल
  C. गुरुकुल   D. ब्राह्मण कुल

147. दैत्य
  A. असुर   B. दनुज
  C. दितिसुत   D. सुरसरि

148. गुरु
  A. भारी   B. उस्ताद
  C. बृहस्पति   D. चालाकी

149. भौंरा
  A. भूरि   B. द्विरेक
  C. भृंग   D. मधुप

150. पार्वती
  A. शिवा   B. भवानी
  C. रुद्राणी   D. मेरु

151. बिजली
  A. ऐरावती   B. विप्र
  C. दामिनी   D. चंचला

152. किरण
  A. हुताशन   B. अंशु
  C. कर   D. मयूख

153. अनादर
  A. परिभव   B. अवज्ञा
  C. तिरस्कार   D. अक्षि

154. इन्द्र
  A. स्पृहा   B. सुरेश
  C. पुरन्दर   D. वासव

155. घोड़ा
  A. घोटक   B. तुरग
  C. तुरंग   D. गेह

156. चन्द्रमा
  A. इन्दु   B. बिधु
  C. सुधांशु   D. सरोज

157. इच्छा
  A. ईहा   B. काम
  C. मनोरथ   D. लोचन

158. मेघपुष्प
  A. सारंग   B. वारि
  C. पय   D. अवनि

159. मधुव्रत
  A. भौंरा   B. विप्र
  C. मधुप   D. भृंग

160. पक्षी
  A. द्विज   B. पतंग
  C. दनुज   D. शकुन

161. शाला
  A. मयूख   B. आगार
  C. आलय   D. निलय

162. कंदर्प
  A. काम   B. पंचशर
  C. मनोज   D. कर

163. गुणान
  A. प्रभूत   B. गिनना
  C. सोचना   D. रटना

164. निर्जर
  A. सुर   B. त्रिदश
  C. अस्वप्न   D. पुष्करिणी

165. विनायक
  A. भागीरथी   B. गजानन
  C. एकदंत   D. गजवदन

166. गिरिराज
  A. हिमालय   B. मेरु
  C. गोवर्द्धन पर्वत   D. तुरंग

167. पुष्प
- A. सुमन
- B. कुसुम
- C. रश्मि
- D. प्रसून

168. कामदेव
- A. मन्मथ
- B. मनोज
- C. अनंग
- D. मरीचि

169. गंगा
- A. सुरभि
- B. सुरसरि
- C. जाह्नवी
- D. भागीरथी

170. जगत
- A. भव
- B. विश्व
- C. जग
- D. अवनी

171. दूध
- A. नीर
- B. दुग्ध
- C. पथ
- D. गौम्य

172. पहाड़
- A. नग
- B. शैवाल
- C. भूधर
- D. पर्वत

173. सूर्य
- A. मार्तण्ड
- B. सोम
- C. भानु
- D. दिवाकर

174. गायत्री
- A. खैर का पेड़
- B. वैदिक मंत्र
- C. गामिनी
- D. गंगा

175. बिजली
- A. विद्युत
- B. सिन्धुजा
- C. चपला
- D. तड़ित

176. गृह
- A. निकेतन
- B. आवास
- C. अयन
- D. वन

177. गान्धर्व
- A. गंधर्व-संबंधी
- B. चमगादड़
- C. गानविधा
- D. घोड़ा

178. चतुर
- A. प्रवीण
- B. निपुण
- C. चालाक
- D. योग्य

179. मूर्ख
- A. अनपढ़
- B. नासमझ
- C. भोंदू
- D. बुद्धू

180. प्रतिष्ठा
- A. मान
- B. मर्यादा
- C. इज्जत
- D. लालसा

उत्तरमाला

1	2	3	4	5	6	7	8	9	10
C	C	A	C	B	A	C	A	A	B

11	12	13	14	15	16	17	18	19	20
C	B	D	C	D	C	B	A	B	B

21	22	23	24	25	26	27	28	29	30
D	A	C	D	B	D	A	B	A	B

31	32	33	34	35	36	37	38	39	40
D	D	D	A	D	C	D	C	C	A

41	42	43	44	45	46	47	48	49	50
B	D	A	D	A	A	A	A	D	D

51	52	53	54	55	56	57	58	59	60
C	C	A	A	D	C	A	B	C	B
61	62	63	64	65	66	67	68	69	70
B	C	C	D	C	B	D	C	D	C
71	72	73	74	75	76	77	78	79	80
B	C	D	B	C	C	A	A	D	C
81	82	83	84	85	86	87	88	89	90
C	D	C	D	D	D	B	D	D	D
91	92	93	94	95	96	97	98	99	100
C	A	D	C	B	A	D	D	A	A
101	102	103	104	105	106	107	108	109	110
A	D	C	C	C	C	A	B	C	D
111	112	113	114	115	116	117	118	119	120
C	B	A	B	C	D	C	B	D	D
121	122	123	124	125	126	127	128	129	130
B	B	C	C	C	B	B	C	D	B
131	132	133	134	135	136	137	138	139	140
A	D	A	C	D	D	B	A	C	C
141	142	143	144	145	146	147	148	149	150
D	D	B	A	A	A	D	C	A	D
151	152	153	154	155	156	157	158	159	160
B	A	D	A	D	D	D	D	B	C
161	162	163	164	165	166	167	168	169	170
A	D	A	D	A	D	C	D	A	D
171	172	173	174	175	176	177	178	179	180
A	B	B	C	B	D	B	C	A	D

अध्याय 4
अनेक शब्दों के बदले एक शब्द

अनेक शब्दों के बदले एक सार्थक शब्द के प्रयोग से कथन अत्यन्त प्रभावशाली व रोचक हो जाता है। वाक्यों में ऐसे शब्दों का प्रयोग करने से जहाँ बहुत सारी बातों को बहुत कम वाक्यों के द्वारा व्यक्त किया जा सकता है वहीं दूसरी ओर जगह और समय की भी बचत होती है। अर्थात् ऐसे शब्दों के प्रयोग को गागर में सागर भरने की बात कही जाए तो कोई अतिशयोक्ति नहीं होगी। अनेक शब्दों के बदले एक शब्द का निर्माण समास बनाकर अथवा उपसर्ग या प्रत्यय जोड़कर किया जाता है। संक्षेपण की कला को विकसित करने में इस अध्याय का विशेष महत्व है। प्रतियोगी परीक्षाओं के दृष्टिकोण से भी इसका बहुत महत्व है; किसी भी प्रतियोगिता परीक्षा में इनसे संबंधित प्रश्न पूछे ही जाते हैं। यह अध्याय आपके लिए बहुत लाभदायक सिद्ध होगा। अतः आप इसकी तैयारी अच्छी तरह से कर लें।

निर्देश : *नीचे दिए गए प्रत्येक वाक्यांश के लिए एक शब्द दीजिए इसके लिए चार–चार विकल्प दिए गए हैं। उचित विकल्प का चुनाव कीजिए।*

1. जो लौकिक न हो
   A. पारलौकिक
   B. इहलौकिक
   C. अलौकिक
   D. ऐहिक

2. वह स्थान जहाँ पृथ्वी और आकाश मिलते हुए से दिखाई पड़ते हैं
   A. क्षितिज
   B. सरसिज
   C. अन्तरिक्ष
   D. नीहारिका

3. जो पुरुषों के अनुरूप हो
   A. पुरुषोचित
   B. पौरुषेय
   C. पौरुष
   D. पुरुष

4. जो ऊपर से मिलाया गया हो
   A. प्रक्षिप्त
   B. विक्षिप्त
   C. संक्षिप्त
   D. विलुप्त

5. किसी कथा के अन्तर्गत आने वाली कोई अन्य कथा
   A. दृष्टांत
   B. अन्तर्कथा
   C. अंतःकथा
   D. अंतर्दृष्टांत

6. गुरु के समीप रहने वाला विद्यार्थी
   A. अंतेवासी
   B. बटुक
   C. ब्रह्मचारी
   D. शिष्य

7. हाथी की पीठ पर रखी जाने वाली चौकी
   A. मचान
   B. हौदा
   C. तख्त
   D. गद्दी

8. फाल्गुन की पूर्णिमा को होने वाला हिंदुओं का प्रसिद्ध त्यौहार
   A. गुरु पूर्णिमा
   B. वसंतोत्सव
   C. दीपावली
   D. होली

9. यज्ञ में आहुति देने वाला
   A. पुरोहित
   B. हवि
   C. होता
   D. समिधा

10. फेंककर चलाया जाने वाला हथियार
   A. वाण   B. शस्त्र
   C. अस्त्र   D. वर्म

11. काम से जी चुराने वाला
   A. कामचोर   B. बेकार
   C. आलसी   D. निकम्मा

12. किसी बात को करने का निश्चय
   A. विकल्प   B. संकल्प
   C. कल्प   D. अत्यल्प

13. जिस बीमारी का ठीक होना सम्भव न हो
   A. असाध्य   B. विकट
   C. भयानक   D. घातक

14. जिस पर विजय प्राप्त कर ली गई हो
   A. आक्रान्त   B. अजेय
   C. विजित   D. पराजित

15. सूर्य के उदय होने का स्थान
   A. उदयाचल   B. सूर्योदय
   C. प्रभात स्थान   D. गंधमादन

16. जो कहा न जा सके
   A. अकथित   B. अकथनीय
   C. अकथ्य   D. नामुमकिन

17. जिसे बहुत बातें करनी आती हों
   A. वाचाल   B. गम्भीर
   C. समालोचक   D. मुनि

18. जो स्त्री के वशीभूत हो
   A. स्त्रीदास   B. गुलाम
   C. स्त्रैण   D. प्रेमी

19. जो समान न हो
   A. बराबर   B. जटिल
   C. अविषम   D. विषम

20. जिसे पढ़ना–लिखना आता हो
   A. अल्पज्ञानी   B. शिक्षित
   C. बुद्धिजीवी   D. साक्षर

21. जो खाना मुफ्त में मिलता हो
   A. भण्डार   B. लंगर
   C. खुराक   D. राशन

22. जो अपने कर्तव्य को न जानता हो
   A. अनजान
   B. अज्ञानी
   C. किंकर्त्तव्यविमूढ
   D. कर्त्तव्यहीन

23. जो कानून के अनुकूल न हो
   A. अवैध   B. जघन्य
   C. अवध्य   D. आवेग

24. कामना पूरी होने का विश्वास
   A. प्रत्याशा   B. दुराशा
   C. विभावना   D. सम्भावना

25. परंपरा से प्राप्त होने वाला
   A. लकीर का फकीर
   B. रूढ़ि
   C. प्राचीनकालीन
   D. परंपरागत

26. जिसे किसी से लगाव न हो
   A. नश्वर
   B. लिप्सु
   C. निर्लिप्त
   D. अलगाववादी

27. जो कुछ जानने की इच्छा रखता हो
   A. जिज्ञासु   B. जननी
   C. जानकी   D. नीतिज्ञ

28. जो बात लोगों से सुनी गई हो
   A. अश्रुति   B. सर्वप्रिय
   C. लोकोक्ति   D. किंवदन्ती

29. सबके समानाधिकार पर विश्वास
   A. अधिकारी   B. समाजवाद
   C. प्रगतिवाद   D. अधिकारवाद

30. रजोगुण वाला
- A. तामसिक
- B. राजसिक
- C. वाचिक
- D. सात्विक

31. जो आयु में बड़ा हो
- A. गुरु
- B. अग्रज
- C. वरिष्ठ
- D. सहोदर

32. जिस तर्क का कोई जवाब न हो
- A. जोरदार
- B. तीखा
- C. सटीक
- D. अकाट्य

33. जो दूसरों की सहायता की अपेक्षा न करे
- A. आत्मनिर्भर
- B. पुरुषार्थ
- C. आत्मविश्वासी
- D. स्वाभिमानी

34. मर्म का स्पर्श करने या प्रभाव डालने का भाव
- A. मर्मस्पर्शिता
- B. मर्मस्पृशी
- C. मर्मान्वेषी
- D. मर्मान्वेषण

35. जो आँख के समक्ष न हो
- A. अनदेखा
- B. परोक्ष
- C. अपरोक्ष
- D. अज्ञात

36. जिसका इन्द्रियों से अनुमान न हो सके
- A. जितेन्द्रिय
- B. अतीन्द्रिय
- C. कालजयी
- D. सर्वजयी

37. जो किसी नियम का पालन न करे
- A. अभद्र
- B. दुष्ट
- C. अनुशासनहीन
- D. उच्छृंखल

38. जिसको माता–पिता का आश्रय न मिला हो
- A. पराश्रित
- B. निराश्रित
- C. अनाथ
- D. अकिंचन

39. जिस स्त्री का पति जीवित होता है
- A. कामिनी
- B. सुभगा
- C. सधवा
- D. मधवा

40. अनुचित व्यय करने वाला
- A. अतिव्ययी
- B. मितव्ययी
- C. दुर्व्ययी
- D. अपव्ययी

41. जिसके पास कुछ न हो
- A. निर्धन
- B. त्यागी
- C. अकिंचन
- D. संन्यासी

42. जिस पर अभियोग लगाया गया हो
- A. प्रतिवादी
- B. अभियोगी
- C. अभियुक्त
- D. याची

43. मोक्ष प्राप्त करने की इच्छा रखने वाला
- A. मोक्षेसु
- B. ममुक्ष
- C. मुमुक्ष
- D. मुमुक्षु

44. जिसकी पत्नी मर गई है
- A. विदुर
- B. विधवा
- C. विधुर
- D. विधाता

45. जो किसी धर्म या व्यक्ति में आस्था न रखे
- A. निशान्त
- B. धर्मनिरपेक्ष
- C. धर्मभीरु
- D. नास्तिक

46. किए गए अहसानों को जानने, समझने व मानने वाला
- A. सुविज्ञ
- B. कृतज्ञ
- C. कृतघ्न
- D. विज्ञ

47. वह वस्तु जो छूने लायक न हो
- A. त्याज्य
- B. अखाद्य
- C. अदृश्य
- D. अस्पृश्य

48. एक ही माँ की कोख से जन्मा
- A. सहोदर
- B. अग्रज
- C. अनुज
- D. साथी

49. जो बिना वेतन कार्य करता हो
- A. निःशुल्क
- B. अवैतनिक
- C. वैतनिक
- D. इनमें से कोई नहीं

50. जिसकी स्त्री मर गई हो
- A. पुश्चल
- B. जरठ
- C. विधुर
- D. विसृत

51. व्याकरण का विद्वान
- A. वैयाकरणी
- B. व्याकरणी
- C. व्याकर्ता
- D. वैयाकरण

52. रास्ते का भोजन
- A. कलेवा
- B. पाथेय
- C. पथ्य
- D. पंथक

53. ईश्वर पर विश्वास
- A. आस्तिक
- B. आस्तेय
- C. श्रद्धालु
- D. भक्त

54. जिसके पास कुछ न हो
- A. निरीह
- B. निर्धन
- C. वंचित
- D. अंकित

55. जिसमें कुछ भी पैदा नहीं होता है
- A. उर्वरा
- B. ऊसर
- C. उपजाऊ
- D. त्याज्य

56. जब गायें वन से लौटती हैं
- A. संध्या
- B. सूर्यास्त
- C. गोधूलि
- D. सूर्योदय

57. लम्बे केशों वाली नारी
- A. केशिनी
- B. दीर्घकेशी
- C. लूजमती
- D. इनमें से कोई नहीं

58. इस लोक की लीला
- A. सांसारिक
- B. इहलौकिक
- C. भौतिक
- D. जागतिक

59. जो किसी के उपकार को नहीं मानता है
- A. कृतार्थ
- B. कृतज्ञ
- C. उपकृत
- D. कृतघ्न

60. खून से सना हुआ
- A. रक्तरंजित
- B. क्षत–विक्षत
- C. घायल
- D. जीर्ण–शीर्ण

61. समाचार भेजने वाला
- A. प्रकाशक
- B. संवाददाता
- C. सम्पादक
- D. पाठक

62. जो गलत काम के लिए साहस करे
- A. निर्भय
- B. दस्यु
- C. दुस्साहसी
- D. वीर

63. वह स्थान जहाँ कोई न हो
- A. शान्त
- B. भयानक
- C. निर्जन
- D. सुनसान

64. जिसका कोई शत्रु न हो
- A. सरल
- B. अजातशत्रु
- C. मृदुभाषी
- D. प्रिय

65. हाथ से लिखी पुस्तक
- A. आलेख
- B. हस्तलिखित
- C. आशुलिपि
- D. पाण्डुलिपि

66. कार्य को नए ढंग से करने की पद्धति
- A. नवाचार
- B. नवीनीकरण
- C. आधुनिकीकरण
- D. विकासशील

67. जीने की इच्छा
- A. जिजीविषा
- B. जिज्ञासा
- C. जिघांसी
- D. जिगीषा

68. सुकुमार अंगों वाली
- A. तन्वंगी
- B. मृदांगी
- C. मोहनांगी
- D. परमांगी

69. इसके पूर्व जो कभी नहीं हुआ हो
- A. भूतपूर्व
- B. भौतिक
- C. भूतराज
- D. अभूतपूर्व

70. रक्त से सना हुआ
- A. रक्तिम
- B. रक्ताभ
- C. रक्ताक्त
- D. रक्तीम

71. जो देखने में प्रिय लगता है
    A. आकर्षक   B. मनमोहन
    C. प्रियदर्शी   D. परलौकिक

72. मृत्यु की इच्छा
    A. मुमूर्षा   B. मूमुर्षा
    C. मूमूर्षा   D. मरणेच्छा

73. अण्डे से उत्पन्न होने वाला
    A. अंडज   B. पिंडज
    C. द्विज   D. स्वेदज

74. 18 वर्ष की अवस्था प्राप्त व्यक्ति
    A. प्रौढ़   B. युवक
    C. वयस्क   D. विज्ञ

75. जो पहले कभी न हुआ हो
    A. अद्भुत   B. अद्वितीय
    C. असम्भव   D. अभूतपूर्व

76. जिसे कुछ भी करना–धरना न सूझे
    A. किंकर्त्तव्यविमूढ़
    B. अविवेकी
    C. दीर्घसूत्री
    D. किंवदन्ती

77. चन्द्रवंश में उत्पन्न
    A. चंद्रप्रभा   B. चंद्रज
    C. चंद्रवंशी   D. चंद्रकेतु

78. जिसके समान दूसरा न हो
    A. अलौकिक   B. स्वर्गिक
    C. अप्रतिभ   D. अप्रतिम

79. एक प्रकार का ज्वर, जिसमें वात, पित्त और कफ तीनों कुपित होते हैं
    A. सन्निपात   B. प्रपात
    C. निपात   D. अनुपात

80. जहाँ पहुँचा न जा सके
    A. दुर्गम   B. अधिगम
    C. अगम   D. सुगम

81. उपकार के बदले में किया हुआ उपकार
    A. कृतज्ञ   B. उपकारी
    C. अनुपकारी   D. प्रत्युपकार

82. अनुचित कार्य करने में हिचकिचाहट
    A. कामचोर   B. संकोच
    C. पश्चाताप   D. आत्मग्लानि

83. जिसका पति परदेश से आ गया हो
    A. परदेशी
    B. आगतपतिका
    C. पतिकामा
    D. पतिप्राणा

84. वह स्त्री जिसने अपने पति की हत्या की हो—
    A. पतिजिया   B. पतिघातिनी
    C. पतिघ्नी   D. पतिघ्रुक

85. साफ–साफ कहने वाला
    A. स्पष्टवादी   B. सत्यवादी
    C. निष्कपट   D. छद्मी

86. जिसके पास कुछ न हो
    A. अकिंचन   B. अभ्यागत
    C. याचक   D. भिक्षुक

87. काम में लगा रहने वाला
    A. कारीगर   B. मजदूर
    C. अकर्मण्य   D. कर्मठ

88. बहुत समय तक स्थिर रहने वाला
    A. स्थिर   B. चिरस्थायी
    C. दीर्घायु   D. दीर्घकालीन

89. जिसका कोई शत्रु न हो
    A. अशत्रु   B. शत्रुहंता
    C. सर्वप्रेमी   D. अजातशत्रु

90. अपराध करने के बाद मन में होने वाली ग्लानि
    A. आत्मग्लानि   B. लज्जा
    C. दैन्य   D. पश्चाताप

91. जो दूसरों में केवल दोष देखे
    A. आलोचक   B. दोषारोपक
    C. छिद्रान्वेषक   D. अनुदार

92. विश्व को जीतने वाले
    A. विश्वजीत
    B. विजित
    C. अजीत
    D. इनमें से कोई नहीं

93. कंजूसी से धन व्यय करने वाला
    A. मितव्ययी   B. कृपण
    C. अल्पव्ययी   D. मसृण

94. नाटक खेलने का स्थान
    A. रंगभूमि   B. नेपथ्य
    C. नाटकगृह   D. रंगमंच

95. जो क्षमा पाने लायक है
    A. क्षीण   B. क्षम्य
    C. क्षौर   D. क्षेम

96. इन्द्र को जीतने वाले
    A. इन्द्रजीत   B. शत्रुघ्न
    C. अजेय   D. विश्वजीत

97. जिसका तेज निकल गया है
    A. निषिद्ध   B. निष्फल
    C. निक्षेप   D. निस्तेज

98. किसी की कृपा से लाभान्वित व्यक्ति
    A. कृतघ्न   B. कृपालु
    C. कृतार्थ   D. लभ्य

99. जो ऊपर कहा गया है
    A. अधोलिखित
    B. उपर्युक्त
    C. अन्तलिखित
    D. अन्यत्र कथित

100. जो आँखों के सामने है
    A. प्रत्यक्ष   B. परोक्ष
    C. पारलौकिक   D. सूक्ष्म

101. जिसे किसी का भय न हो
    A. निःशंक   B. निर्भीक
    C. निर्लज्ज   D. उद्दण्ड

102. जिसे न कोई देख सकता है न सुन सकता है और न स्पर्श कर सकता है
    A. निराकार   B. निर्गुण
    C. अतीन्द्रिय   D. अगोचर

103. मिथ्या अभियोग
    A. तोहमत   B. तोहमती
    C. तोहफगी   D. तोहफा

104. न खाने योग्य बना
    A. अग्राह्य   B. अखाद्य
    C. अभक्ष्य   D. अभोज्य

105. बड़े भाई
    A. ज्येष्ठ   B. अग्रज
    C. अनुज   D. दीर्घभ्राता

106. जो हर क्षेत्र में सबसे आगे रहता हो
    A. अग्रणी   B. अग्रगण्य
    C. सर्वोपरि   D. प्रथम

107. मुँह से आग फेंकने वाला भूत
    A. अगियाकोइलिया
    B. अगियावैताल
    C. अगिर
    D. सभी

108. छोटी बहिन
    A. लघुजा   B. तनुजा
    C. कनिष्ठा   D. अनुजा

109. भाषा का विकृत रूप
    A. विकृत   B. भ्रष्ट
    C. अपभ्रंश   D. प्राकृत

110. जिसका अंदाजा न हो सके
    A. अचिन्त्य   B. आकस्मिक
    C. बिजली   D. नैसर्गिक

111. जिसमें चेतना का अभाव हो
   A. अनजान   B. बेसुध
   C. निश्चेष्ट   D. अचेतन

112. एक प्रकार का ज्वर, जिसमें वात, पित्त और कफ तीनों कुपित होते हैं
   A. प्रपात   B. अनुपात
   C. निपात   D. सन्निपात

113. जिसे किसी से लगाव न हो
   A. निर्लिप्त   B. लिप्सु
   C. अलगाववादी   D. नश्वर

114. सुन्दर ढंग से कहा हुआ
   A. उपयुक्त   B. सुभाषित
   C. मृदुभाषित   D. अभिभाषण

115. जिसकी पहले से कोई आशा न हो
   A. निराशा   B. आशातीत
   C. असम्भाज्य   D. अप्रत्याशित

116. किसी के प्रति उदारता एवं कृपापूर्वक किया जाने वाला व्यवहार
   A. अगम्य   B. अनुग्रह
   C. विग्रह   D. निग्रह

117. बारह से सोलह वर्ष की आयु की नायिका
   A. अंकुरित यौवना
   B. किशोरी
   C. A और B दोनों
   D. सिर्फ A

118. दोपहर 12 बजे के बाद का समय
   A. मध्याह्न   B. अपराह्न
   C. संध्या   D. पूर्वाह्न

119. समुद्र मथने पर निकला हुआ हलाहल विष
   A. सिन्धुविष   B. सिन्धुमन्थज
   C. सिन्धुज   D. सिन्धुवृष

120. परीक्षा देने वाला व्यक्ति
   A. परीक्षक   B. निरीक्षक
   C. प्रतियोगी   D. परीक्षार्थी

121. किसी पद के उम्मीदवार
   A. अभिलाषी   B. प्रत्याशी
   C. इच्छुक   D. आशावान

निर्देश : *निम्नलिखित प्रत्येक वाक्य–खण्ड के लिए उसके नीचे दिए गए विकल्पों में से एक शब्द चुनिए।*

122. विदेश से आए सोने को छिपाकर एक स्थान से दूसरे स्थान पर पहुँचा देने का कार्य
   A. चोरी   B. आढ़तिया
   C. स्थानान्तरण   D. तस्करी

123. दोनों भौहों के मध्यवर्ती स्थान पर उसकी बिंदिया खूब सज रही थी
   A. भृकुटी   B. त्रिकुटी
   C. त्रिपुटी   D. ध्यान–स्थान

124. किसी के ज्ञान, योग्यता, कुशलता आदि को परखना
   A. निरीक्षण   B. अनुवीक्षण
   C. परीक्षण   D. पुनरीक्षण

125. संगीत में एक ही सुर को दुगुने या चौगुने सुरों में दुहराने की क्रिया
   A. प्रलाप   B. संलाप
   C. विलाप   D. आलाप

126. विशिष्ट अवसर पर विशिष्ट लोगों के समक्ष दिया गया विद्वतापूर्ण भाषण
   A. सम्भाषण   B. अभिभाषण
   C. अपभाषण   D. अनुभाषण

127. उमंग एवं खुशी का भाव
   A. प्रमोद   B. उल्लास
   C. आह्लाद   D. उत्फुल्लता

128. जल/समुद्र में लगने वाली आग
  A. दावानल   B. जलविद्युत
  C. जल प्रपात   D. बड़वाग्नि

129. जिसके हाथ में चक्र हो
  A. चक्रपाणि   B. चक्रधारी
  C. चक्रवर्ती   D. चक्रहस्त

130. जिसको देखा न जा सके
  A. अनिर्वचनीय   B. अगोचर
  C. अप्रत्यक्ष   D. अज्ञात

131. साहित्यिक गुण–दोषों की विवेचना करने वाला
  A. समालोचक   B. सम्पादक
  C. निरीक्षक   D. परीक्षक

132. वह बालक जिसे गोद लिया गया हो
  A. दत्तक   B. अंकित
  C. औरस   D. रेंहतुआ

133. जिसको प्रसन्न करना कठिन हो
  A. आशुतोष   B. दम्भी
  C. दुराराध्य   D. क्रोधी

134. पाप करने के बाद स्वयं दंड पाना
  A. प्रायश्चित
  B. पश्चाताप
  C. प्रताड़ना
  D. इनमें से कोई नहीं

135. जिसका इलाज न हो सके
  A. असाध्य   B. दुसाध्य
  C. क्लिष्ट   D. अशोध्य

136. जो धन को व्यर्थ व्यय करता हो
  A. कृपण   B. मितव्ययी
  C. अल्पव्ययी   D. अपव्ययी

137. जो काम न करना चाहे
  A. आलसी   B. निकम्मा
  C. अकर्मण्य   D. दुष्कर

138. जिसे न देख सकें, न सुन सकें और न छू सकें
  A. निराकार   B. निर्गुण
  C. अदृश्य   D. अगोचर

139. किसी कथा के अन्तर्गत आने वाली दूसरी कथा
  A. दृष्टांत
  B. अन्तर्गाथा
  C. अन्तःकथा
  D. अन्तः उदाहरण

140. धरती और आकाश के बीच का अन्तर
  A. आसमान   B. वायुमण्डल
  C. आकाश   D. अन्तरिक्ष

141. कनिष्ठा और मध्यमा के बीच की उँगली
  A. तर्जनी   B. अनामिका
  C. आगामी   D. अनुयायी

142. जिसका भाषा द्वारा वर्णन न किया जा सके
  A. अनुश्रुति   B. अधित्यका
  C. अन्योदर   D. अनिर्वचनीय

143. जिसके सिर पर चन्द्रकला हो,
  A. चंपू   B. चन्द्रचूड़
  C. शशांक   D. मयंक

144. जो कठिनाई से समझ में आता हो
  A. दुर्वह   B. दुर्गम
  C. दुर्बोध   D. दुर्जेय

145. हर काम को देर से करने वाला
  A. दीर्घदर्शी   B. अदूरदर्शी
  C. दीर्घसूत्री   D. विलम्बी

146. जिसने ऋण लिया हो
  A. उत्तमर्ण   B. अधमर्ण
  C. विवर्ण   D. अदाता

147. उचित से कम मूल्य आँकना या लगाना
A. मूल्यांकन   B. अधिमूल्यन
C. अवमूल्यन   D. अवमूर्तन

148. किसी के प्रति उदारता एवं कृपापूर्वक किया जाने वाला व्यवहार
A. विग्रह   B. निग्रह
C. अवग्रह   D. अनुग्रह

149. जिसे पार करना कठिन हो
A. निगम   B. आगम
C. दुर्गम   D. अगम्य

150. दूर की बात सोचने वाला
A. द्रुतगामी   B. दूरदर्शी
C. दूरस्थ   D. सुदूरवर्ती

151. दूसरों का भला करने वाला
A. परोपकारी   B. शुभेच्छु
C. हितैषी   D. उपकारी

152. सूर्य निकलने से पूर्व का काल
A. प्रातःकाल   B. सायंकाल
C. गोधूलि   D. ऊषाकाल

153. वह भूमि जो उत्पादक हो
A. ऊसर
B. उत्पादनशील
C. उर्वरा
D. हरी–भरी

154. बारातियों के ठहरने का स्थान
A. अतिथिगृह   B. बैठक
C. जनवासा   D. जनवास

155. जो जानने योग्य हो
A. ज्ञेय   B. गेय
C. अजेय   D. अभियोज्य

156. लताओं और बेलों से घिरा स्थान
A. उपवन   B. कुंज
C. उद्यान   D. कानन

157. जिसकी भुजाएँ घुटनों तक हों
A. आजानबाहु
B. अपादमस्तक
C. आद्योपांत
D. नखशिख

158. जो अपना ही हित सोचता हो
A. परमार्थी   B. परार्थी
C. अहंकारी   D. स्वार्थी

159. जिसे अक्षर ज्ञान हो
A. पढ़ा–लिखा   B. निरक्षर
C. साक्षर   D. शिक्षित

160. वह अग्नि जो जंगल में अपने आप लग जाती है
A. बड़वाग्नि   B. जठराग्नि
C. दावानल   D. वायवाग्नि

161. जो दूसरों का श्री–सौभाग्य देखकर दुःखी होता है, उसे कहते हैं
A. श्रुतिमधुर
B. श्रीकातर
C. परश्रीकातर
D. परसुख दुःखी

162. हाथी के समान मंदगति से चलने वाली
A. गजगमन   B. गजगामन
C. गजगामिनी   D. गजगति

163. जिसे वश में करना मुश्किल है, वह कहलाता है
A. प्रियंवदा   B. दुधुर्षु
C. दुर्धर्ष   D. प्रष्टव्य

164. जिस पर कोई लांछन न लगा हो
A. निर्दोष   B. अकलंक
C. निष्कलंक   D. अकलंकित

165. जो बाह्य जगत के ज्ञान से अनभिज्ञ हो
- A. कूपमण्डूक
- B. अल्पज्ञ
- C. अन्तःवासी
- D. अदूरदर्शी

166. एक के बाद एक क्रम से
- A. क्रमहीन
- B. क्रमागत
- C. एककी
- D. अक्रम

167. जो सबसे नजदीक हो
- A. सूक्ष्म
- B. लघुतर
- C. न्यूनतम
- D. निकटतम

168. सबको समान रूप से देखने वाला
- A. समागत
- B. समदर्शी
- C. समरूप
- D. समधर्मी

169. ऐसी उक्ति जो परम्परागत हो
- A. अनुश्रुति
- B. पारम्परिक
- C. आधुनिक
- D. ऐतिहासिक

170. कठिनाई से समझने योग्य
- A. द्रुतगामी
- B. दुर्बोध
- C. सुखद
- D. सुलभ

171. वह भावना जिसमें प्रतिकार की गन्ध हो
- A. प्रतिचिकीर्षा
- B. धृष्ट
- C. प्रतिकारात्मकता
- D. प्रताड़ना

172. धुला हुआ
- A. उज्ज्वलित
- B. सुवाहित
- C. प्रक्षालित
- D. प्रक्लेदित

173. जिसे अक्षर ज्ञान न हो
- A. निरक्षर
- B. शिक्षित
- C. साक्षर
- D. पढ़ा–लिखा

174. जो किसी वस्तु के अन्दर दृढ़तापूर्वक मौजूद है
- A. अन्तर्ज्ञान
- B. अन्तर्निविष्ट
- C. अन्तःकरण
- D. अंतवासी

175. न टलने वाली घटना/भाग्याधीन
- A. होनहार
- B. अनिवार्य
- C. अपरिहार्य
- D. आवश्यक

176. वह पद्य पाठ जिसको अन्तिम अक्षर से आरम्भ किया जाए
- A. अंत्योगत्वा
- B. ओंकार
- C. अंत्याक्षरी
- D. समिधा

177. कई राग और रागनियों के मेल से बना एक संकरराग
- A. ध्रुपद
- B. गंधर्व
- C. धमाल
- D. मल्हार

178. सब कुछ जानने वाले
- A. सर्वज्ञ
- B. मर्मज्ञ
- C. ज्ञानी
- D. परमेश्वर

179. जिस पर उपकार किया गया हो
- A. कृतज्ञ
- B. कृतघ्न
- C. उपकृत
- D. उपकारी

180. जिस पर कोई लाँछन न लगा हो
- A. अकलंक
- B. अकलंकित
- C. निर्दोष
- D. निष्कलंक

181. अपशकुनों से रहित
- A. निरूपवृत
- B. शकुन
- C. निरुपेक्ष
- D. निरुपसर्ग

182. जो धर्म करता है
- A. धर्मात्मा
- B. विद्वान
- C. उपकारी
- D. अध्यात्मक

183. कठिनाई से समझने योग्य
- A. द्रुतगामी
- B. दुर्बोध
- C. सुलभ
- D. सुखद

184. किसी बात को बढ़ा–चढ़ाकर कहना
- A. प्रवक्ता
- B. वाचाल
- C. अतिशयोक्ति
- D. अनुभव

185. किसी के प्रति उदारता एवं कृपापूर्वक किया जाने वाला व्यवहार
   - A. अगम्य
   - B. अनुग्रह
   - C. निग्रह
   - D. विग्रह

186. जो अपने पद या स्थान से हटा दिया गया है।
   - A. पदच्युत
   - B. पदविमुक्ति
   - C. वैराग्य
   - D. संन्यास

187. हिमालय पर वास करने वाला
   - A. शिखरवासी
   - B. हिमवासी
   - C. हिमालयवासी
   - D. हैमवतिक

188. जिसके आर–पार देखा जा सके
   - A. अपारदर्शी
   - B. सूक्ष्मदर्शी
   - C. समदर्शी
   - D. पारदर्शी

189. चार भुजाओं से घिरा क्षेत्र
   - A. समचतुर्भुज
   - B. चतुर्भुज
   - C. त्रिभुज
   - D. समान्तर चतुर्भुज

190. आयु में बड़े व्यक्ति
   - A. पूजनीय
   - B. ज्येष्ठ
   - C. वरिष्ठ
   - D. कनिष्ठ

191. जिसने ऋण लिया हो
   - A. ऋणदाता
   - B. अदाता
   - C. कर्जदाता
   - D. कर्जदार

192. जिसकी बराबरी का दूसरा न हो
   - A. अद्वितीय
   - B. अनोखा
   - C. अभूतपूर्व
   - D. अनुपम

193. जिसका दमन कठिन है
   - A. दुर्दम्य
   - B. दुर्दान्त
   - C. दुर्धर्ष
   - D. उपर्युक्त सभी

194. किसी काम में दूसरे से बढ़ने की इच्छा
   - A. द्वेष
   - B. घृणा
   - C. स्पर्द्धा
   - D. स्नेह

195. जो भेदा या तोड़ा न जा सके
   - A. दुर्भेद्य
   - B. अभेद्य
   - C. दुर्गम
   - D. दुदभ्य

196. जिस पर विजय प्राप्त कर ली गई हो
   - A. पराजित
   - B. आक्रांत
   - C. अजेय
   - D. विजित

197. कार्य को नए ढंग से करने की पद्धति
   - A. आधुनिकीकरण
   - B. नवीनीकरण
   - C. नवागत रूप
   - D. पारम्परिक

198. जो हाथ से किए जाने वाले कार्यों को अच्छी तरह एवं जल्दी करता है
   - A. दक्ष
   - B. निपुण
   - C. कुशल
   - D. कर्मठ

199. जिसे उचित उत्तर तत्काल सूझ जाए
   - A. प्रतिभाशाली
   - B. प्रज्ञावान
   - C. आशुकवि
   - D. प्रत्युत्पन्नमति

200. जिसे आसानी से सिद्ध न किया जा सके
   - A. कठिन
   - B. दुःसाध्य
   - C. दुष्कर
   - D. असम्भव

201. वीर पुत्रों को जन्म देने वाली
   - A. वीर प्रसूता
   - B. वीरांगना
   - C. वीर माता
   - D. वीर वधू

202. देखने वाले
   - A. श्रवक
   - B. दर्शक
   - C. लेखक
   - D. वक्ता

203. जीवन भर
    A. निर्जीव   B. आजीव
    C. आजीवन   D. सौ साल

204. पढ़ा–लिखा व्यक्ति
    A. सहोदर   B. साक्षर
    C. सौम्य   D. संज्ञात

205. अच्छे संस्कार वाले
    A. संशुद्ध   B. संयमित
    C. संस्कारी   D. संहिता

206. जो सगा भाई है
    A. सहोदर   B. सूक्त
    C. समीक्षक   D. अग्रज

207. शरण में आया हुआ
    A. तथागत   B. अभ्यागत
    C. अतिथि   D. शरणागत

208. श्रेष्ठ कुल में जन्मा हुआ
    A. कुलभूषण   B. कुलश्रेष्ठ
    C. कुलीन   D. शालीन

209. जो दूसरों के अधीन हो
    A. अधीन   B. गुलाम
    C. पराधीन   D. आश्रित

210. जो बहुत बड़ा नहीं है
    A. नातिलघु   B. नातिदीर्घ
    C. सव्यसाची   D. अदीर्घ

211. जो गर्भ की थैली से जन्म लेता है
    A. अंडज   B. पिंडज
    C. उद्भिज   D. जरायुज

212. जिसका जन्म कीचड़ में हुआ हो
    A. नीरज   B. जलज
    C. धीरज   D. पंकज

213. जिसका पान न किया जा सके
    A. अपेय   B. अखाद्य
    C. त्याज्य   D. अजल्पनीय

214. सिर से लेकर पैर तक
    A. नखशिख
    B. आपादमस्तक
    C. शिरपाद
    D. श्रीपाद

215. जिसका सम्बन्ध धरती से हो
    A. पार्थिव   B. जमीनी
    C. भूमिगत   D. पालथिव

216. जो बाएँ हाथ से तीर चलाता है
    A. बामहस्ती   B. धनुर्धर
    C. सव्यसाची   D. तितीर्षा

217. जिसने धरती फोड़कर जन्म लिया हो
    A. उद्भिज   B. धरती पुत्र
    C. अंडज   D. पंकज

218. बरसात के चार महीने
    A. पावस   B. वर्षा
    C. हरिमास   D. चातुरमास

219. जो पृथ्वी का भौतिक हाल जानता हो
    A. भूगर्भशास्त्री
    B. भूगर्भवेत्ता
    C. भूगर्भविज्ञाता
    D. भू–अभ्यन्तरज्ञाता

220. जो आँखों के सामने घटित न हो
    A. अपरोक्ष   B. परोक्ष
    C. अज्ञात   D. अभिज्ञात

221. जो सदैव एक–सा बना रहे
    A. शाश्वत   B. स्मरणीय
    C. सर्वमान्य   D. संस्कार

222. सूर्यास्त का स्थान
    A. पश्चिमाँचल
    B. अस्ताचल
    C. सूर्यास्ताचल
    D. सूर्यस्तस्थान

223. पर्वत के पास की भूमि
    A. उपजाऊ   B. ऊर्वर
    C. उपत्यका   D. बलुआई

224. जिसका भोजन दूध ही होता है
    A. शाकाहारी   B. द्रव्याहारी
    C. दुग्धाहारी   D. माँसाहारी

225. देश के लिए अपनी जान देने वाला
    A. देशप्रेमी
    B. शहीद
    C. जान–न्यौछावर
    D. निष्काम

226. किसी विषय की पूरी छानबीन
    A. समीक्षा   B. मीमांसा
    C. विश्लेषण   D. विवेचन

227. पुस्तक के संस्करण की त्रुटियाँ दूर करना
    A. शोधित   B. शुद्धिकरण
    C. संशोधन   D. सही

228. सूर्योदय से पूर्व का समय
    A. पूर्वोदय   B. रात्रि
    C. अरुणिमा   D. प्रातःकाल

229. विकास की ओर प्रवृत्त देश
    A. विकासोन्मुख
    B. विकासोत्तर
    C. विकासवृत्त
    D. उपर्युक्त में से कोई नहीं

230. विशिष्ट अवसर पर विशिष्ट लोगों के समक्ष दिया गया विद्वतापूर्ण भाषण
    A. सम्भाषण   B. अपभाषण
    C. अनुभाषण   D. अभिभाषण

231. वह जो दूसरों द्वारा लगाए गए अभियोग का उत्तर दे
    A. प्रत्युक्त   B. प्रतिवादी
    C. प्रताड़ित   D. प्रतिपक्षी

232. बिना पलक झपकाए
    A. निर्भय   B. निर्निमेष
    C. निर्मम   D. निर्मूल

233. जिसने देश के साथ विश्वासघात किया हो
    A. विश्वासघाती   B. बागी
    C. विद्रोही   D. देशद्रोही

234. जो व्यक्ति किसी अन्य के स्थान पर कार्यरत हो
    A. अस्थायी   B. स्थानापन्न
    C. अल्पकालीन   D. कामचलाऊ

235. जो जीता न जा सके
    A. भूधर   B. अजेय
    C. आस्तिक   D. अमर

236. जिसके मन में दया का अभाव हो
    A. निर्गुण   B. निर्मम
    C. निर्दय   D. निर्मूल

237. सब कुछ खो देने वाला
    A. निर्लोभ   B. सर्वत्यागी
    C. वैराग   D. सर्वहारा

238. किसी स्थान पर निश्चित रूप से न रहने वाला
    A. अस्थाई   B. यायावर
    C. तात्कालिक   D. घुमक्कड़

239. जिसका उपनिषद् से सम्बन्ध हो
    A. औपनिषदिक
    B. पौराणिक
    C. तथाकथित
    D. पटकथा

240. हमेशा एक जगह स्थिर रहने वाला
    A. विश्वम्भर   B. क्षणस्थायी
    C. यथावर   D. स्थित–प्रज्ञ

उत्तरमाला

1	2	3	4	5	6	7	8	9	10
C	A	A	A	B	A	B	D	C	C

11	12	13	14	15	16	17	18	19	20
A	B	A	C	A	B	A	C	D	D

21	22	23	24	25	26	27	28	29	30
B	A	A	A	D	C	A	D	B	A

31	32	33	34	35	36	37	38	39	40
B	D	C	A	C	B	D	C	C	D

41	42	43	44	45	46	47	48	49	50
C	C	D	C	D	B	D	A	B	C

51	52	53	54	55	56	57	58	59	60
D	B	A	A	B	C	A	B	D	A

61	62	63	64	65	66	67	68	69	70
B	C	C	B	D	A	A	A	D	C

71	72	73	74	75	76	77	78	79	80
C	A	A	C	D	A	C	D	A	C

81	82	83	84	85	86	87	88	89	90
D	B	B	B	A	A	D	B	D	A

91	92	93	94	95	96	97	98	99	100
C	A	B	D	B	A	D	C	B	A

101	102	103	104	105	106	107	108	109	110
B	D	A	B	B	A	B	D	C	A

111	112	113	114	115	116	117	118	119	120
D	D	A	B	D	B	C	B	A	D

121	122	123	124	125	126	127	128	129	130
B	D	B	C	D	B	B	D	A	B

131	132	133	134	135	136	137	138	139	140
A	A	C	A	A	D	C	D	C	D

141	142	143	144	145	146	147	148	149	150
B	D	B	C	C	B	C	D	C	B

151	152	153	154	155	156	157	158	159	160
A	D	C	C	A	B	A	B	C	C

161	162	163	164	165	166	167	168	169	170
C	C	C	C	A	B	D	B	A	D
171	172	173	174	175	176	177	178	179	180
A	C	C	B	A	C	B	A	C	D
181	182	183	184	185	186	187	188	189	190
B	A	B	C	B	A	D	B	D	B
191	192	193	194	195	196	197	198	199	200
D	A	A	C	B	D	B	C	D	B
201	202	203	204	205	206	207	208	209	210
A	B	C	B	C	A	D	C	C	B
211	212	213	214	215	216	217	218	219	220
D	D	A	B	A	C	A	D	B	B
221	222	223	224	225	226	227	228	229	230
A	B	C	C	B	D	C	C	A	D
231	232	233	234	235	236	237	238	239	240
A	B	D	B	B	B	D	B	A	C

अध्याय 5

अनेकार्थी शब्द

अनेकार्थी शब्द

जैसा कि नाम से ही स्पष्ट हो जाता है—अनेकार्थी शब्द वे शब्द कहे जाते हैं जिनके अनेक अर्थ होते हैं। हिन्दी भाषा में कई ऐसे शब्द हैं जिनके पूरे अर्थ शब्दकोष देख कर ही जाने जा सकते हैं। सूरदास के पदों में से उनके दृष्टकूटों में प्रयुक्त शब्द अपने अनेकार्थी होने के कारण प्रहेलिका बन जाते हैं किन्तु वे कौतूहलकारी भी हैं। पर्यायवाची शब्द तथा अनेकार्थी शब्दों में अन्तर यह होता है कि एक वस्तु को जब अनेक नामों से पुकारा जाता है तो उसे पर्यायवाची कहा जाता है जैसे—मयंक, शशि, कलाधर, हिमांशु, उडुपति आदि चन्द्रमा के लिए प्रयुक्त हुए हैं, इसलिए ये चन्द्रमा के पर्यायवाची शब्द हैं जबकि अनेकार्थी शब्द उस शब्द को कहा जाता है जब एक ही शब्द अनेक वस्तुओं के लिए अलग—अलग प्रयोग में आता है जैसे द्विजराज, कनक, सारंग आदि। यहाँ द्विजराज का अर्थ ब्राह्मण, चन्द्रमा, गरुड़ आदि है। अर्थात् एक शब्द का उपयोग अनेक वस्तुओं के लिए किया गया है। इसी प्रकार कनक स्वर्ण को भी कहते हैं तथा धतूरे को भी। 'सारंग' शब्द का प्रयोग करीब 25 से अधिक वस्तुओं के लिए किया जाता है। हिन्दी शब्द सागर में ये प्रयोग मिल जाते हैं। इसी प्रकार 'हरि' शब्द भी कई अर्थों में प्रयुक्त होता है। अनेकार्थी शब्दों का काव्य में श्लेष अलंकार से निकट का सम्बन्ध है तथा यमक अलंकार भी इनमें आत्मसात् हो जाता है।

अनेकार्थी शब्द जहाँ वे हमारे ज्ञान में वृद्धि करते हैं वहीं वे किसी कविता अथवा कथन का आशय समझने में सहायक भी होते हैं। कवियों की पैनी दृष्टि तथा उक्ति को हृदयंगम करने के लिए अनेकार्थी शब्दों का विशेष महत्त्व माना जाता है। हिन्दी भाषा में अनेकार्थी शब्दों का प्रयोग लघु छन्दों, दोहा, सोरठा आदि में विशेष रूप से किया गया है।

जहाँ तक प्रतियोगिता परीक्षाओं का सम्बन्ध है, जानकारी की दृष्टि से कभी—कभी ऐसे वस्तुनिष्ठ प्रकार के प्रश्न पूछे जाते हैं जिनसे यह थाह लेने की कोशिश की जाती है कि परीक्षार्थी को शब्दों का ज्ञान कितना अधिक है। प्रश्न का स्वरूप कुछ इस प्रकार का होता है कि उसमें प्रयुक्त अनेकार्थी शब्द का सही प्रयोग रेखांकित करना पड़ता है।

प्रतियोगिता परीक्षाओं में हिन्दी का क्षेत्र बढ़ता जा रहा है तथा इसके और भी अधिक बढ़ने की संभावना है। ऐसी दशा में परीक्षार्थी के लिए अनेकार्थी शब्दों की जानकारी प्राप्त करना भी उपयोगी होगा। यहाँ पर कुछ प्रचलित और महत्त्वपूर्ण अनेकार्थी शब्द दिए गए हैं।

निर्देश : *निम्नलिखित में से भिन्न शब्द का चयन कीजिए।*

1. A. अम्बर   B. वस्त्र
   C. आकाश   D. किरण

2. A. मधु   B. दूध
   C. शहद   D. शराब

3. A. इन्द्र   B. सिंह
   C. ब्राह्मण   D. सूर्य

4. A. सजा   B. बल
   C. शक्ति   D. सेना

5. A. तात   B. पूज्य
   C. पिता   D. मोती

6. A. सुमन   B. पुष्प
   C. प्रसून   D. आम

7. A. भुजंग   B. मनोज
   C. कंदर्प   D. अनंग

8. A. प्रायः   B. अवसर
   C. सर्वदा   D. बहुधा

निर्देश : *निम्नलिखित अनेकार्थक शब्दों का एक–एक अर्थ उनके सामने दिया गया है। उनका एक दूसरा अर्थ दिए गए विकल्पों में सम्मिलित है। उसे चुनिए।*

9. अचल = स्थिर
   A. सागर   B. पृथ्वी
   C. आकाश   D. पर्वत

10. अदृष्ट = जो न देखा गया हो
    A. भाग्य   B. सौभाग्य
    C. दुर्भाग्य   D. अभाग्य

11. अंक = संख्या
    A. शरीर   B. गोद
    C. सत्य   D. अंग

12. अंबर = वस्त्र
    A. आकाश   B. बादल
    C. कमल   D. पीला

13. डाल=शाखा
    A. सदा   B. ढलान
    C. तालाब   D. उँडेलना

14. कुल=वंश
    A. अभिप्राय   B. पक्षी
    C. पशु   D. सारा

15. बाजि=पक्षी
    A. चालाक   B. तेज
    C. घोड़ा   D. तलवार

निर्देश : *इन प्रश्नों में प्रत्येक में चार शब्द दिए गए हैं जिनमें से तीन अनेकार्थी शब्द की श्रेणी में आते हैं। जो शब्द इस श्रेणी में नहीं आता है, वही आपका उत्तर है।*

16. अंक
    A. गोद
    B. नाटक का विभाजन
    C. संख्या
    D. गणित

17. अर्थ
    A. पाप   B. धन
    C. आशय   D. प्रयोजन

18. आश्रय
    A. आधार   B. मैदान
    C. सहायता   D. तरकश

19. खग
    A. मन   B. तीर
    C. पक्षी   D. आकाश

20. चपला
    A. लक्ष्मी   B. चंचल
    C. पुष्प   D. तड़ित

21. नाग
- A. साँप
- B. पर्वत
- C. जवाहर
- D. बादल

22. पुर
- A. गाँव
- B. घर
- C. किला
- D. नगर

23. बक
- A. बगुला
- B. ढोंगी
- C. आँधी
- D. ठग

24. मृग
- A. कस्तूरी
- B. मुर्गा
- C. हरिण
- D. चन्द्रमा का कलंक

25. मूल
- A. वंश
- B. जड़
- C. औषध
- D. पूँजी

26. अक्षर
- A. आत्मा
- B. वर्ण
- C. अक्षत
- D. स्थिर

27. अक्रूर
- A. मित्र
- B. शत्रु
- C. कृष्ण के चाचा
- D. विनम्र

28. अचल
- A. पहाड़
- B. स्थिर
- C. अटल
- D. चंचल

29. अपेक्षा
- A. आशा
- B. निराशा
- C. आवश्यकता
- D. इच्छा

30. अमूल्य
- A. अनमोल
- B. जन
- C. दूध
- D. अमर

31. अर्क
- A. सर्प
- B. बुध
- C. ताँबा
- D. सत्च

32. अधर
- A. अंतरिक्ष
- B. निचला होंठ
- C. धरती और आसमान के मध्य
- D. अब्धि

33. कनक
- A. सोना
- B. गेहूँ
- C. धतूरा
- D. कमल

34. वर्ण
- A. अक्षर
- B. स्वर
- C. जाति
- D. रंग

35. शिखी
- A. मोर
- B. पर्वत
- C. क्षत्रित
- D. अग्नि

36. सारंग
- A. सर्प
- B. सिंह
- C. भौंरा
- D. वादक

37. अंक
- A. चिह्न
- B. लेख
- C. अक्षर
- D. प्रकृति

38. अंकुर
- A. आँख
- B. कोंपल
- C. गरुड़
- D. रक्त

39. अंग
- A. शरीर
- B. भेद
- C. गोद
- D. प्रकृति

40. अंगज
- A. पुत्र
- B. पसीना
- C. जल
- D. कामदेव

41. अक्ष
   A. सोहागा   B. शरीर
   C. बछेड़ा   D. गरुड़

42. अज
   A. साँप   B. बकरा
   C. शिव   D. शक्ति

43. अनन्त
   A. असीम   B. शेषनाग
   C. बादल   D. अभ्रक

44. अनी
   A. माया   B. माथा
   C. झुण्ड   D. नाव

45. अन्वय
   A. संयोग   B. मेल
   C. अभ्रक   D. खानदान

46. अपेक्षा
   A. इच्छा   B. आश्रय
   C. अतिथि   D. अनुरोध

47. अक्षर
   A. सत्य   B. मोक्ष
   C. जल   D. आँवला

48. अतिथि
   A. अभ्यागत   B. मुनि
   C. अपरिचित   D. जल

49. अधिष्ठान
   A. नगर   B. जनपद
   C. सहारा   D. नाव

50. अन्न
   A. अनाज   B. चाँद
   C. पृथ्वी   D. प्राण

51. अयन
   A. सत्य   B. स्थान
   C. आश्रम   D. अंश

52. अर्क
   A. सूर्य   B. रविवार
   C. अन्न   D. घोंसला

53. अर्थ
   A. अभिप्राय   B. काम
   C. धन   D. रस

54. अर्ह
   A. योग्य   B. तुच्छ
   C. इन्द्र   D. सोना

55. हेम
   A. हिम   B. सोना
   C. नाग   D. शेर

56. अवग्रह
   A. अनावृष्टि   B. वेद
   C. संधिविच्छेद   D. नीच

57. अहि
   A. सर्प   B. अग्नि
   C. पृथ्वी   D. सूर्य

58. अलि
   A. कोयल   B. फूल
   C. बिच्छू   D. सखी

59. अरुण
   A. सूर्य   B. कमल
   C. अफीम   D. सिंदूर

60. अशोक
   A. एक वृक्ष का नाम
   B. पारा
   C. एक सम्राट का नाम
   D. अपशकुन

61. आकर
   A. खजाना   B. भेद
   C. श्रेष्ठ   D. गाँव

62. आगा
    A. अग्र भाग   B. ललाट
    C. आँचल   D. कौवा

63. आड़
    A. ओट
    B. वन
    C. धूनी
    D. बिच्छू का डंक

64. आत्मा
    A. चित्त   B. बुद्धि
    C. कोख   D. अग्नि

65. आराम
    A. बाग   B. सुख
    C. हैरान   D. विश्राम

66. आशंसा
    A. वासना   B. आशा
    C. संदेह   D. प्रशंसा

67. आम
    A. साधारण
    B. आम का फल
    C. प्रसिद्ध
    D. आदत

68. इन्द्र
    A. सूर्य   B. बिजली
    C. हाथी   D. रात

69. इड़ा
    A. पृथ्वी   B. गाय
    C. वाणी   D. खजाना

70. ईश
    A. मालिक   B. आगन्तुक
    C. राजा   D. शिव

71. कंक
    A. सफेद चील
    B. बकुला
    C. यमराज
    D. युधिष्ठिर का एक नाम

72. कम्
    A. जल   B. चाँदी
    C. अग्नि   D. मस्तक

73. कंचन
    A. सोना   B. नाव
    C. धतूरा   D. सुन्दर

74. कंटक
    A. काँटा   B. रोग
    C. रोमांच   D. कवच

75. कंद
    A. बिना रेशे की गूदेदार जड़
    B. चीनी
    C. मिश्री
    D. घास

76. कनक
    A. स्वर्ण   B. सिन्दूर
    C. धतूरा   D. चंपा

77. कक्ष
    A. आँचल   B. भूमि
    C. कमरा   D. अंचल

78. कर्ण
    A. कान
    B. कुमारी कुन्ती का पुत्र
    C. कड़ुवा
    D. नाव की पतवार

79. कर्क
    A. केकड़ा   B. अग्नि
    C. धतूरा   D. घड़ा

80. काम
  A. इच्छा
  B. कामदेव
  C. मदिरा
  D. चार वर्गों में से एक

81. कला
  A. अंश   B. नेत्र
  C. शिव   D. ढंग

82. कल
  A. सुन्दर
  B. कपटी
  C. संतोष
  D. बीता हुआ दिन

83. काल
  A. समय   B. मृत्यु
  C. अवतार   D. लोहा

84. कोटि
  A. धनुष का सिरा   B. उम्र
  C. श्रेणी   D. करोड़

85. केलि
  A. खिलाड़ी   B. स्त्री–प्रसंग
  C. परिहास   D. पृथ्वी

86. कुल
  A. वंश   B. शक्ति
  C. समूह   D. भवन

87. कलाप
  A. अकाल   B. कमर बंद
  C. चंद्रमा   D. आभूषण

88. खम्
  A. विस्तृत   B. आकाश
  C. शून्य   D. स्वर्ग

89. खंड
  A. टुकड़ा   B. देश
  C. अमृत   D. दिशा

90. खत
  A. पत्र
  B. मुख
  C. हजामत
  D. माथे का ऊपरी भाग

91. खर
  A. गधा   B. तिनका
  C. कौवा   D. दुष्ट

92. खग
  A. पक्षी   B. तीर
  C. खगोल   D. बादल

93. खल
  A. दुष्ट
  B. आँवला
  C. दवा कूटने का खरल
  D. विश्वासघाती

94. ख्याल
  A. ध्यान   B. आकाश
  C. आदर   D. एक गान

95. गंठ
  A. कपोल   B. मंत्र
  C. चिन्ह   D. गाँठ

96. गंधर्व
  A. देवताओं का एक वर्ग
  B. मृग
  C. ध्रुव
  D. विधवा स्त्री का एक पति

97. गण
  A. देवता
  B. दूत
  C. छंदशास्त्र के अनुसार तीन वर्णों का समूह
  D. अनुयायी

98. गो
- A. गाय
- B. श्रेष्ठ
- C. सरस्वती
- D. पृथ्वी

99. ग्रहण
- A. नक्षत्र
- B. पकड़ना
- C. स्वीकार
- D. अर्थ

100. गौरी
- A. पार्वती
- B. तुलसी
- C. गंगा नदी
- D. अदरक

101. गुरु
- A. शिक्षक
- B. भारी
- C. श्रेष्ठ
- D. वृहस्पति

102. गोलक
- A. गोलपिंड
- B. आँख की पुतली
- C. गुम्बद
- D. गुल्लक

103. गति
- A. चाल
- B. अवस्था
- C. मृतक का क्रियाकर्म
- D. औसत

104. गुण
- A. धर्म
- B. निपुणता
- C. प्रकृति
- D. सुख

105. घट
- A. घड़ा
- B. शरीर
- C. मन
- D. अंग

106. घन
- A. बादल
- B. लोहा
- C. घड़ा
- D. कपूर

107. घात
- A. प्रहार
- B. चित्त
- C. गुणनफल
- D. प्रवेश

108. घोर
- A. भयंकर
- B. सघन
- C. शोर
- D. बहुत अधिक

109. घोष
- A. अहीर
- B. बंगाली
- C. गोशाला
- D. विह्वल

110. चंड
- A. तेज
- B. उग्र
- C. बलवान
- D. कठोर

111. चन्द्र
- A. चन्द्रमा
- B. कपूर
- C. चारु
- D. बिंदी

112. चंद्रिका
- A. चाँदनी
- B. बड़ी इलायची
- C. मेथी
- D. टुकड़ा

113. चक
- A. चकवा पक्षी
- B. पहिया
- C. हाथ
- D. सोने का एक गहना

114. चक्र
- A. पहिया
- B. विष्णु
- C. सेना का व्यूह
- D. चकवा पक्षी

115. चपला
- A. लक्ष्मी
- B. दन्त
- C. भांग
- D. मदिरा

116. चलना
- A. गमन करना
- B. हिलना–डुलना
- C. निथारना
- D. प्रचलित होना

117. छन्द
- A. वेद
- B. अभिलाषा
- C. बंधन
- D. मुक्ति

118. छाया
- A. अनुकरण
- B. अंधकार
- C. पंक्ति
- D. शीतलता

119. जक
- A. यक्ष
- B. कंजूस
- C. प्रतिघात
- D. हार

120. जन
- A. लोक
- B. जीवन
- C. अनुयायी
- D. समूह

121. जननी
- A. जनमत
- B. माता
- C. चमगादड़
- D. कृपा

122. जन्मज
- A. कमल
- B. मछली
- C. शैवाल
- D. मोती

123. जलद
- A. मेघ
- B. मोथा
- C. कपूर
- D. कमल

124. जात
- A. जन्म
- B. पुत्र
- C. जीव
- D. पड़ोसी

125. जिएणु
- A. जीवाणु
- B. इन्द्र
- C. अर्जुन
- D. सूर्य

126. जाल
- A. बुनावट
- B. षड्यन्त्र
- C. क्षार
- D. सम्मान

127. जाहक
- A. गिरगिट
- B. कबूतर
- C. बिस्तर
- D. घोंघा

128. जीवन
- A. जिंदगी
- B. जल
- C. परमेश्वर
- D. यमुना

129. ज्येष्ठ
- A. आकृति
- B. पति का बड़ा भाई
- C. एक महीना
- D. प्राण

130. टंक
- A. सिक्का
- B. कुल्हाड़ी
- C. बिच्छू
- D. म्यान

131. ठाकुर
- A. देवता
- B. सूर्यवंशी
- C. स्वामी
- D. जर्मींदार

132. तनु
- A. थोड़ा
- B. कोमल
- C. मधुर
- D. केंचुली

133. तंत्र
- A. सूत
- B. जुलाहा
- C. रेशम
- D. औषध

134. तात
- A. पिता
- B. कपूर
- C. पुत्र
- D. प्रिय

135. तारा
- A. आँख की पुतली
- B. नक्षत्र
- C. ऐश्वर्य
- D. भाग्य

136. ताल
- A. हथेली
- B. बेल
- C. ताला
- D. मृदंग

137. दंड
- A. डंडा
- B. शिव
- C. पतवार
- D. यमराज

138. दल
- A. पंखुड़ी
- B. सेना
- C. कोष
- D. अम्बार

139. द्रव्य
- A. वस्तु
- B. धन
- C. औषध
- D. देवता

140. द्विज
- A. दाँत
- B. द्वापर
- C. पक्षी
- D. चन्द्रमा

141. दर्शन
- A. बुद्धि
- B. दर्पण
- C. नेत्र
- D. उपकार

142. धन
- A. मूल
- B. भेंट
- C. योग
- D. सम्पत्ति

143. धाम
- A. पसीना
- B. देव स्थान
- C. जन्म
- D. ज्योति

144. धारा
- A. झरना
- B. रीति–रिवाज
- C. संतान
- D. यश

145. धर्म
- A. प्रकृति
- B. उत्कर्ष
- C. कर्त्तव्य
- D. सम्प्रदाय

146. धर्मराज
- A. युधिष्ठिर
- B. यमराज
- C. न्यायाधीश
- D. दार्शनिक

147. धात्री
- A. माता
- B. गंगा
- C. भाई
- D. गाय

148. धान्य
- A. धनिया
- B. धान
- C. अन्नमात्र
- D. सम्पन्नता

149. धुर
- A. बोझ
- B. खूँटी
- C. चिनगारी
- D. धूर्त्त

150. ध्रुव
- A. अटल
- B. तारे का नाम
- C. नदी
- D. पर्वत

151. ध्वजी
- A. पर्वत
- B. साँप
- C. घोड़ा
- D. ध्वज का दण्ड

152. नंदिनी
- A. व्याहता
- B. उमा
- C. पति की बहन
- D. पत्नी

153. नग
- A. पर्वत
- B. वृक्ष
- C. सूर्य
- D. सपेरा

154. नभ
- A. बिजली
- B. शून्य
- C. अभ्रक
- D. वर्षा

155. नाक
- A. स्वर्ग
- B. नासिका
- C. प्रतिष्ठा
- D. पाताल

156. नाग
- A. साँप
- B. हाथी
- C. बादल
- D. चतुर

157. निकृत
- A. तिरस्कृत
- B. स्थानान्तरित
- C. एकत्रित
- D. दुष्ट

158. निराला
- A. एकान्त
- B. विचित्र
- C. अनूठा
- D. निर्मल

159. निशाचर
- A. राक्षस
- B. गीदड़
- C. चन्द्रमा
- D. सर्प

160. निष्ठा
- A. निर्वाह
- B. विश्वास
- C. कष्ट
- D. परवरिश

161. पक्ष
- A. पंख
- B. पन्द्रह दिन का समय
- C. साक्ष्य
- D. शुद्धता

162. पत्र
- A. पत्ता
- B. पुत्र
- C. अखबार
- D. पंखुड़ी

163. पट्ट
- A. मुकुट
- B. रेशम
- C. पगड़ी
- D. पठार

164. पतंग
- A. थोड़ा
- B. टिड्डी
- C. शलभ
- D. चिनगारी

165. पाद
- A. पाँव
- B. मंत्र
- C. गंदगी
- D. शिव

166. परूष
- A. कर्कश
- B. उग्र
- C. आलसी
- D. शक्तिशाली

167. पयोधर
- A. बादल
- B. हाथी
- C. पर्वत
- D. तालाब

168. पद
- A. पैर
- B. उपवास
- C. उपाधि
- D. मोक्ष

169. पानी
- A. जल
- B. इज्जत
- C. चमक
- D. बाढ़

170. पारावार
- A. आर–पार
- B. हद
- C. समुद्र
- D. ऊँचाई

171. पार्थिव
- A. पृथ्वी संबंधी
- B. राजसी
- C. अर्जुन
- D. मंगल ग्रह

172. पावन
- A. पवित्र
- B. प्राकृतिक
- C. रुद्राक्ष
- D. चंदन

173. पोत
- A. जहाज
- B. कपड़ा
- C. नौका
- D. पहिया

174. फणी
- A. सर्प
- B. केतु
- C. कौतुहल
- D. औषध

175. फल
- A. बीजकोश
- B. परिणाम
- C. बाण का अग्र भाग
- D. मिठास

176. फेर
- A. चक्कर
- B. अफवाह
- C. धूर्तता
- D. भूत–प्रेत का प्रभाव

177. बलि
    A. उदार   B. बलिदान
    C. उपहार   D. भोग

178. बल
    A. शक्ति   B. सेना
    C. पार्श्व   D. अचूक

179. बिहार
    A. एक प्रदेश का नाम
    B. शोभा
    C. विचरन करना
    D. आनन्द

180. भद्र
    A. सभ्य   B. महावत
    C. चंदन   D. बैल

181. भास
    A. चमक
    B. गोशाला
    C. गीध
    D. नमकीन

182. भीत
    A. निडर   B. चटाई
    C. खंड   D. दरार

183. मद
    A. नशा   B. शहद
    C. कामदेव   D. दास

184. मधु
    A. शहद   B. शरबत
    C. अमृत   D. दूध

185. मल
    A. मैल   B. दोष
    C. पाप   D. मलमल

186. मकर
    A. घड़ियाल   B. मछली
    C. माघ मास   D. मकड़ी

187. माता
    A. माँ   B. गौ
    C. सम्पत्ति   D. लक्ष्मी

188. महावीर
    A. हनुमान
    B. गरुड़
    C. भक्त
    D. जैन तीर्थंकर

189. माधव
    A. विष्णु   B. वैशाख
    C. वसन्त   D. काला

190. मुद्रा
    A. सिक्का   B. चेहरा
    C. उम्र   D. भाव–भंगिमा

191. यन्त्र
    A. मशीन   B. बाजा
    C. शक्ति   D. वीणा

192. युक्ति
    A. साधन   B. कौशल
    C. न्याय   D. तर्क

193. योग
    A. ध्यान   B. धन
    C. लाभ   D. विवश

194. योग्य
    A. समर्थ   B. श्रेष्ठ
    C. व्याप्त   D. सुन्दर

195. रस
    A. आनन्द   B. शहद
    C. जल   D. स्वाद

196. रक्त
A. खून   B. केसर
C. कमल   D. लोहा

197. राग
A. प्रेम   B. कष्ट
C. मोह   D. तारा

198. लक्षण
A. रोग की पहचान
B. परिभाषा
C. चंदन
D. सारस पक्षी

199. लम्ब
A. लम्बाई
B. पति
C. अंग
D. एक दैत्य का नाम

200. लय
A. प्रलय   B. प्यास
C. गाने का ढंग   D. नाश

201. वन
A. जंगल   B. बगीचा
C. मोह   D. रश्मि

202. वरा
A. त्रिफला   B. भिण्डी
C. हल्दी   D. मद्य

203. वार
A. मदिरा   B. आवरण
C. क्रम   D. प्रहार

204. वंश
A. बाँस   B. रीढ़
C. खानदान   D. उपवन

205. विग्रह
A. विस्तार   B. व्याकुल
C. शरीर   D. लड़ाई

206. विषय
A. भोग–विलास   B. सम्पत्ति
C. देश   D. आसक्ति

207. वाज
A. घी   B. यज्ञ
C. सेना   D. पलक

208. विधि
A. आनन्द   B. ब्रह्मा
C. भाग्य   D. रीति

209. शंकु
A. भाला   B. उमंग
C. राक्षस   D. कामदेव

210. शिव
A. आपदा   B. भाग्यशाली
C. महादेव   D. लिंग

211. शुद्ध
A. पवित्र   B. स्वच्छ
C. ठीक   D. शोभा

212. श्री
A. सरस्वती   B. बनावटी
C. चन्दन   D. सिद्धि

213. श्रुति
A. कान   B. ऋचा
C. वेद   D. सुन्दर

214. सर
A. तालाब   B. बाण
C. सिर   D. पदवी

215. सार
A. व्यंग   B. निष्कर्ष
C. रस   D. परिणाम

216. सारंग
A. मृग   B. कोयल
C. चूहा   D. सिंह

217. सोम

    A. चन्द्रमा   B. सोमवार

    C. अमृत   D. स्वर्ग

218. हंस

    A. सूर्य   B. प्राण

    C. जीवात्मा   D. पत्रिका

219. हरि

    A. बंदर   B. बगीचा

    C. श्रीकृष्ण   D. चन्द्रमा

220. हार

    A. पराजय   B. मनोहर

    C. उपहार   D. माला

उत्तरमाला

1	2	3	4	5	6	7	8	9	10
D	D	B	D	D	D	A	B	D	A

11	12	13	14	15	16	17	18	19	20
B	A	D	D	C	D	A	D	A	C

21	22	23	24	25	26	27	28	29	30
D	A	C	B	C	D	B	D	B	A

31	32	33	34	35	36	37	38	39	40
B	D	D	B	C	D	D	C	C	C

41	42	43	44	45	46	47	48	49	50
B	A	C	A	C	C	D	D	D	B

51	52	53	54	55	56	57	58	59	60
A	D	B	B	D	D	B	B	B	D

61	62	63	64	65	66	67	68	69	70
D	D	B	C	C	A	D	C	D	B

71	72	73	74	75	76	77	78	79	80
A	B	B	B	D	B	A	C	C	C

81	82	83	84	85	86	87	88	89	90
B	B	C	B	A	B	A	A	C	B

91	92	93	94	95	96	97	98	99	100
D	C	B	B	B	C	A	B	A	D

101	102	103	104	105	106	107	108	109	110
B	C	D	D	D	C	B	C	D	D

111	112	113	114	115	116	117	118	119	120
C	D	C	B	B	C	D	D	C	B

121	122	123	124	125	126	127	128	129	130
A	C	D	D	A	D	B	D	A	C

131	132	133	134	135	136	137	138	139	140
B	C	C	B	C	D	C	D	D	B
141	142	143	144	145	146	147	148	149	150
D	B	A	B	B	A	C	D	D	C
151	152	153	154	155	156	157	158	159	160
D	A	D	A	D	D	C	D	C	D
161	162	163	164	165	166	167	168	169	170
C	B	D	A	C	D	B	B	D	D
171	172	173	174	175	176	177	178	179	180
C	B	D	C	D	B	A	D	C	B
181	182	183	184	185	186	187	188	189	190
D	A	D	B	D	D	C	C	D	C
191	192	193	194	195	196	197	198	199	200
C	A	D	C	B	D	D	C	A	B
201	202	203	204	205	206	207	208	209	210
C	B	A	D	B	D	C	A	B	A
211	212	213	214	215	216	217	218	219	220
D	B	D	D	A	C	D	D	B	C

अध्याय 6

पर्यायवाची शब्द

पर्यायवाची शब्द—संक्षिप्त विवेचन

पर्यायवाची शब्द प्रत्येक भाषा के शब्द भण्डार को सूचित करते हैं। कविता अथवा गद्य लेखन में ही नहीं वरन् साधारण बोलचाल में भी एक वस्तु के लिए अथवा एक भाव के लिए प्रसंगानुकूल विविध शब्दों का प्रयोग कथन को जोरदार तथा प्रभावशाली बनाता है। हिंदी एक सशक्त तथा जीवंत भाषा है जिसमें पर्यायवाची शब्दों की विपुलता पायी जाती है। यह भाषा एक विशाल भूखण्ड की भाषा होने के साथ–साथ राजकाज की भी भाषा है। अपनी जननी संस्कृत से इसे अक्षय शब्द भण्डार की उपलब्धि हुई है। इसके अतिरिक्त प्राकृत, पाली, अपभ्रंश, फारसी, तुर्की, अंग्रेजी तथा दक्षिण भारत की भाषाओं से भी इसने यथा अपेक्षित शब्द ग्रहण किए हैं जिसके कारण इस भाषा की शब्द सामर्थ्य काफी बढ़ गई है। इसके अलावा भी वैज्ञानिक तथा तकनीकी शब्दावली आयोग, राजभाषाविधायी आयोग तथा केन्द्रीय हिंदी निदेशालय, राज्यों की अकादमी जैसी संस्थाएँ भी इस भाषा के शब्दों को बढ़ाने में अपना सराहनीय योगदान कर रही हैं।

हिंदी भाषा जनभाषा अथवा लोकभाषा भी है जिसको लोकमानस द्वारा रचे, पचे शब्द भी काफी मिले हैं। आंचलिक बोलियों के अनेक शब्द हिंदी भाषा ने आत्मसात कर लिए हैं। इसके अलावा अमरकोष, विष्णु सहस्र नाम अन्यान्य देवी–देवताओं के सहस्र नाम जो संस्कृत में रचे गए थे उनको हिंदी भाषा में भी रूपान्तरित किया गया है। यही कारण है कि संस्कृत की तरह हिंदी भाषा में पर्यायवाची अथवा समानार्थी शब्द काफी मिलते हैं। पर्यायवाची शब्दों के आधिक्य के कारण ही हिंदी में नित्य नूतन श्रेष्ठ साहित्य का सृजन, वैज्ञानिक, तकनीकी तथा कानूनी शब्दों का निर्माण द्रुत गति से हो रहा है।

साहित्य के तीन गुणों की चर्चा भी काव्यशास्त्रियों ने की है। माधुर्य, ओज और प्रसाद गुणों का साहचर्य पाकर भाषा लोक मानस से जुड़ जाती है। वह विशिष्ट वर्ग की भाषा न बनकर जन–जन का कण्ठहार बनती है। संस्कृत के साथ कभी ऐसा हुआ था कि वह राष्ट्रवाणी के रूप में गुंजायमान थी किंतु कालांतर में वह विशिष्ट वर्ग की भाषा बन गई है। इसी कारण प्राकृत, पाली और अपभ्रंश भाषाएं अस्तित्व में आई। हिंदी का आगमन भी लोक भाषा के रूप में ही हुआ था।

पर्यायवाची शब्दों का महत्त्व शीर्षस्थ विद्वान से लेकर साधारण पाठक तक के लिए एक जैसा होता है। यह ऐसी सम्पदा है जिसका उपयोग अपनी–अपनी शक्ति तथा सामर्थ्य के अनुसार सभी कर सकते हैं। कविवर सुमित्रानन्दन पंत ने एक बार कहा था कि प्रत्येक पर्यायवाची शब्द की अपनी अलग पहचान तथा अस्मिता होती है जैसे भ्रू से क्रोध वक्रता, भृकुटि

से कटाक्ष की चंचलता। भौंहों से स्वाभाविक प्रसन्नता और ऋतुजा का हृदय में उदय होता है। इस कथन से और भी अधिक स्पष्ट हो जाता है कि पर्यायवाची शब्द दशा विशेष के संदर्भ में विशिष्ट भावों के संदेशवाहक होते हैं।

निर्देश : इधर प्रतियोगिता परीक्षाओं में पर्यायवाची शब्द कई विकल्प देकर पूछे जाते हैं। परीक्षा की दृष्टि से शब्दों के संकलन को उपयोगी बनाने के लिए एक शब्द के अनेक विकल्प देकर प्रतियोगी को सर्वाधिक उपयुक्त शब्द चुनने की छूट दी गई है।

निर्देश : *नीचे एक शब्द दिया गया है। दिए गए चार विकल्पों में से पर्यायवाची शब्द ज्ञात करना है।*

1. अनन्त
   A. विष्णु
   B. अतिशय
   C. असंख्य
   D. आकाश

2. आडम्बर
   A. ढोंग
   B. तम्बू
   C. दर्प
   D. आवाज

3. कपाल
   A. अदृष्ट
   B. खप्पर
   C. भाग्य
   D. माथा

4. छंद
   A. आवरण
   B. पद
   C. बंधन
   D. आचरण

5. ऐश्वर्य
   A. बड़ाई
   B. विलास
   C. सुख
   D. सम्पदा

6. खर
   A. रावण
   B. कुंठित
   C. गधा
   D. मूर्ख

7. पक्षी
   A. नीरज
   B. नभ
   C. विहग
   D. सरसिज

8. कमल
   A. कुसुम
   B. पुष्प
   C. प्रसून
   D. पुंडरीक

9. चतुरानन
   A. ब्रह्मा
   B. इन्द्र
   C. विष्णु
   D. देवता

10. जल
   A. घटा
   B. नीर
   C. दिनकर
   D. सुधाकर

11. अमृत
   A. सुधा
   B. कौमुदी
   C. मन्मथ
   D. सुधाकर

12. इच्छा
   A. अमिय
   B. हर्ष
   C. आकांक्षा
   D. रश्मि

13. उद्यान
   A. धाम
   B. कुसुमाकर
   C. आलय
   D. वाटिका

14. अन्त्य
   A. समाप्त
   B. अन्तिम
   C. नीच
   D. कुलीन

15. घर
   A. सदन
   B. उपवन
   C. पंचशर
   D. हुताशन

16. व्योम
   A. आकाश
   B. किरण
   C. अग्नि
   D. ब्रह्मा

17. कानन
   A. मधुकर
   B. पुष्प
   C. विहिप
   D. वन

18. दास
    A. पादप B. तात
    C. भृत्य D. श्रमिक

19. तोय
    A. वाणी B. वायु
    C. अग्नि D. जल

20. खग
    A. मन B. मयूर
    C. विहग D. अनुचर

21. अम्बु
    A. देवी B. जल
    C. माता D. इन्दी

22. मारुत
    A. वायु B. पृथ्वी
    C. तालाब D. देवता

23. यमुना
    A. अर्कजा B. सुरसरि
    C. सुरसरिता D. त्रिपथगा

24. जान्हवी
    A. मन्दाकिनी B. रश्मि
    C. नलनी D. कुमुदिनी

25. गन्धवाह
    A. तड़ाग B. सुरभि
    C. समीरण D. गगनम्

26. आनन्द
    A. रस B. अकौआ
    C. इन्द्र D. औषधि

27. अरुण
    A. प्रातःकाल B. कुकुट
    C. सूर्य D. कमल

28. प्रेक्षक
    A. प्रेरक B. दर्शक
    C. संयोजक D. आयोजक

29. रासभ
    A. रासलीला B. रास्ता
    C. रीछ D. गधा

30. मृगमद
    A. नशा B. उन्माद
    C. कस्तूरी D. मृगया

31. विनियोग
    A. प्रयोग B. योग
    C. संयोग D. सहयोग

32. वृषभ
    A. श्रेष्ठ B. कुलीन
    C. बलराम D. बैल

33. मृगधर
    A. सिंह B. चंद्रमा
    C. शिव D. मयूर

34. प्रेक्षा
    A. परीक्षा B. शिक्षा
    C. दृष्टि D. दीक्षा

35. प्रासाद
    A. प्रसाद B. आवास
    C. प्रसन्न D. महल

36. श्वान
    A. श्येन B. कुत्ता
    C. शेर D. सांस

37. राधेय
    A. कर्ण B. हलधर
    C. राधा D. छंद

38. वितान
    A. ताड़ना B. तैरना
    C. विस्तार D. विश्राम

39. यक्ष
    A. दक्ष B. कुशल
    C. पेड़ D. देवता

40. नेशर

A. गणेश B. गदहा
C. कुबेर D. गरीब

41. परमृत

A. किताब B. कामदेव
C. कौआ D. कोयल

42. कुसुमेबु

A. कबूतर B. काला
C. कामदेव D. आकाश

43. शांभवी

A. दुर्गा B. दासी
C. पत्नी D. पार्वती

44. मर्कट

A. पानी B. पुत्र
C. बंदर D. मित्र

45. स्वर्ग

A. नाक B. ब्रह्माण्ड
C. देवलोक D. द्यौ

46. कुबेर

A. किन्नरेश B. कोविद
C. धनाधिप D. राजराज

47. रात्रि

A. क्षपा B. तमीचर
C. अमा D. विभावरी

48. भगीरथी

A. सरिता B. गंगा
C. यमुना D. निर्झरणी

49. विद्युत

A. गर्जन B. दामिनी
C. चमक D. पयोद

50. इन्द्र

A. राजीव B. कन्दर्प
C. शक्र D. बल्लभ

51. सैन्धव

A. अश्व B. अरण्य
C. असुर D. नदी

52. दामिनी

A. प्रकाश B. वृक्ष
C. बिजली D. पत्थर

53. श्यामा

A. दुर्गा B. पृथ्वी
C. चन्द्रमा D. गंगा

54. तामरस

A. आम B. अमृत
C. तालाब D. कमल

55. अग्नि

A. सोम B. हुतायन
C. अक्षि D. आलम

56. उदय

A. अन्त B. व्यस्त
C. उगना D. विराम

57. शत्रु

A. आरति B. आराति
C. आरती D. अति

58. उत्कर्ष

A. विकर्षण B. आकर्षण
C. प्रकर्ष D. निष्कर्ष

59. किरण

A. रश्मि B. सुषमा
C. मरीचिका D. अंशु

60. आकाश

A. राकापति B. व्योम
C. शशिधर D. निशाचर

61. सूर्य

A. कलाधर B. रजनीश
C. सोम D. आदित्य

62. कुहरा
    A. कुन्तल   B. कुहासा
    C. वारि   D. मृगमद
63. जुगनू
    A. प्रभाकीट   B. केतुक
    C. करि   D. कुन्तल
64. झंडा
    A. केतन   B. प्रतीक
    C. चेतन   D. डंडा
65. अनुशीलन
    A. प्रेषण   B. चिन्तन
    C. अध्ययन   D. मनन
66. वसन्त
    A. बैसाख नन्दन   B. कुषमायन
    C. मधुमास   D. पावस
67. गरुड़
    A. उरग   B. द्विज
    C. वैन्तेय   D. विहंग
68. अर्वाचीन
    A. विदेशी   B. चीनी
    C. प्राचीन   D. आधुनिक

निर्देश : *निम्नलिखित प्रत्येक प्रश्न में पर्यायवाची शब्द के सर्वाधिक उपयुक्त युग्म को चुनिए।*

69. अंतरिक्ष
    A. पृथ्वी, आकाश
    B. व्योम, आकाश
    C. सुरपथ, सिद्धपथ
    D. अनन्त, गगन
70. अम्बुज
    A. कमल, शंख
    B. कमला, ब्रह्मा
    C. बज्र, बेंत
    D. मीन, जलकुंभी
71. खल
    A. विश्वासघाती, निर्लज्ज
    B. नीच, दुर्जन
    C. दुष्ट, धोखेबाज
    D. खली, खरल
72. तृण
    A. तुच्छ, अल्प
    B. घास, पत्ता
    C. तिनका, घास
    D. लता, द्रुम
73. क्षुद्र
    A. कंजूस, कृपण
    B. निर्धन, दरिद्र
    C. अल्प, मामूली
    D. नीच, अधम
74. उग्र
    A. तीव्र, रौद्र
    B. प्रचण्ड, क्रोधी
    C. उत्कट, घोर
    D. शिव, सूर्य
75. वटोही
    A. वटमार, एकाकी
    B. असहाय, दुर्गम
    C. पथिक, राहगीर
    D. पाथेय, मेघ
76. विरद
    A. यश, ख्याति
    B. बीज, मूल
    C. वृक्ष, पौधा
    D. विरही, वियोगी
77. यातु
    A. पथिक, कष्ट
    B. काल, हवा
    C. यातना, हिंसा
    D. राक्षस, निशाचर

78. विभु

    A. सर्वव्यापक, नित्य

    B. ब्रह्म, आत्मा

    C. महान, ईश्वर

    D. चिरस्थायी, दृढ़

निर्देश : *दिए गए वाक्यों में गाढ़े काले शब्दों के पर्याय के लिए चार–चार विकल्प दिए गए हैं। उचित विकल्प का चयन कीजिए।*

79. इस जीवन की पाप–पुण्य की **कमाई** अगले जन्म के सुख–दुःख का विधान करती है

    A. सर्जन   B. वर्जन

    C. तर्जन   D. अर्जन

80. भक्ति से **सरल** मार्ग पर चलकर भी मोक्ष की प्राप्ति की जा सकती है

    A. ऋजु   B. सुलभ

    C. पावन   D. स्वच्छ

81. दूसरों के आँसू पोंछने वाला स्वयं सदा रोता रहे—यह भाग्य की **विडम्बना** नहीं तो और क्या है

    A. क्रीड़ा   B. बीड़ा

    C. प्रवंचना   D. प्रताड़ना

82. तुलसी का रामचरितमानस **आरम्भ** से अन्त तक भक्ति–भावना से ओत–प्रोत है

    A. अथ   B. पथ

    C. गद्य   D. रथ

83. एक अच्छे निबंध में बुद्धि और हृदय का **सामंजस्य** होना चाहिए

    A. समुदाय   B. मिश्रण

    C. समन्वय   D. सौष्ठव

84. **हाथी** पर नृप की सवारी यात्रा की शोभा बढ़ा रही थी

    A. भुजंग   B. कुंजर

    C. वृषभ   D. रासभ

85. **अतिशय** दुःख के क्षणों में मनुष्य को धैर्य और संयम से काम लेना चाहिए

    A. अत्यधिक   B. असहनीय

    C. अकल्पनीय   D. अत्यल्प

86. भारत के अतीत की गौरव गाथा से सभी **परिचित** हैं

    A. अवगत   B. ज्ञात

    C. विगत   D. सुविज्ञ

87. **वेश्या** को पतित समझने का हमें कोई अधिकार नहीं है

    A. नृत्यांगना   B. अंगना

    C. वासगना   D. वीरांगना

88. अर्जुन धनुर्विद्या में **निष्णात** थे

    A. स्नातक   B. विख्यात

    C. पारंगत   D. परम्परित

89. रेगिस्तान में जल की दो बूँद भी **अमृत** के समान हैं

    A. पय   B. सुधा

    C. क्षुधा   D. तृष्णा

90. गाँवों के सुखी और **स्वावलम्बी** होने से ही देश का कल्याण सम्भव है

    A. परावलम्बी   B. आत्मनिर्भर

    C. निर्भर   D. स्वच्छन्द

91. **बहेलिया** छिपकर शिकार करता है

    A. बाघ   B. व्याध

    C. निदाघ   D. पिशाच

92. राजा के तरकश में अनेक **बाण** थे

    A. तूणीर   B. शर

    C. खर   D. शस्त्र

93. उसके घुँघराले **बाल** अवलोकनीय हैं

    A. अहि   B. कुंतल

    C. उपल   D. अंबर

94. नदी के **तट** पर विशाल पीपल वृक्ष झूम रहा था

A. पय   B. तरु

C. तटिनी   D. तीर

95. घर में **अतिथि** आए हैं

A. अनुगत   B. अवगत

C. दिनांत   D. अभ्यागत

96. मानव शरीर का प्रत्येक **अंग** अपने आप में महत्वपूर्ण है

A. अवयव   B. अनुभाव

C. अव्यय   D. अंश

97. **युद्ध** भूमि में अनेक योद्धा क्षत–विक्षत हुए पड़े थे

A. स्मर   B. संघर्ष

C. समर   D. द्वन्द्व

98. **पर्वत** की ऊँचाई मानव को भी ऊँचा उठने की प्रेरणा देती है

A. डग   B. विहग

C. खग   D. नग

99. उसने **तूणीर** से अपना आखिरी बाण निकाला और शत्रु सेना पर छोड़ दिया

A. असंग

B. उत्संग

C. निषंग

D. निःसंग

100. प्राचार्य महोदय ने उसे घर जाने की **अनुमति** प्रदान कर दी

A. आज्ञा   B. प्रज्ञा

C. अवज्ञा   D. अनुज्ञा

101. उसने बड़े **मनोयोग** से ग्रन्थ का पारायण किया

A. आधान   B. अवधान

C. अवदान   D. अभिधान

102. **दुश्चिन्ता** से मुक्त मन ही स्वस्थ मन होता है

A. आधि   B. व्याधि

C. समाधि   D. उपाधि

103. **फिजूलखर्ची** करना बुरी आदत है

A. अपव्यय   B. मितव्यय

C. परिव्यय   D. अव्यय

104. संगीत का प्रभाव **व्यापक** और गहरा होता है

A. विपुल   B. विविध

C. विशद   D. विरल

105. यदि बुद्धिजीवी देश की मुक्ति के **आन्दोलन** में भाग नहीं लेंगे तो और कौन लेगा?

A. आरोहण

B. उच्छलन

C. अद्वेलन

D. अभियान

106. बालक **प्रकृति** से कोमल होते हैं

A. अभाव   B. विभाव

C. स्वभाव   D. अनुभाव

107. आहट पाकर नेवला एक **बिल** में घुस गया

A. विवर्त   B. विवर्ण

C. विवृत्त   D. विवर

108. **अकिंचनता** सामाजिक व्यवस्था से सम्बन्ध रखती है

A. प्रतिस्पर्धा   B. सम्पन्नता

C. निर्धनता   D. विषमता

109. मैंने वत्सल को एक कहानी सुनाई, जिसमें एक भयानक **राक्षस** था

A. अनल   B. दैत्य

C. आचारी   D. सुर

110. जैसे ही सूर्य की **किरणें** समुद्र के पानी पर पड़ीं, उसका रंग एकदम नीला हो गया
A. प्रभा   B. आदित्य
C. राज   D. ओस

111. **मछली** जल की है रानी, जीवन उसका है पानी।
A. युग्म   B. मत्स्य
C. विधाता   D. गाछ

112. **मेघ** छाए, घिर के आए
A. यती   B. तरु
C. दुम   D. नीरद

113. राम एक जनप्रिय **राजा** थे
A. नरेश   B. संदेश
C. माधव   D. विभु

114. काव्य की भाषा कवि के भावों की अभिव्यक्ति का **साधन** होती है
A. सचेतक
B. उपकरण
C. अवतरण
D. आवरण

115. अमावस्या की रात्रि में **अन्धकार** का राज्य होता है
A. पंक   B. आतंक
C. तिमिर   D. धन

116. युद्ध में सैनिक **कवच** पहनकर लड़ते हैं
A. चर्म   B. वर्म
C. शुक्र   D. शक्ल

117. प्रातःकालीन **भ्रमण** स्वास्थ्य के लिए अत्यंत लाभकारी है
A. परिहार   B. पर्यटन
C. विहार   D. यायावरी

118. कल उनके पति का आकस्मिक **निधन** हो गया
A. दिवावसान   B. देहावसान
C. देहान्तर   D. आमरण

119. रावण और विभीषण की मनोवृत्ति में आकाश–पाताल का **अन्तर** था
A. विभाजन   B. व्यवधान
C. द्वन्द्व   D. वैषम्य

120. मनुष्य ने **सतत्** प्रयास से मानवीय सभ्यता का विकास किया है
A. अद्भुत   B. अनवरत
C. अत्यधिक   D. यथार्थ

121. राजा के **महल** के बाहर एक सुन्दर उद्यान था
A. प्रसाद   B. प्रासाद
C. परिषद्   D. प्रमाद

122. उपन्यास को यथार्थ और स्वाभाविक बनाने के लिए **स्थानीय** रंग भी अपेक्षित है
A. प्राकृतिक   B. आंचलिक
C. काल्पनिक   D. सार्वत्रिक

123. मेरे कार्य में अक्सर कोई-न-कोई **विघ्न** पड़ता ही है
A. आदान   B. व्यतिक्रम
C. आधान   D. व्यवधान

निर्देश : *निम्नलिखित वाक्यों में गहरे काले शब्दों के लिए पर्यायवाची जोड़ों का चयन कीजिए।*

124. **मछली** का चित्र किसने बनाया है
A. मीन–मत्स्य
B. सफरी–धात्री
C. जलनिगग्नि–मकर
D. भामा–मत्स्य

125. **नारी** स्वभावतः कोमल होती है
A. त्रिया—भामिनी
B. कामिनी—दामिनी
C. रमणी—कालिन्दी
D. कान्ता—निशा

126. सूर्य का **प्रकाश** सम्पूर्ण धरा को आलोकित करता है
A. दिनकर—ज्योति
B. छवि—प्रभाकर
C. ज्योति—दीप्ति
D. प्रस्तर—अचला

127. कितना सुन्दर **घर** है?
A. शान्ति—निकेतन
B. गृह—वाटिका
C. पंकज—भवन
D. धाम—आलय

128. समुद्र मंथन में निकले **अमृत** के लिए देव—दानव में युद्ध शुरू हो गया
A. सुधा—मधु
B. सोम—मंगल
C. रसाल—पियूष
D. दृग—सुरभोग

129. **तालाब** का जल सूख गया है
A. झील—सरोवर
B. तड़ाग—खड्ग
C. ताल—अवयव
D. जलाशय—सरिता

130. कितना सुन्दर **पुष्प** है
A. सुमन—भ्रमर   B. सुता—सुमन
C. सुमन—कुसुम   D. उर्पी—प्रसून

131. **आसमान** में तारे हैं
A. व्योम—गगन
B. अम्बर—लोचन
C. भवन—सैन्धव
D. अम्बु—अम्बर

132. सुगन्धित **पवन** बह रही है
A. समीर—अनिल
B. मारुत—अनल
C. वात—शैल
D. वायु—प्रवाह

133. **घोड़ा** सड़क पर अड़कर भड़क गया
A. हय—मुकुल
B. तुरंग—घोटक
C. वाजि—अम्बुज
D. गदह—तुरंग

निर्देश : *निम्नलिखित विकल्पों में से कौन—सा दिए गए शब्द का सही पर्यायवाची नहीं है?*

134. देवता
A. सुर   B. असुर
C. अमर   D. निर्जर

135. तारा
A. अम्बु   B. तारक
C. नक्षत्र   D. नखत

136. बेटा
A. पुत्र   B. सुत
C. आत्मज   D. अग्रज

137. मनुष्य
A. नर   B. महीपाल
C. मनुज   D. मानव

138. गणेश
A. गणपति   B. गौरीसुत
C. मतंग   D. गजानन

139. अनुरोध
A. आग्रह   B. विनती
C. निवेदन   D. याचना

140. द्विज
A. केश   B. दाँत
C. ब्राह्मण   D. दो

141. हवा
- A. अनल
- B. अनिल
- C. वायु
- D. पवन

142. अंकुश
- A. प्रतिबन्ध
- B. रोक
- C. अखुआ
- D. दबाव

143. अकृत
- A. ईश्वर
- B. परमात्मा
- C. अन्तर्यामी
- D. उपेक्षित

144. अक्षि
- A. धुरी
- B. चक्षु
- C. लोचन
- D. नेत्र

145. अगाध
- A. गहना
- B. गहन
- C. अथाह
- D. गम्भीर

146. अवधि
- A. अचल
- B. पृथ्वी
- C. इला
- D. धरती

147. राजा
- A. क्षपाकर
- B. नृप
- C. नरेश
- D. भूपति

148. पहाड़
- A. पर्वत
- B. भूधर
- C. भूप
- D. गिरि

149. सूर्य
- A. रवि
- B. इन्दु
- C. दिनेश
- D. भास्कर

150. पंकज
- A. अम्बुज
- B. जलज
- C. जलद
- D. सरोज

151. सोना
- A. हेम
- B. हिरण्ये
- C. रमणीक
- D. हाटक

152. अग्नि
- A. अनल
- B. धूमकेतु
- C. अम्बक
- D. कृशानु

153. पर्वत
- A. नग
- B. शैल
- C. तुंग
- D. स्थिर

154. जिस विकल्प में पर्यायवाची शब्द नहीं है, उसे चुनिए
- A. आग—अनिल
- B. पद्य—जलज
- C. फूल—पुष्प
- D. पेड़—विटप

155. जिस विकल्प में पर्यायवाची शब्द नहीं है उसे चुनिए
- A. पृथ्वी—मही
- B. रात—राकेश
- C. रास्ता—मार्ग
- D. बर्फ—हिम

उत्तरमाला

1	2	3	4	5	6	7	8	9	10
C	A	D	B	D	C	C	D	A	B
11	12	13	14	15	16	17	18	19	20
A	C	D	C	A	A	D	C	D	C
21	22	23	24	25	26	27	28	29	30
B	A	A	A	C	A	C	B	D	C
31	32	33	34	35	36	37	38	39	40
A	D	B	C	D	B	A	C	D	B

41	42	43	44	45	46	47	48	49	50
D	C	A	C	A	C	D	B	B	C
51	52	53	54	55	56	57	58	59	60
A	C	B	D	B	C	B	C	B	B
61	62	63	64	65	66	67	68	69	70
D	B	A	A	C	C	C	C	A	A
71	72	73	74	75	76	77	78	79	80
B	C	D	D	C	A	D	A	D	A
81	82	83	84	85	86	87	88	89	90
C	A	C	B	A	A	C	C	B	B
91	92	93	94	95	96	97	98	99	100
B	B	B	D	D	A	C	D	C	D
101	102	103	104	105	106	107	108	109	110
C	B	A	C	A	C	D	C	B	A
111	112	113	114	115	116	117	118	119	120
B	D	A	B	C	B	C	B	D	B
121	122	123	124	125	126	127	128	129	130
B	B	D	A	A	C	D	A	A	C
131	132	133	134	135	136	137	138	139	140
A	A	B	B	A	D	B	C	D	A
141	142	143	144	145	146	147	148	149	150
A	C	D	A	A	A	A	C	B	C
151	152	153	154	155					
C	C	D	B	C					

अध्याय 7

विलोम शब्द

विलोम शब्द

ऐसे शब्दों को विपरीतार्थक, विलोमार्थी अथवा विरोधी शब्द कहा जाता है जो किसी शब्द के ठीक विपरीत अर्थ प्रकट करते है। अंग्रेजी में जिन शब्दों को एण्टानिम्स कहा जाता है, हिंदी में वही शब्द विलोमार्थी अथवा प्रतिकूल अर्थ के बोधक कहे जाते हैं। अतएव विलोमार्थी शब्दों को यदि हम परिभाषाबद्ध करना चाहें तो कह सकते हैं कि—"किसी एक शब्द के ठीक विपरीत अर्थ प्रकट करने वाले शब्द विलोम कहे जाते हैं। इन शब्दों को विपर्याय के रूप में भी जाना जाता है।

विलोम शब्दों का महत्त्व

भाषा कोई भी क्यों न हो उसकी सम्पन्नता उसके शब्दों की संख्या से जानी जाती है। आज विश्व में सर्वाधिक सम्पन्न भाषा अंग्रेजी है जिसके शब्दों का निरंतर वार्धक्य होता जाता है। नए-नए विज्ञानों का प्रादुर्भाव होने से उससे सम्बन्धित शब्द भी गढ़े जाते हैं और उन शब्दों के प्रतिकूल शब्दों की आवश्यकता भी अनुभव की जाती है। नतीजतन शब्दों का सृजन अनवरत गति से चलता रहता है। हिंदी में भी यह काम काफी द्रुतगति से हो रहा है। कोई माने या न माने किन्तु जब से केन्द्र में हिन्दी को राजभाषा का गरिमामय पद मिला है तब से उसके विकास की गति भी बढ़ी है। विभिन्न क्षेत्रों में उसका प्रवेश हो रहा है। विज्ञान, इंजीनियरी, चिकित्सा शास्त्र, आणविकी आदि सभी से सम्बन्धित शब्दों की रचना हिंदी में अबाध गति से की जा रही है। ये सब प्रभ लक्षण हैं। शब्दों के समानार्थी तथा विपरीतार्थी दोनों की जरूरत पड़ती रहती है और आज के युग में जबकि प्रतियोगिता का महत्त्व काफी बढ़ता जा रहा है विपरीतार्थी शब्द भी किसी के भाषाई ज्ञान की माप करने में उपादेय सिद्ध होते हैं।

इसके अतिरिक्त विपरीतार्थक शब्द किन्हीं दो अच्छी या बुरी वस्तुओं की तुलना करने के लिए भी काफी उपादेय सिद्ध होते हैं। ऐसे शब्दों के प्रयोग से भाषा में निखार आता है और भाषण प्रभावशाली बन जाता है तथा लेखन गरिमावान दिखाई पड़ने लगता है। जैसे कोई व्यक्ति यह कहे कि—"स्वतन्त्रता के पश्चात सम्पन्नता तथा निर्धनता में समानुपातिक वृद्धि नहीं हुई" तो इसकी जगह यदि यह कहा जाए कि—"स्वतन्त्रता के पश्चात सम्पन्नता तथा विपन्नता में समानुपातिक वृद्धि नहीं हुई' तो यह कथन अधिक सरस अथवा काव्यमय प्रतीत होगा।

विलोमार्थी शब्दों की रचना प्रक्रिया

विलोम अथवा विपरीतार्थक शब्दों की रचना अनेक प्रकार से की जाती हैं। इनमें अनेक ऐसे शब्द हैं जिनमें उपसर्ग लगाकर विलोमार्थक शब्द बनाया जाता है, कुछ ऐसे हैं जिनके उपसर्गों में परिवर्तन करना पड़ता है। बहुत से शब्द लिंग परिवर्तन द्वारा एवं प्रत्यय लगाने से विपरीत अर्थ के बोधक हो जाते हैं। कुछ स्वतन्त्र शब्द होते हैं जिनका आपस में कोई सम्बन्ध नहीं होता।

इधर प्रतियोगिता परीक्षाओं में हिन्दी का उपयोग काफी बढ़ रहा है। अंग्रेजी के ढंग पर हिन्दी में भी पर्यायवाची शब्द, अनेकार्थी शब्द, विलोम शब्द परीक्षाओं तथा प्रतियोगिताओं में पूछे जाते हैं। इस प्रकार के शब्दों को जानने, समझने तथा व्यवहार में लाने का जिनको अभ्यास नहीं होता वे अकारण अपने अंक गंवा बैठते हैं जबकि किंचित अभ्यास करके उक्त प्रकार के शब्द याद किए जा सकते हैं।

प्रस्तुत संकलन में अनेक प्रकार के शब्दों को उनके पर्यायों तथा विपर्यायों सहित देने का प्रयास किया गया है। यह सारी व्यवस्था बिलकुल नई विधा अपनाकर की गई है ताकि परीक्षार्थी अपने मनोनुकूल शब्द एक ही संकलन में प्राप्त कर सकें।

संग्रहीत शब्दों के चयन में इस बात की पूरी-पूरी सावधानी बरती गई है कि केवल वे शब्द ही दिए जाएं जो साधारणतः प्रयोग में आते हैं तथा स्तरीय साहित्य में उनका उपयोग प्रायः देखने में आता है।

निर्देश : *नीचे दिए गए शब्दों के विलोम के लिए चार-चार विकल्प दिए गए हैं। उनमें से उचित विकल्प का चयन कीजिए।*

1. कृपण

A. अधम	B. दानी
C. कृतघ्न	D. कनिष्ठ

2. क्षणिक

A. शाश्वत	B. संक्षेप
C. विरह	D. क्षुद्र

3. स्वदेश

A. गाँव	B. नगर
C. परदेश	D. स्वर्ग

4. स्तुति

A. सेवक	B. निवेदन
C. प्रार्थना	D. निन्दा

5. सर्दी

A. गर्मी	B. धूप
C. उष्ण	D. शीतल

6. शान्त

A. लघु	B. चंचल
C. डरपोक	D. बहादुर

7. भीगा

A. सूखा	B. नरम
C. उष्ण	D. गरम

8. कुसुम

A. वज्र	B. नारी
C. खिन्न	D. ठंडा

9. तम

A. सम	B. कृश
C. नम	D. प्रकाश

10. नख

    A. शिख   B. अनित्य

    C. श्याम   D. निन्दा

11. भौतिक

    A. पाश्चात्य   B. दैविक

    C. दैहिक   D. आध्यात्मिक

12. अवनि

    A. आकाश   B. अम्बर

    C. गगन   D. आसमान

13. कर्कशा

    A. कोमल   B. निर्मल

    C. विह्वल   D. व्याकुल

14. अवनत

    A. बढ़ना   B. उत्कर्ष

    C. ऊँचा   D. उन्नत

15. अति

    A. न्यून   B. कम

    C. अल्प   D. नगण्य

16. अद्भुत

    A. सामान्य   B. लौकिक

    C. संसारी   D. सुगम

17. दरिद्र

    A. सम्पन्न   B. समृद्धशाली

    C. भूपति   D. श्रीपति

18. ब्रह्म

    A. जीव   B. माया

    C. जगत   D. अज्ञान

19. बहिरंग

    A. अंतरंग   B. रंगारंग

    C. जलतरंग   D. रामरंग

20. दिवस

    A. विभावरी   B. अरविन्द

    C. प्रवाहिणी   D. विचक्षण

21. निर्मल

    A. पवित्र   B. शुद्ध

    C. मलिन   D. मृदु

22. उद्यम

    A. प्रवीण   B. आलस्य

    C. नीरज   D. नृप

23. अग्नि

    A. पवन   B. समीर

    C. जल   D. जलधि

24. अग्र

    A. पश्च   B. शांत

    C. मध्यम   D. अधम

25. अच्युत

    A. अधम   B. पतित

    C. द्रवित   D. च्युत

26. कटु

    A. मधुर   B. पटु

    C. मृदु   D. मीठा

27. नीरस

    A. रसीला   B. सरस

    C. विरस   D. अरस

28. ओजस्विनी

    A. तेजस्विनी   B. निर्जस्वी

    C. तपस्विनी   D. तपस्वी

29. अर्पण

    A. ग्रहण   B. तर्पण

    C. समर्पण   D. प्रत्यर्पण

30. सामिष

    A. निरामिष   B. वैष्णव

    C. शाकाहारी   D. मांसरहित

31. व्यय

    A. धनागम   B. आमदनी

    C. धनोपार्जन   D. आय

32. संयोग
   A. विप्रलम्भ   B. विरह
   C. वियोग   D. पार्थक्य

33. रूक्ष
   A. पिच्छल   B. चिक्कण
   C. स्निग्ध   D. सरस

34. सूक्ष्म
   A. बड़ा   B. मोटा
   C. विशाल   D. स्थूल

35. विघटन
   A. सामूहिकता   B. संगठन
   C. समष्टि   D. एकीकरण

36. विकास
   A. उल्लास   B. ह्रास
   C. विनाश   D. परिहास

37. अनायास
   A. सायास   B. विपर्यास
   C. प्रयास   D. आभास

38. गरिमा
   A. कालिमा   B. लघुमा
   C. अरुणिमा   D. लालिमा

39. उपेक्षा
   A. वीक्षा   B. उत्प्रेक्षा
   C. अपेक्षा   D. परीक्षा

40. अंगीकरण
   A. तिरस्कार   B. उपेक्षा
   C. अनंगीकरण   D. घृणा

41. अज्ञ
   A. प्रज्ञ   B. प्रवीण
   C. चतुर   D. समझदार

42. सामंजस्य
   A. विवाद   B. कलह
   C. सन्ताप   D. द्वेष

43. अमर
   A. चेतन   B. जर
   C. अमृत   D. मर्त्य

44. पराक्रम
   A. भीरुता   B. दुविधा
   C. आलस्य   D. दुर्बलता

45. गुरु
   A. विस्तृत   B. बड़ा
   C. विशाल   D. लघु

46. रंक
   A. बलवान   B. धनवान
   C. किसान   D. मजदूर

47. जन्म
   A. मृत्यु   B. मरण
   C. अंत   D. सुषुप्ति

48. संक्षेपण
   A. स्फीति
   B. विस्तारण
   C. विस्तीर्ण
   D. विस्तारीकरण

49. तिक्त
   A. नमकीन   B. मधुर
   C. तीखा   D. कड़ुवा

50. प्रीति
   A. वैर   B. दोस्ती
   C. मदद   D. सहायता

51. हर्ष
   A. दुःख   B. शोक
   C. विषाद   D. अप्रसन्नता

52. सन्त
   A. परिव्राजक   B. दुर्जन
   C. कुटिल   D. निर्दयी

53. मितभाषी
- A. मूक
- B. सौम्य
- C. स्वच्छन्द
- D. वाचाल

54. महान
- A. मरण
- B. चेतन
- C. क्षुद्र
- D. मूढ़

55. द्युति
- A. छवि
- B. प्रभा
- C. ज्योति
- D. अन्धकार

56. प्रसन्नता
- A. दुःख
- B. हर्ष
- C. विषाद
- D. अप्रसन्नता

57. क्रोध
- A. कृपा
- B. आशीर्वाद
- C. क्षमा
- D. सहयोग

58. उत्तेजित
- A. कठोर
- B. शान्त
- C. संदिग्ध
- D. उद्वेलित

59. राजा
- A. बलवान
- B. रंक
- C. किसान
- D. मजदूर

60. ऋत
- A. निऋत
- B. रस
- C. अमृत
- D. शहद

61. विपन्न
- A. सम्पन्न
- B. धनाढ्य
- C. सिद्ध
- D. परिपूर्ण

62. उत्तरायण
- A. उत्तरोत्तर
- B. पूर्वोत्तर
- C. पश्चिमोत्तर
- D. दक्षिणायन

63. जड़
- A. प्राण
- B. चेतन
- C. जीव
- D. ज्ञानी

64. सम
- A. अतुल्य
- B. असमान
- C. अनमेल
- D. विषम

65. सम्मुख
- A. उन्मुख
- B. विमुख
- C. प्रमुख
- D. अभिमुख

66. चिरंतन
- A. नश्वर
- B. गम्भीर
- C. अचल
- D. लघु

67. ग्राम्य
- A. शुक्ल
- B. स्थिर
- C. नगर
- D. साहूकार

68. उत्कर्ष
- A. उपकर्ष
- B. ह्रास
- C. पतन
- D. अपकर्ष

69. गुप्त
- A. प्रकट
- B. सार्वजनिक
- C. स्पष्ट
- D. दृष्टव्य

70. कृत्रिम
- A. स्वाभाविक
- B. असली
- C. प्राकृतिक
- D. निर्मित

71. भोगी
- A. संन्यासी
- B. साधू
- C. योगी
- D. त्यागी

72. सत्य
- A. असत्य
- B. झूठ
- C. मिथ्या
- D. इनमें से कोई नहीं

73. सत्कार
- A. तिरस्कार
- B. अपमान
- C. उपेक्षा
- D. निरादर

74. कड़ुआ

   A. कोमल   B. मीठा

   C. मधु   D. गरम

75. वाचाल

   A. चालाक   B. रुक्ष

   C. मूक   D. विरत

76. संक्षिप्त

   A. विशिलष्ट   B. विस्तीर्ण

   C. विनीत   D. विस्तृत

77. आदि

   A. अन्त   B. अनादि

   C. अनन्त   D. समाप्त

78. स्थावर

   A. चेतन   B. जंगम

   C. चंचल   D. सचल

79. शीतलता

   A. उष्मा   B. अमृत

   C. गर्मी   D. गरम

80. एड़ी

   A. अधम   B. चोटी

   C. ऊपर   D. मस्तक

81. जरा

   A. भोरा   B. बुढ़ापा

   C. जला   D. यौवन

82. आभ्यंतर

   A. बाध्य   B. मुक्त

   C. स्वतंत्र   D. आजाद

83. गरल

   A. मन्द   B. घटाव

   C. सुधा   D. मधु

84. धृष्ट

   A. विनम्र   B. विनीत

   C. आज्ञाकारी   D. उद्दंड

85. क्षर

   A. अक्षम्य   B. अक्षर

   C. शाश्वत   D. लघु

86. अच्छाई

   A. कुरूपता   B. निंदा

   C. बुराई   D. प्रताड़ना

87. अल्पज्ञ

   A. सर्वज्ञ   B. अभिज्ञ

   C. कृतज्ञ   D. कनिष्ठ

88. गत्यात्मक

   A. स्थिर   B. गतिमान

   C. अस्थिर   D. प्रत्यात्मक

89. आवास

   A. गृह

   B. प्रवास

   C. निवास

   D. इनमें से कोई नहीं

90. अनुलोम

   A. निम्न   B. भिन्न

   C. विलोम   D. विवास

91. विकर्षण

   A. दूषण   B. पर्याय

   C. अपकर्ष   D. आकर्षण

92. कृष्ण

   A. राधा   B. शुक्ल

   C. कंस   D. श्वेत

93. संकीर्ण

   A. अनुदार   B. विकीर्ण

   C. उदार   D. दानशील

94. निषेध

   A. संधि   B. विग्रह

   C. विधि   D. विशेष

95. दनुज
    A. देव
    B. प्रजापति
    C. यक्ष
    D. मनुज

96. आदर
    A. अपमान
    B. अनादर
    C. उपेक्षा
    D. असम्मान

97. नवीन
    A. प्राचीन
    B. पुरातन
    C. अर्वाचीन
    D. आधुनिक

98. अभिशाप
    A. अपमान
    B. उत्साह
    C. सम्मान
    D. वरदान

99. अर्थ
    A. अनर्थ
    B. शब्द
    C. भाव
    D. तात्पर्य

100. वक्र
    A. ऊँचा
    B. सरल
    C. वक्त्र
    D. उल्टा

101. सुगम
    A. टेढ़ा
    B. नीचा
    C. दुर्गम
    D. रेतीला

102. सृष्टि
    A. जन्म
    B. प्रलय
    C. शुद्धि
    D. अभीष्ट

103. साक्षर
    A. निरक्षर
    B. अक्षर
    C. मच्छर
    D. अल्पाक्षर

104. सनाथ
    A. नाथ
    B. अनाथ
    C. जगन्नाथ
    D. कुनाथ

105. विधि
    A. आलस्य
    B. विष्णु
    C. निषेध
    D. विधान

106. गणतंत्र
    A. स्वतंत्र
    B. परतंत्र
    C. पूर्णतंत्र
    D. राजतंत्र

107. नास्तिक
    A. आस्तिक
    B. पुण्यात्मा
    C. दुरात्मा
    D. धर्मात्मा

108. भूगोल
    A. धरातल
    B. आकाश
    C. पाताल
    D. खगोल

109. प्रभूत
    A. अंबार
    B. ढेर
    C. अल्प
    D. अधिक

110. पालक
    A. अभिभावक
    B. संहारक
    C. रक्षक
    D. कर्त्ता

111. ज्ञेय
    A. अज्ञेय
    B. विज्ञ
    C. समझदार
    D. प्रज्ञ

112. जागरण
    A. अर्पण
    B. निद्रा
    C. प्रकाश
    D. स्वप्न

113. प्रज्ञा
    A. राजा
    B. धनवान
    C. दौलतमंद
    D. गरीब

114. तेज
    A. थोड़ा
    B. सुस्त
    C. प्रकट
    D. सरल

115. प्रसन्न
    A. चेतन
    B. क्रोध
    C. खिन्न
    D. फीका

116. शान्ति
    A. क्रान्ति
    B. चंचल
    C. विग्रह
    D. अनावृष्टि

117. धवल

A. कृष्ण	B. श्वेत
C. दूधिया	D. उजाला

118. करुण

A. निर्दय	B. कठोर
C. निष्ठुर	D. कोमल

119. पुरस्कार

A. तिरस्कार	B. अनुसार
C. बहिष्कार	D. सत्कार

120. तीक्ष्ण

A. पीड़ित	B. खुशी
C. गर्व	D. कुंठित

121. कृश

A. सूक्ष्म	B. अनंग
C. स्थूल	D. स्वस्थ

122. खण्डन

A. संलयन	B. मण्डन
C. विलगाव	D. संयोजन

123. विषाद

A. निषाद	B. प्रसाद
C. हर्ष	D. दुःख

124. अंधकार

A. तम	B. प्रकाश
C. तिमिर	D. पाहुना

125. आध्यात्मिक

A. भौतिक	B. अलौकिक
C. तनय	D. पामर

126. आवृत्त

A. दुहराना	B. लगातार
C. अनावृत्त	D. अविरल

127. आकर्षण

A. सारंग	B. विकर्षण
C. फणि	D. समीरण

128. कनिष्ठ

A. ज्येष्ठ	B. वृहद
C. सीमित	D. लघु

129. अटल

A. अयल	B. पर्वत
C. ढुलमुल	D. पृथ्वी

130. पण्डित

A. मूर्ख	B. ज्ञानी
C. जड़	D. अनपढ़

131. हौसला

A. हताशा	B. उत्साह
C. संकल्प	D. हिम्मत

132. भूत

A. प्रेत	B. वर्तमान
C. भविष्य	D. तत्काल

133. पूर्ववर्ती

A. दक्षिणावर्ती	B. उत्तरावर्ती
C. सुदूरवर्ती	D. परवर्ती

134. तुकान्त

A. एकान्त	B. अतुकान्त
C. श्रीकान्त	D. सुकान्त

135. संश्लेषण

A. महाकर्षण	B. अवशोषण
C. विश्लेषण	D. अनाकर्षण

136. संयोजन

A. नियोजन	B. वियोजन
C. आयोजन	D. विलोपण

137. कीर्ति

A. अपकीर्ति	B. ख्याति
C. उपकृति	D. वदी

138. कपटी

A. धूर्त	B. कृतार्थ
C. साधु	D. निष्कपट

139. कुटिल
  A. चालाक
  B. सरल
  C. स्वार्थी
  D. लोभी

140. श्री गणेश
  A. अत श्री
  B. श्री ओम
  C. इति श्री
  D. पद श्री

141. यथार्थ
  A. पदार्थ
  B. अपर्याय
  C. कल्पित
  D. परोक्ष

142. वैतनिक
  A. सावधिक
  B. दैनिक
  C. अवैतनिक
  D. माहवारी

143. सात्विक
  A. मानसिक
  B. शारीरिक
  C. तामसिक
  D. आध्यात्मिक

144. अनिवार्य
  A. ऐच्छिक
  B. वैकल्पिक
  C. आवश्यक
  D. पृष्ठांकित

145. पतन
  A. उत्थान
  B. श्रेष्ठ
  C. मृत्यु
  D. सभी असत्य

146. उदार
  A. अनुराग
  B. अनुदार
  C. सुखी
  D. दुःखी

147. अक्षत
  A. चावल
  B. दाल
  C. सम्पूर्ण
  D. विक्षत

148. सुलभ
  A. कठिन
  B. अप्राप्य
  C. दुर्लभ
  D. कष्टसाध्य

149. ताप
  A. शीत
  B. सर्दी
  C. ठंड
  D. जाड़ा

150. मान
  A. उपेक्षित
  B. निरादर
  C. अनादर
  D. अपमान

151. विधि
  A. निषेध
  B. अवैध
  C. कानूनी
  D. दण्डनीय

152. मलिन
  A. साफ
  B. स्वच्छ
  C. मैल रहित
  D. सुथरा

153. प्रतियोगी
  A. अनुयोगी
  B. सहयोगी
  C. वियोगी
  D. योगी

154. साकार
  A. आकार
  B. निर्गुण
  C. निराकार
  D. अमूर्त

155. प्रत्यक्ष
  A. अगोचर
  B. अप्रत्यक्ष
  C. अपरोक्ष
  D. अलुप्त

156. स्थूल
  A. विरूप
  B. कृश
  C. दुर्बल
  D. निर्बल

157. सन्धि
  A. विलगाव
  B. अलगाव
  C. समास
  D. विच्छेद

158. उदय
  A. अप्रकट
  B. अस्त
  C. अन्त
  D. ग्रस्त

159. प्रवृत्ति
  A. विकृति
  B. निवृत्ति
  C. स्वीकृति
  D. प्रकृति

160. मधुर
  A. लवण
  B. ललित
  C. कूट
  D. कटु

161. अन्तरंग
- A. आवरण
- B. नवरंग
- C. आमरण
- D. बहिरंग

162. कलंक
- A. अकलंक
- B. अवगुण
- C. निष्कलंक
- D. इनमें से कोई नहीं

निर्देश : *निम्नलिखित में से कौन—सा विकल्प नीचे दिए गए शब्द का विलोम नहीं है?*

163. पाताल
- A. कगार
- B. आकाश
- C. व्योम
- D. नभ

164. आग
- A. पानी
- B. जल
- C. पावक
- D. सलिल

165. अनिच्छा
- A. इच्छा
- B. अरुचि
- C. अभिलाषा
- D. आकांक्षा

166. काँटा
- A. फूल
- B. पुष्प
- C. कुसुम
- D. कान्तर

167. दानव
- A. मानव
- B. मर्त्य
- C. मनुज
- D. पामर

168. निम्नलिखित में से कौन विलोम नहीं है
- A. अन्तरंग—बहिरंग
- B. अग्र—पश्च
- C. अवनि—पृथ्वी
- D. आकर्षण—विकर्षण

निर्देश : *नीचे दिए गए प्रत्येक वाक्य में रिक्त स्थान की पूर्ति उसी वाक्य में गहरे काले शब्द के उपयुक्त विलोम द्वारा की जानी है। इसके लिए चार—चार विकल्प प्रस्तावित हैं। उचित विकल्प का चयन कीजिए।*

169. मोहन की कविता **मौलिक** न होकर .... है
- A. अमूल्य
- B. अनमोल
- C. काल्पनिक
- D. अनूदित

170. ईश्वर की कृपा से **मूक** भी .... हो सकता है
- A. बधिर
- B. पंगु
- C. वाचाल
- D. विज्ञ

171. कानून की **अनभिज्ञता** क्षम्य नहीं होती इसलिए उसकी .... आवश्यक है
- A. अभिज्ञता
- B. बहुज्ञता
- C. विज्ञता
- D. अल्पज्ञता

172. प्रायः निबन्ध **समास** शैली में और उपन्यास .... शैली में लिखे जाते हैं
- A. सन्धि
- B. विक्षेप
- C. व्यास
- D. धारा

173. आजकल **निजी** क्षेत्र के विकास पर अधिक बल दिया जा रहा है तथा .... क्षेत्र की उपेक्षा की जा रही है
- A. सरकारी
- B. सार्वजनिक
- C. सार्वभौमिक
- D. व्यावसायिक

174. प्रत्येक मनुष्य के जीवन में **अनुरक्ति** तथा .... के क्षण आते—जाते रहते हैं
- A. संसक्ति
- B. विमुक्ति
- C. विरक्ति
- D. आसक्ति

175. दसवीं की परीक्षा में कतिपय विषय **अनिवार्य** है, तो कतिपय ·········· है
    A. वैकल्पिक   B. अनावश्यक
    C. अपरिहार्य   D. प्रासंगिक

176. बड़ी बहन **स्थूलकाय** है, परन्तु छोटी बहन की काया ·········· है
    A. लघु   B. सूक्ष्म
    C. कृश   D. निर्बल

177. व्यक्ति की **संकीर्णता** की तुलना में ·········· अधिक व्यावहारिक होती है
    A. विकीर्णता   B. उदारता
    C. समानता   D. संकुलता

178. व्यक्ति को यथाशक्ति **उपकार** करना चाहिए तथा ·········· की भावना से सदैव दूर रहना चाहिए
    A. विकार   B. अपकार
    C. प्रत्युपकार   D. उपचार

179. भूल को स्वीकार करने में मनुष्य का **गौरव** झलकता है और अस्वीकार करने में ··········
    A. गुरुता   B. हीनता
    C. लाघव   D. पराभव

180. इतनी **उपादेय** वस्तु को ·········· बताकर आप अपनी अल्पज्ञता ही सिद्ध कर रहे हैं
    A. हेय   B. श्रेय
    C. प्रेय   D. आदेय

181. आप **मुख्य** बातों को छोड़कर ·········· बातों की ओर अधिक ध्यान दे रहे हैं
    A. विमुख   B. प्रतिमुख
    C. गौण   D. सामान्य

182. सोहन देखने में अब पूर्ण **स्वस्थ** लगता है, न उसे कृश कहा जा सकता है और न ··········
    A. स्थूल   B. विपुल
    C. क्षीण   D. दुर्बल

183. **महान्** लक्ष्य पर दृष्टि रखने वाले ·········· साधनों का आश्रय नहीं लेते
    A. अल्प   B. नगण्य
    C. अनुचित   D. क्षुद्र

184. भारत पड़ोसी देशों से **संधि** का पक्षधर रहा है ·········· का नहीं
    A. विग्रह   B. निग्रह
    C. अनुग्रह   D. परिग्रह

185. राजेश यदि **धनवान** नहीं होता तो ·········· भी नहीं कहा जा सकता
    A. अकिंचन   B. किंकर
    C. कंचन   D. धनाढ्य

186. पृथ्वी पर खनिज पदार्थ **न्यून** नहीं ·········· मात्रा में उपलब्ध हैं
    A. विपुल   B. पृथुल
    C. व्याप्त   D. पर्याप्त

187. पाश्चात्य संस्कृति का प्रभाव भारतीय समाज को **विकास** के स्थान पर ·········· की ओर उन्मुख करेगा
    A. पतन   B. उत्थान
    C. अवकाश   D. ह्रास

188. मोहन **उद्धत** प्रकृति का लड़का है, मुख-मुद्रा से भले ही वह ·········· प्रतीत होता हो
    A. सौख्य   B. सौम्य
    C. उत्तम   D. कोमल

189. कार्लमार्क्स की विचारधारा **भौतिकवादी** है परन्तु महात्मा गांधी का ·········

A. प्रकृतिवादी
B. आदर्शवादी
C. यथार्थवादी
D. अध्यात्मवादी

190. संसार को सर्वथा **निस्सार** कहना उतना ही अनुचित है जितना कि उसे ········ ········ कहना

A. असार   B. ससार
C. अभिसार   D. परिसार

191. उद्यमी सदैव कार्य–**निरत** रहता है और आलसी कार्य ········ हो जाता है

A. अनुरत   B. अभिरत
C. विरत   D. अनुरक्त

192. प्रत्येक **क्रिया** की ········ स्वाभाविक है

A. प्रक्रिया   B. अनुक्रिया
C. संक्रिया   D. प्रतिक्रिया

193. **काल्पनिक** कहानियाँ अविश्वसनीय होती है, ········ कहानियाँ विश्वसनीय

A. पौराणिक
B. भावात्मक
C. वास्तविक
D. संवेदनात्मक

194. शिव और पार्वती **ताण्डव** और ········ की मुद्रा में सुशोभित थे

A. रास
B. हास्य
C. लास्य
D. उल्लास

195. **यौवन** के अनन्तर ········ का आना स्वाभाविक है

A. जरा   B. ज़री
C. अजर   D. अजिर

196. **मधुर** और ········ अनुभवों का नाम जिन्दगी है

A. ललित   B. लवण
C. कूट   D. कटु

197. दोनों भाइयों के स्वभाव में आकाश–पाताल का अन्तर है। अग्रज **सदय** है तो अनुज ·········

A. सहृदय   B. निर्दय
C. निर्मम   D. निष्ठुर

198. प्रदूषण ने **सुधासिक्त** पर्यावरण को ········ बना दिया है

A. विषाक्त
B. विक्षिप्त
C. अभिषिक्त
D. अनासक्त

199. हमने क्या **ग्रहण** किया इससे आवश्यक यह है कि हमने क्या ········ किया

A. अनाहूत   B. अर्पण
C. लुटाया   D. चढ़ाया

200. **कठोर** शिकारी और ········ हृदयी गौतम के बीच हंस को लेकर झगड़ा होने लगा

A. सुन्दर   B. मोहक
C. कोमल   D. प्यारे

201. पेड़ **सजीव** होते हैं और पेड़ों से प्राप्त लकड़ी

A. अजीव   B. परजीव
C. निष्ठुर   D. निर्जीव

202. इस **क्लिष्ट** गद्यांश को ·········· भाव में प्रकट करो

   A. अपने   B. बोलचाल
   C. सरल   D. लघु

203. अनीता का **प्रफुल्ल** मन एकाएक ···· ·········· हो गया

   A. प्रसन्न   B. ऊष्ण
   C. शुष्क   D. उदास

204. कठिन परिश्रम से **असफलता** को ··· ·········· में बदला जा सकता है

   A. विफलता   B. जीत
   C. निर्भयता   D. सफलता

205. चलते रहना **जीवन** की निशानी है और रुक जाना ·········· की निशानी है

   A. दुर्गति   B. मृत्यु
   C. स्थिरता   D. जड़ता

206. **स्वदेशी** का नारा मिलते ही लोगों ने ·········· कपड़ों को जलाना शुरू कर दिया

   A. फिरंगी   B. अंग्रेजी
   C. विलायती   D. विदेशी

207. किसी रचना का **प्रधान** उद्देश्य तो एक ही होता है ·········· उद्देश्य कई हो सकते हैं

   A. परिधान   B. अल्प
   C. लघु   D. गौण

208. अपनी **निर्जल** भूमि की ओर कृषक ·········· नेत्रों से देख रहा था

   A. जलज   B. अजल
   C. स्नेहिल   D. सजल

209. पर्यटन और देशाटन ने हमारे **आयात** और ·········· को भी प्रभावित किया है

   A. आयास   B. व्याघात
   C. निर्यात   D. आहत

210. भक्त–कवियों ने ईश्वर के **साकार** रूप की आराधना की जबकि ज्ञानमार्गी कवि ईश्वर को ·········· मानते थे

   A. निराकार   B. अविकार
   C. महाकार   D. ओंकार

211. भारत के भूतपूर्व प्रधानमंत्री लालबहादुर शास्त्री ने अपने जीवन में **उतार** और ·········· के अनेक दिन देखे थे

   A. विकास   B. पड़ाव
   C. चढ़ाव   D. बहाव

212. तालाब **उथला** नहीं ·········· होना चाहिए, तभी उसका जल पीने के योग्य होता है

   A. छिछला   B. गहरा
   C. गहन   D. स्वच्छ

213. मनुष्य की प्रत्येक कृति में **गुण** और ·········· पाए जाते हैं

   A. दोष   B. कलंक
   C. विकार   D. अभिशाप

214. **सद्भावना** व्यक्ति का गुण है ·········· नहीं

   A. दुर्भावना   B. मनोकामना
   C. वासना   D. उपासना

215. आत्मोत्थान के लिए व्यक्ति **आकाश** ·········· एक कर देता है

   A. धरती   B. पहाड़
   C. पाताल   D. स्वर्ग

216. गोविन्द रमेश को **मित्र** मानता है, परन्तु रमेश गोविंद को मन में .... समझता है
   A. उदासीन
   B. विरोधी
   C. आस्तीन का साँप
   D. शत्रु

217. **सुधा** सराहिय अमरता ...... सराहिय नीच
   A. विष
   B. हलाहल
   C. गरल
   D. अमिय

218. **संग्रह** और ...... बहुत सोच समझकर करना चाहिए
   A. त्याग
   B. परित्याग
   C. विराग
   D. विग्रह

219. **मंथर** गति की वायु सुहावनी लगती है जबकि ...... वायु काटने को दौड़ती है
   A. मंद
   B. तीव्र
   C. स्थिर
   D. प्रचण्ड

220. **गरिमा** और ...... दोनों की सिद्धि के लिए साधना अपेक्षित होती है
   A. अरुणिमा
   B. माहात्म्य
   C. लघिमा
   D. सफलता

221. मानव का लोभ उसके **विनाश** का कारण बन सकता है
   A. सृजन
   B. सर्जन
   C. विसर्जन
   D. उभार

222. भाग्य में **आस्था** रखने वाले लोग कर्म नहीं करते
   A. निराशा
   B. अविश्वास
   C. अनास्था
   D. निरास्था

223. संस्कृत–साहित्य अत्यन्त **समृद्ध** तत्व है
   A. निर्धन
   B. दरिद्र
   C. विपन्न
   D. अवनत

224. सुख–दुःख जीवन के **क्षणिक** तत्व हैं
   A. शाश्वत
   B. स्थिर
   C. स्थावर
   D. दीर्घ

225. **आगामी** वर्षों में जनसंख्या बहुत बढ़ जाएगी
   A. अग्रिम
   B. गत
   C. परोक्ष
   D. विगत

226. **अनुकूल** और ...... में अन्तर न करना महानता का लक्षण नहीं है
   A. विपरीत
   B. प्रतिकूल
   C. अनुसारी
   D. विरोधी

227. **अल्प** भोजन स्वास्थ्य प्रदान करता है तथा ...... भोजन रोग उत्पन्न करता है
   A. स्वल्प
   B. विपुल
   C. अधिक
   D. बहुत

228. हानि और लाभ, **जीवन** और ...... भगवान के अधीन हैं
   A. मरण
   B. मृत्यु
   C. स्वास्थ्य
   D. अपयश

229. जो उद्दण्ड अपने को **विज्ञ** प्रकट करते हैं, वे प्रायः ...... होते हैं
   A. अज्ञ
   B. अनभिज्ञ
   C. अल्पज्ञ
   D. विज्ञ

230. भारत में हिन्दू **बहुसंख्यक** हैं और मुसलमान ·········· कहे जाते हैं

A. संगठित
B. अल्पसंख्यक
C. धार्मिक
D. दलित

231. **कोमल** शब्द सुनकर सांत्वना मिलती है, न कि ·········· शब्द

A. आनन्द   B. मृदु
C. कठिन   D. निष्ठुर

232. पिंजरे के खुलते ही **बन्धन** में रहने वाले तोते ने ·········· की साँस ली

A. प्रसन्नता   B. खुशी
C. मुक्ति   D. मीठी

233. सूर्य के **अस्त** होते ही चाँद का ·········· हुआ है

A. प्रादुर्भाव   B. आगमन
C. पदार्पण   D. उदय

234. **सामान्य** अतिथि के साथ ·········· अतिथि भी बैठे हैं

A. गणमान्य
B. विशिष्ट
C. राजनैतिक
D. समाज सुधारक

235. **चंचल** चित्त एकाएक ·········· हो गया

A. प्रसन्न   B. दुःखी
C. शान्त   D. वाचाल

236. **कठिन** शब्दों का ·········· अर्थ लिखिए

A. सरल   B. भाव
C. पर्याय   D. व्याख्यात्मक

237. वह शास्त्रों का भले ही ·········· हो, पर लोकाचार से सर्वथा **अनभिज्ञ** है

A. अज्ञ   B. कृतज्ञ
C. शास्त्रज्ञ   D. अभिज्ञ

238. मैं स्वयं ·········· तो क्या, **सकारण** पत्र में कम ही लिखता हूँ

A. निराकरण   B. अकारण
C. दारुण   D. निवारण

239. विज्ञान के ·········· और **नकारात्मक** दोनों पहलू आज हमारे सामने हैं

A. संस्कारात्मक   B. विकारात्मक
C. सकारात्मक   D. गुणात्मक

240. **विस्मृत** को पुनः ·········· करने से क्या लाभ?

A. समृद्ध   B. स्मृत
C. विकृत   D. पुरस्कृत

241. समीक्षा का एक रूप **व्यावहारिक** समीक्षा है तो दूसरा ·········· समीक्षा

A. काल्पनिक   B. सैद्धान्तिक
C. सार्वत्रिक   D. यथार्थवादी

242. भारतीय सभ्यता अत्यन्त **पुरातन** है जबकि पश्चिमी सभ्यता ··········

A. आधुनिक   B. नया
C. नूतन   D. न्यून

243. भौतिकवादी दर्शन यदि **एकांगी** है, तो अध्यात्मवादी दर्शन भी ·········· नहीं कहे जा सकते

A. सर्वांगीण   B. बेहतरीन
C. संकुचित   D. एकांकी

244. डार्विन के विकास सिद्धांत में **जड़** से ·········· के विकास की बातें भी आती हैं

A. चेतन   B. संचेतन
C. स्थावर   D. अवचेतन

245. मानव की प्रत्येक ········· के समाधान का साधन **कर्म** है

A. अभिलाषा

B. समस्या

C. जटिलता

D. क्लिष्टता

246. हर वर्ष देश में कहीं **अतिवृष्टि** तो कहीं ········· होती है

A. अनावृष्टि   B. सूखा

C. बाढ़   D. वर्षा

247. **आसक्ति** दुःख का कारण है तो ···· ········· सुख का मूल

A. संपत्ति

B. अनुकृति

C. अनुरक्ति

D. विरक्ति

248. आज हम जीवन की **स्वाभाविकता** से दूर जाकर, ········· की ओर अग्रसर हो रहे हैं

A. बनावट   B. उद्दंडता

C. कृत्रिमता   D. नकली

249. मित्र वह जो हमारा **सहयोगी** हो, ········· नहीं

A. प्रतिपक्षी

B. प्रतियोगी

C. प्रतिभेदी

D. प्रतिवेशी

250. निंदा **सज्जन** को कुंदन बनाती है और ········· को प्रतिशोधी

A. दुष्ट   B. अशिष्ट

C. दुर्जन   D. असभ्य

251. व्यापारी अपना माल **अधिकतम** मूल्य पर बेचते हैं और ········· मूल्य पर खरीदते हैं

A. अल्पतम

B. न्यूनतम

C. कम

D. निम्न

252. गाँधीजी का **आग्रह** सत्य था

A. विग्रह   B. पराग्रह

C. दुराग्रह   D. अनुग्रह

253. तीज सावन महीने के **शुक्ल** पक्ष में होती है

A. किरण   B. कृष्ण

C. उजला   D. गरम

254. हमारी संस्था द्वारा व्यापार के लिए **अल्प** अवधि के लिए ऋण दिया जाता है

A. कम   B. बहुत

C. थोड़ी   D. दीर्घ

255. सागर के मंथन से **अमृत** निकला

A. अम्बर   B. आद्य

C. अमर   D. विष

उत्तरमाला

1	2	3	4	5	6	7	8	9	10
B	A	C	D	A	B	A	A	D	A
11	**12**	**13**	**14**	**15**	**16**	**17**	**18**	**19**	**20**
D	B	A	D	C	A	B	A	A	A

21	**22**	**23**	**24**	**25**	**26**	**27**	**28**	**29**	**30**
C	B	C	A	D	A	B	D	A	A
31	**32**	**33**	**34**	**35**	**36**	**37**	**38**	**39**	**40**
D	C	C	D	B	B	A	B	C	B
41	**42**	**43**	**44**	**45**	**46**	**47**	**48**	**49**	**50**
D	A	D	C	D	B	A	B	B	A
51	**52**	**53**	**54**	**55**	**56**	**57**	**58**	**59**	**60**
B	B	D	C	D	D	A	B	B	C
61	**62**	**63**	**64**	**65**	**66**	**67**	**68**	**69**	**70**
A	D	B	D	B	A	C	D	A	A
71	**72**	**73**	**74**	**75**	**76**	**77**	**78**	**79**	**80**
C	A	A	B	C	D	A	B	A	B
81	**82**	**83**	**84**	**85**	**86**	**87**	**88**	**89**	**90**
D	A	C	A	B	C	A	A	B	C
91	**92**	**93**	**94**	**95**	**96**	**97**	**98**	**99**	**100**
D	B	C	C	D	B	A	D	A	B
101	**102**	**103**	**104**	**105**	**106**	**107**	**108**	**109**	**110**
C	B	A	B	C	D	A	D	C	B
111	**112**	**113**	**114**	**115**	**116**	**117**	**118**	**119**	**120**
A	B	A	B	C	A	A	C	A	D
121	**122**	**123**	**124**	**125**	**126**	**127**	**128**	**129**	**130**
C	B	C	B	A	C	B	A	C	A
131	**132**	**133**	**134**	**135**	**136**	**137**	**138**	**139**	**140**
A	C	D	B	C	B	A	D	B	C
141	**142**	**143**	**144**	**145**	**146**	**147**	**148**	**149**	**150**
A	C	C	B	A	B	D	C	A	D
151	**152**	**153**	**154**	**155**	**156**	**157**	**158**	**159**	**160**
A	B	B	C	B	B	D	B	B	D
161	**162**	**163**	**164**	**165**	**166**	**167**	**168**	**169**	**170**
D	C	A	C	B	D	D	C	D	C
171	**172**	**173**	**174**	**175**	**176**	**177**	**178**	**179**	**180**
C	C	B	C	A	C	B	B	C	A
181	**182**	**183**	**184**	**185**	**186**	**187**	**188**	**189**	**190**
C	A	D	A	A	A	D	B	D	B

191	192	193	194	195	196	197	198	199	200
C	D	C	C	A	D	B	A	B	C

201	202	203	204	205	206	207	208	209	210
D	C	B	D	B	D	D	D	C	A

211	212	213	214	215	216	217	218	219	220
C	A	A	A	C	D	C	A	B	C

221	222	223	224	225	226	227	228	229	230
A	C	C	A	B	B	C	A	C	B

231	232	233	234	235	236	237	238	239	240
D	C	D	B	C	A	D	B	C	B

241	242	243	244	245	246	247	248	249	250
B	C	A	A	B	A	D	C	B	C

251	252	253	254	255
B	C	B	D	D

अध्याय 8

उपसर्ग एवं प्रत्यय

उपसर्ग

एक ऐसी भाषिक इकाई है जिसका भाषा में स्वतंत्र प्रयोग प्रायः नहीं होता किंतु इन्हें शब्दों के आरम्भ में जोड़कर नया शब्द बनाया जाता है। जैसे—अ + धर्म = अधर्म, सु + कर्म = सुकर्म, अध + पका = अधपका आदि। हिन्दी में तीन प्रकार के उपसर्गों का प्रयोग किया जाता है जो इस प्रकार हैं—

तत्सम उपसर्ग : ऐसे उपसर्ग जो संस्कृत से यथावत् ले लिए गए हैं उन्हें तत्सम उपसर्ग कहा जाता है। जैसे—अति, उत्, अधि, अप, आ, उप, दुः, निः, परा, परि, प्र, प्रति, बहु, वि, स, सु आदि।

तद्भव उपसर्ग : वे उपसर्ग जो संस्कृत के उपसर्गों तथा ध्वनियों से कुछ परिवर्तित होकर आए हैं तथा जिनका हिन्दी में स्वतंत्र प्रयोग नहीं होता किन्तु शब्द रचना के लिए उनका प्रयोग किया जाता है। उदाहरण के लिए अ, औ, क, दु, नि, पर, स आदि।

विदेशी उपसर्ग : जो उपसर्ग भाषाओं से लिए गए हैं तथा हिन्दी ने उन्हें स्वीकार कर लिया है उन्हें विदेशी उपसर्ग कहा जाता है। हिन्दी में प्रयुक्त होने वाले उपसर्ग ज्यादातर अरबी तथा फारसी से लिए गए हैं जैसे—अल, दर, ब, बा, बे, ला आदि।

प्रत्यय

प्रत्यय ऐसी भाषिक इकाई है जिसका प्रयोग स्वतंत्र रूप से नहीं किया जाता वरन् इसे किसी अन्य भाषिक इकाई के साथ जोड़कर किया जाता है। प्रत्यय चार प्रकार के होते हैं—

तत्सम : अनीय, आ, आलु, इ, इमा, इष्ठ, ई, ए, जीवी, तः, ता।

तद्भव : आइन, आई, आहट, आलू, एरा, नी आदि।

देशज : अंक, अक्कड़, अड़, आटा, पन आदि।

विदेशी : आना, इयत, खीर, मन्द आदि।

अभ्यास प्रश्न – I

निर्देश : *निम्नलिखित शब्दों में उपसर्ग लगाने से बनने वाले सही विकल्प को चुनिए।*

1. अति + अन्त

   A. अतीयन्त   B. अत्यन्त

   C. अतिअन्त   D. अत्यान्त

2. सत् + जन

   A. सत्जन

   B. सद्जन

   C. सज्जन

   D. सतजन

3. अधः + लिखित

   A. अधलिखित   B. अद्योलिखित

   C. अधोलिखित   D. अद्यलिखित

4. सम् + अन्वय

   A. समअन्वय   B. समोन्चय

   C. समान्वय   D. समन्वय

5. अलम + कार

   A. अलंकार   B. अलँकार

   C. अलमकार   D. अलोमकार

निर्देश : *नीचे एक शब्द दिया गया है। दिए गए विकल्प से आपको शब्द में प्रयुक्त उपसर्ग ज्ञात करना है।*

6. विज्ञान

   A. विज्ञ   B. चिर

   C. वि   D. अन

7. चिरायु

   A. चि   B. चिर

   C. यु   D. आयु

8. अवनत

   A. नत   B. अ

   C. अव   D. अवन

9. अत्याचार

   A. अ   B. अत्या

   C. अति   D. चार

10. अध्यात्म

   A. अध्य   B. अधि

   C. आत्म   D. अ

11. निम्नलिखित में किस शब्द में 'सम्' उपसर्ग लगा है?

   A. संसार

   B. संस्कृत

   C. उपर्युक्त दोनों

   D. इनमें से कोई नहीं

12. निम्नलिखित में किस शब्द में 'दर' उपसर्ग नहीं लगा है?

   A. दरवाजा   B. दरकिनार

   C. दरमियान   D. दरख्वास्त

13. निम्नलिखित में से उपसर्ग रहित शब्द कौन सा है?

   A. प्रधान   B. प्रस्ताव

   C. प्रचार   D. रूपक

14. उपसर्ग रहित शब्द है

   A. सुरेश   B. सुयोग

   C. अत्यधिक   D. विदेश

15. निम्नलिखित में से किस शब्द में 'वि' उपसर्ग नहीं है

   A. विटप   B. विमाता

   C. विदेश   D. विहीन

16. निम्नलिखित में से 'सु' उपसर्ग से निर्मित शब्द है?

   A. सुरेश   B. सुन्दर

   C. सुरक्षा   D. सुनार

17. 'निर्' उपसर्ग से कौन–सा शब्द बना है?

   A. निशान   B. निष्काम

   C. निर्भय   D. निराश

18. निम्नलिखित में से किस शब्द में 'अप' शब्द का अर्थ बुरा नहीं है?

   A. अपमान

   B. अपनाना

   C. अपशब्द

   D. अपयश

19. निम्नलिखित शब्दों में किसमें 'नि' उपसर्ग नहीं है?

   A. निमेष   B. निर्भय

   C. निशान   D. निरोग

20. निम्नलिखित शब्दों में से किस शब्द में उपसर्ग नहीं है?

   A. अपवाद   B. पराजय

   C. प्रभाव   D. ओढ़ना

निर्देश : *निम्नलिखित शब्दों में प्रत्यय लगाने से बनने वाले सही विकल्प को चुनिए।*

21. शरीर + इक

   A. शारीरक   B. शारिरीक

   C. शारीरिक   D. शरीरिक

22. वर + इष्ठ

   A. वरीष्ठ   B. वरेष्ठ

   C. वरिष्ट   D. वरिष्ठ

23. बहन + ओई

   A. बहनोई   B. बहनोई

   C. बहनुई   D. बहनोयी

24. आध्यात्मक + इक

   A. आध्यात्मिक

   B. अध्यात्मिक

   C. अधिआत्मिक

   D. अध्यात्मक

25. लड़का + पन

   A. लड़कापन   B. लड़पन

   C. लड़कपन   D. लड़कापन

26. 'दैत्य' शब्द में कौन–सा प्रत्यय है?

   A. त्य   B. य

   C. अ   D. एय

27. 'मौन' शब्द में कौन–सा प्रत्यय है?

   A. औन   B. न

   C. अ   D. अन

28. निम्नलिखित में से किस शब्द में 'अक' प्रत्यय नहीं है?

   A. रक्षक   B. याचक

   C. नर्तक   D. सड़क

29. निम्नलिखित शब्दों में किसमें 'अक' प्रत्यय नहीं है?

   A. सुधारक   B. लेखक

   C. साधक   D. यमक

30. निम्नलिखित में किस शब्द में 'ओला' प्रत्यय है?

   A. झोला   B. हँसबोला

   C. गोला   D. सँपोला

31. 'मनौती' में कौन–सा प्रत्यय है?

   A. औती   B. ती

   C. आती   D. ई

32. निम्नलिखित में किसमें 'इया' प्रत्यय है?

   A. पहिया   B. चुहिया

   C. खटिया   D. तिपहिया

33. तद्धित प्रत्यय निम्नलिखित में किसके अन्त में लगते हैं?

   A. संज्ञा

   B. सर्वनाम

   C. विशेषण

   D. उपर्युक्त सभी

34. निम्नलिखित में से कौन–सा शब्द 'इक' प्रत्यय से बना है?

   A. सींक   B. प्रत्येक

   C. दैनिक   D. नायक

35. मिलावट में किस प्रत्यय का प्रयोग किया गया है?

   A. वट   B. आवट

   C. ठ   D. लावट

36. 'भतीजा' शब्द में कौन–सा प्रत्यय है?

   A. जा   B. अजा

   C. ईजा   D. इजा

37. 'शिक्षक' में प्रत्यय है

   A. क   B. अक

   C. आक   D. अक्

38. निम्नलिखित में प्रत्यय रहित शब्द कौन है?

   A. कवित्व

   B. लघुत्व

   C. बिकाऊ

   D. कुख्यात

39. 'बपौती' शब्द में कौन-सा प्रत्यय है?

   A. ती

   B. औती

   C. ई

   D. इ

40. 'फुफेरा' शब्द में कौन–सा प्रत्यय है?

   A. रा   B. एरा

   C. ऐरा   D. आ

41. 'अड़ियल' शब्द में प्रयुक्त प्रत्यय बताएं

   A. इयल   B. ईयल

   C. यल   D. एल

निर्देश : नीचे एक शब्द दिया गया है। दिए गए विकल्प से आपको शब्द में प्रयुक्त प्रत्यय ज्ञात करना है।

42. पागलपन

   A. पागल

   B. पा

   C. पन

   D. इनमें से कोई नहीं

43. सावधानी

   A. ई   B. इ

   C. धानी   D. साव

44. धुंधला

   A. धुं

   B. धुंध

   C. ला

   D. इनमें से कोई नहीं

45. प्रत्यय रहित शब्द है

   A. पराभव   B. कवित्व

   C. कुख्यात   D. लघुत्व

उत्तरमाला

1	2	3	4	5	6	7	8	9	10
B	C	C	D	B	C	B	C	C	B

11	12	13	14	15	16	17	18	19	20
C	A	D	A	A	C	C	B	B	D

21	22	23	24	25	26	27	28	29	30
C	D	B	A	C	B	C	D	D	D

31	32	33	34	35	36	37	38	39	40
A	C	D	C	B	A	B	D	B	B

41	42	43	44	45
A	C	A	C	C

अभ्यास प्रश्न – II

निर्देश : *तत्सम शब्द का चुनाव कीजिए।*

1. A. अँगरखा   B. अंगरक्षक
   C. अंगरच्छक   D. अंरक्षक

2. A. अँधेरा   B. अंधाधुंध
   C. अंधकार   D. अंधड़

3. A. आँवला   B. आँवलक
   C. आमलक   D. अँवला

4. A. आश्चर्य   B. आम
   C. इज्जत   D. अचरज

5. A. आलस्य   B. उबटन
   C. अमोल   D. ऊँट

6. A. पुस्तक   B. अंगूठी
   C. आमोल   D. अचरज

7. A. पूत   B. बच्चा
   C. नोन   D. पाषाण

8. A. सनीचर   B. हाथी
   C. हिरण   D. लक्ष्मी

9. A. अल्प   B. पाहन
   C. पत्थर   D. दाँत

10. A. कर्म   B. काम
    C. करम   D. कारज

11. A. अकाज   B. अकारज
    C. अकाज्य   D. अकार्य

12. A. लज्जा   B. आग
    C. भगत   D. सूरज

13. A. बामन   B. दुआर
    C. दूरदर्शन   D. गधा

निर्देश : *निम्नलिखित में से कौन–सा शब्द नीचे दिए गए तद्भव का सही तत्सम शब्द है?*

14. नमक
    A. लावण्य   B. नौन
    C. लवण   D. लौन

15. सतसई
    A. सप्तपदी   B. षट्शती
    C. सप्तशती   D. सत्यशती

16. तुरन्त
    A. त्वरित   B. त्वरन्त
    C. तुवरन्त   D. तवरन्त

17. साखी
    A. सखी   B. साक्षी
    C. साक्ष्य   D. शाखा

18. तिगुना
    A. तीन गुना   B. तिन गुणा
    C. त्रयगुण   D. त्रिगुण

19. काठ
    A. काष्ठ   B. कठ
    C. काँठ   D. कष्ठ

20. आँख
    A. आरअक्षि   B. अच्छि
    C. अक्षि   D. नेत्र

21. बैल
    A. वृश्चिक   B. बलीवर्द
    C. वार्ताक   D. बर्कर

22. अनाड़ी
    A. अन्यत्र   B. अनार्य
    C. अट्टालिका   D. अन्यत

23. पलंग
    A. पर्यंक   B. प्रलंग
    C. पलका   D. पल्लक

24. मामा

    A. मुषल   B. मकर

    C. मातुल   D. मास

25. झट

    A. अम्ब   B. अष्ट

    C. झटिति   D. आश्रय

26. हिय

    A. सुत्र   B. रूक्ष

    C. हस्ती   D. हृदय

27. तत्सम शब्दों का मूल स्रोत है

    A. अपभ्रंश

    B. संस्कृत

    C. पालि

    D. इनमें से कोई नहीं

28. विभावरी किस प्रकार का शब्द है

    A. तत्सम   B. तद्भव

    C. देशज   D. संकर

निर्देश : *नीचे लिखे प्रत्येक वर्ग में दिए गए विकल्पों में से तद्भव शब्द का चयन कीजिए।*

29. A. कान   B. नासिका

    C. परीक्षण   D. कटक

30. A. पीड़ा   B. केरा

    C. पर्याप्त   D. शिल्प

31. A. पक्षी   B. नृत्य

    C. अँधेरा   D. पश्य

32. A. बालिका   B. बेत

    C. आज्ञा   D. सिद्धि

33. A. रक्षा   B. तमंचा

    C. विरोध   D. शान्ति

34. A. दुग्ध   B. दूध

    C. कार्य   D. काष्ठ

35. A. मारग   B. पथिक

    C. यात्री   D. अजीर्ण

36. A. ठकठक   B. बरात

    C. निदेशक   D. प्रवर

37. A. कार्य   B. कमल

    C. ओखल   D. कपाट

38. A. उत्साह   B. कपूर

    C. आशीष   D. कूप

39. A. चतुर्दश   B. चतुर्थ

    C. चौदह   D. चतुर्थी

40. A. ब्याह   B. कुंजर

    C. उत्साह   D. स्नेह

41. A. उपवास   B. अवगुण

    C. अवतार   D. अमिय

42. A. अंत्र   B. आंत्र

    C. अंधा   D. अंध

43. A. कड़ाह   B. कराह

    C. कटाक्ष   D. कटु

निर्देश : *निम्नलिखित में से कौन–सा शब्द नीचे दिए गए तत्सम शब्द का सही तद्भव शब्द है?*

44. शिष्य

    A. शिशु   B. शिक्षु

    C. सिक्ख   D. शिष

45. वणिक

    A. वाणी   B. बनिया

    C. वाणिज्य   D. बाण

46. चतुष्कोण

    A. चौकोर   B. चौपट

    C. चौराहा   D. चौखट

47. इक्षु

    A. इच्छुक   B. इच्छा

    C. इष्ट   D. ईख

48. क्षीण

    A. छीनना   B. झीना

    C. छेड़ना   D. क्षणिक

49. नेवला

    A. नकुल   B. नव्य

    C. नौ   D. नींद

50. अंगरक्षक

    A. अनार्य   B. अज्ञान

    C. अँगरखा   D. अक्षर

उत्तरमाला

1	2	3	4	5	6	7	8	9	10
B	C	C	A	A	A	D	D	A	A
11	12	13	14	15	16	17	18	19	20
D	A	C	C	C	A	B	D	A	D
21	22	23	24	25	26	27	28	29	30
B	B	A	C	C	D	B	A	A	A
31	32	33	34	35	36	37	38	39	40
C	C	A	B	A	C	C	B	C	A
41	42	43	44	45	46	47	48	49	50
D	D	A	C	B	A	D	B	A	C

अध्याय 9

समास

समास

शब्दों की संरचना में समासों का विशिष्ट स्थान है। समास शब्द दो शब्दों के मेल से बना है—सम (समीप) आस (रखना) अर्थात् दो शब्दों को समीप रखना समास का कार्य है। समास ऐसी प्रक्रिया है जिसके द्वारा दो शब्दों को इस प्रकार मिलाया जाता है जिसमें सम्बन्ध सूचक शब्द नहीं रहते। जैसे—मेल-मिलाप, उठापटक, कूदफांद, पति–पत्नी, माता–पिता, राजकुमार पंचवटी आदि।

समास के दो पदों को क्रमशः पूर्व पद तथा उत्तर पद कहा जाता है। उपर्युक्त उदाहरणों में मेल पूर्व पद तथा मिलाप उत्तर पद है। दोनों पदों को मिलाकर समस्त या सामासिक पद कहा जाता है। दोनों पदों को योजक (–) लगाकर लिखना चाहिए अथवा उन्हें मिलाकर लिखना चाहिए जैसे—मेल-मिलाप अथवा मेलमिलाप। इन्हें मेल मिलाप अलग-अलग लिखना सामासिक अशुद्धि मानी जाती है।

पूर्व पद तथा उत्तर पद की प्रधानता के अनुसार यहां पर समासों का वर्गीकरण किया गया है।

1. पूर्व पद प्रधान—अव्ययीभाव समास
2. उत्तर पद प्रधान—तत्पुरुष (कर्मधारय तथा द्विगु समास इसी के अंतर्गत आते हैं)
3. दोनों पद प्रधान—द्वन्द्व समास
4. दोनों पद अप्रधान—बहुब्रीहि (इसमें कोई तीसरा प्रधान होता है)

इस प्रकार मूलतः चार समास होते हैं किन्तु द्विगु तथा कर्मधारय को मिलाकर इनकी संख्या छह हो जाती है।

निर्देश : *निम्नलिखित शब्दों में समास बताने के लिए उचित विकल्प का चयन कीजिए।*

1. चन्द्रशेखर

    A. तत्पुरुष   B. कर्मधारय

    C. बहुब्रीहि   D. द्विगु

2. रात–दिन

    A. द्वन्द्व   B. द्विगु

    C. कर्मधारय   D. अव्ययी भाव

3. बहन–भाई

    A. बहुब्रीहि   B. तत्पुरुष

    C. द्वन्द्व   D. द्विगु

4. दशमुख

    A. तत्पुरुष   B. बहुब्रीहि

    C. द्वन्द्व   D. कर्मधारय

5. यथाशक्ति

    A. द्विगु   B. बहुब्रीहि

    C. कर्मधारय   D. अव्ययीभाव

6. देशभक्ति
- A. तत्पुरुष
- B. बहुब्रीहि
- C. द्विगु
- D. कर्मधारय

7. हस्तलिखित
- A. कर्मधारय
- B. तत्पुरुष
- C. बहुब्रीहि
- D. द्वन्द्व

8. त्रिनेत्र
- A. तत्पुरुष
- B. बहुब्रीहि
- C. द्विगु
- D. द्वन्द्व

9. भरपेट
- A. अव्ययीभाव
- B. कर्मधारय
- C. द्विगु
- D. द्वन्द्व

10. आनन्दमग्न
- A. द्विगु
- B. तत्पुरुष
- C. बहुब्रीहि
- D. कर्मधारय

11. आजन्म
- A. तत्पुरुष
- B. द्वन्द्व
- C. अव्ययीभाव
- D. कर्मधारय

12. नीलकमल
- A. बहुब्रीहि
- B. तत्पुरुष
- C. कर्मधारय
- D. द्विगु

13. चतुर्भुज
- A. द्वन्द्व
- B. द्विगु
- C. तत्पुरुष
- D. कर्मधारय

14. चौराहा
- A. बहुब्रीहि
- B. तत्पुरुष
- C. द्विगु
- D. कर्मधारय

15. दशानन
- A. द्विगु
- B. बहुब्रीहि
- C. कर्मधारय
- D. द्वन्द्व

16. रोग पीड़ित
- A. कर्मधारय
- B. द्वन्द्व
- C. बहुब्रीहि
- D. तत्पुरुष

17. प्रतिमान
- A. कर्मधारय
- B. अव्ययीभाव
- C. बहुब्रीहि
- D. तत्पुरुष

18. वीर पुरुष
- A. बहुब्रीहि
- B. तत्पुरुष
- C. अव्ययीभाव
- D. द्वन्द्व

19. नवयुवक
- A. द्विगु
- B. बहुब्रीहि
- C. द्वन्द्व
- D. कर्मधारय

20. पददलित
- A. तत्पुरुष
- B. कर्मधारय
- C. बहुब्रीहि
- D. द्विगु

21. दिनों–दिन
- A. कर्मधारय
- B. अव्ययीभाव
- C. तत्पुरुष
- D. द्विगु

22. लोकप्रिय
- A. तत्पुरुष
- B. अव्ययीभाव
- C. कर्मधारय
- D. बहुब्रीहि

23. वीणापाणि
- A. बहुब्रीहि
- B. द्विगु
- C. तत्पुरुष
- D. कर्मधारय

24. प्राप्तोदक
- A. बहुब्रीहि
- B. अव्ययीभाव
- C. द्वन्द्व
- D. तत्पुरुष

25. पाप–पुण्य
- A. बहुब्रीहि
- B. द्विगु
- C. द्वन्द्व
- D. अव्ययीभाव

26. नवग्रह
- A. द्विगु
- B. तत्पुरुष
- C. द्वन्द्व
- D. कर्मधारय

27. रणवीर
- A. कर्मधारय
- B. द्वन्द्व
- C. बहुब्रीहि
- D. तत्पुरुष

28. देशान्तर
   A. कर्मधारय   B. द्विगु
   C. द्वन्द्व   D. बहुब्रीहि

29. राजपुरुष
   A. कर्मधारय   B. द्विगु
   C. तत्पुरुष   D. द्वन्द्व

30. सपरिवार
   A. अव्ययीभाव   B. तत्पुरुष
   C. द्विगु   D. बहुब्रीहि

31. वनवास
   A. द्विगु   B. तत्पुरुष
   C. अव्ययीभाव   D. कर्मधारय

32. नीति-निपुण
   A. तत्पुरुष   B. बहुब्रीहि
   C. द्वन्द्व   D. द्विगु

33. गुरुदक्षिणा
   A. कर्मधारय   B. द्वन्द्व
   C. तत्पुरुष   D. अव्ययीभाव

34. त्रिलोचन
   A. बहुब्रीहि   B. द्विगु
   C. तत्पुरुष   D. अव्ययीभाव

35. पंचवटी
   A. द्विगु   B. बहुब्रीहि
   C. तत्पुरुष   D. कर्मधारय

36. पीताम्बर
   A. बहुब्रीहि   B. द्वन्द्व
   C. द्विगु   D. कर्मधारय

37. चतुरानन
   A. कर्मधारय   B. बहुब्रीहि
   C. द्वन्द्व   D. तत्पुरुष

38. बेकाम
   A. कर्मधारय   B. बहुब्रीहि
   C. द्विगु   D. अव्ययीभाव

39. महात्मा
   A. कर्मधारय   B. बहुब्रीहि
   C. द्वन्द्व   D. द्विगु

40. दुअन्नी
   A. तत्पुरुष   B. बहुब्रीहि
   C. द्विगु   D. द्वन्द्व

41. लाजवाब
   A. अव्ययीभाव   B. तत्पुरुष
   C. कर्मधारय   D. द्विगु

42. चिड़ीमार
   A. कर्त्ता तत्पुरुष
   B. उत्पादक तत्पुरुष
   C. तत्पुरुष
   D. कर्मधारय

43. हैदराबाद (हैदर द्वारा बसाया गया एक नगर)
   A. अव्ययीभाव   B. बहुब्रीहि
   C. तत्पुरुष   D. द्विगु

44. सेठ-साहूकार
   A. कर्मधारय   B. बहुब्रीहि
   C. द्विगु   D. द्वन्द्व

45. सप्तऋषि
   A. द्वन्द्व   B. द्विगु
   C. अव्ययी भाव   D. कर्मधारय

46. नरोत्तम
   A. द्वन्द्व   B. तत्पुरुष
   C. अव्ययी भाव   D. कर्मधारय

47. गजानन
   A. द्वन्द्व   B. कर्मधारय
   C. बहुब्रीहि   D. तत्पुरुष

48. यथाविधि
   A. अव्ययीभाव   B. तत्पुरुष
   C. कर्मधारय   D. बहुब्रीहि

49. सूररचित
 A. तत्पुरुष B. कर्मधारय
 C. अव्ययीभाव D. द्वन्द्व

50. त्रिभुवन
 A. द्विगु B. द्वन्द्व
 C. तत्पुरुष D. बहुब्रीहि

51. उद्योगपति
 A. द्विगु B. द्वन्द्व
 C. तत्पुरुष D. बहुब्रीहि

52. आजीवन
 A. तत्पुरुष B. अव्ययी भाव
 C. कर्मधारय D. बहुब्रीहि

53. निधड़क
 A. तत्पुरुष B. द्विगु
 C. कर्मधारय D. अव्ययीभाव

54. गगनचुम्बी
 A. द्विगु B. द्वन्द्व
 C. तत्पुरुष D. अव्ययीभाव

55. सिरतोड़
 A. द्विगु B. कर्मधारय
 C. तत्पुरुष D. द्वन्द्व

56. दोपहर
 A. द्विगु B. अव्ययीभाव
 C. तत्पुरुष D. कर्मधारय

57. देश–विदेश
 A. द्विगु B. तत्पुरुष
 C. द्वन्द्व D. कर्मधारय

58. लौह–पुरुष
 A. अव्ययीभाव B. द्वन्द्व
 C. बहुब्रीहि D. कर्मधारय

59. घर–द्वार
 A. कर्मधारय B. तत्पुरुष
 C. द्वन्द्व D. द्विगु

60. प्रत्येक
 A. अव्ययीभाव B. कर्मधारय
 C. द्वन्द्व D. तत्पुरुष

61. रोगग्रस्त
 A. कर्मधारय B. तत्पुरुष
 C. बहुब्रीहि D. द्विगु

62. छुटभैये
 A. बहुब्रीहि B. तत्पुरुष
 C. कर्मधारय D. द्वन्द्व

63. नीलोत्पल
 A. तत्पुरुष B. बहुब्रीहि
 C. कर्मधारय D. द्विगु

64. त्रिफला
 A. द्वन्द्व B. बहुब्रीहि
 C. कर्मधारय D. द्विगु

65. नीलकंठ
 A. बहुब्रीहि B. कर्मधारय
 C. द्वन्द्व D. द्विगु

66. रसभरा
 A. तत्पुरुष B. बहुब्रीहि
 C. अव्ययीभाव D. द्वन्द्व

67. सहस्रानन
 A. द्विगु B. तत्पुरुष
 C. बहुब्रीहि D. कर्मधारय

68. नील-रत्न
 A. कर्मधारय B. द्विगु
 C. तत्पुरुष D. बहुब्रीहि

69. रामानुज
 A. तत्पुरुष B. द्वन्द्व
 C. कर्मधारय D. बहुब्रीहि

70. युद्धभूमि
 A. तत्पुरुष B. बहुब्रीहि
 C. द्वन्द्व D. कर्मधारय

71. दीनानाथ
   A. कर्मधारय   B. बहुब्रीहि
   C. द्विगु   D. द्वन्द्व

72. वज्रपाणि
   A. तत्पुरुष   B. द्वन्द्व
   C. कर्मधारय   D. बहुब्रीहि

73. नवरत्न
   A. कर्मधारय   B. बहुब्रीहि
   C. द्वन्द्व   D. द्विगु

74. गंगाजल
   A. द्वन्द्व   B. तत्पुरुष
   C. द्विगु   D. कर्मधारय

75. जन्मांध
   A. द्वन्द्व   B. कर्मधारय
   C. तत्पुरुष   D. द्विगु

76. देवासुर
   A. बहुब्रीहि   B. कर्मधारय
   C. तत्पुरुष   D. द्वन्द्व

77. देशप्रेम
   A. द्विगु   B. तत्पुरुष
   C. कर्मधारय   D. बहुब्रीहि

78. वनमानुष
   A. बहुब्रीहि   B. अव्ययी भाव
   C. द्वन्द्व   D. तत्पुरुष

79. पंचानन
   A. कर्मधारय   B. तत्पुरुष
   C. द्वन्द्व   D. बहुब्रीहि

80. अनन्त
   A. कर्मधारय   B. अव्ययीभाव
   C. तत्पुरुष   D. द्विगु

81. अनायास
   A. द्विगु   B. द्वन्द्व
   C. नञ्   D. अव्ययीभाव

82. करकमल
   A. तत्पुरुष   B. कर्मधारय
   C. द्वन्द्व   D. अव्ययीभाव

83. पुरस्कार-प्राप्त
   A. कर्मधारय   B. अव्ययीभाव
   C. तत्पुरुष   D. द्विगु

84. लम्बोदर
   A. कर्मधारय   B. बहुब्रीहि
   C. द्विगु   D. द्वन्द्व

85. परमेश्वर
   A. द्विगु   B. द्वन्द्व
   C. बहुब्रीहि   D. कर्मधारय

86. देवासुर
   A. द्वन्द्व   B. कर्मधारय
   C. अव्ययीभाव   D. तत्पुरुष

87. लोटा-डोरी
   A. द्वन्द्व   B. द्विगु
   C. तत्पुरुष   D. बहुब्रीहि

88. निम्नलिखित में से द्विगु समास नहीं है
   A. पंचानन   B. नववधू
   C. त्रिवेणी   D. नवरत्न

89. निम्नलिखित में द्विगु समाज नहीं है
   A. पंचानन   B. त्रिवेणी
   C. नवरत्न   D. पीताम्बर

90. द्विगु समास का उदाहरण कौन सा है?
   A. अनन्य   B. दिन–रात
   C. चतुरानन   D. त्रिभुवन

91. विशेषण और विशेष्य के योग से कौन–सा समास बनता है
   A. द्विगु   B. कर्मधारय
   C. तत्पुरुष   D. द्वन्द्व

92. किस समास में दोनों पद मिलने पर अपना सामान्य अर्थ को छोड़कर विशिष्ट अर्थ प्रकट करते हैं?

A. तत्पुरुष   B. बहुब्रीहि
C. अव्ययीभाव   D. द्वन्द्व

93. निम्नलिखित में से बहुब्रीहि समास का उदाहरण है
A. वसुंधरा   B. हरिहर
C. जलयान   D. प्रभुदयाल

94. निम्नलिखित शब्दों में कौन–सा बहुब्रीहि समास है?
A. राजकाज
B. राजा–रानी
C. राज–तिलक
D. धर्मराज (युधिष्ठिर)

95. इनमें से कौन–सा बहुब्रीहि समास है?
A. त्रिकाल   B. यथासमय
C. भरपेट   D. नीलकंठ

96. किसमें अव्ययीभाव समास है?
A. यथावसर   B. राजमहल
C. पर्यटक   D. लम्बोदर

97. निम्नलिखित में से अव्ययी भाव समास का उदाहरण है
A. शरणागत   B. मनोहर
C. जलावृत्त   D. आमरण

98. निम्नलिखित में से अव्ययी भाव समास नहीं है
A. आजन्म   B. भरपेट
C. यथाशक्ति   D. पाप–पुण्य

99. अव्ययीभाव समास का एक उदाहरण 'यथाशक्ति' का सही विग्रह क्या होगा?
A. यथा जो शक्ति
B. जितनी शक्ति
C. शक्ति के अनुसार
D. जैसी शक्ति

100. निम्नलिखित पदों में से किस पद में समास नहीं है?
A. हाथोंहाथ   B. राज्याध्यक्ष
C. पर्वतारोही   D. सौभाग्य

101. निम्नलिखित में से किस समास में दूसरा पद प्रधान होता है?
A. कर्मधारय   B. बहुब्रीहि
C. तत्पुरुष   D. द्वन्द्व

102. 'दीनानाथ' में तत्पुरुष समास का कौन–सा भेद है?
A. अपादान तत्पुरुष
B. करण तत्पुरुष
C. सम्बन्ध तत्पुरुष
D. सम्प्रदान तत्पुरुष

103. 'देशभक्ति' किस तत्पुरुष समास का उदाहरण है?
A. कर्म तत्पुरुष
B. करण तत्पुरुष
C. सम्प्रदान तत्पुरुष
D. सम्बन्ध तत्पुरुष

104. निम्नलिखित में से तत्पुरुष समास का उदाहरण है
A. रेखांकित   B. पच्चीस
C. घनघोर   D. पंचानन

105. वह रात–दिन श्रम करता है। 'रात–दिन' में समास है
A. तत्पुरुष   B. द्वन्द्व
C. द्विगु   D. अव्ययीभाव

106. 'रेलभाड़ा' का समास विग्रह होगा
A. रेल के लिए भाड़ा
B. रेल का भाड़ा
C. रेल में भाड़ा
D. रेल से भाड़ा

107. ‘दही–बड़ा’ का समास विग्रह होगा
   A. दही और बड़ा
   B. दही का बड़ा
   C. दही में बड़ा है जो
   D. दही में डूबा हुआ बड़ा

108. ‘नीलकंठ’ का बहुब्रीहि समास विग्रह होगा
   A. नीला कंठ
   B. नील और कंठ
   C. नीला है जो कंठ
   D. नीला है जिसका कंठ अर्थात् शिवजी

109. पीताम्बर शब्द का समास विग्रह क्या होगा?
   A. पीत है जिसका अम्बर
   B. पीत है वस्त्र जिसका
   C. पीला अम्बर है जिसका
   D. उपर्युक्त सभी

110. ‘मृगनयनी’ का समास–विग्रह होगा
   A. मृग की आँखें जैसी आँखों वाली
   B. मृग के नयन सदृश नयन वाली
   C. जिस स्त्री के नयन मृग के नयन जैसे हों
   D. उपर्युक्त सभी

उत्तरमाला

1	2	3	4	5	6	7	8	9	10
C	A	C	B	D	A	B	C	A	B

11	12	13	14	15	16	17	18	19	20
C	C	B	C	B	D	B	B	D	A

21	22	23	24	25	26	27	28	29	30
B	A	A	D	C	A	D	A	C	B

31	32	33	34	35	36	37	38	39	40
B	A	C	B	A	D	B	D	A	C

41	42	43	44	45	46	47	48	49	50
A	A	B	D	B	B	C	A	A	B

51	52	53	54	55	56	57	58	59	60
C	B	D	C	C	A	C	D	C	A

61	62	63	64	65	66	67	68	69	70
B	C	C	D	A	A	C	A	D	A

71	72	73	74	75	76	77	78	79	80
B	D	D	B	B	D	B	D	D	B

81	82	83	84	85	86	87	88	89	90
D	B	C	B	C	A	A	B	D	D

91	92	93	94	95	96	97	98	99	100
B	B	A	A	D	A	D	D	C	D

101	102	103	104	105	106	107	108	109	110
C	C	D	A	B	A	B	D	D	D

अध्याय 10
मुहावरे और लोकोक्तियाँ

पं. अयोध्यासिंह उपाध्याय 'हरिऔध' ने अपनी सुप्रसिद्ध पुस्तक ''बोलचाल'' में लिखा है कि मुहावरा का शाब्दिक अर्थ अभ्यास अथवा मश्क करना होता है। इसका एक अर्थ सवाल-जवाब करना भी है।

बेवस्तर साहब के मतानुसार—किसी जाति विशेष अथवा समाज विशेष की भाषा या बोली को मुहावरा कहते हैं। जी.पी. मार्श का कथन है कि मुहावरा किसी भाषा के साधारण नियमों का समाहार है जो उस भाषा की व्याकरण सम्बन्धी शैली की विशेषता दिखलाता और दूसरी भाषा से अलग करता है। एक अन्य विद्वान का मत है कि किसी भाषा के विशेष ढांचे में ढले वाक्य को मुहावरा कहते हैं।

हिन्दी शब्द सागर में कहा गया है कि—लक्षणा या व्यंजना द्वारा सिद्ध वाक्य या प्रयोग जो किसी एक ही बोली अथवा लिखी जाने वाली भाषा में प्रचलित हो और जिसका अर्थ प्रत्यक्ष (अभिधेय) अर्थ से विलक्षण हो। किसी एक भाषा में दिखाई पड़ने वाली असाधारण शब्द योजना अथवा प्रयोग भी मुहावरा है। जैसे—लाठी खाना। इसमें 'खाना' शब्द का प्रयोग साधारण अर्थ में न होकर लक्षणा बन गया है जिसका अर्थ होता है—सहन करना। इसी प्रकार हवाई किले बनाना, गुल खिलाना, चिकनी–चुपड़ी बातें करना भी मुहावरा ही हैं।

मुहावरों को कुछ लोग रोजमर्रा या बोलचाल की भाषा में प्रयोग करते हैं। यह शब्द कभी–कभी अभ्यास या आदत के अर्थ को भी व्यक्त करता है जैसे—आजकल मेरा लिखने का मुहावरा नहीं रहा।

मुहावरा

मुहावरा अरबी शब्द है तथा संस्कृत और हिन्दी में इसका सही पर्याय नहीं मिलता। प्रयुक्तता, वाग्रीति, वाग्धारा और भाषा सम्प्रदाय को हम मुहावरे का पर्याय मान सकते हैं किन्तु इन शब्दों में 'मुहावरे' जैसी प्रभावोत्पादकता नहीं है। हिन्दी में मुहावरे की जगह वाग्धारा चलाने का प्रयास किया गया था, किन्तु हिन्दी जगत में वह ग्राह्य नहीं हुआ तथा मुहावरा, मुहावरा ही बना रहा।

लोकोक्ति

लोकोक्ति शब्द लोक तथा उक्ति दो शब्दों के मेल से बना है। इसका अर्थ होता है कोई ऐसा पूर्ण या अपूर्ण वाक्य जिसमें कोई अनुभव, सारकथन अथवा कोई कथा छिपी होती है।

जैसे—'का बरखा जब कृषि सुखाने' इसका अर्थ है कि यदि कोई काम समय पर नहीं हुआ तो असमय में उसके होने का कोई महत्व नहीं रह जाता।

मुहावरों और लोकोक्तियों में अन्तर

मुहावरे तथा लोकोक्ति के अन्तर के दो आधार माने जाते हैं। पहला आधार रचना परक है तथा दूसरा आधार अर्थ परक है।

रचना परक आधार : इसमें पहला आधार मुहावरे का 'ना' अन्त्य प्रयोग माना गया है जैसे—दिया गुल होना, नाक में दम करना, आँखों में धूल झोंकना, तलवे चाटना आदि। लोकोक्तियों में ऐसा नहीं होता जैसे—आम के आम गुठलियों के दाम, सांप मरै ना लाठी टूटै, अधजल गगरी छलकत जाय, नौ दो ग्यारह हो जाना। लोकोक्ति बातचीत में घुल मिल नहीं जाती। उसका सम्बन्ध तेल और पानी जैसा होता है जो ऊपर छहरता रहता है। अब पानी बरसने से क्या लाभ जब सारी फसल सूरज बाबा को अर्पण हो गई। किसी ने ठीक ही कहा है—'का बरखा जब कृषि सुखाने'।

अर्थ परक आधार : मुहावरों में प्रायः मूल अर्थ न लेकर नया अर्थ लिया जाता है जो लक्षणा पर आधारित होता है। लोकोक्ति में मूल अर्थ का सार अथवा अपेक्षित अर्थ ही लिया जाता है। मुहावरा का आशय हमेशा लाक्षणिक होता है, जैसे—नाच न जाने आंगन टेढ़ा, नौ नगद न तेरह उधार आदि।

लोकोक्तियों तथा मुहावरों का महत्व

भावों की अभिव्यक्ति के लिए जो भाषा हम प्रयोग करते हैं, उसमें यदि मुहावरों तथा लोकोक्तियों का मिश्रण हो जाता है तो वह कहीं अधिक प्रभावशाली, रोचक तथा ग्राह्य बन जाती है। इनके प्रयोग से आशय स्पष्ट हो जाता है तथा मन्तव्य को संक्षेप में प्रकट करने के लिए कथन सशक्त बन जाता है। यही कारण है कि प्रायः हर भाषा में लोकोक्तियों तथा मुहावरों का प्रयोग मिलता है।

हिन्दी मुहावरे तथा लोकोक्तियाँ

हिन्दी भाषा शब्दों को अपनाने में सदा से बहुत उदार रही है। इसके शब्द भण्डार को देखने से पता चलता है कि इसमें अनेक विदेशी शब्द इस प्रकार रच—पच गए हैं कि उनका विदेशीपन ही समाप्त हो गया। जैसे—पाजामा, कमीज, बुशर्ट, पेंट, अल्मारी, दरवाजा, दराज, दारोगा, लेटरबक्स, पोस्टकार्ड आदि। यही बात मुहावरों के बारे में भी लागू होती है। उर्दू, फारसी के मुहावरे ही नहीं अपितु अवधी, भोजपुरी, मैथिली, बुन्देलखण्डी, हरियाणवी और बैसवारी बोलियों की लोकोक्तियाँ और मुहावरे अब हिन्दी के मुहावरे होकर जीवन्त हैं। आगे के पृष्ठों में बहुप्रचलित मुहावरों की इन्द्रधनुषी छटा दिखाने का प्रयास किया गया है।

निर्देश : *नीचे मुहावरे दिए गए है। प्रत्येक मुहावरे का अर्थ बताने के लिए चार विकल्प दिए गए हैं। इनमें एक अर्थ सही है। आपको इसी का चयन करना है।*

1. अंगारे उगलना
   A. आग लगाना
   B. क्रोध में कठोर वचन बोलना
   C. आग बुझाना
   D. जले हुए कोयले को इकट्ठा करना

2. इधर की दुनिया उधर करना
   A. जिद पर अड़े रहना
   B. असम्भव को सम्भव करना
   C. दहेज कम करना
   D. धनी व्यक्ति का निर्धन होना

3. ऊँचा-नीचा सुनाना
   A. प्रेरक प्रसंग सुनाना
   B. उपदेश देना
   C. भला बुरा कहना
   D. प्रवचन करना

4. काला नाग
   A. विषधर सर्प
   B. खोटा या घातक व्यक्ति
   C. तीव्र बुद्धि वाला व्यक्ति
   D. काला धन रखने वाला व्यक्ति

5. ठन-ठन गोपाल
   A. बना ठना नवयुवक
   B. खोखला
   C. धनवान
   D. शक्तिशाली

6. अंग-अंग ढीला होना
   A. परेशान होना
   B. शिथिल गात होना
   C. पिटाई होना
   D. बीमार होना

7. अंधे के हाथ बटेर लगना
   A. किसी वस्तु का अनायास मिलना
   B. अपात्र को बहुत बड़ी सफलता मिलना
   C. अप्राप्य को प्राप्त करना
   D. मुसीबत पर मुसीबत आना

8. घी का लड्डू टेढ़ा भी भला
   A. गुणी व्यक्ति की आलोचना
   B. उपयोगी वस्तु का रूप–रंग नहीं देखा जाता
   C. घी का लड्डू स्वादिष्ट होता है
   D. घी का लड्डू महंगा होता है

9. कोढ़ में खाज
   A. परवाह नहीं करना
   B. बराबर समझना
   C. एक दुःख पर दूसरा दुःख होना
   D. निपट मूर्ख

10. गुल खिलाना
    A. मौज करना
    B. बहुत गुस्सा आना
    C. व्यवधान पड़ना
    D. कोई बखेड़ा खड़ा करना

11. नाक का बाल होना
    A. बहुत कष्ट झेलना
    B. किसी का प्रिय व्यक्ति होना
    C. अपमान होना
    D. अनुभवी होना

12. सिक्का जमाना
    A. झूठे आश्वासन देना
    B. बहुत सम्मान देना
    C. सही व्यवहार करना
    D. प्रभाव स्थापित करना

13. पर निकलना
A. अभिमान करना
B. व्यर्थ इतराना
C. बड़ा हो जाना
D. शीघ्रता से काम करना

14. दूध का धुला होना
A. निर्दोष होना
B. स्वस्थ होना
C. शाकाहारी होना
D. स्वच्छ होना

15. दाँत खट्टे करना
A. हराना
B. दाँत दुखना
C. चखना
D. दाँत कमजोर होना

16. ओखली में सिर देना
A. सोच–समझकर कार्य करना
B. जानबूझ कर मुसीबत मोल लेना
C. बिना सोचे कार्य करना
D. अनजाने गड्ढे में गिरना

17. घोड़े बेच कर सोना
A. दुःखी होकर सोना
B. अकेले सोना
C. खुश होकर सोना
D. निश्चिंत होकर सोना

18. मुँह धो रखना
A. आशा न रखना
B. आशा करना
C. इज्जत लेना
D. कुछ खा लेना

19. हाथोंहाथ
A. सहयोग करना
B. खूब पीटना
C. किसी काम को शीघ्र कर देना
D. खतरा मोल लेना

20. सिर आँखों पर होना
A. सहर्ष स्वीकार करना
B. शोख करना
C. अच्छा बुरा सबको एक समझना
D. बुरा हाल होना

21. सुबह शाम करना
A. टाल–मटोल करना
B. दिन–रात काम करना
C. समय व्यतीत करना
D. आवारागर्दी करना

22. आकाश के तारे गिनना
A. सभी तारों का जोड़ करना
B. बड़ी तेज नजर होना
C. रात में नींद न आना
D. तारों की चमक देखना

23. आँखों में धूल झोंकना
A. आँखों में धूल डाल देना
B. आँखों को ढक देना
C. धोखा देना
D. अंधा बनाना

24. काम तमाम करना
A. काम खतम करना
B. सभी काम कर लेना
C. काम में बाधा डालना
D. मार डालना

25. सोने में सुगंध होना
   A. महकता हुआ सोना
   B. सोने में इत्र लगाना
   C. बहुत कीमती सोना
   D. एक गुण के साथ दूसरा विशिष्ट गुण होना

26. हजामत बनाना
   A. ठगना
   B. बाल काटना
   C. शैम्पू लगाना
   D. बाल काटने की दूकान रखना

27. गले का हार होना
   A. बहुत प्यारा होना
   B. सुन्दर वस्तु मिलना
   C. साँप का भ्रम होना
   D. सत्कार मिलना

28. मुट्ठी गरम करना
   A. लालच देना   B. रिश्वत देना
   C. कर्ज देना   D. वेतन देना

29. नाक रगड़ना
   A. भय से दब जाना
   B. बहुत तंग करना
   C. इज्जत उतारना
   D. मिन्नतें करना

30. आँख का पानी
   A. रो पड़ना
   B. लाज उठाना
   C. कीचड़ आना
   D. खुशी के आंसू

31. दिल में फफोले पड़ना
   A. बहुत दुःख होना
   B. क्रोधित करना
   C. परेशान करना
   D. भयभीत होना

32. गंगा नहाना
   A. तीर्थ यात्रा
   B. ढकोसले करना
   C. छुट्टी पाना
   D. स्वच्छता पर ध्यान देना

33. जूते चाटना
   A. खुशामद करना
   B. बूट पालिश करना
   C. भटकते फिरना
   D. अति तुच्छ मानना

34. अंक भरना
   A. अंक देना   B. लिपटा लेना
   C. योजना बनाना   D. शर्म आना

35. अंगूठा दिखाना
   A. धोखा देना
   B. इनकार करना
   C. खुशामद करना
   D. चिढ़ाना

36. कलम तोड़ना
   A. क्रोध दिखाना
   B. बहुत अच्छा लिखना
   C. कमजोरी दिखाना
   D. भद्दी चीजें लिखना

37. गाल बजाना
   A. चिल्लाना
   B. अतिशयोक्तिपूर्ण वर्णन
   C. गाल से गाल टकराना
   D. गाल फुलाना

38. अड़ियल टट्टू
   A. बात–बात पर अड़ने वाला
   B. बात न मानने वाला
   C. मार खाने का अभ्यस्त
   D. दगाबाज

39. दाँतों तले उँगली दबाना
   A. मुँह से आवाज निकालना
   B. नफरत करना
   C. दण्डित करना
   D. चकित रह जाना

40. पलटा खाना
   A. परिस्थिति का बदल जाना
   B. गिर जाना
   C. मन भर कर खा लेना
   D. देखते रहना

41. अंतड़ियों में बल पड़ना
   A. बहुत रोना
   B. बहुत हँसना
   C. बीमार होना
   D. दौड़–धूप करना

42. हाथ का मैल
   A. अत्यंत तुच्छ वस्तु
   B. मेहनत की कमाई
   C. सहज प्राप्त वस्तु
   D. परमात्मा की देन

43. सिर पर उठाना
   A. शोरगुल करना
   B. बोझ उठाना
   C. लड़ना–झगड़ना
   D. इनमें से कोई नहीं

44. आकाश से बातें करना
   A. बहुत ऊँचा होना
   B. बहुत तेज दौड़ना
   C. अभिमान करना
   D. कल्पना करना

45. रुई की तरह धुनना
   A. उखाड़-पछाड़ करना
   B. खूब मारना–पीटना
   C. सर्वनाश कर डालना
   D. रुक–रुक कर पीटना

46. आँख उठाना
   A. ध्यान से देखना
   B. उपेक्षा से देखना
   C. निर्लज्जता से देखना
   D. शत्रुभाव से देखना

47. अँगूठा दिखाना
   A. अलविदा कहना
   B. धोखा देना
   C. प्यार करना
   D. चापलूसी करना

48. गुदड़ी का लाल
   A. अप्रसिद्ध परिवार में गुणी व्यक्ति का होना
   B. गंदगी में उपजने वाला सुन्दर वृक्ष
   C. चोरी का अन्न गंदे थैले में रखना
   D. देखने में मूर्ख, परन्तु वास्तव में चतुर होना

49. कोई गुप्त योजना बनाना
   A. हत्थे पर चढ़ाना
   B. हथियार बनाना
   C. हाथ साफ करना
   D. हथकण्डे अपनाना

50. पैर पटकना
   A. दुःख प्रकट करना
   B. अस्थिर होना
   C. गुस्सा प्रकट करना
   D. पीछे हटना

51. लोहे के चने चबाना
   A. भूखा रहना
   B. घोर कठिनाई का सामना करना
   C. परिश्रम से घबराना
   D. पराजित होना

52. मन में गाँठ पड़ना
   A. मन-मुटाव होना
   B. निरन्तर स्मरण रखना
   C. भूल जाना
   D. गठिया रोग होना

53. आँखें खुलना
   A. भाग्य बनना
   B. सही बात समझ में आना
   C. सामने आना
   D. दुःख के बाद आँख खुलना

54. कोल्हू का बैल
   A. ऐसा बैल जो कोल्हू चलाए
   B. बेइज्जती करना
   C. दिन-रात परिश्रम करना
   D. दर-दर भटकना

55. अन्तरपट खुलना
   A. प्रेम करना
   B. ज्ञान प्राप्त करना
   C. भेद खुलना
   D. स्वागत करना

56. लुटिया डुबोना
   A. इज्जत गँवाना   B. प्रसन्न होना
   C. प्रभाव जमाना   D. क्रोधित होना

57. छाती पर मूँग दलना
   A. कड़वी बात बोलना
   B. घोर संकट में पड़ना
   C. घमण्ड करना
   D. बहुत अधिक परेशान करना

58. मेढ़की को जुकाम होना
   A. नाम हासिल करना
   B. मरने को होना
   C. मनचाही वस्तु पाना
   D. अनहोनी होना

59. रोटियाँ तोड़ना
   A. बिना मेहनत किए पड़े-पड़े खाना
   B. असन्तुष्ट करना
   C. भरपेट खाना
   D. कौर छोटा करना

60. सिट्टी-पिट्टी गुम होना
   A. बटुआ गुम हो जाना
   B. भय से होश-हवास उड़ जाना
   C. विपत्ति आना
   D. घिर जाना

61. चलता-पुरजा होना
   A. प्रसिद्ध होना
   B. निश्चिंत होना
   C. चालाकी से काम लेना
   D. बेवकूफ होना

62. काठ की हाँडी
   A. बहुत सस्ता
   B. अस्थायी चीज
   C. कमजोर आदमी
   D. बहुत मजबूत हँडिया

63. उल्टे उस्तरे से मूँडना
   A. नुकसान पहुँचाना
   B. पूरी तरह ठगना
   C. बेइज्जती करना
   D. हर तरफ से फायदा उठाना

64. पेट में दाढ़ी होना
A. धूर्त प्राणी
B. रोगग्रसित होना
C. पेट तक लम्बी दाढ़ी होना
D. देखने में सीधा, किन्तु चालाक होना

65. गूलर का फूल होना
A. सुगन्धित होना
B. फूल की तरह खिलना
C. दुर्लभ होना
D. अति प्रसन्न होना

66. चाँदी का जूता मारना
A. जूते में चाँदी रखकर मारना
B. रिश्वत देना
C. बहुत सम्पन्न होना
D. जूते में चाँदी लगा होना

67. गागर में सागर भरना
A. संक्षिप्त बात को विस्तृत रूप में कहना
B. संक्षिप्त बात को संक्षेप में कहना
C. विस्तृत बात को संक्षेप में कहना
D. विस्तृत बात को विस्तृत रूप में कहना

68. अक्ल का पुतला
A. अत्यन्त मूर्ख
B. अत्यन्त धूर्त
C. बहुत चतुर
D. बहुत बुद्धिमान

69. अरण्य–रोदन
A. निरर्थक
B. निष्फल निवेदन
C. बेसुरा गायन
D. विरह गीत

70. आँख का काजल चुराना
A. बहुमूल्य वस्तु चुराना
B. सामान्य वस्तु चुराना
C. सामने की वस्तु चुरा लेना
D. प्रेम करना

71. पौ बारह होना
A. लाभ ही लाभ
B. इज्जत जाना
C. लज्जित होना
D. बहुत खुश होना

72. कलेजा होना
A. द्रवित होना
B. विवश होना
C. विकल होना
D. हिम्मत होना

73. पानी पीकर घर पूछना
A. विपरीत काम करना
B. अनोखा काम करना
C. काम निकालने के बाद सोचना
D. आराम से विचार करना

74. लल्लो-चप्पो करना
A. बातें मानना
B. ढोंग करना
C. खुशामद की बातें करना
D. शिकायत करना

75. साढ़ेसाती लगना
A. होश बिगड़ जाना
B. शुभ घड़ी जाना
C. हिसाब न लगा पाना
D. विपत्ति का समय आना

76. कमर कसना
A. दृढ़ निश्चय कर लेना
B. खूब कसकर कपड़े पहनना
C. दण्डित करना
D. कमर कसकर युद्ध पर निकल जाना

77. माथा ठनकना
   A. भयभीत हो जाना
   B. हिम्मत आ जाना
   C. क्रोध आना
   D. अनिष्ट की आशंका होना

78. लाल-पीला होना
   A. क्रोध करना
   B. तेवर बदलना
   C. मुद्राएं बदलना
   D. रंग बदलना

79. हाथ उठाकर देना
   A. मान-सम्मान करना
   B. बहुत खर्च करना
   C. स्वेच्छा से किसी को कुछ देना
   D. आशीर्वाद देना

80. पानी न माँगना
   A. मर्यादा की रक्षा करना
   B. तत्काल मर जाना
   C. असम्भव कार्य करना
   D. इज्जत न खोना

81. सिर उठाना
   A. विरोध में आना
   B. पीछे पड़ जाना
   C. आरोप लगाना
   D. बहुत प्रयत्न करना

82. आँख लगना
   A. आशंका होना   B. मृत्यु होना
   C. नींद आना   D. प्रेम होना

83. औंधी खोपड़ी
   A. कुछ निर्णय न कर पाना
   B. मूर्ख होना
   C. किंकर्त्तव्यविमूढ़ होना
   D. इनमें से कोई नहीं

84. कान का कच्चा
   A. कम सुनने वाला
   B. बहरा
   C. कोई बात सुनकर उसे पचा न सकने वाला
   D. शीघ्र विश्वास कर लेने वाला

85. घाट-घाट का पानी पीना
   A. मारा-मारा फिरना
   B. शिक्षा ग्रहण करना
   C. तीर्थयात्रा करना
   D. अनुभवी होना

86. आ बैल मुझे मार
   A. जानबूझकर मुसीबत में पड़ जाना
   B. छेड़छाड़ करना
   C. किसी को भी गाली देना
   D. बैल के सामने बैठ जाना

87. ढाक के वही तीन पात होना
   A. यत्नपूर्वक रखना
   B. सदा एक-सा
   C. ऊटपटाँग काम करना
   D. अनुरूप बनना

88. निन्यानवे के फेर में पड़ना
   A. धन कमाने में लगा रहना
   B. मूर्खता के कार्य कर बैठना
   C. किसी चक्कर में पड़ जाना
   D. परिवार के झंझटों में फँसे रहना

89. खोदा पहाड़ निकली चुहिया
   A. पहाड़ों में भी जीवन है
   B. कमजोर व्यक्ति भी महान काम कर सकता है
   C. किसी बात का झूठा प्रचार करना
   D. अधिक परिश्रम किन्तु लाभ कम

90. दाँत काटी रोटी

   A. स्तब्ध होना

   B. काफी प्रयत्न करना

   C. गहरी दोस्ती

   D. क्रोध करना

91. तबियत भर लेना

   A. पूरी तसल्ली कर लेना

   B. किसी काम से विरक्ति हो जाना

   C. भली प्रकार से प्रसन्न कर देना

   D. किसी से अनुराग करना

92. हुलिया बिगाड़ देना

   A. दुर्गति करना

   B. उपद्रव करना

   C. आज्ञा न मानना

   D. सम्मान या इज्जत न करना

93. हुलिया तंग होना

   A. रास्ते की चौड़ाई कम होना

   B. परेशान होना

   C. बहुत क्रोधित होना

   D. आर्थिक तंगी होना

94. हालत पतली होना

   A. दयनीय दशा होना

   B. मानसिक पीड़ा होना

   C. अत्यधिक थक जाना

   D. धीरे-धीरे सुधार होना

95. चाँदी की ऐनक लगाना

   A. बहुत अमीर होना

   B. खूब लाभ होना

   C. घूस लेकर ही किसी का काम करना

   D. किसी-न-किसी प्रकार प्रतिष्ठा बनाए रखना

96. डंके की चोट पर कहना

   A. शोर-शराबा करना

   B. अस्वाभाविक बातें करना

   C. सबके सामने घोषित करना

   D. ऊँचे स्वर में चिल्लाना

97. तीन तेरह होना

   A. उन्नति करना

   B. वैमनस्य रखना

   C. भाग जाना

   D. गिनती करना

98. एड़ी चोटी का पसीना एक करना

   A. पसीना आना

   B. अत्यधिक श्रम करना

   C. व्यर्थ परिश्रम करना

   D. कठिन कार्य करना

99. ईंट से ईंट बजाना

   A. दोष लगाना

   B. कठोर वार करना

   C. विपत्ति की आशंका होना

   D. तबाह कर देना

100. टेढ़ी खीर

   A. दुष्कर कार्य

   B. दुर्लभ कार्य

   C. सुलभ कार्य

   D. असम्भव कार्य

101. अंगूठा चूमना

   A. खुशामद करना

   B. नासमझी दिखाना

   C. तिरस्कार करना

   D. इनकार करना

102. अक्ल का पुतला
- A. अत्यन्त मूर्ख
- B. अत्यन्त धूर्त
- C. बहुत चतुर
- D. बहुत बुद्धिमान

103. एक और एक ग्यारह होना
- A. संगठन में शक्ति है
- B. गणित विद्या में निपुणता प्राप्त करना
- C. भीड़ में बल है
- D. संसार में सब सम्भव है

104. विहंगम-दृष्टि
- A. पैनी दृष्टि
- B. सम्यक् दृष्टि
- C. गहरी दृष्टि
- D. सरसरी दृष्टि

105. एक ही लकड़ी से हाँकना
- A. अच्छे बुरे की पहचान न करना
- B. नियन्त्रण पा लेना
- C. पराजित करना
- D. मूर्ख बनाना

106. चादर के बाहर पैर पसारना
- A. बेपर्द होना
- B. सामर्थ्यानुसार खर्च करना
- C. आय से अधिक खर्च करना
- D. दिखावा करना

107. कालियदमन करना
- A. क्रोध शान्त करना
- B. अधिक हठ करना
- C. शत्रु को मारना
- D. बहुत अधिक शोषण करना

108. काला नाग
- A. छिपकर प्रहार करने वाला
- B. धोखेबाज
- C. अशुभ घड़ी
- D. अत्यधिक खतरनाक

109. केर-बेर का संग होना
- A. समन्वय होना
- B. असम्भव काम होना
- C. गलत काम होना
- D. विरुद्ध स्वभाव वालों का एक साथ मिलना

110. कागज के घोड़े दौड़ाना
- A. लम्बी लिखा-पढ़ी करना
- B. बेकार बातें करना
- C. लिखित प्रमाण देना
- D. इनमें से कोई नहीं

111. बालू की भीत
- A. निस्सार वस्तु
- B. रेगिस्तानी इलाका
- C. शीघ्र नष्ट हो जाने वाली वस्तु
- D. इनमें से कोई नहीं

112. हुक्का भरना
- A. सेवा करना
- B. आज्ञा मानना
- C. हुक्के में पानी भरना
- D. इनमें से कोई नहीं

113. मिट्टी का माधो
- A. मूर्ख
- B. जड़
- C. मूर्तिवत
- D. मिट्टी की मूर्ति

114. कान देना
- A. हृदय में समान
- B. सावधान होना
- C. ध्यान देना
- D. बाज आना

115. खेत आना
   A. युद्ध में शहीद होना
   B. युद्ध में हार जाना
   C. मृत्यु के मुँह में पड़ना
   D. बेसहारा होना

116. आँखों में चर्बी छाना
   A. विपत्ति का समय आना
   B. अप्राकृतिक व्यवहार करना
   C. इज्जत लेना
   D. घमण्ड से चूर होना

117. रंग उतरना
   A. फीका होना
   B. धाक जमना
   C. खतरा मोल लेना
   D. बहाना करना

118. मुँह की खाना
   A. बातूनी होना
   B. अपमानित होना
   C. अभिनन्दित होना
   D. पराजित होना

119. पानी-पानी होना
   A. पानी से भीग जाना
   B. अति प्रसन्न होना
   C. लज्जित होना
   D. व्यथित हो जाना

120. कलेजा काँपना
   A. बेसहारा होना
   B. डरना
   C. हिम्मत रखना
   D. परेशान होना

121. गरदन पर सवार होना
   A. पीछा न छोड़ना
   B. गर्दन काट देना
   C. परेशान करना
   D. बहुत प्यारा होना

122. उल्टी गंगा बहाना
   A. अपनी बात से स्वयं को ही नुकसान पहुँचाना
   B. परम्पराओं के विपरीत कार्य करना
   C. निश्चित चाल के विपरीत कार्य करना
   D. बिना सोचे–विचारे कार्य करना

123. आसन डोलना
   A. चंचल होना
   B. ऊपर से नीचे आना
   C. एक स्थान से दूसरे स्थान पर जाना
   D. भूचाल आना

124. आँख का पानी ढल जाना
   A. बुढ़ापा आ जाना
   B. निर्लज्ज हो जाना
   C. प्रिय व्यक्ति का बिछुड़ जाना
   D. देखने की ताकत कमजोर पड़ना

125. थाली का बैंगन
   A. पक्षपात करने वाला
   B. विभिन्न मतों को मानने वाला
   C. उछल-कूद करने वाला
   D. सिद्धान्तहीन

126. आस्तीन का साँप
   A. सपेरों का एक खेल
   B. कपटी मित्र
   C. मूर्ख व्यक्ति
   D. डंक मारने वाला

127. हथेली पर सरसों उगाना
    A. असम्भव कार्य करना
    B. शीघ्र प्रतिफल की कामना करना
    C. स्थान परिवर्तन
    D. शक्तिशाली होना

128. रंग में भंग होना
    A. बना बनाया काम बिगड़ना
    B. अपमानित होना
    C. समाप्त होना
    D. घुलमिल जाना

129. 'गाजर मूली समझना'
    A. शाकाहारी समझना
    B. हरा भरा समझना
    C. कमजोर समझना
    D. पौष्टिक समझना

130. मुँह की खाना
    A. अपमानित होना
    B. अभिनन्दित होना
    C. पराजित होना
    D. बातूनी होना

131. अक्ल पर पत्थर पड़ना
    A. मूर्ख होना
    B. बुद्धिभ्रष्ट होना
    C. बुद्धिमान होना
    D. प्रतिभावान होना

132. दाँतों तले उँगली दबाना
    A. डर जाना
    B. शर्मिंदा होना
    C. हैरान हो जाना
    D. कष्ट अनुभव करना

133. पीठ दिखाना
    A. हार जाना
    B. जीत जाना
    C. पश्चाताप करना
    D. वेदना व्यक्त करना

134. पगड़ी उछालना
    A. सम्मानित करना
    B. अपमानित करना
    C. जश्न मनाना
    D. अफसोस करना

135. कच्चे घड़े पानी भरना
    A. मूर्खतापूर्ण कार्य करना
    B. कठिन कार्य करना
    C. ठीक ढंग से काम न करना
    D. कमजोर से मदद की अपेक्षा रखना

136. शैतान की आँत
    A. बहुत लम्बी वस्तु
    B. अत्यंत नगण्य वस्तु
    C. अत्यंत लाभदायक वस्तु
    D. अत्यंत धूर्त व्यक्ति

137. रीढ़ टूटना
    A. कमजोर होना
    B. दुर्दशाग्रस्त होना
    C. निराश हो जाना
    D. आधार ही न रहना

138. सूर्य को दीपक दिखाना
    A. सूर्य की पूजा करना
    B. विपरीत कार्य करना
    C. महापुरुषों को सम्मानित करना
    D. अत्यन्त प्रसिद्ध व्यक्ति का परिचय देना

139. तालु में जीभ न लगना
   A. भूख से तड़पना
   B. प्यास से परेशान होना
   C. चुप न रहना
   D. स्वाद न मिलना

140. भुजी भाँग न होना
   A. नशे में चूर होना
   B. दरिद्र होना
   C. होश में न रहना
   D. भाँग न मिलने से नशा ढूँढना

141. पापड़ बेलना
   A. पापड़ बनाना
   B. मुसीबत उठाना
   C. खाना बनाना
   D. पतली रोटी बेलना

142. औघट घाट चलना
   A. मूर्खता की बात करना
   B. गलत स्थान से नदी पार करना
   C. धोखा देना
   D. सही रास्ता छोड़कर ऊटपटांग
      रास्ते पर चलना

143. गूलर का फूल होना
   A. सुगन्धित होना
   B. फूल की तरह खिलना
   C. दुर्लभ होना
   D. अति प्रसन्न होना

144. कुएँ में भाँग घोलना
   A. दिमाग का काम न करना
   B. सबकी बुद्धि भ्रष्ट होना
   C. कुछ भी न सूझना
   D. नशे में आना

145. कंगाली में आटा गीला होना
   A. गरीब होना
   B. मुसीबत पर मुसीबत पड़ना
   C. गीला आटा व्यर्थ होता है
   D. कंगाल व्यक्ति का आटा गीला
      होता है

146. उन्नीस बीस होना
   A. बहुत कम अन्तर होना
   B. बहुत अन्तर होना
   C. हिसाब जोड़ना
   D. भाग जाना

147. खून का घूँट पीना
   A. गुस्सा करना
   B. खून की उल्टी करना
   C. क्रोध दबाना
   D. दाँत से होठ कट जाना

148. हाथ पतला होना
   A. शरीर कमजोर होना
   B. आत्मविश्वास की कमी
   C. आर्थिक स्थिति खराब होना
   D. अस्वस्थ होना

149. अपना उल्लू सीधा करना
   A. अपना स्वार्थ सिद्ध करना
   B. अपने बच्चे को सुधारना
   C. अपनी गलती सुधारना
   D. किसी को मूर्ख बनाना

150. आँधी के आम
   A. कटे-फटे आम
   B. कच्चे आम
   C. विपदा में लाभ
   D. सामयिक लाभ

151. घड़ों पानी पड़ना
    A. पूरी तरह भींग जाना
    B. अत्यधिक लज्जित होना
    C. बुरी तरह लड़ना
    D. अचानक नुकसान होना

152. बाल धूप में सफेद न होना
    A. बूढ़ा होना
    B. असमय बाल सफेद होना
    C. बहुत अनुभवी होना
    D. बहुत मूर्ख होना

153. अब-तब होना
    A. टालना
    B. शंकाग्रस्त होना
    C. मरणासन्न होना
    D. किंकर्त्तव्यविमूढ़ होना

154. होश सम्हालना
    A. सुध-बुध भूल जाना
    B. सयाना होना
    C. सन्मार्ग पर चलना
    D. खुशियाँ मनाना

155. आँखें दिखाना
    A. क्रोध करना   B. जाँच करना
    C. नाराज होना   D. धोखा देना

156. दाँत खट्टे करना
    A. नाराज करना
    B. हरा देना
    C. दुःखी कर देना
    D. क्रोध करना

157. आटे-दाल का भाव मालूम होना
    A. व्यवसाय में लगना
    B. दुनियादारी का अनुभव होना
    C. बाजार भाव की जानकारी रखना
    D. घर-गृहस्थी में व्यस्त होना

158. ओस चाटना
    A. आशा करना
    B. कम में संतोष करना
    C. पश्चाताप करना
    D. स्वयं को भुलावा देना

159. पहाड़ टूट पड़ना
    A. भारी विपत्ति आना
    B. भूकम्प आना
    C. काम का बोझ होना
    D. अपने को असमर्थ पाना

160. घर का न घाट का होना
    A. झूठा प्रदर्शन
    B. एक-सी स्थिति
    C. संकटपूर्ण व्यवहार करना
    D. कहीं का नहीं

161. कुर्सी तोड़ना
    A. मेहनत न करना
    B. अधिक श्रम करना
    C. उपद्रव मचाना
    D. सुन्दर लिखना

162. कूपमण्डूक होना
    A. कुएँ में गिरना
    B. अत्यंत सीमित ज्ञान होना
    C. घर में रहना
    D. इनमें से कोई नहीं

163. ईद का चाँद होना
    A. आकाश में चाँद निकलना
    B. चाँद निकलने पर खुशियाँ मनाना
    C. बहुत दिनों बाद दिखाई देना
    D. चाँदनी रात में त्योहार का आनन्द लेना

164. काला अक्षर भैंस बराबर
   A. अदूरदर्शी होना
   B. अनपढ़ होना
   C. समदर्शी होना
   D. छिद्रान्वेषी होना

165. न तीन में न तेरह में
   A. किसी काम का न होना
   B. बुद्धिहीन होना
   C. बहुत उपयोगी होना
   D. नष्ट कर देना

166. बछिया का ताऊ
   A. बहुत चालाक होना
   B. बहुत प्रेमी होना
   C. बहुत सम्मानित होना
   D. बहुत मूडी होना

167. तू डाल-डाल मैं पात-पात
   A. दोनों विद्वान
   B. दोनों चालाक
   C. दोनों तत्वज्ञ
   D. दोनों मूर्ख

168. कपास ओटना
   A. खेती के कार्य में लगना
   B. इधर-उधर भागना
   C. व्यर्थ का कार्य करना
   D. बेगार करना

169. उठ जाना
   A. विरोध प्रकट करना
   B. बहिष्कार करना
   C. अपमानित करना
   D. मर जाना

170. दाँत दिखाना
   A. क्रुद्ध होना   B. मुँह चिढ़ाना
   C. गिड़गिड़ाना   D. हँसी उड़ाना

निर्देश : *रिक्त स्थानों हेतु उचित मुहावरों का चयन कीजिए।*

171. बच्चों की जरा-सी शरारत पर विनय ने ....
   A. घर सिर पर उठा लिया
   B. हवाई किले बना लिए
   C. नाको चने चबवा लिए
   D. पीठ दिखा दी

172. ट्रेन में बम रखे जाने की जाँच में कुछ भी न मिलने पर बरबस कहना पड़ा ....
   A. डूबते को तिनके सहारा
   B. आ बैल मुझे मार
   C. खोदा पहाड़ निकली चुहिया
   D. एक अनार सौ बीमार

173. कर्मठ और बुद्धिमान नेतृत्व समस्त संगठन को कर्मठ और बुद्धिमान बना देता है आखिरकार ....
   A. कोऊ नृप होय हमें का हानि
   B. यथा राजा तथा प्रजा
   C. यथा नाम तथा गुण
   D. जब मन चंगा तो कठौती में गंगा

174. गरम जलेबी देखकर अनिमेष के ....
   A. मन का लड्डू फूटने लगा
   B. मूँछों पर ताव आ गया
   C. मुँह में पानी भर गया
   D. पाँव जमीन पर नहीं पड़े

175. विजय ने यह देखा कि काम बहुत आसान है, लेकिन खुद करने पर ...
   A. आग लगाकर पानी को दौड़ा दिया
   B. चिराग तले अँधेरा दिखा
   C. भीगी बिल्ली बन गए
   D. आटे दाल का भाव मालूम हुआ

निर्देश : *इन प्रश्नों में एक वाक्य दिया गया है, जिसका एक भाग गहरा काला है। उस भाग का सही अर्थ नीचे दिए गए चार विकल्पों में से चुनिए।*

176. दुर्घटना का दृश्य देखकर नीलिमा का **कलेजा पसीज गया**
   A. दिल बैठ जाना
   B. हालत खराब होना
   C. गर्मी लगना
   D. दया उत्पन्न होना

177. मंत्री के आने पर जनता ने उन्हें **आँख उठाकर भी नहीं देखा**
   A. चुप रहना
   B. जी चुराना
   C. ध्यान तक न देना
   D. अनसुनी करना

178. महाराज दशरथ **यथा नाम तथा गुण** थे
   A. नाम मात्र की उपयोगिता
   B. जैसा नाम वैसे ही गुण
   C. उपयोगिता विहीन
   D. गुणवान

179. बार-बार **नाक रगड़ने** पर भी पुलिस ने अशोक को नहीं छोड़ा
   A. विनती करना
   B. खुशामद करना
   C. अधीन होना
   D. बीमार पड़ना

180. कोई काम न करके श्रीमती सन्ध्या दिन भर **मक्खी मारा** करती हैं
   A. जीव हत्या करना
   B. कीड़े-मकोड़े मारना
   C. घिनौने काम करना
   D. खाली बैठना

181. **सब्ज बाग दिखाकर** निशीथ ने कपिल से एक हजार रुपए ठग लिए
   A. घुमाने ले जाना
   B. बाग की हरियाली दिखाना
   C. प्रकृति का निरीक्षण करना
   D. झूठा आश्वासन देना

182. एकाएक प्रधानाचार्य को आया देखकर आपस में लड़ रहे विद्यार्थी **हक्का-बक्का** हो गए
   A. अचरज में पड़ना
   B. भयभीत होना
   C. भाग जाना
   D. छुप जाना

183. मेरा इतना नुकसान हो गया और तुम्हें **अठखेलियाँ सूझ रही हैं**
   A. दिल्लगी करना
   B. मजे में रहना
   C. खेल खेलना
   D. हँसना

184. किसी अजनवी को देखकर कुत्ते **आपे में नहीं रहते**, भौं–भौं करने लग जाते हैं
   A. होश में न रहना
   B. मिथ्या बकवास करना
   C. क्रोध में भड़क उठना
   D. अपनी सुध खो देना

185. विपिन को समझाना बेकार है, वह तो **ओंधी खोपड़ी** है
   A. बेवकूफ आदमी
   B. निपट मूर्ख
   C. खोपड़ी उल्टी होना
   D. सोते रहना

186. अब संजना के **हाथ पीले करने** का समय आ गया है

A. सजा देने का

B. विवाह करने का

C. प्यार करने का

D. अत्यधिक पिटाई करने का

187. अवसरवादी व्यक्ति हमेशा अपना **उल्लू सीधा करने** का प्रयास करता है

A. लोक व्यवहार के विरुद्ध कार्य

B. स्वार्थ पूर्ति

C. विश्वासघात

D. बात बदलने का

188. मेरा बेटा अभिनव **मेरी आँखों का तारा** है

A. ध्रुवतारा

B. बहुत सुन्दर

C. बहुत प्रिय

D. बहुत बुद्धिमान

189. डाकुओं को देखकर सेठजी के **हाथ पांव फूल गए**

A. घबरा जाना

B. बेहोश हो जाना

C. बीमार हो जाना

D. लड़ने को तैयार हो जाना

190. विजय की बातों से संजय की **आँखों में खून उतर आया**

A. आँखें लाल हो जाना

B. खुश होना

C. आँखों में कुछ गिर जाना

D. गुस्सा आना

निर्देश : प्रत्येक पंक्ति में एक लोकोक्ति दी गई है। उसके अर्थ स्वरूप चार विकल्प दिए गए हैं। इनमें से एक विकल्प सही है। आपको उसी का चयन करना है।

191. अन्धा बाँटे रेवड़ी फिर-फिर अपनों को देय

A. उच्च पद पाकर अपने ही लोगों को लाभान्वित करना

B. न्याय की अवहेलना करके स्वजनों को लाभान्वित करना

C. अन्धा आदमी स्वजनों का ख्याल रखता है

D. स्वार्थी व्यक्ति पक्षपात करता है

192. अकल बड़ी कि भैंस

A. शारीरिक बल की अपेक्षा बौद्धिक बल श्रेष्ठ होता है

B. अक्ल अमूर्त और भैंस मूर्त रूप हैं

C. भैंस शारीरिक दृष्टि से बड़ी होती है

D. भैंस बुद्धिमान होती है

193. होनहार विरवान के होत चीकने पात

A. चिकने पत्तों वाला पौधा सुन्दर लगता है

B. बागवानी का शौक अच्छी बात है

C. होनहार बालक के लक्षण बचपन में ही प्रकट होने लगते हैं

D. चिकने पत्तों से पता लगता है कि यह पौधा वृक्ष बन जाएगा

194. सच्चे का बोलबाला, झूठे का मुँह काला

A. झूठ बोलना पाप है

B. झूठ बोलने वाला अपमानित होता है

C. असत्य बोलने वालों पर व्यंग्य

D. सत्य की सर्वत्र विजय होती है

195. शेर भूखा रह जाए, पर घास नहीं खाता

   A. श्रेष्ठ व्यक्ति संकट में भी मर्यादा नहीं तोड़ता है

   B. शेर केवल मांसाहारी होता है

   C. शेर स्वयं शिकार होता है

   D. स्वावलम्बी व्यक्ति किसी का सहारा नहीं तकता

196. हथेली पर सरसों नहीं जमती

   A. सरसों के लिए जमीन चाहिए हथेली नहीं

   B. हर काम में मनमानी नहीं चल सकती

   C. काम के लिए समय चाहिए, जब चाहो, तभी काम नहीं हो सकता

   D. सफलता समय पर आती है

197. आग लगे पर पानी कहाँ

   A. कलह में कभी सुख नहीं होता

   B. मुसीबत आने पर सहज नहीं टलती

   C. वक्त पर अभीष्ट वस्तु नहीं मिलती

   D. इनमें से कोई नहीं

198. घर में नहीं दाने, अम्मा चली भुनाने

   A. झूठा आडम्बर

   B. अधिक दिखावा करना

   C. डींगें हाँकना

   D. मुश्किल से गुजारा करना

199. ऊँची दुकान फीका पकवान

   A. ऊँचे पर बनी दुकान के पकवान मीठे नहीं होते

   B. ऊँची दुकान महँगी होती है

   C. दिखावटी वस्तु में गुणवत्ता कम होती है

   D. दिखावट में आकर्षण अधिक रहता है

200. न ऊधो का लेन, न माधो का देन

   A. दूसरे के झंझट में दखल देना

   B. किसी झंझट में न पड़ना

   C. किसी से उधार न लेना

   D. नगद लेन-देन करना

201. तीन लोक से मथुरा न्यारी

   A. मथुरा सबसे श्रेष्ठ तीर्थ है

   B. मथुरा नगर विशिष्ट है

   C. सबसे श्रेष्ठ व सुन्दर

   D. सबसे निराला

202. अधजल गगरी, छलकत जाए

   A. निर्धन द्वारा अधिक खर्च करना

   B. अज्ञानी द्वारा उपदेश देना

   C. अल्पज्ञानी द्वारा अधिक प्रदर्शन करना

   D. गगरी को पूरा भरना ही श्रेष्ठ

203. अपनी करनी, पार उतरनी

   A. स्वयं के प्रयास से सफलता मिलती है

   B. अपने कर्मों का फल भोगना

   C. अपने साधन से ही नदी पार करनी चाहिए

   D. अपने का हित करना

204. आये थे हरि भजन को ओटन लगे कपास

   A. अच्छे कार्य न करके बुरे कार्य करना

   B. पूजा-पाठ छोड़कर व्यापार करना

   C. साधारण मनुष्य बनकर रहना

   D. उच्च लक्ष्य छोड़कर साधारण कार्य में शक्ति लगाना

205. आगे नाथ न पीछे पगहा
A. पूर्ण स्वतन्त्र
B. अपने मन की करना
C. बन्धन रहित होना
D. इधर-उधर भागना

206. जस दूल्हा तसि बनी बराता
A. अच्छा दूल्हा और अच्छे साथी
B. अच्छा दूल्हा और खराब बाराती
C. सभी लोगों का अच्छा होना
D. जैसे व्यक्ति वैसे साथी

207. कहे से कुम्हार गधे पर नहीं चढ़ता
A. सरलता से न मानना
B. हठी व्यक्ति समझाने से नहीं मानता
C. किसी की न सुनना
D. भय दिखाने से ही काम बनता है

208. अधजल गगरी छलकत जाए
A. सीमित ज्ञान पर घमण्ड करना
B. आधी गगरी भरना
C. मूर्खता के कार्य करना
D. किसी कार्य को ठीक से न करना

209. ऊँट चढ़े पर कुत्ता काटे
A. अपना काम निकालना
B. कोई काम पूरा न हो पाना
C. दुस्साहस करके पछताना
D. विपत्ति सब जगह पीछा करती है

210. तन पर नहीं लत्ता, पान खायें अलबत्ता का अर्थ है
A. बुरी आदत में पड़ना
B. झूठा दिखावा करना
C. रौब डालना
D. रईस मिजाज होना

211. आँख के अन्धे, गाँठ के पूरे
A. धनी परन्तु मूर्ख
B. गरीब किन्तु अक्लमंद
C. धनी परन्तु अक्लमंद
D. गरीब परन्तु मूर्ख

212. मन चंगा तो कठौती में गंगा
A. घर में रहना तीर्थ के बराबर होता है
B. यदि मन शुद्ध है तो सभी जगह तीर्थ होता है
C. मन प्रसन्न हो तो गंगा-स्नान होता है
D. कठौती में गंगाजल होता है

213. चोर के पैर नहीं होते
A. पापी का मन स्थिर होता है
B. पापी का मन अस्थिर होता है
C. पवित्र व्यक्ति का मन अस्थिर होता है
D. गरीब का मन अस्थिर होता है

214. पेट भरे मन-मोदक से कब
A. पुरुषार्थ से किसी काम में सफलता न मिलना
B. सच्चाई व ईमानदारी से किसी काम में सफलता न मिलना
C. केवल भगवान का नाम लेने से किसी काम में सफलता न मिलना
D. केवल सोचते रहने से किसी काम में सफलता न मिलना

215. अरहर की टट्टी गुजराती ताला
A. बड़ी वस्तु के लिए अधिक व्यय करना
B. बड़ी वस्तु के लिए कम व्यय करना

C. छोटी वस्तु के लिए अधिक व्यय करना

D. छोटी वस्तु के लिए कम व्यय करना

216. आए थे हरि भजन को ओटन लगे कपास

A. अपने लक्ष्य से हट जाना

B. मुसीबत में फँसना

C. दोषी ठहराना

D. पछताना

217. पत्थर को जोंक नहीं लगती

A. मजबूत चीज आसानी से खराब नहीं होती

B. दो धूर्तों में प्रायः टकराव नहीं होता

C. सबल का शोषण नहीं होता

D. हठी पर कोई प्रभाव नहीं होता

218. ओखली में सिर दिया तो मूसलों का क्या डर

A. मूर्ख के साथ मित्रता करने पर हानि ही होती है

B. मुसीबतों से घबराना किसी भी प्रकार से उचित नहीं

C. ओछे व्यक्ति किसी को लाभ नहीं पहुँचा सकते

D. कठिन काम शुरू करने पर कष्ट तो सहन करने ही पड़ते हैं

219. एक पंथ दो काज

A. एक मार्ग और दो काम

B. अनमोल वस्तुओं का एक साथ होना

C. एक ही साधन से दो लाभ मिलना

D. अच्छे-बुरे का भेद न करना

220. न नौ मन तेल होगा न राधा नाचेगी

A. निश्चित कार्य एवं कार्यस्थल का अभाव

B. कारण को समूल नष्ट कर देना

C. किसी कार्य को न करने का बहाना

D. एक समस्या के निराकरण में दूसरी समस्या का आ जाना

221. डूबते को तिनके का सहारा

A. आपत्ति के समय थोड़ी सहायता भी बड़ी होती है

B. तिनका भी अवसर पर काम आता है

C. कभी बेकार लगने वाली वस्तु भी काम आ जाती है

D. निकम्मा व्यक्ति कुछ न करने का बहाना खोजता है

222. एक तो करेला दूसरा नीम चढ़ा

A. अत्यन्त बुरे स्वभाव का होना

B. बुरे बाप का बुरा बेटा

C. कटु या कुटिल स्वभाव वाले व्यक्ति कुसंगति में पड़कर और अधिक बिगड़ जाते हैं

D. मूर्ख और साथ ही अशिष्ट

223. तिल की ओट में पहाड़

A. बड़ों के संरक्षण में छोटों का रहना

B. छोटी बात में बहुत बड़ा रहस्य

C. आश्चर्य की बात

D. गहरी बात

224. रस्सी जल गई ऐंठन न गई

A. सब कुछ मिट जाने पर भी झूठा अभिमान करना

B. झूठ बोलना और उस पर गर्व करना

C. फिर से ऐंठन

D. हारने पर भी अकड़ना

225. आँख का अंधा नाम नयनसुख

A. अंधे का अच्छा नाम

B. गुण के विपरीत नाम

C. नयनसुख नाम होना

D. आँख न होने पर भी सुखी

226. अपना राग अलापना

A. केवल अपनी बात करना

B. अपनी बात करना दूसरों की न सुनना

C. स्वयं गाना गाना

D. सबसे अलग बात करना

227. तबले की बला बंदर के सिर

A. दोषी कोई पर दोष किसी अन्य को

B. बंदर के सिर पर बला

C. तबले में बंदर

D. बंदर का तबले की ताल पर नाच

228. अन्धी पीसे कुत्ते खाएं

A. बेहिसाब काम करना

B. असावधानी से अयोग्य को लाभ

C. लाचारी का अनुचित लाभ

D. अपना माल लुटाना

229. अपना हाथ जगन्नाथ

A. भगवान जगन्नाथ की पूजा करना

B. अपने वश में सब कुछ होना

C. अपने हाथ का भोजन स्वादिष्ट होता है

D. स्वयं किया हुआ कार्य फलदायी होता है

230. गए थे रोजा छुड़ाने, गले पड़ी नमाज

A. सुख के बदले दुःख मिला

B. दुःख के बदले सुख मिला

C. लाभ ही लाभ होना

D. बिल्कुल उलटा काम

231. चौबे गए छब्बे होने, दूबे बन के आए

A. लाभ के बदले हानि हुई

B. बढ़-चढ़ कर बातें करना

C. बहुत बड़ा आदमी हो जाना

D. बिल्कुल उलटा काम करना

232. ढाक के वही तीन पात

A. सदा एक-सा

B. यत्नपूर्वक करना

C. ऊटपटांग काम करना

D. निर्धन होना

233. थोथा चना बाजे घना

A. बहुत अधिक बोलना

B. ओछे व्यक्ति अधिक दिखावा करते हैं

C. बढ़ा-चढ़ाकर बात करना

D. बहुत शोर करना

234. खग जाने खग ही की भाषा

A. पक्षियों की भाषा जानना

B. समान प्रवृत्ति वाले ही एक-दूसरे को समझते हैं

C. पक्षी अपनी भाषा स्वयं समझते हैं

D. पक्षियों की तरह बोलना

235. नौ दिन चले अढाई कोस

A. यात्री को समय की परवाह नहीं होती

B. नौ दिन का काम एक ही दिन में करना

C. समय की गति बड़ी कुटिल होती है

D. समय का भारी अपव्यय करना

236. हींग लगे न फिटकरी रंग भी चोखा होय

    A. बिना मेहनत फल पाना

    B. मुफ्त में काम करने की इच्छा करना

    C. साधारण मेहनत से अच्छा काम कर लेना

    D. इनमें से कोई नहीं

237. ईश्वर की माया कहीं धूप कहीं छाया

    A. जाड़ों में धूप तथा गर्मियों में छाया सुखद होती है

    B. लक्ष्मी चंचल है

    C. ईश्वर राई और पहाड़ में परिवर्तन करता रहता है

    D. संसार में कहीं सुख है और कहीं दुःख है

238. अँगुरी पकरि पहुँचो को पकरत है इसका अर्थ है

    A. हानिप्रद करना

    B. आलिंगन करना

    C. चरित्र या ईमानदारी को एक ओर रख देना

    D. थोड़ा आश्रय पाकर विस्तृत अधिकार करने का प्रयत्न करना

239. अंधों में काना राजा

    A. मूर्खों के मध्य कुछ समझदार

    B. अंधों के बीच में काना बादशाह होना

    C. अंधों के साथ काना व्यक्ति चालाकी करता है

    D. उपर्युक्त में से कोई नहीं

240. अंधेर नगरी चौपट राजा

    A. नगर में प्रकाश व्यवस्था का प्रभाव

    B. अन्याय का बोलबाला

    C. बिजली का बार-बार गुल होना

    D. अव्यवस्थित प्रशासन व्यवस्था पर व्यंग्य

241. इमली के पात पर बारात का डेरा

    A. असंभव बात

    B. साधन थोड़े, बातें बड़ी

    C. कमाल दिखाना

    D. अत्यंत कंजूस होना

242. सीधी अंगुली से घी नहीं निकलता

    A. सीधेपन से भी काम नहीं चलता

    B. टेढ़ी अंगुली वाला घी जल्दी निकाल लेता है

    C. घी अंगुली में जरूर लगता है

    D. घी निकालने के लिए अंगुली टेढ़ी करनी पड़ती है

243. दूध का जला छाछ को भी फूँक कर पीता है

    A. दूध से जलने वाला छाछ नहीं पीता

    B. धोखा खाया व्यक्ति दुबारा सावधानी बरतता है

    C. दूध से क्या छाछ से भी आदमी जल सकता है

    D. दूध पीने वाले को छाछ अच्छी नहीं लगती

244. अकेला चना भाड़ नहीं फोड़ सकता

    A. एक चना भाड़ में नहीं भुन सकता

    B. अकेला चना व्यर्थ होता है

    C. सफलता संगठन के बिना नहीं मिलती

    D. सफलता के लिए संगठित हो या नहीं

245. ऊँट रे ऊँट तेरी कौन-सी कल सीधी
  A. प्रत्येक काम बिगाड़ देने वाला
  B. धूर्त व्यक्ति
  C. जिसमें दोष ही दोष हों
  D. जो हरेक को धोखा दे

246. खिसियानी बिल्ली खम्भा नोचे
  A. जो क्रोध में पागल हो जाए
  B. शक्तिशाली पर वश न चलने पर दुर्बल पर क्रोध करना
  C. जो सर्वथा निकम्मा हो
  D. काम बिगड़ जाने पर सब पर गुस्सा करने वाला

247. बिल्ली के भागों छींका टूटना
  A. अकस्मात बड़ा लाभ प्राप्त हो जाना
  B. बिल्ली के भागने पर छींका टूट जाना
  C. बिल्ली पालने का प्रबंध करना
  D. चोरी का पता चल जाना

248. सांप मरे न लाठी टूटे
  A. हत्या के पाप से बचना
  B. सांप को भगा देना
  C. बिना हानि के कार्य सिद्ध होना
  D. अपना काम दूसरों से कराना

249. नदी नाव संयोग
  A. नाव में सैर करना
  B. अचानक काम बनना
  C. थोड़े समय का मेल
  D. नाव में छेद हो जाना

250. अपनी पगड़ी अपने हाथ
  A. अपना सम्मान अपने हाथ होता है
  B. अपना काम स्वयं करना
  C. अपनी रक्षा स्वयं करना
  D. बड़ों का सब आदर करते हैं

251. कहाँ राजा भोज कहाँ गंगू तेली
  A. दो दूर से आए दोस्तों की मुलाकात
  B. दो व्यक्तियों को अलग–अलग स्थान देना
  C. दो व्यक्तियों के जन्म का अन्तर बताना
  D. दो असमान व्यक्तियों की तुलना

निर्देश : *निम्नलिखित वाक्यांशों के लिए उपयुक्त लोकोक्तियाँ बताइए।*

252. अल्प समय के लिए अधिकार हाथ में आने पर मनमानी करना
  A. सौ दिन चोर का एक दिन साहूकार का
  B. बंदर की आशनाई घर में आग लगाई
  C. अंधे को अंधेरे में बहुत दूर की सूझी
  D. एक दिन का बादशाह बनना और चमड़े का सिक्का चलाना

253. सत्ता सम्पन्न व्यक्ति मदांध हो ही जाते हैं
  A. प्रभुता पाय काह मद नाहीं
  B. फटे में पाँव दफ्तर में नाव
  C. आँख न दीदा काढ़े कसीदा
  D. ऊँट मक्का की ओर भागता है

254. हराम की कमाई व्यर्थ जाती है
  A. आदमी जानै बसे, सोना जाने कसै
  B. आप मियाँजी माँगते दूर खड़े दरवेश
  C. चोरी का माल मोरी में
  D. अन्धी पीसे कुत्ते खाएं

255. विपदा सब पर आती है

   A. चाँद को भी ग्रहण लगता है

   B. इब्तदाए इश्क है रोता है क्या, आगे आगे देखिए होता है क्या

   C. एक तवे की रोटी, क्या छोटी क्या मोटी

   D. आसमान से गिरा, खजूर में अटका

256. केवल दिखावे से नाम नहीं मिलता

   A. जोग जुगत व जानी, कपड़े रंग भये बिरागी

   B. खेत खाए—गदहा, मारा जाए जुलहा

   C. आप मरे बिना स्वर्ग नहीं मिलता

   D. कहने से कुम्हार गधे पर नहीं चढ़ता

257. विनाश करने वाले का विनाश निश्चित है

   A. नंग पड़े मैदान में चोर बलैया लेई

   B. पराधीन सपनेहुँ सुख नाही

   C. बकरे की माँ कब तक खैर मनाएगी

   D. चोर की दाढ़ी में तिनका

258. जरा-सी बात पर खुश जरा-सी बात पर नाराज

   A. घड़ी में तोला घड़ी में माशा

   B. खरबूजे को देखकर खरबूजा रंग बदलता है

   C. मन के हारे हार है मन के जीते जीत

   D. पाव भर चून पुल पर रसोई

259. अपनी हानि करके दूसरे की हानि करना

   A. अन्धे के आगे रोवै अपने नैना खोवै

   B. आये थे हरि भजन को ओटन लगे कपास

   C. को कहि सकै बड़ेन सो लखै बड़ी हू भूल

   D. अपनी नाक कटाकर दूसरे का अपशकुन करना

260. किसी अच्छे काम को करते हुए विपत्ति आ जाना

   A. होम करते हाथ जलना

   B. खुदा मिला और गंजे सिर

   C. कहे खेत की सुने खलिहान की

   D. छप्पर फट पड़ना

261. बड़ों के सामने छोटों की बात कोई नहीं सुनता

   A. मढ़े दमामा जाता है कहुँ चूहे के चाम

   B. म्याऊँ की ठौर कौन पकड़े

   C. नक्कार खाने में तूती की आवाज कौन सुनता है

   D. भोर का मुर्गा बोला पंछी ने मुँह खोला

262. व्यक्ति अपनी प्रतिष्ठा स्वयं बनाता है

   A. जिसका सर ऊँचा, वह ऊँचा

   B. जाय लाख रहे साख

   C. अपने हाथ जगन्नाथ

   D. अपनी पगड़ी अपने हाथ होना

263. घर की वस्तु की कदर नहीं होती है

   A. घर की मुर्गी दाल बराबर

   B. घर का जोगी जोगना, आन गाँव का सिद्ध

   C. घर का भेदी लंका ढाए

   D. नाच न जाने आँगन टेढ़ा

264. कठिनाई में थोड़ी-सी सहायता भी काम आती है
A. यथा राजा तथा प्रजा
B. डूबते को तिनके का सहारा
C. नौ नगद न तेरह उधार
D. सहन पके सो मीठा होय

265. झाँसी की रानी की वीरता की गाथा सुनकर विदेशियों ने भी
A. दाँतों तले उँगलियाँ दबा लीं
B. दाँतों तले अँगूठा दबा लिया
C. दाँतों तले जीभ दबा ली
D. दाँतों तले हथेली दबा ली

निर्देश : प्रत्येक प्रश्न में दी गई गहरे काली छपी लोकोक्तियों के अर्थ के लिए सही विकल्प का चयन कीजिए।

266. रीता की पड़ोसी उसे रोज **जली-भुनी** सुनाती है
A. किसी वस्तु का जलाना
B. भला-बुरा कहना
C. कड़वी बात करना
D. सब कुछ कहना

267. घर से निकलने के बाद राजेश को **आटे-दाल का भाव मालूम हो गया**
A. आटे-दाल के लिए लाइन में खड़े होना
B. आटे-दाल का भाव ज्ञात करना
C. आटा-दाल खरीदना
D. वास्तविकता का ज्ञान होना

268. नीतू के लिए **काला अक्षर भैंस बराबर** है
A. अल्प ज्ञान रखना
B. अक्षरों का काला होना
C. अक्षर व भैंस का बराबर होना
D. बिल्कुल निरक्षर होना

269. रेखा को जरा भी चिन्ता नहीं थी, क्योंकि उसका तो यह हाल है कि **सावन सूखे न भादो हरे**
A. नुकसान न होना
B. अत्यधिक लाभ प्राप्त होना
C. हमेशा एक-सी दशा में रहना
D. कपटपूर्ण व्यवहार

270. मोहन बेकार में अदालत के चक्कर लगा रहा है, जबकि उसे **लेना एक न देना दो**
A. किसी से कोई मतलब न होना
B. गुप्त बात भी छिपी नहीं रह सकती
C. सार रहित
D. एक लेकर दो देना

निर्देश : निम्नलिखित लोकोक्तियों को उचित शब्दों से पूर्ण करें।

271. होनहार .... के होत चीकने पात
A. पुरुष B. बिरवान
C. जवान D. पंडित

272. ऊँची दूकान .... पकवान
A. अच्छे B. पूरे
C. फीके D. मीठे

273. एक पन्थ दो ....
A. काम B. काज
C. पाठ D. राह

274. दिन-दूना .... चौगुना
A. माह B. रात
C. चार D. काम

275. सब .... बाईस पसेरी
A. आम B. नाम
C. पान D. धान

276. घर आया .... भी नहीं निकाला जाता

    A. मेहमान

    B. कुत्ता

    C. रिश्तेदार

    D. ब्राह्मण

277. धोये जो सौ बार तौ .... होये ना सेत

    A. कपड़ा   B. आदमी

    C. काजर   D. गन्दा

278. ज्यों-ज्यों भीजे .... त्यों-त्यों भारी होय

    A. कामरी   B. कमली

    C. उधारी   D. कर्जा

279. सौ सुनार की एक .... की

    A. कुम्हार   B. मल्लाह

    C. इस्पात   D. लोहार

280. करम के बलिया पकाई .... हो गया दलिया

    A. भात   B. रोटी

    C. खीर   D. मेवा

उत्तरमाला

1	2	3	4	5	6	7	8	9	10
B	B	C	B	B	B	A	B	C	D
11	12	13	14	15	16	17	18	19	20
B	D	B	A	A	B	D	A	C	A
21	22	23	24	25	26	27	28	29	30
A	C	C	D	D	A	A	B	D	B
31	32	33	34	35	36	37	38	39	40
A	C	A	B	B	B	B	A	D	A
41	42	43	44	45	46	47	48	49	50
B	A	A	C	B	D	B	A	D	C
51	52	53	54	55	56	57	58	59	60
B	A	B	C	B	A	D	D	A	B
61	62	63	64	65	66	67	68	69	70
C	B	B	D	C	B	C	D	B	C
71	72	73	74	75	76	77	78	79	80
A	D	C	C	D	A	D	A	C	B
81	82	83	84	85	86	87	88	89	90
A	C	B	D	D	A	B	A	D	C
91	92	93	94	95	96	97	98	99	100
A	A	B	A	D	C	B	B	D	A
101	102	103	104	105	106	107	108	109	110
A	D	A	B	A	C	C	D	D	A

111	112	113	114	115	116	117	118	119	120
C	A	A	C	A	D	A	D	D	B
121	122	123	124	125	126	127	128	129	130
A	B	A	B	D	B	A	A	C	C
131	132	133	134	135	136	137	138	139	140
B	C	A	B	C	A	C	D	C	B
141	142	143	144	145	146	147	148	149	150
B	D	C	B	B	A	C	C	A	D
151	152	153	154	155	156	157	158	159	160
B	C	C	B	C	B	B	D	A	D
161	162	163	164	165	166	167	168	169	170
A	B	C	B	A	B	B	C	D	A
171	172	173	174	175	176	177	178	179	180
A	C	B	C	D	D	C	B	A	D
181	182	183	184	185	186	187	188	189	190
D	A	C	D	B	B	B	C	A	D
191	192	193	194	195	196	197	198	199	200
D	A	C	D	A	C	C	A	C	B
201	202	203	204	205	206	207	208	209	210
D	C	A	D	C	D	B	A	D	B
211	212	213	214	215	216	217	218	219	220
A	B	B	D	C	A	C	D	C	C
221	222	223	224	225	226	227	228	229	230
A	D	B	A	B	B	A	C	D	A
231	232	233	234	235	236	237	238	239	240
A	A	B	B	D	A	D	D	A	B
241	242	243	244	245	246	247	248	249	250
A	A	B	C	C	B	A	C	C	A
251	252	253	254	255	256	257	258	259	260
D	D	A	C	A	A	C	A	D	A
261	262	263	264	265	266	267	268	269	270
C	D	A	B	A	B	D	D	C	A
271	272	273	274	275	276	277	278	279	280
B	C	B	B	D	B	C	A	D	C

अध्याय 11

अशुद्ध वाक्य-खण्ड की पहचान

विगत वर्षों में होने वाली प्रतियोगिता परीक्षाओं में 'अशुद्ध वाक्य-खण्ड की पहचान' के आधार पर बहुत सारे प्रश्न पूछे जाते रहे हैं। छात्र अक्सर ऐसे वाक्यों को पहचानने में भूल कर जाते हैं। परिणामस्वरूप अच्छे अंक पाने से वंचित रह जाते हैं; जिससे उन्हें निराशा हाथ लगती है। प्रस्तुत अध्याय में नमूने के तौर पर कई तरह के प्रश्नों का अभ्यास दिया गया है। आप इन प्रश्नों का अच्छी तरह से अभ्यास कर लेंगे तो अवश्य ही सफल होंगे। इतना ही नहीं यह अध्याय आपकी बोल-चाल में होने वाली अशुद्धि को भी दूर कर देगा; आपका प्रस्तुतीकरण सशक्त, आकर्षक व प्रभावशाली होगा जो आप में आत्मविश्वास पैदा करेगा।

निर्देश : *नीचे दिए गए वाक्यों में से कुछ वाक्यों में त्रुटियाँ हैं और कुछ ठीक हैं। त्रुटि वाले वाक्य के जिस भाग में त्रुटि हो उसके अनुरूप उत्तर चुनिए। यदि वाक्य में कोई त्रुटि न हो तो (D) वाले विकल्प को चुनिए।*

1. (A) इस मकान की नीलामी के समय / (B) अनेकों लोगों ने / (C) अपनी–अपनी सामर्थ्य के अनुसार बोली लगाई / (D) कोई त्रुटि नहीं

2. (A) भारत विश्व का एकमात्र ऐसा देश है / (B) जहाँ विभिन्न प्रकार की अलग–अलग / (C) जलवायु, वनस्पति और भूमि है / (D) कोई त्रुटि नहीं

3. (A) शरद पूर्णिमा की मध्यरात्रि में / (B) ताजमहल की सौन्दर्यता / (C) सर्वाधिक चित्ताकर्षक होती है / (D) कोई त्रुटि नहीं

4. (A) मीरा के भावों में / (B) जो तन्मयता और माधुर्य है / (C) वह अत्यन्त दुर्लभ है / (D) कोई त्रुटि नहीं

5. (A) यह पंक्तियाँ भक्तिकाल के / (B) सर्वश्रेष्ठ कवि तुलसीदास के / (C) 'रामचरितमानस' से उद्धृत हैं / (D) कोई त्रुटि नहीं

6. (A) विदुषी लेखक ने / (B) इस पुस्तक को / (C) विद्वत्तापूर्वक लिखा है / (D) कोई त्रुटि नहीं

7. (A) भारत एक विशाल देश है / (B) जहाँ समय–समय पर ईश्वर अवतरित होते रहे हैं / (C) इसीलिए इसे देवों की पुण्य स्थली कहा जाता है / (D) कोई त्रुटि नहीं

8. (A) जिस प्रकार से अच्छी सुखद निद्रा के लिए एकांत, अनुकूल बिस्तर आदि की अपेक्षा होती है / (B) उसी प्रकार ईश्वर प्राप्ति के लिए / (C) उचित भोजन, नियम, आचार आदि की अपेक्षा होती है / (D) कोई त्रुटि नहीं

9. (A) आज के राजनीतिज्ञों ने / (B) देश की वर्तमान राजनीतिक व्यवस्था का / (C) बहुत नुकसान करा है / (D) कोई त्रुटि नहीं

10. (A) भाई साहब, आप बाजार जाएं / (B) तो मेरे लिए एक फूलों की माला / (C) अवश्य लाएं / (D) कोई त्रुटि नहीं

11. (A) स्कूल की छात्राओं ने / (B) 15 अगस्त के अवसर / (C) पर अच्छे गीत गाए / (D) कोई त्रुटि नहीं

12. (A) कृपया आप ही / (B) यह बताने की कृपा करें / (C) कि बम्बई कब चलना है / (D) कोई त्रुटि नहीं

13. (A) संक्षेपीकरण करने की कला में / (B) पारंगत होने के लिए / (C) विद्यार्थियों को इसका निरन्तर अभ्यास करना चाहिए / (D) कोई त्रुटि नहीं

14. (A) आपका पत्र मिला / (B) और आशा करता हूँ / (C) कि भविष्य में भी / (D) तुम्हारा कृपापात्र मिलता रहेगा

15. (A) जीवन पथ पर / (B) हमें सतत् रूप से / (C) चलते रहना चाहिए / (D) कोई त्रुटि नहीं

16. (A) नए कवियों ने परम्परा से हट कर / (B) कविता को / (C) नए धरातल पर सम्मानित किया है / (D) कोई त्रुटि नहीं

17. (A) बुरे-से-बुरा आदमी भी / (B) अपने पारिवारिक सदस्यों के प्रति / (C) सद्भाव रखता है / (D) कोई त्रुटि नहीं

18. (A) हमें / (B) परस्पर एक दूसरे / (C) की सहायता करनी चाहिए / (D) कोई त्रुटि नहीं

19. (A) विद्यार्थियों ने / (B) प्राचार्य को / (C) एक गुलाब की माला पहनाई / (D) कोई त्रुटि नहीं

20. (A) उसने इस वर्ष / (B) परीक्षा में लगभग / (C) शत-प्रतिशत अंक प्राप्त किए / (D) कोई त्रुटि नहीं।

21. (A) आपके इन्हीं गुणों के कारण ही तो लोग / (B) तुम्हारी यशोगाथा का वर्णन करते / (C) अघाते नहीं / (D) कोई त्रुटि नहीं

22. (A) जब तक तुम अपने अभिप्राय का अभिप्रेत / (B) स्पष्ट रूप से नहीं कहते / (C) मैं तुम्हारी सहायता नहीं कर सकूंगा / (D) कोई त्रुटि नहीं

23. (A) उपन्यासकार ने अपने उपन्यास में / (B) राजनीतिक परिवेश का दिग्दर्शन किया है, / (C) परन्तु वह उसका मुख्य उद्देश्य नहीं है / (D) कोई त्रुटि नहीं

24. (A) गम्भीर नदियों, विस्तृत सागरों / (B) एवं उत्तुंग पर्वत शृंगों को पार करना / (C) भी अब कठिन नहीं रहा / (D) कोई त्रुटि नहीं

25. (A) प्रत्येक देशवासी को विभिन्नता में/ (B) एकीकरण करने की शक्ति को उजागर करने चाहिए / (C) तत्वों की पहचान करनी चाहिए / (D) कोई त्रुटि नहीं

26. (A) 'आवारा मसीहा' में विष्णु प्रभाकर ने / (b) कथाशिल्पी शरतचन्द्र का प्रामाणिक जीवन वृत / (C) प्रस्तुत करने का सराहनीय प्रयास किया है / (D) कोई त्रुटि नहीं

27. (A) तुष्टीकरण करने की नीति अपनाकर / (B) न व्यक्ति आगे बढ़ सकता है / (C) और न राष्ट्र /(D) कोई त्रुटि नहीं

28. (A) मेरी समझ में नहीं आ रहा है कि / (B) आपके द्वारा इतने परिश्रम से कमाया गया /(C) यह धन आखिर किस काम में आएगा / (D) कोई त्रुटि नहीं

29. (A) जब धर्म आदि एकता के साधन / (B) वैमनस्य का कारण बनने लगे / (C) तो समझिए मानव पतन के कगार पर खड़ा है / (D) कोई त्रुटि नहीं

30. (A) वही रचना कालजयी एवं प्रभावी कही जाएंगी / (B) जो अपने पाठकों के मन–मस्तिष्क पर / (C) अपने प्रभाव की गहरी रेखाएँ छोड़ जाती हैं / (D) कोई त्रुटि नहीं

31. (A) शिशुपाल गालियाँ देता रहा / (B) और श्रीकृष्ण उन्हें सुनते रहे / (C) परन्तु लगभग चुप रहे / (D) कोई त्रुटि नहीं

32. (A) भारत में शिक्षा के पर्याप्त प्रचार–प्रसार के बावजूद / (B) स्त्रियों के प्रति लोगों का दृष्टिकोण / (C) पूर्ववत् सा संकुचित एवं अनुदार है / (D) कोई त्रुटि नहीं

33. (A) इस पुस्तक के विकास में / (B) अनेक अध्यापकों, शिक्षाविदों तथा भाषा शास्त्रियों / (C) का सहयोग मिला है / (D) कोई त्रुटि नहीं

34. (A) लोगों के बहुत आग्रह पर / (B) उन्होंने अपनी कविता / (C) स्वयं आप पढ़कर सुनाई / (D) कोई त्रुटि नहीं

35. (A) प्रायः ऐसे अवसर आते हैं / (B) जिनमें लोगों को लगभग कभी–कभी / (C) अपना मत बदलना पड़ता है / (D) कोई त्रुटि नहीं

36. (A) प्राणवायु पर नियन्त्रण करने की / (B) विधा को जानने वाला शरीर और मन की / (C) प्रत्येक क्रिया पर नियन्त्रण रख सकने की क्षमता से सुसम्पन्न हो जाता है / (D) कोई त्रुटि नहीं

37. (A) उसका व्यक्तित्व आकर्षक है / (B) वह मधुर भाषी है / (C) और उसकी जिह्वा पर तो लक्ष्मी निवास करती है / (D) कोई त्रुटि नहीं

38. (A) छायावादी कवि श्री महादेवी वर्मा ने / (B) केवल काव्य की रचना नहीं की /(C) वे सफल गद्य–लेखिका भी थीं / (D) कोई त्रुटि नहीं

39. (A) अपनी-अपनी कक्षा में प्रथम आने वाले / (B) तीन विद्यार्थियों को सम्मानित करने के लिए / (C) तीन फूलों के गुलदस्ते मँगवाए गए / (D) कोई त्रुटि नहीं

40. (A) यह चित्र उस समय का है / (B) जब अहिंसा के पुजारी महात्मा गांधी / (C) इस बस्ती में पधारे थे / (D) कोई त्रुटि नही

41. (A) डॉक्टर ने रोगी / (B) को राय दी / (C) कि तुम अधिक से अधिक पानी खाया करो / (D) कोई त्रुटि नहीं

42. (A) सच्चाई तो यह है / (B) कि व्यक्ति वहीं तक जाता है / (C) जहाँ तक जाने की उसमें शक्ति होती है / (D) कोई त्रुटि नहीं

43. (A) इस कहानी में / (B) लेखक आधुनिक शिक्षा पद्धति की / (C) समस्याओं पर प्रकाश फेंकता है / (D) कोई त्रुटि नहीं

44. (A) राम ने श्याम / (B) से कहा कि वह नित्य प्रातः / (C) टहलने जाया करो / (D) कोई त्रुटि नहीं

45. (A) पिंजरे में / (B) जाकर घोड़ों की / (C) नकेल उतार दो / (D) कोई त्रुटि नहीं

46. (A) राम लाल / (B) चोरी करने में / (C) विख्यात हो गया है / (D) कोई त्रुटि नहीं

47. (A) खूनी को / (B) मृत्यु की / (C) सजा दी गई / (D) कोई त्रुटि नहीं

48. (A) विद्यापति के / (B) हस्ताक्षर / (C) सुन्दर है / (D) कोई त्रुटि नहीं

49. (A) बाघ और बकरी / (B) एक ही घाट में / (C) पानी पीती हैं / (D) कोई त्रुटि नहीं

50. (A) सुनील / (B) बुरी तरह / (C) प्रसिद्ध है / (D) कोई त्रुटि नहीं

51. (A) जो नारी अपने कामकाज को / (B) अपने बच्चों से अधिक महत्वाकांक्षी मानती है, / (C) उसे विवाह नहीं करना चाहिए / (D) कोई त्रुटि नहीं

52. (A) कार्यालय के समय में / (B) मुझे अवधि नहीं / मिलेगा / (D) कोई त्रुटि नहीं

53. (A) पिताजी के पत्र को पढ़कर / (B) मेरी आँखों से टपटप आँसू / (C) बरसने लगे / (D) कोई त्रुटि नहीं

54. (A) इस समय / (B) उनकी आयु लगभग / (C) तीस वर्ष है / (D) कोई त्रुटि नहीं

55. (A) दोनों युवक / (B) रेलवे स्टेशन में से / (C) लौट आए थे। / (D) कोई त्रुटि नहीं

56. (A) मुख्य अतिथि आए / (B) और एक फूलों की माला पहना कर / (C) उनका स्वागत किया गया / (D) कोई त्रुटि नहीं

57. (A) जब वह / (B) मेरे घर आई / (C) तो आठ बजा था / (D) कोई त्रुटि नहीं

58. (A) नरेश को / (B) एक और / (C) लड़की हुई है / (D) कोई त्रुटि नहीं

59. (A) यथार्थ मनुष्य वही है / (B) जो मानवता का आदर करना जानता है / (C) और कर सकता है / (D) कोई त्रुटि नहीं

60. (A) सच्चा वीर वह है जो कभी / (B) युद्ध से पीठ दिखाकर दौड़ नहीं जाता / (C) बल्कि शत्रु का डट कर सामना करता है / (D) कोई त्रुटि नहीं

61. (A) महात्मा गांधी का यह दृढ़ मत था कि / (B) अहिंसा महान् पुण्य है / (C) और हिंसा महान् पाप / (D) कोई त्रुटि नहीं

62. (A) लघु उद्योग की प्रतिष्ठा से पूर्व नए उद्यमी के लिए / (B) यह भी आवश्यक है कि वह यह सुनिश्चित करे / (C) कि जो उत्पादन वह करने जा रहा है, उसकी बाजार में मांग क्या है / (D) कोई त्रुटि नहीं

63. (A) महात्मा गांधी के सत्य और अहिंसा / (B) सिद्धान्तों की अनेकदा बार / (C) विश्व के गण्यमान्य नेताओं ने प्रशंसा की / (D) कोई त्रुटि नहीं

64. (A) यह निःसन्देहपूर्वक कहा जा सकता है कि / (B) आत्मकथा लिखना जीवनी लिखने से / भी कठिन काम है / (D) कोई त्रुटि नहीं

65. (A) आजकल भारत के कारखानों से / (B) एक से बढ़कर श्रेष्ठतम वस्तुएँ / (C) बनकर निकल रही हैं / (C) कोई त्रुटि नहीं

66. (A) हमें पहले प्राथमिकताएँ तय कर लेनी चाहिए / (B) प्रत्युत अपार धनराशि का व्यय/निरर्थक प्रमाणित होगा / (D) कोई त्रुटि नहीं

67. (A) इस सुलभ मनुष्य जन्म को पाकर / (B) जो जीवन में आत्मोन्नति के लिए प्रयास नहीं करता / (C) उसका जन्म लेना ही व्यर्थ है / (C) कोई त्रुटि नहीं

68. (A) यह एक पुरानी सामाजिक मान्यता / (B) और मानसिकता है कि नारी / (C) अपने पैरों पर खड़ी होकर स्वावलम्बी बनने में अक्षम है / (B) कोई त्रुटि नहीं

69. (A) वीर सैनिक कहते हैं / (B) कि हम विद्रोही शत्रु / (B) का नाश करेंगे / (C) कोई त्रुटि नहीं

70. (A) सच्चा मित्र वही है / (B) जो आपत्ति के समय / (C) सहायता करें / (C) कोई त्रुटि नहीं

71. (A) तुम अपना कर्तव्य / (B) अच्छी तरह निभाएँ / (C) अन्यथा आपके मित्रों को हार्दिक दुःख होगा / (D) कोई त्रुटि नहीं

72. (A) हेम और नरेश / (B) बालकों को भली भाँति / (C) पढ़ाते हैं / (D) कोई त्रुटि नहीं

73. (A) प्रातः उठना लाभदायक है / (B) और जल्दी सो जाना भी / (C) अच्छी आदत है / (D) कोई त्रुटि नहीं

74. (A) तुमने अपनी / (B) स्वेच्छा से / (C) यह काम किया है / (D) कोई त्रुटि नहीं

75. (A) हम / (B) टी.पी. वर्मा महाविद्यालय / (C) में पढ़े हैं / (D) कोई त्रुटि नहीं

76. (A) इन दोनों / (B) में केवल / (C) यही अन्तरहै / (D) कोई त्रुटि नहीं

77. (A) तुम्हारा / (B) यह कहना / (C) मेरे लिए बड़ी बात होगी / (D) कोई त्रुटि नहीं

78. (A) यह निर्भ्रांत सत्य है कि बालकों की मानसिक शक्तियाँ / (B) स्त्री के स्नेह की छाया में जितनी विकसित हो सकती है / (C) उतनी किसी अन्य से नहीं / (D) कोई त्रुटि नहीं

79. (A) कुत्ते को / (B) डण्डा / (C) से मत मारो / (D) कोई त्रुटि नहीं

80. (A) शराब छानने / (B) की आदत / (C) पूरे परिवार को ले डूबती है / (D) कोई त्रुटि नहीं

81. (A) रेडक्रास ने युद्ध में हताहत सैनिकों के लिए / (B) रक्त भेजने की पूरी व्यवस्था / (C) सुचारू रूप से कर ली है / (D) कोई त्रुटि नहीं

82. (A) राजेन्द्र प्रसादजी ने अपनी आत्मकथा में / (B) स्वातन्त्र्य– संघर्ष का / (C) जीवन्त अंकन किया है / (D) कोई त्रुटि नहीं

83. (A) मैं सुबह घर से निकल पड़ा / (B) और पैदल ही / (C) अपने दोस्त के गाँव में पहुँच गया / (D) कोई त्रुटि नहीं

84. (A) सभी राजनीतिज्ञ इस विचार से सहमत थे कि / (B) पंजाब की समस्या का समाधान / (C) यथासम्भव शीघ्र किया जाना चाहिए। / (D) कोई त्रुटि नहीं

85. (A) पतिव्रता नारी ने इस रहस्य को / (B) अपने हृदय के भीतर ही / (C) अन्तर्निहित रखा / (D) कोई त्रुटि नहीं

86. (A) इस काव्यकृति में कवि की / (B) नई शतक कविताओं का / (C) संकलन किया गया हैं / (D) कोई त्रुटि नहीं

87. (A) जिन कर्मों में किसी प्रकार का कष्ट या हानि/(B) सहने का साहस अपेक्षित होता है/(C) उन सबके प्रति उत्कंठापूर्ण आनन्द उत्साह कहलाता है / (D) कोई त्रुटि नहीं।

88. (A) जिस व्यक्ति की आत्मा / (B) जितनी विशाल है वह / (C) उतना ही भारी महापुरुष है / (D) कोई त्रुटि नहीं

89. (A) हड़ताल के प्रस्फुटन से / (B) व्यापारिक संस्थान बंद होने की / (C) आशंका की जा रही हैं / (D) कोई त्रुटि नहीं

90. (A) श्री सरोजनी नायडू एक विद्वान महिला थीं / (B) लोग उन्हें 'भारत कोकिला' कहकर /(C) उनके प्रति अपना सम्मान प्रकट करते हैं / (D) कोई त्रुटि नहीं

91. (A) अरुणाचल प्रदेश में / (B) प्रातःकाल / (C) के समय का दृश्य अत्यन्त मनोरम होता है / (D) कोई त्रुटि नहीं

92. (A) यह ऐसी पहेली है / (B) जिसे सुलझाना / (C) सम्भव नहीं हो सकता है / (D) कोई त्रुटि नहीं

93. (A) अंधेरी / (B) रात में / (C) उसे सड़क नहीं लौकता / (D) कोई त्रुटि नहीं

94. (A) सीता राम की / (B) आज्ञाकारी / (C) पत्नी थी / (D) कोई त्रुटि नहीं

95. (A) दो दिन की बदली / (B) के बाद / (C) आज सूरज निकला है / (D) कोई त्रुटि नहीं

96. (A) सज्जनों से मित्रता / (B) रखने से / (C) सुख शांति मिलती है / (D) कोई त्रुटि नहीं

97. (A) उसकी / (B) कुछ समझ में / (C) न आया / (D) कोई त्रुटि नहीं

98. (A) यह चित्र उस समय का है/(B) जब गुरु नानक देव जी / (C) इस बस्ती में पधारे थे/(D) कोई त्रुटि नहीं

99. (A) इस भयानक बीमारी का / (B) इलाज लगातार रूप से / (C) करना चाहिए / (D) कोई त्रुटि नहीं

100. (A) माली / (B) तुरंत पके और मीठे फल / (C) वृक्षों से तोड़ लेता है/(D) कोई त्रुटि नहीं

101. (A) स्वतंत्रत भारत में शिक्षा का प्रसार-प्रचार इतना हो चुका है / (B) परंतु स्त्रियों के प्रति लोगों की दृष्टि / (C) पूर्ववत्-सी संकुचित है / (D) कोई त्रुटि नहीं

102. (A) समाज एवं देश के बहुमुखी विकास के लिए / (B) तन, मन, धन से प्रयत्न करना होगा / (C) केवल मात्र कागजी योजनाओं से कोई लाभ नहीं होगा / (D) कोई त्रुटि नहीं

103. (A) प्रकृति की सौंदर्यता / (B) किस का मन / (C) नहीं हर लेती / (D) कोई त्रुटि नहीं

104. (A) बढ़ती महंगाई के कारण (B) देसी घी खरीद सकने की / (C) सार्थकता लोगों में नहीं रह गई (D) कोई त्रुटि नहीं

105. गुरुजी के उपदेशों एवं सुझावों पर / (B) विचार कीजिए / (C) और जीवन को आनंदमय रोचकपूर्ण बनाइए / (D) कोई त्रुटि नहीं

106. (A) पिछले वर्ष की अपेक्षा में / (B) इस वर्ष उत्पादन में / (C) बहुत वृद्धि हुई हैं / (D) कोई त्रुटि नहीं

107. (A) भारत ने स्वाधीनता प्राप्ति के बाद / (B) औद्योगिक क्षेत्र में / (C) आश्चर्यजनक प्रगति की है/ (D) कोई त्रुटि नहीं

108. (A) यदि धर्म ग्रंथ कम मूल्य पर / (B) और सुलभता से उपलब्ध हो सके तो / (C) लोगों की चेतना को संस्कारित किया जा सकता है /(D) कोई त्रुटि नहीं

109. (A) भूमि के पार्थिव स्वरूप के प्रति हम / (B) जितने अधिक सजग होंगे उतनी / (C) ही हमारी राष्ट्रीयता बलवती हो जाएगी / (D) कोई त्रुटि नहीं

निर्देश : *निम्नलिखित प्रश्नों के दिए गए वाक्यों के **काले** भाग में कुछ न कुछ त्रुटि है। उसके शुद्ध रूप को नीचे के विकल्प से ज्ञात कीजिए। यदि काले भाग में कोई गलती न हो तो अपने उत्तर के रूप में (D) अर्थात् कोई सुधार आवश्यक नहीं है, को इंगित कीजिए।*

110. माली **तुरन्त पके और मीठे फल** वृक्षों से तोड़ लेता है

    A. जल्द ही पके और मीठे फल   B. आधे पके और आधे अनपके

    C. पके और मीठे फल   D. कोई सुधार आवश्यक नहीं है

111. समाज एवं देश के बहुमुखी विकास के लिए तन, मन, धन से प्रयत्न करना होगा **केवल मात्र कागजी योजनाओं** से कोई लाभ नहीं होगा

    A. केवल सिर्फ कागजी योजनाओं   B. सिर्फ मात्र कागजी योजनाओं

    C. मात्र कागजी योजनाओं   D. कोई सुधार आवश्यक नहीं है

112. बढ़ती महंगाई के कारण **देशी घी खरीदने** की सार्थकता लोगों में नहीं रह गई

    A. देशी घी खरीद सकने   B. देशी घी खरीद करने

    C. देशी सामान खरीद सकने   D. कोई सुधार आवश्यक नहीं है

113. बैठक कक्ष **केवल महिलाओं के उपयोग के लिए है**

    A. केवल महिलाओं द्वारा इसका उपयोग होना चाहिए

    B. केवल महिलाओं के उपयोग में लाना चाहिए

    C. इसका उपयोग केवल महिलाओं द्वारा हो

    D. कोई सुधार आवश्यक नहीं है

114. सभी घायल **भर्ती किए गए तथा ध्यान रखा गया**

    A. अन्दर दाखिल हुए और ध्यान दिया गया

    B. दाखिल हुए और ध्यान दिया गया

    C. भर्ती किए गए और ध्यान रखा गया

    D. कोई सुधार आवश्यक नहीं

निर्देश : निम्नलिखित अशुद्ध वाक्यों के शुद्ध रूप का नीचे दिए विकल्पों में से चयन कीजिए।

115. मैं तेरे को बता दूँगा

    A. मैं बता तुझको दूँगा   B. मैं तुम्हें बता दूँगा

    C. मैं तुझको बता दूँगा   D. सभी वाक्य सही हैं

116. पेड़ों पर कोयल बोल रही थी

    A. पेड़ पर कोयलें बोल रही थीं   B. पेड़ पर कोयल बोल रही थी

    C. पेड़ों पर कोयल थी   D. सभी वाक्य सही हैं

117. मुझे भारी दुःख हुआ

    A. मुझे बहुत दुःख हुआ   B. मुझे दुःखी हुआ

    C. मुझे ज्यादा दुःख हुआ   D. सभी वाक्य सही हैं

118. वह पूर्णतया उत्तीर्ण हो गया

    A. वह एकदम उत्तीर्ण हो गया   B. वह उत्तीर्ण हो गया

    C. वह एकदम पास हो गया   D. सभी वाक्य सही हैं

निर्देश : *निम्नलिखित में शुद्ध वाक्य का चयन कीजिए।*

119. A. एक गीतों की पुस्तक ला दो

   B. गीतों की एक पुस्तक ला दो

   C. पुस्तक एक गीतों की ला दो

   D. पुस्तक गीतों की एक ला दो

120. A. बन्दर को काटकर चाकू से फल खिला दो

   B. चाकू से बन्दर को काटकर फल खिला दो

   C. चाकू से फल काटकर बन्दर को खिला दो

   D. फल काटकर चाकू से बन्दर को खिला दो

121. A. बाघ और बकरी एक घाट पर पानी पीती हैं

   B. बाघ और बकरी एक घाट पर पानी पीते हैं

   C. यह मेरा पुस्तक है

   D. सीता ने रोटी खाया

122. A. मैं गाने की कसरत कर रहा हूँ   B. मैं गाने का अभ्यास कर रहा हूँ

   C. मैं गाने का शौक कर रहा हूँ   D. मैं गाने का व्यायाम कर रहा हूँ

123. A. उसकी अवस्था चालीस वर्ष की है   B. उसकी आयु चालीस वर्ष की है

   C. उसका बात मत करो   D. आपका पत्र सधन्यवाद मिला

124. A. मैं जाते-जाते रुक गया   B. मैं जा रहा था पर रुक गया

   C. मैं जा रहा था और रुक गया   D. अचानक जाते-जाते रुक गया

125. A. उसे जाने दो, रोको मत   B. रोको मत, उसे जाने दो

   C. मत रोको, उसे जाने दो   D. उसे जाने ही दो, रोको नहीं

126. A. रात दस बजे गाड़ी आएगी   B. दस बजे रात में गाड़ी आएगी

   C. रात में दस बजे गाड़ी आएगी   D. गाड़ी रात में दस बजे आएगी

127. A. रामचन्द्रजी को दशरथ ने चौदह वर्ष का वनवास दिया

   B. दशरथ ने राम को चौदह वर्षों के लिए वनवास दिया

   C. चौदह वर्षों का वनवास दशरथ ने राम को दिया

   D. दशरथ ने राम को चौदह वर्षों का वनवास दिया

128. A. सम्भवतः कल तक वर्षा हो जाएगी

   B. सम्भवतः कल तक अवश्य वर्षा हो जाएगी

   C. कल तक निश्चित रूप से वर्षा होने की संभावना है

   D. सम्भावना है कि कल तक निश्चय ही वर्षा होगी

129.
A. हिन्दी के विकास के मुख्य तीन काल हैं, केवल

B. हिन्दी के विकास के तीन ही मुख्य काल हैं

C. तीन मुख्य काल हिन्दी के विकास के हैं

D. हिन्दी के विकास के तीन काल मुख्य हैं

130. छात्र द्वारा अवकाश के प्रार्थना-पत्र के अन्त में लिखा जाना चाहिए

A. आपका शिष्य
B. आपका आज्ञाकारी शिष्य
C. आपका छात्र
D. आपका स्नेही

131.
A. जो जैसा कभी बोता है वैसा काटता है

B. वह जैसा कभी बोएगा है वैसा काटेगा

C. जो जैसा बोएगा वैसा ही काटेगा

D. जिसने जब जैसा बोया उसने तब वैसा काटा

132.
A. मेरे को घर जाना चाहिए
B. मैंने घर जाना चाहिए
C. मुझे घर जाना चाहिए
D. मुझको घर को जाना चाहिए

133. 'मुझे केवल दस रुपए मात्र मिले' वाक्य अशुद्ध है, क्योंकि

A. वाक्य में **मुझे** नहीं होना चाहिए

B. वाक्य में **मिले** अन्त में नहीं होना चाहिए

C. वाक्य में **रुपए** मात्र से पूर्व नहीं होना चाहिए

D. वाक्य में **केवल** नहीं होना चाहिए

134.
A. हमारे यहाँ तरुण नवयुवकों को काम सिखाया जाता है

B. पंडित जी की मृत्यु का हमें खेद है

C. यही नहीं, बल्कि वे वहाँ से चले भी आए

D. मुझसे यह काम सम्भव नहीं हो सकता

135.
A. वहाँ भारी-भरकम भीड़ जमा थी

B. जो धन का भूखा है, वह साधु नहीं है

C. मुझे इस अधिवेशन का समाचार नहीं मिला था

D. मेरी कविता मुद्रित हो रही है

136. सही वाक्य का चयन कीजिए

A. देश सदा महात्मा गांधी का ऋणी रहेगा

B. महात्मा गांधी का देश सदा ऋणी रहेगा

C. महात्मा गांधी का सदा देश ऋणी रहेगा

D. देश महात्मा गांधी का सदा ऋणी रहेगा

137. A. परिवर्तन का यह अर्थ नहीं कि कदापि अतीत की सर्वथा उपेक्षा की जाए

     B. परिवर्तन का अर्थ यह कदापि नहीं कि अतीत की सर्वथा उपेक्षा की जाए

     C. परिवर्तन का अर्थ यह कदापि नहीं कि अतीत की सर्वथा अपेक्षा की जाए

     D. परिवर्तन का यह अर्थ कदापि नहीं कि अतीत की सर्वथा उपेक्षा की जाए

138. A. जानते हैं किसी को कि इस बात को सताया न जाए

     B. जानते हैं इस बात को किसी को सताया न जाए

     C. इस बात को जानते हैं किसी को कि सताया नहीं जाए

     D. इस बात को जानते हैं कि किसी को सताया न जाए

139. A. सीटी की आवाज जिधर से आ रही थी मैं उधर ही दौड़ पड़ा

     B. बस सीटी की आवाज जिधर से आ रही थी मैं उधर ही दौड़ पड़ा

     C. सीटी की आवाज जिधर से आ रही थी बस उधर ही मैं दौड़ पड़ा

     D. जिधर से सीटी की आवाज आ रही थी मैं उधर ही दौड़ पड़ा

140. A. अधिकारियों ने कागजात का निरीक्षण किया

     B. अधिकारियों ने कागजात का परीक्षण किया

     C. अधिकारियों ने कागजात की जाँच की

     D. अधिकारियों ने कागजात का अन्वेषण किया

141. A. भारत में अनेकों जातियाँ हैं   B. भारत में अनेक जातियाँ हैं

     C. भारत में अनेकों जाति हैं   D. भारत में अनेक जाति हैं

142. A. वह दण्ड देने योग्य है   B. वह दण्ड के योग्य है

     C. वह दण्ड लेने योग्य है   D. वह दण्ड पाने योग्य है

143. A. फल बच्चे को काटकर खिलाओ   B. बच्चे को काटकर फल खिलाओ

     C. बच्चे को फल काटकर खिलाओ   D. काटकर फल बच्चे को खिलाओ

144. A. उसे अनुत्तीर्ण होने की आशा है   B. उसे अनुत्तीर्ण होने की आशंका है

     C. उसे अनुत्तीर्ण होने का शक है   D. उसे अनुत्तीर्ण होने का संशय है

145. A. कल पाठ पढ़कर आइए   B. पाठ पढ़कर कल आए

     C. पाठ पढ़कर आइए कल   D. कल पाठ पढ़कर आइए

निर्देश : *निम्नलिखित अशुद्ध वाक्य के लिए चार–चार विकल्प दिए गए हैं। सही विकल्प चुनिए।*

146. जो मिठाइयाँ पसन्द हों आप खा लो

     A. जो मिठाई पसन्द हों आप खा लो   B. जो मिठाई पसन्द हो तुम खा लो

     C. जो मिठाइयाँ पसन्द हों तुम खा लो   D. जो मिठाइयाँ पसन्द हों उन्हें आप खाइए

147. हम बचपन में वहाँ जाता रहा
    A. हम बचपन मं वहाँ जाएंगे   B. हम बचपन में वहाँ जाते रहे हैं
    C. मैं बचपन में वहाँ जाता रहा   D. मैं बचपन में वहाँ जाऊँगा

148. प्रत्येक व्यक्ति कविता नहीं कर सकते
    A. प्रत्येक व्यक्ति कविता कर सकते हैं
    B. प्रत्येक व्यक्ति कविता नहीं कर सकते हैं
    C. प्रत्येक व्यक्ति कविता नहीं कर सकता
    D. हर व्यक्ति कविता कर सकते हैं

149. हेम नरेश को पुस्तक दिया
    A. हेम नरेश की पुस्तक दी   B. हेम ने नरेश को पुस्तक दी
    C. हेम नरेश का पुस्तक देगा   D. हेम ने नरेश का पुस्तक दिया

150. मन्त्री ड्राईवर को कार–चलवाता है
    A. मन्त्री ड्राइवर से कार चलवाता है
    B. मन्त्री ड्राइवर की कार चलवाता है
    C. मन्त्री ड्राइवर के लिए कार चलवाता है
    D. मन्त्री ड्राइवर पर कार चलवाता है

151. A. जीवन और साहित्य का धोर सम्बन्ध है
    B. जीवन और साहित्य का निकट सम्बन्ध है
    C. जीवन और साहित्य का घनिष्ठ सम्बन्ध है
    D. जीवन और साहित्य का गहरा सम्बन्ध है

152. A. सूर्य पश्चिम को अस्त होता है   B. मुझे विद्यालय जाना है
    C. मैं तो आप के ऊपर निर्भर हूँ   D. लड़ाई में लोगों ने खूब कमाया

153. A. यह अध्यापक बहुत श्रेष्ठ पढ़ाता है
    B. आज गोपाल उसके अपने काम से शहर गया
    C. यह गाय बहुत प्यासी है
    D. मानव ईश्वर की सबसे उत्कृष्टतम कृति है

154. A. रमेश के अन्दर बहुत विद्वता है   B. रमा विदुषी महिला है
    C. सभी श्रेणियों के लोग वहाँ उपस्थित थे   D. धन्यवाद देता हूँ मैं उन्हें

155. A. आवश्यकता आविष्कार की जननी है   B. आविष्कार की जननी आवश्यकता है
    C. आविष्कार आवश्यकता की जननी है   D. जननी है आविष्कार की आवश्यकता

156. A. मैं आपसे कुछ नहीं कह सकता हूँ   B. कुछ ही कह सकता हूँ मैं आपसे
    C. आपसे मैं कुछ नहीं कह सकता हूँ   D. आपको मैं कुछ नहीं कह सकता हूँ

157. A. गंगा का उद्गम स्थल गंगोत्री में है   B. गंगा का उद्गम स्थल गंगोत्री पर है
     C. गंगा का उद्गम स्थल गंगोत्री से है   D. गंगा का उद्गम स्थल गंगोत्री है

158. A. मुझे आज की बैठक का समाचार नहीं था   B. मैंने अभी लखनऊ जाना है
     C. पाप को डरो, पानी से नहीं   D. एक कप चाय मुझे भी देना

159. A. विष्णु के अनेकों नाम हैं   B. कन्या पराया धन होती है
     C. वह पढ़ता-पढ़ता सो गया   D. मैं रोज गाने की कसरत करता हूँ

160. A. आज हमारी सौभाग्यवती कन्या का विवाह है

     B. उसने गीत की दो-चार लड़ियाँ ही सुनाई

     C. देखो, कहीं उसकी नींद न खुल जाए

     D. यह कार्य आप पर निर्भर करता है

उत्तरमाला

1	2	3	4	5	6	7	8	9	10
B	B	B	A	A	A	B	A	C	B
11	**12**	**13**	**14**	**15**	**16**	**17**	**18**	**19**	**20**
D	A	A	C	B	C	B	B	C	B
21	**22**	**23**	**24**	**25**	**26**	**27**	**28**	**29**	**30**
B	B	B	A	B	B	A	C	A	A
31	**32**	**33**	**34**	**35**	**36**	**37**	**38**	**39**	**40**
B	C	A	C	B	C	C	A	C	D
41	**42**	**43**	**44**	**45**	**46**	**47**	**48**	**49**	**50**
C	C	C	B	A	C	D	B	C	C
51	**52**	**53**	**54**	**55**	**56**	**57**	**58**	**59**	**60**
B	B	C	B	B	B	C	A	A	B
61	**62**	**63**	**64**	**65**	**66**	**67**	**68**	**69**	**70**
B	C	B	A	B	B	A	C	B	A
71	**72**	**73**	**74**	**75**	**76**	**77**	**78**	**79**	**80**
A	B	B	A	C	B	B	C	B	A
81	**82**	**83**	**84**	**85**	**86**	**87**	**88**	**89**	**90**
C	A	B	A	C	B	C	C	A	A
91	**92**	**93**	**94**	**95**	**96**	**97**	**98**	**99**	**100**
C	D	D	B	A	A	B	C	D	B

101	102	103	104	105	106	107	108	109	110
C	C	A	B	C	A	D	C	A	C

111	112	113	114	115	116	117	118	119	120
C	D	D	D	C	B	A	B	B	C

121	122	123	124	125	126	127	128	129	130
B	B	A	A	B	A	D	A	A	B

131	132	133	134	135	136	137	138	139	140
C	C	D	D	D	A	D	D	D	C

141	142	143	144	145	146	147	148	149	150
B	B	D	B	B	D	C	C	B	A

151	152	153	154	155	156	157	158	159	160
C	B	C	B	A	A	D	D	B	C

अध्याय 12

वाक्य-व्यवस्थितिकरण

जिस प्रकार विभिन्न वर्णों को क्रमानुसार सुनियोजित ढंग से रखने पर कोई सार्थक शब्द बन जाता है, उसी प्रकार, शब्दों, वाक्य-खण्डों व वाक्यों को श्रेणी-बद्ध करने पर अर्थपूर्ण वाक्य व अनुच्छेद बन जाता है। वाक्य–व्यवस्थित करने की कला अत्यन्त ही मार्मिक व तार्किक है। कोई कुशल छात्र ही इस काम को अंजाम दे पाता है। प्रस्तुत अध्याय में ऐसे बहुत प्रश्न नमूने के तौर पर दिए गए हैं जिसे पढ़ने व तैयार करने पर आपकी कुशलता में निखार आयेगा। बस आप तन व मन से इसे अच्छी तरह तैयार कर लें आप अवश्य ही सफल होंगे।

निर्देश : *निम्नलिखित वाक्यों में उनके प्रथम तथा अंतिम अंश संख्या 1 और 6 के अंतर्गत दिए गए हैं। बीच वाले चार अंश य र ल व के अन्तर्गत बिना क्रम के हैं। इन चार अंशों को उचित क्रमानुसार व्यवस्थित करना है। वैकल्पिक उत्तरों में उचित क्रम वाले विकल्प को चुनकर चिह्नित करें।*

1. 1. मैंने सुना
   य जब मरण शय्या पर अंतिम सांस गिन रहा था
   र कि गरीब परिवार में जन्म लेकर वैभव के जिस शिखर पर आप पहुंचे हैं
   ल अमेरिका का धन-कुबेर रथचाइल्ड
   व उस समय उसके एक मित्र ने उससे कहा
   6. वहाँ तक कोई महान भाग्यशाली व्यक्ति ही पहुँच पाता है
   A. य र ल व   B. र ल य व
   C. ल य व र   D. व य ल र

2. 1. प्रभु कृपा से आपकी हर इच्छा पूरी हुई है
   य तो मैं जानना चाहता हूँ
   र और आज जबकि आप
   ल कि आप अपने मन में कोई अधूरी
   व इस संसार से विदा हो रहे हैं
   6. इच्छा लेकर तो यहां से नहीं जा रहे हैं
   A. र व य ल   B. य व र ल
   C. ल र य व   D. व र य ल

3. 1. अरे ! इच्छाएं पूर्ण होने की बात
   य केवल एक इच्छा मैं अपने मन में लेकर जा रहा हूं
   र और मैं सौ अरब डालर का स्वामी बनकर
   ल कि अपने दस अरब डालर पर एक बिंदी लग जाती
   व इसके बारे में इतना ही कहना चाहता हूं
   6. इस संसार से विदा लेता हूं
   A. ल र व य   B. य ल व र
   C. य व ल र   D. व य ल र

4. 1. गुरु का महत्व इसलिए बताया गया है

य और माया से मोड़कर

र सूरज की ओर कर देता है

ल कि वह शिष्य का मुख छाया से मोड़कर

व दिव्य ज्योति की ओर ले आता है

6. पर यह कोई समर्थ गुरु ही कर पाता है

A. ल व य र   B. ल र य व

C. र व ल य   D. य र ल व

5. 1. परस्पर सहयोग की भावना में

य ललक रहती है, परंतु प्रतिस्पर्धा

र ईर्ष्या रहित भावना से स्वयं आगे

ल यदि मैं न बढ़ सकूं तो दूसरा भी न बढ़े

व बढ़ने और दूसरों को आगे बढ़ाने की

6. की भावना प्रबल रूप से प्रधान होती है

A. र व य ल   B. य र ल व

C. ल य र व   D. व य र ल

6. 1. अहिंसा को आचार-सूत्र बना देना एक गलती है

य ऊपर से आरोपित व्यवहार की भांति

र जो बौद्धिक विचारधारा के रूप में

ल जिसके कारण अहिंसा भी एक शास्त्र बन गई है

व मनोविलास का साधन बनकर

6. प्राणहीन निषेधों का संकायमात्र बन कर रह गई है

A. र व य ल   B. व र य ल

C. ल र व य   D. य र व ल

7. 1. सभी जानते हैं कि जापान में कच्चा माल नहीं मिलता

य जिससे उसकी अद्वितीय औद्योगिक प्रगति

र बाहर के देशों से मंगाना पड़ता है

ल केवल एशिया के लिए ही नहीं

व जो इस भूकंप बहुल देश में

6. संपूर्ण विश्व के लिए अजीब चुनौती बन गई है

A. य ल व र   B. र व ल य

C. य व ल र   D. व र य ल

8. 1. प्रायः जप-सुमिरन के समय

य हमारा अपना मन ही होता है

र जो कहीं-का-कहीं चक्कर लगाता रहता है

ल न बनने में सबसे बड़ी बाधा

व नाम व मंत्र के चिनगारी

6. पर होठों पर नाम जप चलता रहता है

A. य ल व र   B. र व ल य

C. य व ल र   D. व र य ल

9. 1. लोग मृत्यु के नाम से घबराते हैं

य अगर मुझमें लिखने की ताकत होती

र परंतु मृत्यु के अनुसंधानी प्रसिद्ध प्राणी-शास्त्री

ल तो विस्तारपूर्वक जग को बतला देता

व डॉ. विलियम ने अपने अंतिम क्षणों में कहा

6. कि मृत्यु स्वयं कितनी सरल और सुखद होती है

A. य ल व र B. र व य ल
C. व य र ल D. ल व र य

10. 1. जो कलाकार नाटक, संगीत, नृत्य और चित्रकारी में लगे हैं, हम

य सामाजिक जीवन को सौन्दर्यमय बनाकर उसे

र जनता की इच्छाओं और आकांक्षाओं को प्रतिफलित होने दें और

ल उन्हें प्रोत्साहित करेंगे कि वे अपनी कलाकृतियों में

व उन्हें एकत्र करेंगे और

6. आनंद से परिपूरित करें

A. य र ल व B. व ल र य
C. ल र व य D. व य ल र

11. 1. स्वामी रामतीर्थ बाजार में घूम रहे थे

य रोता व छाती पीटता हुआ आया

र पर वह बेसुध दहाड़ें मार–मार कर रो रहा था

ल लोगों की भीड़ उसे घेरे हुए थी

व अचानक सामने से एक व्यक्ति

6. हाय! मेरी करोड़ों की सम्पत्ति जल गई

A. व ल र य B. ल र य व
C. व र ल य D. व य ल र

12. 1. यह निजी प्रशासन की अपेक्षा सरकारी प्रशासन पर अधिक ध्यान के लिए एक स्पष्ट अनुरोध है

य इस प्रकार की समझदारी से सरकार के लिए यह आवश्यक हो जाता है

कि उसके द्वारा लिए गए/लिए जाने वाले सभी निर्णयों के रिकॉर्ड को तैयार स्थिति में रखें

र यह सरकारी प्रशासन के राजनीतिक वातावरण से उत्पन्न विशेषता है

ल यह एक रिकॉर्ड रखने तथा बढ़े हुए कागज–कार्य के विषय में सरकारी निर्णय की देरी को स्पष्ट करता है

व जैसे सरकार को आवश्यक रूप से अपने कार्यों के औचित्य को संसदीय समिति के समक्ष सिद्ध करना होता है, यह सरकारी कार्यकताओं को लक्ष्य प्राप्ति के स्थान पर नियमबद्धता को अधिक ध्यान में रखने पर जोर देता है

6. दूसरी ओर निजी प्रशासन इस प्रकार के दबावों से मुक्त होता है

A. य ल व र B. र य ल व
C. य र व ल D. ल य व र

13. 1. भारत की भुगतान सन्तुलन अच्छी हो गई

य मूल रूप में ऐसा लगा कि सरकार अस्त–व्यस्तताओं में सुधार करने के लिए विविध घातकी व्यूह का सहारा लेगी

र वास्तव में यह इनके अन्तिम के साथ सर्वाधिक उल्टे सीधे (उबड़–खाबड़) मार्गों से गुजरा है

ल इन असन्तुलनों को सुधारने का कार्य उस सरकार का था, जिसके पास कार्य को हाथ में लेने के लिए सहमति नहीं है

व इसने बजटीय खाद को घटाने के लिए कहा, जो आवश्यक सामग्री में वृद्धि तथा अनावश्यक आयात पर रोक लगाने का आश्वासन प्रदान कर सके

6. नियंत्रित आयात के लिए निर्धारित निःशुल्क (मुक्त) विदेशी मुद्रा घटाने के सूचित निर्णय में परिणत हुआ

A. ल य व र   B. ल व य र
C. य ल व र   D. य व र ल

14. 1. आण्विक अस्त्रों के विरोध में

य उद्घाटन करते हुए राजेन्द्र बाबू ने भारत को

र अपनी सेनाएँ विघटित कर दें, तो

ल यह सुझाव दिया था कि यह देश

व दिल्ली में जो सार्वभौम समारोह हुआ था, उसका

6. इससे संसार को एक नया रास्ता मिल सकता है

A. र व ल य   B. ल य र व
C. व य ल र   D. य ल व र

15. 1. आचार्य हजारी प्रसाद द्विवेदी

ल और नवयुग की चेतना लेकर निबन्ध के

र एवं विचारात्मक कोटियों में रखे जा सकते हैं, तो

ल प्राचीन सांस्कृतिक परम्परा का गम्भीर ज्ञान

व क्षेत्र के अवतरित हुए तथा इनके निबंध भावात्मक

6. इनके व्यक्तित्व की छाप लिए हुए हैं

A. व र ल य   B. य ल व र
C. र व य ल   D. ल य व र

16. 1. जाति देश और काल की सीमाओं में

य साहित्यिक मूल्यांकन प्रस्तुत करेंगे तो

र सामयिक आवश्यकता– रागात्मक एकता

ल साहित्य के मूल उद्देश्य तथा

व बँधे रहकर यदि हम

6. से ही दूर जा पड़ेंगे

A. ल र य व   B. व य ल र
C. व र ल य   D. य ल र व

17. 1. सच्ची बात तो यह है कि

य वह अपना मनोरंजन संगीत और अभिनय जैसे

र किसी भी युग का प्राणी ऐसा नीरस

ल आनन्ददायक साधनों के

व और हृदयहीन नहीं होता कि

6. द्वारा नहीं करता

A. र य ल व   B. य ल व र
C. र व य ल   D. ल व र य

18. 1. बहुत दिनों की इच्छा

य अभी तक पूरी नहीं हुई

र ठीक जिसके चरित में

ल — एक जीवन-चरित लिखूँ,

व चरितनायक नहीं मिल रहा था,

6. नायकत्व प्रधान हो

A. य ल व र   B. य व ल र
C. ल य व र   D. ल व य र

19. 1. स्वप्न में देखा,

य आकाश की नीली लता में सूर्य, चन्द्र और ताराओं के फूल

र पृथ्वी की लता पर पर्वतों के फूल
ल हाथ जोड़े खिले हुए एक अज्ञात शक्ति की समीर से हिल रहे हैं,
व हाथ जोड़े आकाश को
6. नमस्कार कर रहे हैं
A. र ल य व B. ल य र व
C. र व य ल D. य ल र व

20. 1. मनुष्य पाँव से चलता है
य समुदाय से चलता है
र तब उसे जीवन कहते हैं
ल प्राणों से चलता है
व तब उसे यात्रा कहते हैं,
6. तब उसे समाज कहते हैं,
A. र ल व य B. य ल व र
C. व ल र य D. व य र ल

21. 1. संक्षेपतः कहा जा सकता है कि
य अनायास ही मानव-जीवन की सर्वोपयोगी
र सरस साधन काव्य ही है, जिसका
ल चारों पदार्थों की प्राप्ति का सुलभ तथा
व अनुशीलन करने पर अल्पबुद्धि वाले प्राणी भी
6. वस्तुओं को प्राप्त कर सकते हैं
A. ल र व य B. व ल र य
C. य र व ल D. ल र य व

22. 1. गत अस्सी वर्षों के
य हमारे दिमाग को इतना भोथरा,
र सुकुमार दुनिया हमारी पथराई आँखों के
ल बना दिया है कि संस्कृति की
व राजनीतिक-आर्थिक संघर्षों ने

6. सामने आकर भी नहीं आ पाती
A. व ल र य B. य व र ल
C. य र ल व D. व य ल र

23. 1. मनोविनोद की क्षमता से युक्त होने के
य जहाँ एक ओर हास्य-कविता की लोकप्रियता बढ़ी है
र कि उसमें घटिया और भोंडी बातों के समावेश से
ल और इसलिए कवि-सम्मेलनों के आश्रय में विकसित होने के कारण
व वहीं दूसरी ओर एक हानि यह भी हुई है
6. सूक्ष्म और परिष्कृत हास्य का स्तर गिर गया है
A. य ल र व B. र व ल य
C. ल य व र D. व य र ल

24. 1. समाज सुधार के वर्तमान आंदोलनों
य के बीच जिस प्रकार सच्ची अनुभूति
र द्वारा प्रेरित साहसी और स्वार्थी
ल से प्रेरित उच्चाशय और गम्भीर पुरुष
व पाए जाते हैं उसी प्रकार तुच्छ मनोवृत्तियाँ
6. भी बहुत मिलते हैं
A. य र व ल B. ल र य व
C. ल य र व D. य ल व र

25. 1. हमारा उद्देश्य होगा, जीवन के
य करना कि हमारा सामाजिक जीवन
र हर सांस्कृतिक पहलू का इस प्रकार विकास
ल पुनर्गठित हो और वह सौन्दर्य एवं आनन्द को पूर्णरूप से

व स्वतंत्रता, समता और मानवता के आधार पर

6. उपलब्ध कर सके

A. व र य ल   B. र य व ल
C. र य ल व   D. व र ल य

26. 1. मिथकीय आवरणों को

य अर्थ देने वाले भाग

र सार्वभौम रचनात्मकता को पहचानने वाले कला समीक्षक

ल हटा उसे तथ्यानुयायी

व मनोवैज्ञानिक कहलाते हैं, आवरणों की

6. कहलाते हैं

A. य र व ल   B. ल र व य
C. ल य व र   D. य ल व र

27. 1. वैसे देखा जाए तो

य प्रकृति स्वयं उस शक्ति का निर्माण करती है, जो

र नाना प्रकार के दाहक और पाचक रसों के रूप में

ल उदर के भीतर कोई अग्नि की ज्वाला नहीं है, किन्तु

व नाना भाँति के खाद्य पदार्थों अर्थात् भोज्य को

6. पचा सकती है

A. र य व ल   B. ल र य व
C. य र व ल   D. ल य र व

28. 1. सन्त लोग

य चिल्लाकर थक गए कि

र म्यान के मोलभाव से बाजार

ल मगर तलवार बंद ही रह गई

व 'मोल करो तलवार का पड़ा रहने दो म्यान'

6. गर्म है

A. य ल व र   B. य व र ल
C. य व ल र   D. व य ल र

29. 1. धर्म और

य उदारता के उच्च

र ही एक ऐसा दिव्य आनंद भरा रहता है कि

ल कर्मों के विधान में

व कर्त्ता को वे कर्म ही

6. फलस्वरूप लगते हैं

A. ल र य व   B. य ल र व
C. य व ल र   D. ल व र य

30. 1. सूर्य भगवान की

य अविश्राम तप्त किरणें, लू की सन्नाटा

र शुष्क होते हुए मंद प्रवाह धरणी तल पर की अविरल

ल निदाध कुसुमावतीपूरित वृक्षों का मुरझाना, नदी का

व मारते हुए झपट, तेजपूरित उष्ण

6. शून्यता, विचित्र प्रभाव उत्पन्न करती है

A. ल र य व   B. ल र व य
C. य व ल र   D. य व र ल

31. 1. गम्भीर तामवृत्त संसार,

य का गम्भीर रूप, झिल्लियों

र के चमकने के साथ घोर वज्रपात शब्द, वर्षा

ल की झंकार के साथ–साथ बारम्बार जुगनू

व मेघाच्छन्न आकाश में सौदामनी

6. का चमकना हृदय को अधीर किए देता है

A. य ल र व   B. ल र व य
C. र ल व य   D. व र य ल

32. 1. जैसे वाष्प, बादल, कुहरा, बूँद

य सम्पूर्ण चराचर विश्व में

र इस प्रकार जानना और प्रत्यक्ष देखना ही

ल एक भगवान् ही परिपूर्ण है

व बर्फ आदि में सर्वत्र जल भरा है, वैसे ही

6. सब प्राणियों में स्थित भगवान् का भजन करना है

A. य ल व र   B. व ल य र

C. व य ल र   D. य ल र व

33. 1. अदम्य आशावाद, अपराजित पौरुष तथा

य अमरीकी प्रजातंत्र की अथवा

र भूमिका है, जिस प्रकार वाल्ट ह्विटमैन का काव्य

ल निराला का कृतित्व प्रजातांत्रिक भारतवर्ष की उसी प्रकार

व अप्रतिम सौन्दर्य-चेतना का पूँजीभूत काव्य-प्रतिरूप

6. पुश्किन का काव्य साम्यवादी रूस की

A. य ल र व   B. व र ल य

C. ल व य र   D. व ल र य

34. 1. इस संसार में

य धन की पूजा सदैव नहीं होती

र धन ही सब कुछ नहीं है

ल उन व्यक्तियों की कीर्ति अक्षय है

व इतिहास साक्षी है कि

6. जिन्होंने केवल धनोपार्जन में अपना जीवन नहीं बिताया वरन् ऐसे कार्य किए हैं जिनसे मानव समाज का कल्याण हुआ

35. 1. पूजा उन्हीं-की की गई

य भलाई की और

र उसके कल्याण क्षेत्र में योग

ल है जिन्होंने मानव-समाज की

व दिया, जिन्होंने धन को सब कुछ

6. समझा, किसी ने जाना तक नहीं, वे कौन थे और कहाँ गए

A. य र ल व   B. र य ल व

C. ल य र व   D. व ल य र

36. 1. विद्यार्थी जीवन

य हँसने-हँसाने का

र समय है खेल-खेल में

ल पढ़ाई का अभ्यास

व इसी उम्र में होता है

6. माता-पिता लाड़ प्यार करते हैं

A. य र ल व   B. व र य ल

C. र य ल व   D. व ल र य

37. 1. आज हम इस

य और यह निश्चय

र असमंजस में पड़े हैं

ल नहीं कर पाए हैं

व कि हम किस ओर

6. चलेंगे और हमारा ध्येय क्या है

A. य र ल व   B. य र व ल

C. र य ल व   D. व ल र य

38. 1. प्रेय और श्रेय में से हमें

य में भले ही आकर्षक दिखाई दें

र इसके विपरीत प्रेय आरम्भ

ल वह कठिन और श्रम-साध्य हो

व एक को चुनना है श्रेय ही हितकर है भले ही

6. उसका अन्तिम परिणाम अहितकर होता है

A. व ल र य   B. य र ल व
C. य व र ल   D. र ल व य

39. 1. स्वतंत्रता के बाद देश
य ने अनेक बहुधंधी
र परियोजनाओं की शुरूआत की
ल के बहुमुखी विकास के लिए सरकार
व भारत में अनेक नदियाँ हैं, इन नदियों
6. के जल का उपयोग करने के लिए बहुधंधी योजनाएँ बनाई गई

A. ल य र व   B. य र ल व
C. य ल व र   D. व ल र य

40. 1. यह बहुत ही दुर्भाग्यपूर्ण है
य कि हम अभी
र भी विदेशी भाषा
ल से चिपके हुए हैं और वे
व भाषाएं जिनमें इस देश की संस्कृति
6. की महक आती है, अभी भी उपेक्षित है

A. य व र ल   B. व ल र य
C. य र ल व   D. र ल व य

41. 1. गांधीजी का कहना था
य शासन ही उत्तम होता है
र अपने लोगों द्वारा चलाया जाने वाला
ल इसलिए उन्होंने यहाँ उसका मतलब
व स्वराज बताया और उन्होंने कहा कि
6. किसी भी देश का आर्थिक विकास तभी सम्भव है जब वह देश स्वतंत्र हो,

A. य र ल व   B. र य ल व
C. व ल र य   D. र ल व य

42. 1. एकता के लिए कई तत्व आवश्यक है
य लोगों में भावों की एकता होने पर ही
र कहने की आवश्यकता नहीं है कि
ल इनमें सर्वाधिक महत्वपूर्ण है आपसी एकता
व अन्य प्रकार की एकताएँ स्थापित होती हैं
6. भावों की एकता भाषा और साहित्य द्वारा उत्पन्न की जाती है

A. य र ल व   B. व ल र य
C. ल य र व   D. ल य व र

43. 1. समाज में
य एक व्यवस्थित ढाँचा न होने पर भी
र मान्यता न मिलने पर तथा
ल अपेक्षा अधिक हो रहे हैं
व आज अंतर्जातीय विवाह पहले की
6. और इनके विरोध की गहनता भी छँट रही है

A. र य व ल   B. य र ल व
C. व र ल य   D. ल य व र

44. 1. नखधर मनुष्य अब एटम बम पर भरोसा करके आगे की ओर चल पड़ा है
य अब भी वह याद दिला देती है कि
र अब भी प्रकृति मनुष्य को उसके भीतर वाले अस्त्र से वंचित नहीं कर रही है

ल पर उसके नाखून अब भी बढ़ रहे हैं

व तुम्हारे नाखून को भुलाया नहीं जा सकता

6. तुम वहीं लाख वर्ष पहले के नखदन्तालम्बी जीव हो—पशु के साथ एक सतह पर विचरने वाले और चरने वाले

A. य ल व र   B. व ल र य

C. र य व ल   D. ल र य व

45. 1. भाषा को सीखना उसके साहित्य को मानना है

य जब हम साहित्य के स्वर में बोलते हैं तब वे स्वर दुस्तर समुद्रों पर सेतु बाँध कर

र और साहित्य को जानना मानव एकता की स्वानुभूति है

ल दुर्लभ्य पर्वतों को राजपथ बना कर

व मनुष्य की सुख-दुःख की कथा

6. मनुष्य तक अनायास पहुँचा देते हैं

A. र य ल व   B. ल र व य

C. व र य ल   D. य ल व र

46. 1. कला के सम्बन्ध में हमारा दृष्टि कोण

य ईमानदारी के प्रति ही आग्रहशील होना चाहिए

र वस्तुतः कलात्मक सौन्दर्य केवल कल्पना-विलास

ल आदर्श अथवा यथार्थ सम्बन्धी पूर्वाग्रहों के स्थान पर अनुभूति की

व अथवा यथार्थ के प्रत्यांकन में निहित न होकर

6. इन दोनों के समन्वय में निहित है

A. व र ल य   B. र ल य व

C. ल य र व   D. य व ल र

47. 1. साहस और आत्मविश्वास के साथ जीना ही सच्चा जीवन है

य ऐसे व्यक्ति के सामने पहाड़ भी अपना सिर झुका लेते हैं

र एक बार असफल होने पर भी नई उमंग, नए विश्वास व नए साहस से फिर प्रयत्न करता है

ल और दुराशा उसके पास तक नहीं फटकती

व साहसी व्यक्ति कभी भी अपना कर्म नहीं छोड़ता

6. ऐसे व्यक्ति ही अपने राष्ट्र व समाज के नेता होते हैं

A. ल य र व   B. य व ल र

C. व र य ल   D. र ल व य

48. 1. मानस-सिंधु में उठने वाली स्मृति तरंगें

य जो कभी हमारे थे,

र पर वे अपनी मूक भाषा में एक संदेश हमें दे जाती हैं

ल और उन क्षणों को,

व काल के विषम तट से टकराकर विलीन भले ही हो जाएँ

6. पुनर्जीवित-सा कर जाती हैं,

A. ल य र व   B. र ल व य

C. व र ल य   D. य व र ल

49. 1. भूधर और सागर के बीच अपनापन खोजने में सरिता को जो कठिनाई होती है

य वह बेचारी बार-बार अपने गंतव्य को भूलती-सी

र पछाड़ें खाकर लौट-लौट जाना चाहती है

ल मरुस्थल की अनन्त प्यास बुझाने के लिए

व इसे आज तक कोई जान पाया

6. पर स्वयं अपनी ही बनाई तटों की कारा में बहने के लिए विवश है

A. व य ल र   B. य व र ल

C. र ल य व   D. ल र व य

50. 1. यदि वह विज्ञान का विद्यार्थी है

य यदि वह संस्कृत का आचार्य या शास्त्री है

र किन्तु दोनों दूसरों का उपकरण ही बन सकते हैं

ल तो वह कुशल शिल्पी बन सकता है,

व तो वह पौरोहित्य या अध्यापन का कार्य कर सकता है,

6. और समाज और राजनीति के संचालन में वह अपने को असमर्थ पाते हैं

A. र ल व य   B. य र ल व

C. ल य व र   D. व र य ल

51. 1. स्वतन्त्रता के बाद हमारे इतिहासकारों को समझना चाहिए था

य भारत के इतिहास का रूप ही बदल दिया

र तथा हमारे अन्दर हीनता की भावना उत्पन्न करने के लिए

ल कि अंग्रेजों ने अपने आप को

व मुगलों का कानूनी उत्तराधिकारी सिद्ध करने के लिए

6. आधुनिक इतिहासकारों को नए इतिहास की खोज करनी चाहिए जिसमें सत्य और वास्तविकता हो

A. ल व र य   B. र ल य व

C. व य ल र   D. य र व ल

52. 1. क्रोध अत्यन्त कठोर होता है

य लेकिन मौन वह मन्त्र है, जिसके आगे उसकी सारी शक्ति विफल हो जाती है

र वह मौन को सहन नहीं कर सकता

ल वह देखना चाहता है कि मेरा एक-एक वाक्य निशाने पर बैठता है या नहीं

व उसकी शक्ति अपार है, ऐसा कोई घातक शस्त्र नहीं है, जिससे बढ़कर काट करने वाले मन्त्र उसकी शस्त्रशाला में न हो,

6. मौन उसके लिए अजेय है

A. य ल व र   B. र व ल य

C. व ल य र   D. ल र व य

53. 1. भारत कृषि प्रधान देश है

य कृषि हमारे देश के अर्थतंत्र की रीढ़ है

र यहाँ के लगभग सत्तर प्रतिशत निवासियों का व्यवसाय कृषि है

ल इसी पर हमारे अन्य लोगों का विकास निर्भर है

व यही कारण है कि हमारी विभिन्न आर्थिक समस्याएँ कृषि समस्या से जुड़ी हैं

6. उन्हीं में से खाद्य समस्या भी है
   A. र य ल व   B. य र ल व
   C. ल व य र   D. व ल य र

54. 1. असली स्वतन्त्रता-संग्राम
   य अंधकार और तमस की जड़ता से टकराता है
   र एक प्रकाश स्तम्भ होता है जो न केवल
   ल के भाव से देखने वालों को भी नया प्रकाश
   व बल्कि अपनी ओर सहानुभूति और मानव धर्मिता
   6. और उत्साह प्रदान करता है
   A. ल र य व   B. र य ल व
   C. र य व ल   D. व य र ल

55. 1. लेखकों को, कवियों को, पत्रकारों को
   य उस पथ से ले चलें जिसके द्वारा जनता स्वतन्त्र और
   र अभावों और अभियोगों का सही चित्रण करें और साहित्य को
   ल परस्पर विचार-विनिमय करके जनता के, जीवन के
   व हम इकट्ठा करेंगे कि वे
   6. पूर्ण जीवन का उपयोग कर सकें
   A. य ल र व   B. ल य र व
   C. व र ल य   D. व ल र य

56. 1. साक्षर नारियों को
   य या अत्याचार उन पर किए गए थे,
   र अपना नजरिया अब
   ल वे उनसे दूसरी नारियों को बचाएं और इस

व बदलना चाहिए और जो नियम पाबंदियाँ
6. कथन को झुठलाएं कि नारी ही नारी की शत्रु है
   A. र व य ल   B. ल य व र
   C. य व र ल   D. व र य ल

57. 1. त्योहार जहाँ जनमानस
   य देशभक्ति एवं गौरव की भावना
   र में उल्लास, उमंग एवं खुशहाली भर
   ल के साथ-साथ विश्व-बन्धुत्व एवं
   व देते हैं वही हमारे अंदर
   6. समन्वय की भावना भी बढ़ाते हैं,
   A. ल व र य   B. य व र ल
   C. र व य ल   D. ल र व य

58. 1. देवनागरी लिपि की विशेषता
   य कोई भी शब्द बोला जाता है वैसे ही
   र यह है कि इसमें जैसा लिखा जाता है, वैसा ही
   ल पढ़ा जाता है तथा जैसे संसार की किसी भी भाषा का
   व शुद्ध रूप में उसे लिपिबद्ध
   6. किया जा सकता है
   A. र ल य व   B. य व र ल
   C. ल र य व   D. व य र ल

59. 1. 'गोदान' में जीवन की बहुआयामी समस्याओं के
   य और आवश्यक रूप में हुआ है,
   र सर्वांगीण चित्रण में यथार्थ के साथ-साथ आदर्श का समन्वय हुआ है
   ल जबकि कहानियों में जीवन की एक झलक देते समय

व कलाकार ने आदर्श से अपने को
6. कहीं-कहीं पूर्णतः मुक्त कर लिया है

A. व र ल य　　B. व य र ल
C. र व य ल　　D. र य ल व

60. 1. प्रत्येक मनुष्य के लिए किसी न किसी
य चुनने में ही मनुष्य जीवन का
र की आवश्यकता है और
ल व्यवसाय, धन्धे अथवा पेशे
व अपने लिए बुद्धिमत्तापूर्वक व्यवसाय
6. सफल होना अवलम्बित है

A. ल र व य　　B. र व य ल
C. ल व र य　　D. र व ल य

61. 1. पुलिस का दायित्व यदि
य और अपराध रोकना है,
र समाज के अपराध खत्म करने में
ल अपराधी को पकड़ना है
व तो समाज का भी यह कर्त्तव्य होना चाहिए कि
6. निर्भय होकर पुलिस को सहयोग दे

A. र व ल य　　B. ल य व र
C. य ल र व　　D. ल व र य

62. 1. जो मनुष्य
य को छोड़कर
र वे ही सच्चे कर्मयोगी बनकर
ल समय का सदुपयोग करते हैं
व शरीर से आलस्य
6. अपना और राष्ट्र का कल्याण करते हैं

A. य व र ल　　B. व य ल र
C. ल र व य　　D. र व ल य

63. 1. गुरु और शिष्य का बड़ा अनूठा सम्बन्ध है
य जबकि उसे भीतर से अपने मधुर प्रेम का सहारा दिए रहता है
र उसकी स्थिति कुम्हार जैसी होती है
ल गुरु शिष्य की भूलों को सुधार करने के लिए ऊपर से कठोर बना रहता है
व जो घड़े के दोषों को निकालने के लिए ऊपर से उसे गढ़ता है और ठोंकता—पीटता रहता है
6. जबकि अन्दर से अपने हाथ का सहारा देता है

A. र व य ल　　B. व य ल र
C. व र य ल　　D. ल य र व

64. 1. कभी-कभी तय करना
य मानवीय विकास का इतिहास
र कठिन हो जाता है कि
ल षड्यन्त्रों से बना है या यह
व राजा-सम्राटों के युद्धों और
6. सारी यात्रा आदि शब्द से शुरू होकर किताब-दर-किताब होती हुई हम तक आई है

A. ल र य व　　B. र य व ल
C. व ल र य　　D. र ल य व

65. 1. यदि अपवित्र और अमंगलकारी विचार
य हमारा सारा जीवन, उसके कार्य और फल एक दूषित वातावरण से भर जाएंगे और
र हमारे पार्थिव शरीर की समाप्ति ही नहीं

<table>
<tr><td>

ल हमारे अन्तस् में आविर्भूत होने लगें तो

व अपितु उन मानव-मूल्यों की भी समाप्ति हो जाएगी जिन पर

6. मानव-जीवन और उसका अस्तित्व अवलम्बित है

A. य ल र व   B. ल य र व

C. र ल य व   D. ल र य व

66. 1. सब जानते हैं कि हिन्दी

य सिद्ध होगी ही, अंग्रेजी सहराज भाषा पद

र देर-सवेर भारत की एक मात्र राजभाषा

ल से हटेगी ही, तो उस स्थिति

व के अनुकूल अपने को बना लेने के लिए

6. हम हिन्दी का अध्ययन कर रहे हैं

A. र व ल य   B. ल य र व

C. ल र व य   D. र य ल व

67. 1. अपनी व्यक्तिगत सत्ता की

य जगत् के वास्तविक दृश्यों और

र जीवन की वास्तविक दशाओं में जो हृदय समय-समय

ल निज के योग-क्षेम के सम्बन्ध से मुक्त करके,

व अलग भावना से हटाकर,

6. पर रमता रहता है, वही सच्चा कवि हृदय है

A. ल व र य   B. व ल य र

C. य र व ल   D. ल र य व

68. 1. व्यक्ति के मन की और कर्म की शक्ति

</td><td>

य उतने ही गम्भीर ऊहापोह और समाधान करने

र उसका संशय उसे भीतर तक झकझोरता है और

ल उसके समाधान के लिए

व जितनी अधिक होती है, उसी के अनुसार

6. वाले व्यक्ति की ऊँचाई की आवश्यकता होती है

A. ल व र य   B. र व ल य

C. व र ल य   D. व ल र य

69. 1. इस तरह हम

य जो अपनी लेखनी या कूची, वाणी या वाद्यों द्वारा

र उन सभी कलाकारों का आह्वान कर रहे हैं

ल एक व्यापक संगठन न होने के कारण जिनकी साधनाएं

व समाज को 'सत्यं', शिवं, सुन्दरं की ओर ले जाने में लगे हैं किन्तु

6. इच्छित फल नहीं दे पा रही हैं

A. य र व ल   B. य व र ल

C. र य व ल   D. र य ल व

70. 1. गत पचास वर्षों

य को इतना कुंठित बना दिया है कि संस्कृति

र के राजनीतिक, आर्थिक संघर्षों

ल की सुकुमार दुनिया हमारी पथराई आँखों के सामने

व ने हमारे दिमाग

6. आकर भी नहीं आ पाती

A. व य र ल   B. र व य ल

C. व य ल र   D. र य व ल

</td></tr>
</table>

उत्तरमाला

1	2	3	4	5	6	7	8	9	10
C	A	D	B	A	C	D	C	B	B

11	12	13	14	15	16	17	18	19	20
D	A	B	C	D	B	C	A	D	C

21	22	23	24	25	26	27	28	29	30
A	D	C	D	B	C	D	C	B	C

31	32	33	34	35	36	37	38	39	40
A	C	B	B	C	A	C	A	A	C

41	42	43	44	45	46	47	48	49	50
B	D	A	D	B	B	B	C	B	C

51	52	53	54	55	56	57	58	59	60
A	B	A	C	D	A	C	A	D	A

61	62	63	64	65	66	67	68	69	70
B	B	D	B	B	B	B	D	C	B

अध्याय 13

रिक्त-स्थान

प्रतियोगिता परीक्षा व अन्य परीक्षाओं में रिक्त-स्थान पर आधारित प्रश्न पूछने का प्रचलन काफी बढ़ चला है। हिन्दी-भाषी छात्र भी ऐसे प्रश्नों का उत्तर देने से चूक जाते हैं। फलतः उन्हें अपने अंक गँवाने पड़ते हैं। इस अध्याय को संलग्न करने का मुख्य उद्देश्य न केवल परीक्षा में अच्छे अंक प्राप्त करने से है बल्कि आपके ज्ञान को भी बढ़ाना है। प्रश्नों की संख्या व नमूने के प्रकार को देखते हुए इसे रिक्त-स्थान-I व रिक्त-स्थान-II के रूप में अलग-अलग अध्याय के रूप में रखा गया है। आशा है यह आपकी परीक्षाओं में सहायक सिद्ध होगी।

रिक्त-स्थान-I

निर्देश : नीचे दिए गए गद्यांशों में रिक्त स्थानों की पूर्ति हेतु उनके सम्मुख अंकित प्रश्नों में दिए गए विकल्पों का चयन कीजिए।

वन देश की ......(1)..... होते हैं। वे ....(2).... को रोकते हैं। वे वातावरण को ...(3).... बनाते हैं। गर्मी तथा बाढ़ को ......(4)...... में वनों का बहुत बड़ा हाथ है। ..(5)...भी वनों के कारण होती है।

1. A. विपत्ति   B. सम्पत्ति   C. व्यापार   D. रक्षा
2. A. प्रदूषण   B. बर्फ   C. जीव   D. वातावरण
3. A. दुःखद   B. दुर्गन्ध   C. सुखद   D. मनोरंजक
4. A. बिखराने   B. निर्वाह   C. बढ़ाने   D. रोकने
5. A. प्रदूषण   B. हानि   C. वर्षा   D. अवनति

मृदुल स्वभाव की रत्ना......(6).....धोखेबाज की बात में आ गई.........(7).......धोखेबाज ने......(8)....सभी जेवर हड़प लिए। घबराकर वो ....(9).....

6. उचित भाववाचक संज्ञा भरिए।

    A. सरलता से   B. सीधे से   C. उस   D. स्त्री

7. उचित विशेषण भरिए।

    A. उस   B. चालाक   C. निपुणता   D. जल्दी से

8. उचित सर्वनाम भरिए।

    A. उसकी   B. रत्ना से   C. उसके   D. सोने से

9. उचित क्रिया भरिए

    A. रोने लग गया   B. रोने लगी है   C. रोने लगी थी   D. रोने लग गई

हिमालय का अर्थ है बर्फ का निवास स्थल। ..(10)... भारत के उत्तर में स्थित है और भारत का ....(11).... है। यह एक .....(12).... सन्तरी के समान उत्तर से शत्रु को प्रवेश नहीं करने देता। यह संसार की सबसे ऊँची पर्वत ....(13).... है। इसे हम ....(14).... का सरताज कहते हैं।

10. A. वे   B. यह   C. उसका   D. उनका

11. A. भक्षक   B. चोर   C. रक्षक   D. स्वस्थ

12. A. बुरे   B. अच्छे   C. रक्षक   D. स्वस्थ

13. A. मोती   B. कतार   C. श्रृंखला   D. लकीर

14. A. भारत   B. चीन   C. पाकिस्तान   D. म्यांमार (बर्मा)

मनुष्य स्वभावतः एकाकीपन पसन्द नहीं करता। परिवार अथवा समाज में रहते हुए भी हमें एक ऐसे व्यक्ति की आवश्यकता अनुभव होती है, जिससे हम हृदय की बात निःसंकोच रूप से कह सकें। पारिवारिक मर्यादाओं के कारण पारिवारिक सदस्यों के सम्मुख हम अपने .....(15)..... वास्तविक रूप में नहीं रख पाते। परन्तु हृदय तो.....(16).... के लिए सदा आकुल रहता है। हमारा अन्तःकरण जिससे .....(17).... नहीं रखता, जिसके सम्मुख खुल सकता है, वही हमारा .....(18)..... है। ऐसे मित्र प्रयत्नपूर्वक बनाए नहीं जाते ,.....(19)..... ही मिल जाते हैं, हमारा मित्र हमारा ही .....(20)..... होता है। विपरीत विचारों वाले मित्र भी.....(21) .....रूप में मिलते हैं। परन्तु विचारों और स्थिति की .....(22).... घनिष्ठ मित्रता के लिए अत्यन्त आवश्यक है। सामान्यतः दो .....(23)..... विचारों की टकराहट अशान्ति को ही जन्म देती है। .....(24).... बढ़ाने वाले तो रास्ते चलते भी मिलेंगे पर वे स्वार्थपरायण होंगे और उनका सरोकार अपनी सुख-सुविधा एवं विलासिता तक सीमित होगा। उपयुक्त मित्र मिलना जीवन की सार्थकता है।

15. A. संकल्प   B. विकल्प   C. स्वप्न   D. मनोभाव

16. A. अभिव्यक्ति   B. अनुरक्ति   C. निवेदन   D. प्रतिवेदन

17. A. अनुराग   B. विराग   C. दुराव   D. भुलाव

18. A. पूज्य   B. श्रद्धेय   C. सुहृद्   D. सहृदय

19. A. सायास   B. अनायास   C. बहुप्रयास   D. विपर्यास

20. A. प्रतिरूप   B. अनुरूप   C. अपरूप   D. विरूप

21. A. निर्विवाद   B. प्रतिवाद   C. संवाद   D. अपवाद

22. A. असमानता   B. समानता   C. विपरीतता   D. विषमता

23. A. अकूल   B. अनुकूल   C. प्रतिकूल   D. असंगत

24. A. अभिमान   B. जान-पहचान   C. अनुमान   D. अवसाद

मेरे भारत ....(25)..... में अनेक धर्मों के लोग रहते हैं। इनमें आपसी प्रेम और भाईचारे की भावना है। देश के....(26)..... राज्यों में वेशभूषा, भाषा, खानपान आदि से भिन्नता पाई जाती है। मेरे देश की ....(27)..... प्रसिद्ध है। देश में अनेक महापुरुषों ने जन्म लेकर शान्ति का संदेश दिया है। यहाँ की प्राकृतिक शोभा देखते ही बनती है। विश्व के ....(28)..... यहाँ आने को तरसते हैं। मेरा भारत ... (29) ... है।

25. A. देश   B. कक्षा   C. शहर   D. संगठन
26. A. सुन्दर   B. गन्दे   C. मेरे   D. विभिन्न
27. A. शान्तिप्रियता   B. मनुष्य   C. नागरिक   D. लोग
28. A. पर्यटक   B. मनुष्य   C. नागरिक   D. लोग
29. A. महान्   B. छोटा   C. बड़ा   D. सुन्दर

परम्परा से ही नहीं, हमें सामयिक जनसंस्कृति से भी अपना सम्बन्ध जोड़ना है, उसके श्रेष्ठतम को अपने अध्ययन-अध्यापन का विषय बनाना है जनसपर्क की स्फूर्ति से रहित हमारी शिक्षा....(30).....ही होगी। आज हम वर्ग-विशेष में बँधकर नहीं रह सकते प्रतिक्षण यह....(31)। ....हम में जागती रहे कि हम सबके अनिवार्य अंग हैं और समष्टि के प्रति ....(32)..... का भाव हमारा नया जीवन-धर्म है। शिक्षित एवं विद्वत्–वर्ग जो कुछ जन ....(33)..... से प्राप्त करता है, उसे उसको सौ हाथों से लौटाना है। सामाजिक और आर्थिक ....(34)..... ही नहीं, भौतिक और सांस्कृतिक उपलब्धियों को भी हमें जनता में बाँटकर खाना है ....(35)..... आज के विश्वविद्यालय राष्ट्रीय जीवन से हटकर नहीं चल सकते उन्हें राष्ट्रीय आवश्यकताओं पर . ...(36).....रखनी होगी और वैज्ञानिक, आर्थिक, सांस्कृतिक, राजनीतिक और सामाजिक जीवन की शोधों से उनकी ....(37).....करनी होगी हमें एक अत्यन्त मानवीय, न्यायशील सत्य और प्रेम तथा सौहार्द्र के प्रति ....(38)..... समाजसूत्र का निर्माण करना है। इसके लिए आवश्यक है कि हमारा शिक्षित समाज ....(39)..... और सहानुभूतिपूर्ण हो। यह कल्पनाशील और क्रियाशील भी हो और उसमें अध्यवसाय तथा संकल्पनिष्ठा का गुण उत्कृष्ट मात्रा में हो।

30. A. निरंकुश   B. सप्राण   C. निर्मम   D. निष्प्राण
31. A. अनुभूति   B. विभूति   C. सहानुभूति   D. स्मृति
32. A. परसर्ग   B. प्रतिसर्ग   C. उत्सर्ग   D. विसर्ग
33. A. विशेष   B. सामान्य   C. निर्जन   D. सम्मान्य
34. A. न्याय   B. दायित्व   C. अदेय   D. भक्ष्य
35. A. किन्तु   B. वरन्   C. प्रत्युत   D. अतएव
36. A. चिन्ता   B. आधारशिला   C. दृष्टि   D. संसृति
37. A. प्राप्ति   B. खोज   C. आकांक्षा   D. स्वीकृति
38. A. सन्नद्ध   B. अविरुद्ध   C. विशुद्ध   D. प्रबुद्ध
39. A. श्रमशील   B. संकल्पनाशील   C. भावसम्पन्न   D. कल्पनाप्रवण

कला, शक्ति और शिव के परस्पर ....(40)..... को लेकर नई काव्यमय कल्पनाएँ, नए ....(41).... और नए ध्यान हमारे यहाँ बने हैं, कला शब्द के कई ....(42).... हैं, चन्द्रमा के सोलहवें ....(43)....को भी कला कहते हैं और चन्द्रमा की ....(44).... कला जिसका नाम शास्त्रों में अमृता है, शिव के ....(45)... पर अवस्थित रहती है, कला बाँकी होती है और ....(46).... दृष्टि से प्रायः अदृश्य होती है। कला....(47)....का भी एक माप है, कला शिल्प ....(48).... आदि के लिए प्रयुक्त होती है और उसके चौंसठ ....(49)....गिनाए गए हैं।

40. A. अनुबन्ध   B. सम्बन्ध   C. प्रबन्ध   D. निर्बन्ध

41. A. प्रतीक   B. प्रगति   C. प्रतीति   D. प्रदीप

42. A. वर्ग   B. दाम   C. अर्थ   D. मर्म

43. A. वंश   B. दंश   C. अंग   D. अंश

44. A. रुपहली   B. पहली   C. सुनहली   D. मनचली

45. A. भाल   B. बाल   C. गाल   D. कपाल

46. A. आध्यात्मिक   B. दार्शनिक   C. भौतिक   D. मनोवैज्ञानिक

47. A. स्थान   B. समय   C. रूप   D. गुण

48. A. चेतना   B. रचना   C. बोध   D. चिन्तन

49. A. अन्तर   B. प्रकार   C. विकार   D. भेद

प्रेस समाज के ....(50).... की एक महत्वपूर्ण शक्ति होती है, यह देश के एक भाग की जनता को दूसरे भागों में हो रही ....(51)..... से परिचित कराती है, विभिन्न ....(52)..... के बारे में ज्ञान के प्रसार का यह एक महत्वपूर्ण ....(53)..... है किसी काल के ....(54)..... विषयों पर जनमत तैयार करने का यह साधन भी है। समाज सुधार के ....(55)..... में और शासन के कार्यों को प्रभावित करने में इसकी सहायता महत्वपूर्ण होती है, जनहित के ....(56).... पर जनता के विचारों की अभिव्यक्ति के लिए यह एक मंच का कार्य करता है।

भारत में प्रेस का विकास उन्नीसवीं सदी के आरम्भिक वर्षों में आरम्भ हुआ और इसने जनता को ....(57)..... करने में महत्वपूर्ण भूमिका निभाई। भारत का पहला पत्र 1780 में स्थापित बंगाल गजट था।

50. A. संगठन   B. ऐक्य   C. एकीकरण   D. एकता

51. A. सूचनाओं   B. घटनाओं   C. आपदाओं   D. जटिलताओं

52. A. समस्याओं   B. बाधाओं   C. अवरोधों   D. मुसीबतों

53. A. मध्यम   B. माध्यम   C. मीडिया   D. मार्ग

54. A. महत्वपूर्ण   B. महत्वाकांक्षी   C. मुख्य   D. गुरु

55. A. प्रयासों   B. अनुष्ठान   C. प्रयोगों   D. अभियान

56. A. मुर्दा   B. विषयों   C. बातचीत   D. कार्यकर्ताओं

57. A. रचनात्मक   B. कार्यकलात्मक   C. जागृत   D. तत्पर

सूर और तुलसी हिन्दी साहित्याकाश में सूर्य और ....(58).....के समान हैं, सूरदास श्रेष्ठ कवि हैं जबकि ....(59).....मंत्र द्रष्टा है, दोनों ही कवि पुंगव समाज के ....(60).....की कामना करते हैं, सूरदास ने अपनी कविता ....(61).....में लिखी है, जबकि तुलसी ने ब्रजभाषा और . ...(62).....दोनों भाषाओं में अपने ग्रन्थ लिखे हैं।

58. A. चमकते नक्षत्र B. शुक्र तारा C. चन्द्रमा D. सप्तर्षि

59. A. तुलसीदास B. केशव दास C. धर्मदास D. कबीरदास

60. A. वैभव B. कल्याण C. उत्थान D. उज्जवल भविष्य

61. A. ब्रजभाषा B. अवधी C. बुंदेली D. खड़ी बोली

62. A. खड़ी बोली B. अवधी C. बुंदेली D. राजस्थानी

अनेक शब्दों के स्थान पर यदि एक ....(63).... शब्द का प्रयोग होता है, तो ....(64).... बहुत ही उत्तम तथा महत्वपूर्ण हो जाता है, भावों की ....(65).... की दुरुहता का ....(66).... करने के लिए ही अनेक शब्दों के स्थान पर एक शब्द का ....(67).... किया जाता है।

63. A. सार्थक B. निरर्थक C. प्रभावशाली D. सटीक

64. A. भाषण B. कथन C. प्रवचन D. सम्बोधन

65. A. वचन B. प्रवचन C. अभिव्यक्ति D. प्रकटीकरण

66. A. वर्जना B. प्रभावशीलता C. निषेध D. निराकरण

67. A. प्रयोग B. उपयोग C. निर्माण D. दमन

यह एक निर्विवाद तथ्य है कि किसी भी देश के निर्माण और उसकी प्रगति में महिलाओं का महत्वपूर्ण योग होता है, वे पुरुषों के समस्त ....(68).... कार्यों के लिए प्रेरणा का ....(69). ... स्रोत होती हैं, इतिहास ....(70).... है कि समय-समय पर ....(71).... किस प्रकार पुरुषों का ....(72).... कर मातृभूमि की सुरक्षा में अपना ....(73).... देती रही हैं। भारतीय ....(74).... में तो इस प्रकार के अनेक ....(75).... भरे पड़े है, देश की ....(76).... ही नहीं, वरन् देश की ....(77). ... के लिए भी मर-मिटने वाली महिलाओं के नामों से विश्व का इतिहास भरा पड़ा है। स्वयं हमारे ही देश के कैकेयी, सत्यभामा आदि नारियों ने युद्धभूमि में अपने शौर्य का परिचय दिया था।

68. A. दुःसाहसपूर्ण B. साहसपूर्ण C. विश्वासपूर्ण D. निष्ठापूर्ण

69. A. अजस्र B. अलघ्य C. दुर्गम D. आवश्यक

70. A. अधिवक्ता B. प्रवक्ता C. पारखी D. साक्षी

71. A. कन्याएं B. महिलाएं C. वृद्धाएं D. बालिकाएं

72. A. आनन्दवर्धन B. हर्षवर्धन C. उत्साहवर्धन D. संवर्धन

73. A. सहयोग B. असहयोग C. हाथ D. संयोग

74. A. सभ्यता B. विज्ञान C. इतिहास D. दर्शन

75. A. प्रकथन B. सोदाहरण C. प्रमाण D. यशोगान
76. A. व्यवस्था B. सीमा C. दृढ़ता D. सुरक्षा
77. A. पराधीनता B. स्वाधीनता C. अधीनता D. स्वच्छन्दता

जीवन में सफलता और विफलता मन के कारण मिलती है, मन की दृढ़ संकल्प शक्ति निरन्तर कार्य में जुटाए रखती है, इससे ....(78).... सफलता मिल जाती है, मन की ....(79). ... जब कार्य करने के दौरान ही ....(80).... को निर्बल बना देती है, उसमें ....(81).... का संचार कर देती है, तो ....(82).... में असफलता ही हाथ लगती है ....(83).... मन और तन से हम कार्य में ....(84).... होते हैं। ऐसी स्थिति में मन ....(85).... हो गया, तो बुद्धि और तन ....(86). ... हो जाते हैं, इसके विपरीत कमी ....(87).... कार्य करते हुए व्यक्ति का तन शिथिल हो जाता है, बुद्धि भी हार मान जाती है और धन जैसे अन्य साधन भी बाधा बन जाते हैं। तब मन की संकल्प शक्ति तन में ताकत जगा देती है, बुद्धि को प्रखर बना देती है और अन्य साधनों का अभाव भी कार्य में आड़े नहीं आता। कार्य क्षेत्र में विजय प्राप्त हो जाती है।

78. A. बहुधा B. एकदा C. अनेकदा D. बेहूदा
79. A. दुर्गमता B. अबोधता C. दुर्बलता D. निष्प्राणता
80. A. बुद्धि B. व्यक्ति C. शक्ति D. समष्टि
81. A. आशा B. अभिलाषा C. दुराशा D. निराशा
82. A. प्रमाण B. परिणाम C. परिमाण D. सप्रमाण
83. A. सुधि B. सुमति C. बुद्धि D. कुमति
84. A. प्रेरित B. अनुरक्त C. विरत D. रत
85. A. अभिशप्त B. सन्तप्त C. विचलित D. संचालित
86. A. नकारा B. आवारा C. साभार D. प्रभार
87. A. अनथक B. अविरत C. कभार D. साहसिक

देवानां प्रिय मौर्य-सम्राट अशोक के सम्बन्ध में यह मान्यता प्रसिद्ध है कि कलिंग-युद्ध के भीषण नरमेध को देखकर उनका हृदय-परिवर्तन हुआ, तथापि इस तथ्य की सूचनाएँ एवं संकेत भी यत्र-तत्र मिलते हैं कि अशोक को शैशवकाल में ही किसी-न-किसी रूप में प्रेम और करुणा की गरिमा का ....(88).... होने लगा था, सम्भवतः ये ....(89).... उसे अपनी माता से मिले। उस युग में समर ....(90).... माने जाते थे। अतएव युद्धोपरान्त यह ....(91).... परिवर्तन स्वाभाविक न था, अशोक के हृदय-परिवर्तन शिलालेखों पर ....(93).... करवाया गया। सम्राट् के पुत्र-पुत्री एवं बौद्ध ....(94).... प्रचारक बनकर सरिता-सागर और पर्वत ....(95).... लाँघकर देश-देशान्तर में 'धम्म विजय' के लिए निकले। स्नेह-करुणा से ....(96).... उनके सन्देश का सर्वत्र आशातीत एवं भव्य ....(97).... हुआ। युग-युगान्तर तक यह सनदेश विश्व-शान्ति एवं मानव-मूल्यों के विकास की प्रेरणा देता रहेगा।

88. A. प्रकाश   B. आभास   C. प्रभास   D. विभास

89. A. अंकुर   B. प्रारोह   C. संस्कार   D. विचार

90. A. परिहार्य   B. अवधार्य   C. घृणास्पद   D. गौरवास्पद

91. A. अप्रत्याशित   B. अभिलषित   C. आकांक्षित   D. अघटित

92. A. अनुशासन   B. अन्नप्राशन   C. प्रशासन   D. कुशासन

93. A. उत्कीर्ण   B. प्रकीर्ण   C. विकीर्ण   D. आकीर्ण

94. A. जातक   B. भिक्षुक   C. स्थविर   D. स्थावर

95. A. श्रृंग   B. तुंग   C. उत्तुंग   D. उत्ताल

96. A. आसक्त   B. सिक्त   C. अभिषिक्त   D. अलिप्त

97. A. अनुकरण   B. समंजन   C. अभिग्रहण   D. अभिनन्दन

मित्रता के लिए यह आवश्यक नहीं है कि दो मित्र एक ही प्रकार कार्य करते हों या एक ही ....(98).... के हो, इसी प्रकार ....(99).... और आचरण ही समानता भी आवश्यक या ....(100). ... नहीं है, दो भिन्न प्रकृति के मनुष्यों में बराबर प्रीति और मित्रता रही है, राम धीर और शांत प्रकृति के थे, लक्ष्मण उग्र और ....(101).... स्वभाव के थे, पर दोनों भाइयों में अत्यन्त प्रगाढ़ स्नेह था, उदार उच्चाशय कर्ण और लोभी दुर्योधन के स्वभावों में कुछ विशेष समानता न थी पर उन दोनों की ....(102).... खूब निभी।

98. A. मनोरंजन   B. रुचि (पसन्द) C. इच्छा   D. आस्था

99. A. प्रकृति (स्वभाव)B. आचरण   C. व्यवहार   D. दैविक

100. A. आवश्यक   B. समान   C. चाहने योग्य (वांछनीय) D. पूजनीय

101. A. उद्धत (प्रचण्ड)B. अखण्ड   C. कोमल   D. शीतल

102. A. मित्रता   B. शत्रुता   C. कठोरता   D. विसमानता

राजनीति की अपेक्षा धर्म और संस्कृति भारतीय जनमानस के अधिक निकट हैं। यद्यपि राजनीति का सम्बन्ध भौतिक सुख-सुविधाओं से है फिर भी ....(103).... राजनीति की अपेक्षा धर्म से अधिक प्रभावित होते हैं, ...(104).... धर्मों में पूजा-विधानों के बाह्य और सतही भेदों के बावजूद उनमें ....(105).... एकता है जो उनके आन्तरिक अभेद अथवा ....(106).... की परिचायक है, वहीं तितिक्षा, त्याग-तपस्या तथा ....(107).... मार्ग की संयममयी भावना इस देश के सभी धर्मों में ....(108).... एवं अजस्र रूप से वर्तमान है, एक धर्म के ....(109).... दूसरे धर्म में महापुरुष के रूप में स्वीकृत हैं, भारत में ....(110).... प्रायः सभी धर्म आवागमन में विश्वास करते हैं, ...(111).... करुणा, मुदिता, उपेक्षा, अहिंसा जैसे सद्गुणों की शिक्षा की ....(112)... भी सभी धर्मों में एकरूप से हुई है, ...(113).... चिह्न, अश्वत्थ, वृक्ष, कमल आदि के इनमें समान रूप से ....(114).... हैं , प्राचीन काल से ही धार्मिक साहित्य ने ....(115).... एकता का पाठ पढ़ाया है। उत्तर एवं दक्षिण के ....(116).... रामायण और महाभारत को ही अपना प्रेरणा

....(117).... बनाते रहे हैं। इसके अतिरिक्त तीर्थाटन में धार्मिक भावना के साथ राष्ट्रीय भावना भी निहित रही है।

103. A. शिक्षित वर्ग   B. छात्र वर्ग   C. जनसाधारण   D. अभिजात वर्ग

104. A. यूरोपीय   B. भारतीय   C. पाश्चात्य   D. विदेशी

105. A. सांस्कृतिक   B. साहित्यिक   C. राजनीतिक   D. सामाजिक

106. A. संगठन   B. सधर्म   C. अविरोध   D. समर्थन

107. A. उत्तम   B. मध्यम   C. निकृष्ट   D. अधम

108. A. विषम   B. ऋतु   C. सरल   D. समान

109. A. साध्य   B. आराध्य   C. असाध्य   D. पथ्य

110. A. उद्भूत   B. अभिभूत   C. मूलभूत   D. गृहीत

111. A. मुक्ति   B. मेधा   C. मैत्री   D. समता

112. A. प्रतिष्ठा   B. मर्यादा   C. निष्ठा   D. गरिमा

113. A. मानक   B. राष्ट्रीय   C. स्वास्तिक   D. सारस्वत

114. A. आदरणीय   B. माननीय   C. पूजनीय   D. उल्लेखनीय

115. A. स्वदेशी   B. प्रादेशिक   C. राष्ट्रीय   D. अन्तर्राष्ट्रीय

116. A. अनुवादक   B. चिकित्सक   C. साहित्यकार   D. अर्थशास्त्री

117. A. स्तोत्र   B. स्रोत   C. स्रुत   D. श्रोत

डिक को अभी भी यकीन नहीं आ रहा है कि ....(118).... मंगलवार की सुबह वह पेंटागन की ....(119).... । 9.40 पर वह वर्ल्ड ट्रेड टावर की दुर्घटनाओं के समाचार टेलीविजन पर देखने के लिए ....(120).... जब एक जहाज इमारत से आ टकराया और छत नीचे आ गिरी और ऊँची-ऊँची खिड़कियों के शीशे टूटकर ....(121).... । जाहिर है कि डिक वहाँ से न निकला होता तो ....(122).... । वह भगवान का शुक्रगुजार है कि ....(123).... ।

118. A. वह जिंदा था   B. वह जिंदा है
     C. वह जिंदा दिख रहा था   D. वह जिंदा होगा

119. A. इमारत में था   B. इमारत में है
     C. इमारत पर है   D. इमारत के ऊपर था

120. A. दफ्तर के बाहर हाल से आए थे   B. दफ्तर में बाहर हाल से आया था
     C. दफ्तर से बाहर हाल में आया ही था   D. दफ्तर पर बाहर हाल से आए ही थे

121. A. सारे कमरे पर फैल गए   B. सारे कमरे में फैल गए
     C. सारा कमरा बिखर गया   D. सारे कमरे के ऊपर फैल गए

122. A. मौत के मुँह में चला जाता   B. मौत के मुँह से चला जाता
     C. मौत का आगोश में चला जाता   D. मौत के लिए मुँह के अन्दर गया

123. A. वह बच गई   B. वह बच गया   C. वे बच गया   D. वो बच गई

चाय में अफीम का ...(124).... देकर पप्पू भाई ने दो माह तक खूब ...(125).... की एक दिन एक ग्राहक ने रिपोर्ट करके ...(126).... डलवा दिया, पप्पू भाई पकड़े गए और उन्हें ...(127).... की हवा खानी पड़ी, अब उन्हें अपनी माता की सीख याद आई कि काठ की ...(128).... बार–बार नहीं चढ़ती है।

124. A. पुट   B. बघबार   C. मिलावट   D. मिश्रण

125. A. खिंचाई   B. कमाई   C. मौज   D. चोरी

126. A. डाका   B. हल्ला   C. छापा   D. तहकीकात

127. A. हवालात   B. रेल   C. जंगल   D. जेल

128. A. नाव   B. हांडी   C. रोटी   D. थाली

सर्दी का मौसम था। सर्द हवाओं के झोंके ...(129).... सर्दी से दाँत ...(130).... दूर मन्दिर से घण्टे की ...(131).... सुनाई दे रही थी। कोठी के पीछे से रेलगाड़ी ...(132).... ऐसे में जूते की ...(133).... सुनाई दी। दरवाजा खोलते इससे पहले टेलीफोन की ...(134).... सुनाई दी। उधर दरवाजे पर किसी ने ...(135).... ।

129. A. सरसर बह रहे थे   B. फरफर बह रही थी
     C. साँय-साँय कर रही है   D. झाँय-झाँय गूँज रही है

130. A. कड़क रहे थे   B. फड़क रहे थे
     C. किटकिटा रहे थे   D. कटकटा रहे थे

131. A. ट्रिन-ट्रिन सुनाई दे रही थी   B. टन-टन सुनाई दे रही थी
     C. टिन-टिन सुनाई दे रही थी   D. खन-खन सुनाई दे रही थी

132. A. फक-फन करता निकला   B. भक-भक करता निकली
     C. छुक-छुक करती निकली   D. झुक-झुक करता निकला

133. A. खटखटाहट   B. चरमराहट   C. फटफटाहट   D. घड़घड़ाहट

134. A. ट्रिन-ट्रिन   B. घिन-घिन   C. टुन-टुन   D. टन-टन

135. A. पटपट की   B. खटखट की   C. दस्तक दी   D. धकधक की

उत्तरमाला

1	2	3	4	5	6	7	8	9	10
B	A	C	D	C	A	B	C	D	B

11	12	13	14	15	16	17	18	19	20
C	B	C	A	D	A	C	C	B	A

21	22	23	24	25	26	27	28	29	30
D	B	C	B	A	D	A	D	A	D

31	32	33	34	35	36	37	38	39	40
A	C	B	A	D	C	A	D	B	B

41	42	43	44	45	46	47	48	49	50
A	C	D	B	A	C	A	C	B	A

51	52	53	54	55	56	57	58	59	60
B	A	B	A	A	A	C	C	A	B

61	62	63	64	65	66	67	68	69	70
A	B	A	B	C	D	A	B	A	D

71	72	73	74	75	76	77	78	79	80
B	C	A	C	C	D	B	A	C	B

81	82	83	84	85	86	87	88	89	90
D	B	B	D	C	A	A	B	C	D

91	92	93	94	95	96	97	98	99	100
A	C	A	B	A	B	D	B	A	C

101	102	103	104	105	106	107	108	109	110
A	A	A	B	A	C	A	D	B	A

111	112	113	114	115	116	117	118	119	120
C	A	C	C	C	C	B	B	A	C

121	122	123	124	125	126	127	128	129	130
B	A	B	A	B	C	D	B	A	D

131	132	133	134	135
B	C	A	A	C

निर्देश : *निम्नलिखित वाक्यों में एक स्थान रिक्त है। प्रत्येक वाक्य के नीचे चार विकल्प दिए गए हैं। उचित विकल्प का अक्षरांश रिक्त स्थानों में भरो।*

1. अदालतों में न्याय पाना बड़ा ...... हो गया है।
   - A. खर्चीला
   - B. सरल
   - C. कठिन
   - D. असम्भव

2. समाचार पत्रों में भी अब ...... समाचार कम छपते हैं।
   - A. धार्मिक
   - B. जनहित के
   - C. अपराधियों के
   - D. अमीरों के

3. अब नेताओं की सभा में उनके...... की ही भीड़ अधिक होती है।
   - A. बन्धुओं
   - B. साथियों
   - C. चमचों
   - D. बुजुर्गों

4. मंदिरों में पुजारी केवल...... ही देखते हैं।
   - A. चढ़ौती
   - B. फूलमाला
   - C. भक्ति
   - D. कपड़े

5. शिक्षा संस्थाओं में अध्यापकों का ध्यान प्रायः अपने ...... पर ही रहता है।
   - A. छात्रों
   - B. विषय
   - C. वेतन
   - D. सौन्दर्य

6. न जाने आज गाय का ...... दूध क्यों फट गया।
   - A. कुछ
   - B. बहुत
   - C. सारा
   - D. थोड़ा

7. कितने मन के ...... ढहे तब खड़ी हुई यह मधुशाला।
   - A. शहर
   - B. गाँव
   - C. भूखंड
   - D. महल

8. सखि पतंगा तो ...... ही है दीपक भी जलता है।
   - A. मरता
   - B. जीता
   - C. जलता
   - D. उड़ता

9. कश्मीर की समस्या अब शीघ्र ...... योग्य हो गई है।
   - A. विचारने
   - B. समाधान
   - C. सुधारने
   - D. हटाने

10. संस्कृत एक ...... भाषा के रूप में मानी जाती है।
    - A. देव
    - B. मृत
    - C. प्राचीन
    - D. श्रेष्ठ

11. राष्ट्रपति ने लोक सभा ...... कर दी।
    - A. भँग
    - B. खत्म
    - C. समाप्त
    - D. स्थगित

12. देश की ...... बनाए रखना हमारा प्रथम दायित्व है।
    - A. व्यवस्था
    - B. एकता
    - C. सरकार
    - D. आजादी

13. धैर्यवान व्यक्ति विपत्ति में भी ...... नहीं होता।
    - A. दुःखी
    - B. चलायमान
    - C. अधीर
    - D. विचलित

14. दीन-दुःखी की सहायता करना ही मानव का ...... होना चाहिए।
 A. कर्म   B. धर्म
 C. फर्ज   D. आभूषण

15. लोकतंत्र की सफलता के लिए जनता को ...... होना चाहिए।
 A. शिक्षित   B. अनुशासित
 C. जागृत   D. सभ्य

16. सभी धर्मों में ...... धर्म श्रेष्ठ है।
 A. मानव   B. हिन्दू
 C. विश्व बंधुत्व   D. भातृत्व

17. सबका भला चाहने वाला होता है
 A. नेता   B. संत
 C. समाज-सेवी   D. गुरु

18. हाथ से लिखी पुस्तक को ...कहते हैं।
 A. हस्तलिखित   B. हस्तलेखन
 C. पाण्डुलिपि   D. आलेख

19. वस्तुतः ...... मनुष्य वही है जो मानवता का आदर करता है।
 A. सच्चा   B. सम्पूर्ण
 C. चरित्रवान   D. यथार्थ

20. आणविक भट्टियाँ असीमित शक्ति का ...... हैं।
 A. साधन   B. स्रोत
 C. उपकरण   D. माध्यम

21. जैसे-जैसे अंधेरा ...... हमें आगे बढ़ने में कठिनाई होने लगी।
 A. निकलता गया
 B. चढ़ता गया
 C. फैलता गया
 D. आता गया

22. आपका उपकार जीवन ...... याद होगा।
 A. तक   B. से लेकर
 C. भर   D. के अन्दर

23. आप गेंद को जितनी ताकत से जमीन पर दे मारेंगे वह उतनी ही ऊँची ...।
 A. झपटेगी   B. आयेगी
 C. निकलेगी   D. उछलेगी

24. आज मानव पूजास्थलों का अपनी राजनीतिक स्वार्थ-सिद्धि के लिए ...... कर रहा है।
 A. सदुपयोग   B. सुप्रयोग
 C. बल प्रयोग   D. दुरुपयोग

25. मदिरापान मानव के विवेक को ...... कर देता है।
 A. उन्नत   B. जागृत
 C. कुंठित   D. उत्कृष्ठ

26. जिन लोगों की करनी-कथनी में अंतर है, वे जीवन में कभी ...... नहीं पाते।
 A. यश   B. सम्मान
 C. महत्व   D. उन्नति

27. जुआ खेलना सबसे बड़ा ...... है।
 A. पाप   B. दुर्व्यसन
 C. लत   D. अपराध

28. स्वाभिमान मनुष्य का अमूल्य ...... है।
 A. संपत्ति   B. पूंजी
 C. कोश   D. धन

29. अंधे को क्या चाहिए ...... ।
 A. रोटी-कपड़ा   B. मकान
 C. दो आँखें   D. दो रोटियाँ

30. चाटुकारिता आज के मानव की सफलता का सबसे घटिया ...... है।
 A. अस्त्र   B. शस्त्र
 C. बल   D. साधन

31. गीता भक्ति, ... और कर्म का संदेश देती है।

   A. भोग   B. ज्ञान

   C. वियोग   D. संयोग

32. ...... मृत्यु से बढ़कर है।

   A. कीर्ति   B. अपकीर्ति

   C. मोह   D. अहंकार

33. माता-पिता की सेवा करना मानव का ...... है।

   A. श्रम   B. भ्रम

   C. धर्म   D. कर्म

34. हमारी शिक्षा प्रणाली में खेलों की स्थिति ...... है।

   A. स्मरणीय   B. शोचनीय

   C. विचारणीय   D. अकथनीय

35. आजकल के राजनेता अपने कर्त्तव्यों से ...... हैं।

   A. उदास   B. विमुख

   C. पीड़ित   D. संलिप्त

निर्देश : *निम्नलिखित गद्यांश के रिक्त स्थानों की पूर्ति के लिए सर्वाधिक उपयुक्त विकल्प को चुनिए—*

36. कई दिन वहां रहने पर मुझे साध्वी की ...... के बारे में बहुत कुछ मालूम हो गया।

   A. परिचर्या   B. दिनचर्या

   C. परिचर्चा   D. परिक्रमा

37. प्रातःकाल उसके आश्रम से निरन्तर आती हुई तुलसीदास के भजनों की स्वर लहरी मेरी सोई हुई आत्मा को ...... कर देती थी।

   A. विचलित   B. चंचल

   C. उदास   D. जागृत्

38. कितने दिनों से मैं रेल-पेल व भागमभाग से ...... वातावरण से दूर जाने की बात सोच रहा था।

   A. अचेत   B. संलग्न

   C. दूषित   D. प्रभावित

39. इस युग में भविष्य के प्रति ...... बनी रहती है।

   A. आशा   B. हताशा

   C. आशंका   D. निश्चिन्तता

40. हमें जल्दी निर्णय लेने से रोकती रहती है फिर भी भीड़ से दूर निकलने की बलवती ...... किसके मन में रह–रह कर नहीं जाग उठती है?

   A. लालसा   B. तृष्णा

   C. इच्छा   D. उत्सुकता

41. पृथ्वी ...... सूर्य की परिक्रमा करती है।

   A. अभिराम   B. अविराम

   C. अक्सर   D. ज्यादातर

42. केन्द्र सरकार राज्यों को ......देती है।

   A. प्रतिदिन   B. दान

   C. अनुदान   D. अविरल

43. लोकतंत्र में सबको .... अधिकार होते हैं।

   A. सामान   B. असीम

   C. निरन्तर   D. समान

44. राम चौदह वर्ष की ...... के पश्चात् वन से अयोध्या लौटे।

   A. समय   B. अवधी

   C. अवधि   D. कालचक्र

45. राजा दशरथ के चार ...... थे।

   A. सूत   B. सुत

   C. तनया   D. तनुजा

46. भारत व पाकिस्तान के युद्ध में सेना ने ..... थे।
   A. हाथ दिखाए थे
   B. हाथ पसारे थे
   C. हाथ लगाए थे
   D. हाथ छोड़े थे

47. रात ..... 2 बजे थे।
   A. को   B. से
   C. में   D. के

48. सहकारी संस्था शीघ्र ही सदस्यता ..... प्रारम्भ कर रही है।
   A. कार्यक्रम   B. उपक्रम
   C. आंदोलन   D. भर्ती

49. अतिथि ने भोजन करने की ..... व्यक्त की।
   A. कामना   B. उत्कंठा
   C. इच्छा   D. आकांक्षा

50. आपका आचरण दूसरों के लिए ..... हो सकता है।
   A. दृष्टान्त   B. उदाहरण
   C. उद्धरण   D. अनुकरण

51. अतिशय ..... के क्षणों में आँसू अनायास टपक पड़ते हैं।
   A. संघर्ष   B. उत्कर्ष
   C. हर्ष   D. रहस्य

52. वृद्ध भिखारी दो रोटी खाकर .... हो गया।
   A. तप   B. तप्त
   C. तृप्त   D. तृण

53. सात्विक विचारों के इस घर में ..... प्रवृत्ति का पुत्र देख हैरानी होती है।
उपर्युक्त वाक्य में काले शब्द का

निम्नलिखित विकल्पों में से विपरीतार्थक शब्द चुनकर रिक्त स्थान की पूर्ति कीजिए।
   A. लोलुप   B. तामसिक
   C. क्रूर   D. धूर्त

54. पर्वत की चोटी पर पहुँचने में असफल रमेश ने अपनी ओर से .... प्रयास किया।
   A. यथासंभव
   B. यथाशीघ्र
   C. यथामान्य
   D. यथायोग्य

55. हरिजन बस्ती में भाषण करते हुए गांधीजी ने बताया कि मानव गुणों में ..... एक महान् गुण है।
   A. उदार
   B. उदारतावान
   C. उदारता
   D. उदारनिष्ठ

56. प्रत्येक राष्ट्र की अपनी एक ..... होती है।
   A. निर्यात   B. कल्पना
   C. वाहन   D. राष्ट्रभाषा

57. किसी नियम, बन्धन आदि की परवाह न करने वाले व्यक्ति को ..... कहते हैं।
   A. देशद्रोही   B. विद्रोही
   C. दर्पी   D. घमण्डी

58. मनुष्य अपने .... का निर्माता स्वयं ही है।
   A. भाग्य   B. ग्रह
   C. काम   D. वस्त्र

59. निम्न में से .... नाम कृष्ण का नहीं है।
   A. श्याम   B. वंशीधर
   C. वासुदेव   D. गजानन

60. बादलों के समूह को ..... कहते हैं।
   A. घटा   B. छटा
   C. ढेर   D. समूह

61. कार चलाने से पूर्व सौरभ के पिताजी ने उसे सावधानी बरतने का ..... दिया।
   A. परामर्श   B. दीक्षा
   C. शिक्षा   D. प्रशिक्षण

62. जो लोग सेवारत् हैं उन्हें अपना आवेदन-पत्र उचित ..... से भेजना होगा।
   A. प्रकार   B. माध्यम
   C. अधिकारी   D. विचार

63. मानसी के पाँचवें जन्मदिवस पर उसके बाबा ने उसे ..... दिया।
   A. धन्यवाद   B. आशीर्वाद
   C. साधुवाद   D. मुबारकबाद

64. उसने उस घटना का संक्षिप्त ..... मुझे सुनाया।
   A. दृष्टांत   B. विवरण
   C. विवेचन   D. विकार

65. इस मूर्ति में मानो स्वयं ईश्वर ही ..... हो गए हैं।
   A. आकार   B. निराकर
   C. साकार   D. विकार

66. व्यक्तित्व के ..... में सांस्कृतिक विरासत का भी एक महत्वपूर्ण योगदान है।
   A. निर्माण
   B. संचालन
   C. चयन
   D. कथन

67. सत्य और निष्ठा का मार्ग कोई भी ..... नहीं कर पाया।
   A. निरुद्वेग   B. निरुद्ध

C. निर्विघ्न   D. निरुद्यम

68. गंगा नदी सबसे ..... नदी है।
   A. पवित्र   B. अच्छी
   C. बड़ी   D. उत्तम

69. गुरु का ..... ही शिष्य के जीवन की अमूल्य धरोहर होता है।
   A. प्रणय   B. अनुराग
   C. वात्सल्य   D. विराग

70. साहित्य किसी देश या जाति का ..... चिह्न है।
   A. उन्नति   B. विकास
   C. पहचान   D. ख्याति

71. प्रेम के मार्ग पर सच्चे लोग अपना सभी स्वार्थ और ..... त्यागकर चलते हैं।
   A. अहंकार   B. गर्व
   C. अभियान   D. स्वाभिमान

72. ..... काल से ही मानव का फैशन के प्रति झुकाव रहा है।
   A. आदिम   B. पुरातन
   C. ऐतिहासिक   D. मानव

73. यह ..... सत्य है कि सोने की चिड़िया 'भारत' के पंख काट दिए गए।
   A. अपवाद   B. निर्विवाद
   C. कटु   D. अपार

74. जयशंकर प्रसाद ..... कवि हैं।
   A. विजयी   B. दिग्विजयी
   C. कालजयी   D. पराजयी

75. राष्ट्रप्रेम के अंकुर बाल्यकाल में ही ..... होने चाहिए।
   A. प्रस्फुटित   B. पुष्पित
   C. पल्लवित   D. फलित

76. अपनी अदम्य ..... के कारण ही मनुष्य प्रकृति के रहस्यों का उद्घाटन कर सका है।

- A. लालसा
- B. उत्कण्ठा
- C. अभिलाषा
- D. जिज्ञासा

77. सिख मत के ..... गुरु नानक की वाणी में अद्भुत शक्ति थी।

- A. प्रवर्तक
- B. प्रशंसक
- C. उद्धारक
- D. सुधारक

78. जिस वस्तु की तुमने कल्पना की, उसे प्राप्त कर लिया। वाह! तुम्हारे ..... का क्या कहना।

- A. स्वभाव
- B. दुर्भाग्य
- C. सौभाग्य
- D. विधाता

79. सेनापति का आदेश पाकर सभी सैनिक ..... हो गए।

- A. कटिबन्ध
- B. करबद्ध
- C. कटिबद्ध
- D. श्रृंखलाबद्ध

80. संगीत में ऐसी मनमोहक शक्ति है कि उसकी ओर सभी समानरूपेण ..... होते हैं।

- A. उत्कृष्ट
- B. आकृष्ट
- C. आकलित
- D. विकल्पित

81. हिमालय पर्वतमाला भारत के ..... में स्थित है।

- A. दक्षिण
- B. पश्चिम
- C. उत्तर
- D. पूर्व

82. साहित्यकारों का आदर्श है–सत्य, शिव और .....

- A. ज्ञान
- B. शांति
- C. सुंदर
- D. क्रांति

83. आज समाचार-पत्र देश की सभ्यता, संस्कृति और शक्ति के ..... बन गए हैं।

- A. प्रतिमान
- B. अभिमान
- C. सम्मान
- D. अनुमान

84. अपनी प्रतिभा और परिश्रम से ही कोई व्यक्ति प्रगति के ..... पर पहुँच सकता है।

- A. शिखर
- B. शिविर
- C. शिशिर
- D. शिरीष

85. डाकू अपने कृत्यों के कारण ..... होते हैं।

- A. विख्यात
- B. सुख्यात
- C. ख्यात
- D. कुख्यात

86. पिता ने पुत्र के प्रणाम का उत्तर ..... में दिया।

- A. स्नेहाशीष
- B. बख्शीश
- C. अवनीश
- D. अभिवादन

87. प्रेमचन्द ने अपने ..... उपन्यासकारों को बहुत दूर तक प्रभावित किया है।

- A. पूर्ववर्ती
- B. परवर्ती
- C. परिवर्ती
- D. अग्रवर्ती

88. कर्फ्यू लगने से सारे शहर में ..... सन्नाटा छा गया।

- A. भयावह
- B. प्रकम्पित
- C. शाश्वत
- D. निस्तब्ध

89. इस घटना में किसी ..... उपद्रव के बीज निहित हैं।

- A. विगत
- B. अचानक
- C. वर्तमान
- D. भावी

90. इस पुस्तक में आचार्य नरेन्द्र देव के बहु ..... व्यक्तित्व को कलात्मक ढंग से चित्रित किया गया है।

A. आगामी   B. आयामी
C. विकल्पि   D. अनुगामी

91. वैज्ञानिकों ने अब जीवों में ..... गुणों का समावेश करने की क्षमता प्राप्त कर ली है।
A. आनुवांशिक   B. आनुषंगिक
C. आनुश्राविक   D. आनुपातिक

92. ज्यों-ज्यों व्यक्ति के अनुभवों में विस्तार होता है उसके समक्ष नए-नए .... खुलते हैं।
A. ध्वान्त   B. आवरण
C. अन्तरिक्ष   D. क्षितिज

93. दैनिक जीवन में जो व्यक्ति ..... को स्थान देता है उसकी कलात्मक रुचि का विकास होता है।
A. शील   B. सौन्दर्य
C. शक्ति   D. स्वार्थ

94. शिव का तांडव भी उतना ही मनोहारी है जितना कि .....
A. रास   B. महारास
C. लास्य   D. उल्लास

95. सभी भारतीय भगवद्गीता के ..... से परिचित हैं।
A. गुणगान   B. माहात्म्य
C. नैरात्म्य   D. अभिज्ञान

96. ..... का नाम जीवन है और स्थिरता का मृत्यु।
A. स्थिति   B. गति
C. नियति   D. सुमति

97. आप पधारिए और ..... ग्रहण कीजिए।
A. आसन्न   B. व्यसन
C. असन   D. आसन

98. वृद्धा ने बौद्ध भिक्षु को ..... दी।
A. दीक्षा   B. परीक्षा
C. भिक्षा   D. बुभुक्षा

99. अंटार्कटिका पर चौथा अभियान दल पहुँचा ही था कि बड़े जोर का ..... तूफान आया।
A. हिमानी   B. हिमाद्रि
C. हिमांशु   D. हिमिका

100. मेरे हृदय में उनके एक चित्र की . ..... अब तक सजीव है।
A. स्तुति   B. संस्तुति
C. प्रशस्ति   D. स्मृति

101. याचक को भी अपना ..... भोजन नहीं देना चाहिए।
A. अवशिष्ट   B. उच्छिष्ट
C. गरिष्ठ   D. उद्दिष्ट

102. गोधन गजधन ..... धन,
और रतन धन धूरि खान।
जब आवै सन्तोष धन,
सब धन धूरि समान
A. रजत   B. स्वर्ण
C. वाजि   D. अश्व

103. युग-युग से..... रूढ़ संस्कारों को विनष्ट करने में पर्याप्त समय लगेगा।
A. वर्जित   B. विहित
C. मंचित   D. संचित

104. समय केवल उन्हीं को याद रखता है जो धारा के ..... में नहीं बहते।
A. प्रसार   B. गति
C. प्रवाह   D. बहाव

105. अहिंसा में गांधी की ..... सन्देह से परे थी।

A. भक्ति   B. निष्ठा
C. तटस्थता   D. निष्पक्षता

106. आवश्यकता आविष्कार की .... होती है।
A. जननी   B. शिक्षिका
C. अध्यापिका   D. निर्देशिका

107. मुझे ..... है कि आपसे भेंट न हो सकी।
A. दुःख   B. शोक
C. पीड़ा   D. खेद

108. दीन-दुखियों की सेवा करना ही मनुष्य का ..... होना चाहिए।
A. कर्म   B. धर्म
C. संस्कार   D. मूल्य

109. जनता की सेवा ही ईश्वर का .... है।
A. आशीर्वाद   B. दर्शन
C. साक्षात्कार   D. प्रसाद

110. विश्वास जीवन है और ..... मौत है।
A. अविश्वास   B. निराशा
C. संशय   D. संचय

111. गणेशजी का एक नाम ..... भी है।
A. माखनचोर
B. लम्बोदर
C. पर्वतलंघी
D. संहारक

112. अपहरणकर्ताओं ने राजेश्वरी को अत्यधिक ...... पहुँचाई।
A. वेदना   B. पीड़ा
C. व्यथा   D. यातना

113. भगवान कृष्ण के शंख का नाम ... था।
A. पौण्ड   B. पाञ्चजन्य
C. देवदत्त   D. कौत्स

114. विकास अपने गुरु ..... श्रद्धा रखता है।
A. पर   B. में
C. को   D. से

115. हमारे रीति-रिवाजों में हमारी ..... झलकती है।
A. पहचान   B. संस्कृति
C. एकता   D. अधिक

116. अपने जीवन के उद्देश्य की पूर्ति के लिए तुम्हें ..... परिश्रम करना पड़ेगा।
A. बहुत   B. अथाह
C. अथक   D. अधिक

117. मेरी ..... से उस विदेशी को चोट पहुँची।
A. प्रतीक्षा   B. समीक्षा
C. अपेक्षा   D. उपेक्षा

118. वृष्टि न होने से सूखा पड़ने की..... है।
A. आशा   B. आशंका
C. सम्भावना   D. चिन्ता

119. राम ने अपने पुत्र के नाम बैंक में दस वर्ष के लिए ... जमा खाता खुलवाया है।
A. अनुवर्ती   B. आवर्ती
C. समवर्ती   D. प्रत्यावर्ती

120. वर्तमान ..... में भी महात्मा गांधी के विचारों का महत्व कम नहीं होता।
A. सन्दर्भ
B. क्षेत्र
C. घटनाओं
D. कार्यकलापों

121. कोई व्यक्ति किसी का मार्गदर्शन कैसे कर सकता है जब वह स्वयं ही मार्ग से ..... है।

A. अज्ञात   B. अभिज्ञ
C. अनभिज्ञ   D. अवगत

122. तुम मेरा अपमान मत करो, मुझे स्वयं अपने कर्मों पर ..... हो रहा है।
A. परितोष   B. प्रताप
C. परिपाक   D. परिताप

123. मैंने इस कार्य के लिए अधिकारियों से ..... स्वीकृति प्राप्त कर ली है, ताकि हमें बाद में कोई अड़चन न हो।
A. निहित   B. वांछित
C. वास्तविक   D. स्पष्ट

124. हम मन में जैसे भाव रखते हैं उनका गुप्त प्रभाव हमारे मुखमंडल से..... हुआ करता है।
A. प्रकाशित   B. विकसित
C. उल्लासित   D. परिमित

125. किसी रचना के शिल्प का महत्व उसके ..... से किसी प्रकार गौण नहीं होता।
A. तथ्य   B. कथ्य
C. उत्पाद्य   D. विवेच्य

126. समाज के जाति और धर्म के खेमों में बँटने से राष्ट्रीय प्रगति पर गम्भीर .. ... लग गए हैं।
A. प्रश्नचिन्ह   B. पदचिन्ह
C. लिपिचिन्ह   D. विराम चिन्ह

127. देवदत्त के बाण से ..... पक्षी को उठाकर सिद्धार्थ उसकी सेवा-सुश्रुषा करने लगे।
A. हत   B. आगत
C. निहत   D. हताहत

128. उनकी ..... मुख-मुद्रा को देखकर चित्त को अपूर्व शांति मिलती है।
A. रम्य   B. सौम्य

C. अनुपम   D. निश्छल

129. रसायनों ने मिट्टी की .... को नष्ट कर दिया है।
A. उपलब्धता
B. उत्पादकता
C. पवित्रता
D. गरिमा

130. प्रधानमन्त्री के स्वागत के लिए ..... के दोनों ओर खड़े छात्र अपने हाथ में पुष्पमालाएँ लिए थे।
A. वीथि   B. वीचि
C. वापी   D. विधा

131. ..... व्यक्ति को किंकर्त्तव्यविमूढ़ बना देती है।
A. दुविधा   B. सुविधा
C. विविधा   D. अभिधा

132. हम जिसके सुख-दुःख, हँसने-रोने का ..... समझ सकते हैं, उसी से हमारी आत्मा का अधिक मेल होता है।
A. वर्म   B. मर्म
C. अर्थ   D. तात्पर्य

133. देशभक्त के लिए विदेशी शासक के अन्याय का कोई भी रूप ..... था।
A. असह्य   B. दुःखद
C. त्याज्य   D. सुह्य

134. मित्र के चुनाव की ..... पर जीवन की सफलता निर्भर करती है।
A. औपचारिकता   B. उपयुक्तता
C. उपयोगिता   D. सार्थकता

135. भारतीय संविधान में भेदभाव के लिए कोई ..... नहीं है।
A. स्थान   B. विधान
C. अवसर   D. रुझान

136. साम्प्रदायिकता राष्ट्रीय एकता के लिए ..... कोई स्थान है।
A. वरदान
B. अभिशाप
C. परिताप
D. पश्चाताप

137. अपने कथन की सत्यता ..... कीजिए।
A. प्रकट
B. सिद्ध
C. प्रमाणित
D. व्यक्त

138. भारत के सांस्कृतिक उत्कर्ष का.... आज भी दक्षिण भारत के मन्दिरों में किया जा सकता है।
A. अवलोकन
B. विलोकन
C. वीक्षण
D. दर्शन

139. किसी समाज की सभ्यता का मूल्यांकन स्त्रियों के प्रति पुरुषों के ..... को देख कर किया जा सकता है।
A. चरित्र
B. आचरण
C. स्वभाव
D. दृष्टिकोण

140. भारत के उद्योगों ने जिस गति से विकास किया है, वह ..... है।
A. सस्तुत्य
B. स्तुत्य
C. अनुशंसनीय
D. प्रशंसनीय

141. प्रातःकालीन भ्रमण स्वास्थ्य के लिए ..... होता है।
A. पोषक
B. लाभकारी
C. गुणदायक
D. श्रेष्ठ

142. खुदाई में मिले अवशेष हमारी परम्परा के ..... हैं।
A. निशान
B. प्रतिनिधि
C. प्रतीक
D. द्योतक

143. दिलवाड़ा के मन्दिर वास्तुशिल्प की दृष्टि से ..... हैं।
A. उत्कृष्ट
B. विशिष्ट
C. प्रकष्ट
D. अद्वितीय

144. तुलसी जैसे ..... महाकवि विरले ही होते हैं।
A. दिग्विजयी
B. कालजयी
C. अजेय
D. अविजेय

145. भारत के ग्राम्यांचल में बड़ी संख्या में बच्चे बन्धुआ मजदूर के रूप में ..... हैं।
A. कार्यरत
B. कटिबद्ध
C. उन्मत्त
D. तन्मय

146. दिशाहीनता गंतव्य स्थान तक पहुँचने में ..... होती है।
A. सहायक
B. घातक
C. बाधक
D. साधक

147. यहाँ आपको ...... नहीं, पूरे हस्ताक्षर करने चाहिए।
A. आद्यक्षर
B. निरक्षर
C. साक्षर
D. अक्षरशः

148. साहित्यकार की रचना करने की इच्छा ..... कहलाती है।
A. सिसृक्षा
B. मुमुक्षा
C. मुमूर्षा
D. सर्जना

149. गुलामी की प्रथा से ..... होकर साहित्यकारों ने अनेक मर्मस्पर्शी कहानियाँ लिखी हैं।
A. आह्लादित
B. उत्थित
C. उत्क्षिप्त
D. व्यथित

150. भारतेन्दु हरिश्चन्द्र हर तरह से ..... को युगानुरूप बनाना चाहते थे।
A. भारती
B. आरती
C. संस्कृति
D. संस्कृति

151. पूजागृह एक ..... जलने मात्र से चमचमा उठता था।

A. कंदील   B. चंदोवा

C. कन्दर्प   D. कनीनिका

152. मंच पर अनेक ..... विद्वानों को देख कर दर्शकों ने प्रसन्नता प्रकट की

A. अभिजात   B. अज्ञात

C. कुख्यात   D. विख्यात

153. महापुरुष ..... वाचा, कर्मणा एक होते हैं।

A. तपसा   B. रसना

C. रचना   D. मनसा

154. विधि का यही ..... है कि जो जन्मा है उसकी मृत्यु अवश्य होगी।

A. अनुदेश   B. प्रावधान

C. विधान   D. अध्यादेश

155. कैसी ..... है कि निर्धन और धनी , निर्बल और सबल, युवक और वृद्ध सभी वर्तमान से असंतुष्ट हैं।

A. दुविधा   B. विपत्ति

C. वेदना   D. विडम्बना

156. अतः नम्र ..... है कि मुझे सप्ताह का अवकाश प्रदान किया जाए।

A. विनय   B. आग्रह

C. आवेदन   D. निवेदन

157. सरकार द्वारा नियुक्त जाँच समिति ने अपना ..... जो सर्वेक्षण, व्यक्तियों के साक्ष्य और विस्तृत प्रश्नावली पर आधारित है, आज प्रस्तुत कर दिया है।

A. प्रतिवेदन   B. अंकेक्षण

C. आंकलन   D. परिवाद्

158. माननीय न्यायाधीश ने वाद खारिज करते हुए वादी को कोई ..... नहीं प्रदान किया।

A. अनुतोष   B. आश्वासन

C. पारितोषिक   D. सहायता

159. उसने आगन्तुकों की समस्याओं को ध्यानपूर्वक सुना और भली प्रकार से उनका ..... किया।

A. विश्लेषण   B. समाधान

C. अन्वेषण   D. समर्थन

160. पुरातनवादी पिता के इस फैसले ने आधुनिक पुत्र को ..... में डाल दिया है।

A. रहस्य   B. क्रोध

C. उत्सुकता   D. असमंजस

161. धन के ..... से साधु-महात्मा भी नहीं बच सके।

A. मत्सर   B. आकर्षण

C. संग्रह   D. प्रलोभन

162. लोकतंत्र की सफलता के लिए जनता को ..... होना चाहिए।

A. शिक्षित   B. अनुशासित

C. जाग्रत   D. सभ्य

163. सत्य की भाषा ..... होती है।

A. आडम्बरविहीन

B. जटिल

C. प्रांजल

D. अटपटी

164. संतुलित व्यवहार जीवन में सफलता की ..... है।

A. सीढ़ी   B. प्रगति

C. दरवाजा   D. कुंजी

165. धोखे भरे आधुनिक समाज में ..... की प्रवृत्ति दिन-प्रतिदिन बढ़ती जा रही है

    A. प्रवर्तन   B. प्रवंचन

    C. प्रवचन   D. प्रत्यावर्तन

166. विदूषक को देखकर दर्शकों ने .... किया।

    A. अट्टहास   B. हास

    C. परिहास   D. अतिहास

167. महाराजा छत्रसाल का युद्ध ..... अद्भुत था।

    A. पारंगतता   B. निपुणता

    C. कौशल   D. अतिहास

168. तुम्हारे पिता की अचानक मृत्यु का समाचार सुन कर मैं ..... रह गया।

    A. आश्चर्यचकित   B. भौंचक्का

    C. स्तब्ध   D. चेतनाहीन

169. भौंरा ..... करता है।

    A. गुंजार   B. रैंकता

    C. पीउ–पीउ   D. टें-टें

170. उल्लू ..... है।

    A. टर्राता   B. घुघुआता

    C. बाँग करता   D. कूकती

171. बकरा ..... है।

    A. रंभाता   B. किकियाता

    C. मिमियता   D. चुकरता

172. झींगुर ..... हैं।

    A. झनकते   B. टरटराता

    C. गुटरता   D. रेंकता

173. भैंस ..... है।

    A. चुकरती   B. किकियाती

    C. हिनहिनाती   D. गरजती

174. कबूतर ..... है

    A. गुटकता   B. चुकरता

    C. बाँग देता   D. कूकता

175. गदहा ..... है।

    A. हिनहिनाता   B. रेंकता

    C. रँभाता   D. चिंघाड़ता

उत्तरमाला

1	2	3	4	5	6	7	8	9	10
C	B	C	A	C	C	D	C	B	C

11	12	13	14	15	16	17	18	19	20
A	B	D	B	A	A	B	B	A	D

21	22	23	24	25	26	27	28	29	30
C	C	D	D	C	B	B	D	C	D

31	32	33	34	35	36	37	38	39	40
B	B	C	B	B	B	D	D	C	C

41	42	43	44	45	46	47	48	49	50
B	C	D	C	B	A	D	A	C	B

51	52	53	54	55	56	57	58	59	60
C	C	B	A	C	D	B	A	D	A

61	62	63	64	65	66	67	68	69	70
D	B	B	B	C	A	B	A	C	B

71	72	73	74	75	76	77	78	79	80
A	A	B	C	A	D	A	C	C	B

81	82	83	84	85	86	87	88	89	90
C	C	A	A	D	A	B	A	D	B

91	92	93	94	95	96	97	98	99	100
A	D	A	C	B	B	D	C	A	D

101	102	103	104	105	106	107	108	109	110
B	C	B	C	B	A	D	B	C	C

111	112	113	114	115	116	117	118	119	120
B	D	B	B	B	C	D	B	B	A

121	122	123	124	125	126	127	128	129	130
C	D	D	A	B	A	B	B	B	A

131	132	133	134	135	136	137	138	139	140
A	B	A	D	A	B	C	A	B	D

141	142	143	144	145	146	147	148	149	150
B	D	D	B	A	C	A	D	D	A

151	152	153	154	155	156	157	158	159	160
A	D	D	C	D	D	A	A	B	D

161	162	163	164	165	166	167	168	169	170
D	A	A	D	B	A	C	C	A	B

171	172	173	174	175
C	A	A	A	B

अध्याय 14

अनुच्छेद

अनुच्छेद लेखन एक कला है। ऐसे छात्र जिनके शब्द-कोष का भण्डार विस्तृत हो, जो तर्क–वितर्क करने की क्षमता रखते हों, अच्छे अनुच्छेद लिख सकते हैं। विगत वर्षों में अनुच्छेद लेखन से संबंधित पूछे गए प्रश्नों में काफी बदलाव आया है। इस अध्याय के द्वारा पूछे गए प्रश्नों को नमूनों के तौर पर आपके अभ्यास के लिए रखा गया है जो अच्छे अंक प्राप्त करने में मददगार सिद्ध होंगे। प्रस्तुत गद्यांश, पद्यांश व अवतरण भी प्रभावोत्पादक हैं जो आपमें सुसुप्त भावना को तरंगित करेगा। आप इसे पढ़कर अपने मन में सुखद आनन्द की अनुभूति प्राप्त करेंगे।

निर्देश : *नीचे दिए गए गद्यांशों के आधार पर इनके अन्त में दिए गए प्रश्नों के उत्तर दीजिए।*

अनुच्छेद - 1

राष्ट्रीय भावना के अभ्युदय एवं विकास के लिए भाषा भी एक प्रमुख तत्व है। मानव समुदाय अपनी संवेदनाओं, भावनाओं एवं विचारों की अभिव्यक्ति हेतु भाषा का साधन अपरिहार्यतः अपनाता है। इसके अतिरिक्त उसके पास कोई अन्य विकल्प नहीं है। दिव्य-ईश्वरीय आनन्दानुभूति के सम्बन्ध में भले ही कबीर ने 'गूंगे केरी शर्करा' उक्ति का प्रयोग किया था, पर इससे उनका लक्ष्य शब्द-रूपा भाषा के महत्व को नकारना नहीं था। प्रत्युत उन्होंने भाषा को 'बहता नीर' कहकर भाषा की गरिमा प्रतिपादित की थी। विद्वानों की मान्यता है कि भाषा तत्व राष्ट्रहित के लिए अत्यावश्यक है। जिस प्रकार किसी एक राष्ट्र के भूभाग की भौगोलिक विविधताएं तथा उसके पर्वत, सागर, सरिताओं आदि की बाधाएं उस राष्ट्र के निवासियों के परस्पर मिलने-जुलने में अवरोधक सिद्ध हो सकती हैं, उसी प्रकार भाषागत विभिन्नता से भी उनके पारस्परिक सम्बन्धों में निर्बाधता नहीं रह पाती। आधुनिक विज्ञान युग में यातायात एवं संचार के साधनों की प्रगति से भौगोलिक बाधाएं अब पहले की तरह बाधित नहीं करती। इसी प्रकार यदि राष्ट्र की एक सम्पर्क भाषा का विकास हो जाए तो पारस्परिक सम्बन्धों के गतिरोध बहुत सीमा तक समाप्त हो सकते हैं।

मानव–समुदाय को एक जीवित– जाग्रत एवं जीवन्त शरीर की संज्ञा दी जा सकती है और उसका अपना एक निश्चित व्यक्तित्व होता है। भाषा अभिव्यक्ति के माध्यम से इस अभिव्यक्ति को साकार करती है, उसके अमूर्त मानसिक वैचारिक स्वरूप को मूर्त एवं

बिम्बात्मक रूप प्रदान करती है। मनुष्यों के विविध समुदाय हैं, उनकी विविध भावनाएँ हैं, विचारधाराएँ हैं, संकल्प एवं आदर्श हैं, उन्हें भाषा ही अभिव्यक्त करने में सक्षम होती है। साहित्य शास्त्र, गीत-संगीत आदि में मानव-समुदाय अपने आदर्शों, संकल्पनाओं, अवधारणाओं एवं विशिष्टताओं को वाणी देता है, पर क्या भाषा के अभाव में काव्य, साहित्य, संगीत आदि का अस्तित्व सम्भव है? वस्तुतः ज्ञानराशि एवं भावराशि का अपार संचित कोश जिसे साहित्य का अभिधान दिया जाता है, शब्द-रूप ही तो है। अतः इस संबंध में वैमत्य की किंचित गुंजाइश नहीं है कि भाषा ही एक ऐसा साधन है जिससे मनुष्य एक-दूसरे के निकट आ सकते हैं, उनमें परस्पर घनिष्ठता स्थापित हो सकती है। यही कारण है कि एक भाषा बोलने एवं समझने वाले लोग परस्पर एकानुभूति रखते हैं, उनके विचारों में ऐक्य रहता है। अतः राष्ट्रीय भावना के विकास के लिए भाषा तत्व परम आवश्यक है।

1. राष्ट्रीय भावना के विकास के लिए भाषा-तत्व आवश्यक है क्योंकि
   A. वह मानव-समुदाय की विचाराभिव्यक्ति का साधन है
   B. वह शब्द रूपा है और उसमें साहित्य सर्जना सम्भव है
   C. वह ज्ञानराशि का अपार भण्डार है
   D. वह मानव-समुदाय में एकानुभूति और विचार-ऐक्य का साधन है

2. 'गूंगे केरी शर्करा' से कबीर का अभिप्रेत है कि ब्रह्मानन्द की अनुभूति
   A. अत्यन्त मधुर होती है   B. अभिव्यक्ति के लिए कसमसाती है
   C. अनिर्वचनीय होती है   D. मौनव्रत से प्राप्त होती है

3. साहित्य की परिभाषा के लिए उपयुक्त पदबन्ध है
   A. आनन्दानुभूति की अभिव्यक्ति
   B. ज्ञानराशि एवं भावराशि का संचित कोश
   C. मानवीय संवेदनाओं का पूंजीगत रूप
   D. मानवीय मानसिकता का बिम्बात्मक रूप

4. भाषागत वैविध्य के बावजूद राष्ट्रीय भावना का विकास संभव है यदि
   A. संचार-साधनों का पर्याप्त विकास किया जाए
   B. यातायात के साधनों का पर्याप्त विकास किया जाए
   C. मातृभाषाओं को विकसित किया जाए
   D. एक सम्पर्क भाषा विकसित की जाए

5. भाव एवं विचार-विनिमय का सक्षम साधन है
   A. ललित कलाएं   B. प्रतीक एवं संकेत
   C. शब्दरूपा भाषा   D. काव्य एवं साहित्य

6. 'भाषा बहता नीर' से आशय है
   A. तत्समनिष्ठ भाषा   B. सधुक्कड़ी भाषा

C. सरल-प्रवाहमयी भाषा   D. लालित्यपूर्ण भाषा

7. भाषा तत्व के अभाव में अस्तित्व सम्भव नहीं है

   A. मानव व्यक्तित्व का   B. मानव रचित साहित्य का

   C. मानवीय आदर्शों का   D. मानवीय संवेदनाओं का

8. इस सम्बन्ध में मतैक्य है कि

   A. भाषा का केवल सरल रूप ही ग्राह्य है

   B. भाषा वैविध्य राष्ट्रीय भावना के विकास में साधक है

   C. भाषा मनुष्य को मनुष्य के समीप लाती है

   D. भाषा दिव्यानुभूति को अभिव्यक्त करती है

9. मानव के पास अपने भावों, विचारों, आदर्शों आदि को सुरक्षित रखने के सशक्त माध्यम हैं

   A. साहित्य और कला   B. भाषा और शैली

   C. साहित्यशास्त्र एवं संगीत   D. व्यक्तित्व एवं चरित्र

10. उपर्युक्त अनुच्छेद का सर्वाधिक उपयुक्त शीर्षक है

   A. साहित्य और भाषा तत्व   B. राष्ट्रीयता और भाषा तत्व

   C. भाषा बहता नीर   D. व्यक्तिगत विकास और भाषा

अनुच्छेद - 2

बारात आगरा पहुँच चुकी थी। बाराती यह सोचकर प्रसन्न थे कि विवाह का आनन्द उठाएंगे। उनके लिए आगरा जाने का एक विशिष्ट आकर्षण था आगरा का ताजमहल, लालकिला तथा अन्य दर्शनीय स्थल देखना, बारात धर्मशाला में ठहराई गई। वहाँ पहुँचते ही उन्हें पता चला कि महंगाई भत्ते में वृद्धि के लिए प्रदर्शन करते हड़ताली श्रमिकों और पुलिस के बीच झड़प हो गई है, और अब शहर में धारा 144 लागू कर दी गई है। अतः अब बारात का जुलूस नहीं निकल सकता था। बाराती मन मारकर रह गए, केवल दूल्हा, उसके पिता और भाई समधी के घर गए। बारातियों के भोजन का प्रबन्ध धर्मशाला में हो गया। चाहते हुए भी बाराती न तो विवाह समारोह में जा सके और न ही धर्मशाला से बाहर निकल सके।

11. बारातियों के सम्मुख विशिष्ट आकर्षण क्या था।

   A. आगरा जाना   B. बाराती बनकर जाना

   C. स्वागत सत्कार करवाना   D. पर्यटन स्थल देखना

12. श्रमिक हड़ताल क्यों कर रहे थे?

   A. पुलिस उन्हें प्रदर्शन से रोक रही थी   B. महँगाई भत्ते की वृद्धि के लिए

   C. पुलिस के अत्याचार के विरोध में   D. वेतन वृद्धि के लिए

13. बारात का जुलूस इसलिए नहीं निकला, क्योंकि

    A. बाराती एकत्र नहीं हुए   B. धारा 144 लागू हो गई थी

    C. समधियों से झगड़ा हो गया   D. श्रमिकों और पुलिस में झगड़ा हो गया

14. समधियों के घर विवाह के लिए कौन–कौन गए?

    A. दूल्हा, उसके पिता और भाई   B. बारात के सभी लोग

    C. दूल्हा और उसके परिजन   D. दूल्हा और उसके मित्र

15. समधियों ने बारातियों के लिए खाने की व्यवस्था कहाँ की?

    A. होटल में   B. अपने घर में   C. धर्मशाला में   D. बाजार में

अनुच्छेद - 3

केवल जीविका कमाने से अपना दिनभर का काम आसानी से पूरा कर लेने से, कहीं अधिक उच्च वस्तु आपके भीतर आपको संतुष्ट करने के लिए विद्यमान है। यह है, आपके सही काम करने की भावना, आपके पूरी शक्ति से काम करने की आकांक्षा, अपना उच्चतम विकास करने की तथा अपने व्यक्तित्व को पाने की कामना। इस आकांक्षा का स्वर इतना प्रखर होना चाहिए कि केवल जीविका कमाने की समस्या, केवल रुपया कमाने का प्रश्न गौण होना चाहिए। कितने ही व्यक्ति निरुद्देश्य अपने ध्येय में अधूरी निष्ठा करते हुए केवल तब तक अपने धन्धे में व्यस्त रहने की इच्छा करते हैं। मनुष्य को अपने जीवन कार्य के प्रति, चाहे वह कितना ही तुच्छ हो उन उच्च आदर्शों से बढ़ना चाहिए जो किसी महान् कलाकार के आदर्श होते हैं जिनके आधार पर वह अपनी कृति की रचना करता है। इस जीवन के संगमरमर को गढ़ने के लिए प्रगतिशील होना एक पावन उद्देश्य है। हमारे कार्यों की प्रत्येक प्रतिभा हमारी आत्मा की अभिव्यक्ति होनी चाहिए।

16. ऊपर लिखे गद्यांश का शीर्षक है

    A. जीवन में महत्वाकांक्षा का अर्थ   B. जीवन और शक्ति

    C. जीवन में जीविका का महत्व   D. जीवन और आदर्श

17. जीविका कमाने से

    A. आत्म-संतुष्टि हो जाती है   B. आत्म-संतुष्टि नहीं होती है

    C. दिनभर का काम चल जाता है   D. यह जीवन का सर्वस्व है

18. हमारी आकांक्षा का स्वर इतना प्रबल हो कि

    A. जीविका कमाने की इच्छा पूरी हो जाए

    B. जीविका कमाने में पूरी शक्ति लग जाए

    C. जीविका कमाने की इच्छा गौण हो जाए

    D. जीविका कमाने की इच्छा सर्वस्व बन जाए

19. प्रायः लोग अधूरी निष्ठा से काम करते रहते हैं जब तक

    A. आकस्मिक बाधा न आ जाए   B. जब तक आकस्मिक लाभ न हो जाए

    C. पूरी शक्ति काम दे   D. अन्य उद्देश्य सामने न आ जाएं

20. हमारे कार्यों की प्रत्येक प्रतिमा

    A. कलाकार के आदर्शों के अनुरूप होनी चाहिए

    B. जीवन का उद्देश्य पूरा करने वाली होनी चाहिए

    C. कार्य के प्रति प्रेरणा देने वाली होनी चाहिए

    D. आत्मा की अभिव्यक्ति होनी चाहिए

अनुच्छेद - 4

लोकप्रियता को भेड़िया धसान कहा जाता है। इसके पीछे व्यक्ति पागल हो जाता है। वह भूल जाता है कि जनता व्यक्ति को भुला देने में दो दिन का समय भी नहीं लेती है। इतना होने पर भी यदि आपसे कोई कहे कि केवल एक वरदान माँग लो तो आप तत्काल कहेंगे कि मैं लोकप्रिय होकर यश का भागी बनना चाहता हूँ। लोकप्रिय होने का अर्थ होता है—अधिक-से-अधिक व्यक्तियों की प्रशंसा का पात्र होना, परन्तु लोकप्रियता के अपने दोष भी हैं। लोकप्रिय व्यक्ति जनता और समाज का व्यक्ति बन जाता है। वह अपना काम बहुत कम कर पाता है।

21. अवतरण का शीर्षक छाँटिए

    A. जीवन की सबसे बड़ी आकांक्षा   B. मानवता की सफलता

    C. लोकप्रियता   D. यशोलिप्सा

22. लेखक के मतानुसार व्यक्ति की सबसे प्रबल इच्छा होती है

    A. धनवान होना   B. लोकप्रिय होना

    C. प्रतिभा सम्पन्न होना   D. प्रशंसा का पात्र होना

23. लोकप्रियता

    A. व्यक्ति को प्रशंसा का पात्र बना देती है

    B. व्यक्ति को जनप्रिय बना देती है

    C. समाज की सेवा द्वारा प्राप्त की जाती है

    D. व्यक्ति को यशस्वी बना देती है

24. लोकप्रियता का सबसे बड़ा दोष यह है

    A. यह व्यक्ति को समाज और जनता की वस्तु बना देती है

    B. वह व्यक्ति को किसी काम का नहीं रहने देती है

    C. वह व्यक्ति को अपना काम नहीं करने देती है

    D. वह भेड़चाल की भाँति एकदम अस्थायी होती है

अनुच्छेद - 5

लंदन शहर टेम्स नदी के किनारे पर बसा है जिसका पाट चौड़ा है और पानी गहरा। समुद्र तट के निकट होने और टेम्स नदी में काफी पानी रहने के कारण, लंदन एक विशाल बंदरगाह भी हैं। वहां रोज सैकड़ों जहाज आते-जाते हैं और दूर से देखने पर टेम्स नदी के ऊपर मस्तूलों का जंगल मालूम होता है। यहाँ से पृथ्वी की सभी दिशाओं को माल जाता है और वहाँ से आता है। लंदन तथा इंगलिस्तान की भोजन सामग्री का बहुत बड़ा भाग इसी बंदरगाह पर पहुँचता है। यदि एक सप्ताह के लिए जहाजों का आना-जाना बंद हो जाए, तो इस देश में त्राहि-त्राहि मच जाए। इसलिए ब्रिटिश साम्राज्य ने अपनी नाविक शक्ति इतनी प्रबल कर ली है कि उससे दुनिया में कोई भी राजशक्ति समुद्री युद्ध में टक्कर नहीं ले सकती।

उपर्युक्त गद्यांश को ध्यानपूर्वक पढ़िए और गद्यांश के आधार पर प्रश्न 25 से 29 तक के उत्तर दीजिए।

25. ब्रिटिश साम्राज्य ने अपनी नाविक शक्ति क्यों इतनी प्रबल बना ली?
  A. कोई शत्रु इसे हरा न सके
  B. कोई लंदन पर आक्रमण न कर सके
  C. कोई इसके जहाजों का आना-जाना न रोक सके
  D. लंदन शहर को कोई क्षति न पहुँचा सके

26. 'मस्तूलों का जंगल' कहने से लेखक का क्या अभिप्राय है?
  A. मस्तूलों की पत्तियाँ   B. असंख्य मस्तूल
  C. मस्तूलों का आकर्षण दृश्य   D. मस्तूलों की बहार

27. 'त्राहि–त्राहि मच जाने' का क्या अर्थ है?
  A. हल्ला मच जाना   B. हल्ला-गुल्ला आरम्भ होना
  C. शोर-शराबा होना   D. हाहाकार मच जाना

28. 'टक्कर लेने' का अर्थ है
  A. तुलना करना   B. मुकाबला करना
  C. टकराना   D. लोहा मानना

29. लंदन बंदरगाह कहाँ पर स्थित है?
  A. समुद्र तट पर   B. काफी गहरे पानी पर
  C. जहाजों के जंगल में   D. नदी के तट पर

अनुच्छेद - 6

कबीर ने समाज में रहकर समाज का बड़े समीप से निरीक्षण किया। समाज में फैले बाह्याडम्बर, भेदभाव, साम्प्रदायिकता आदि का उन्होंने पुष्ट प्रमाण लेकर ऐसा दृढ़ विरोध किया

कि किसी की हिम्मत नहीं हुई जो उनके अकाट्य तर्कों को काट सके। कबीर का व्यक्तित्व इतना ऊँचा था कि उनके सामने टिक सकने की हिम्मत किसी में नहीं थी। इस प्रकार उन्होंने समाज तथा धर्म की बुराइयों को निकाल-निकाल कर सबके सामने रखा। ऊँचा नाम रखकर संसार को ठगने वालों के नकली चेहरों को सबको दिखाया और दीन-दलितों को ऊपर उठने का उपदेश देकर अपने व्यक्तित्व को सुधारकर सबके सामने एक महान आदर्श प्रस्तुत कर सिद्धान्तों का निरूपण किया। कर्म, सेवा, अहिंसा तथा निर्गुण, मार्ग का प्रसार किया। कर्मकाण्ड तथा मूर्तिपूजा का विरोध किया। अपनी साखियों, रमैनियों तथा शब्दों को बोलचाल की भाषा में रचकर सबके सामने एक विशाल ज्ञानमार्ग खोला। इस प्रकार कबीर ने समन्वयवादी दृष्टिकोण अपनाया और कथनी-करनी की एकता पर बल दिया। वे महान् युगद्रष्टा, समाज-सुधारक तथा महान कवि थे। उन्होंने हिन्दू–मुस्लिम के बीच समन्वय की धारा प्रवाहित कर दोनों को ही शीतलता प्रदान की।

30. कबीर के सामने कोई नहीं टिक पाता था, क्योंकि कबीर

    A. उच्च शिक्षा प्राप्त विद्वान् और बहुश्रुत थे

    B. शास्त्रार्थ में अत्यन्त प्रवीण थे

    C. का व्यक्तित्व बहुत ऊँचा था

    D. का सामाजिक निरीक्षण तथ्यात्मक था

31. कबीर ने विरोध किया

    A. आचरणहीन ढोंगियों का   B. शोषकों और दलितों का

    C. साम्प्रदायिक सामंजस्य का   D. शोषितों और पीड़ितों का

32. सन्त कबीर ने प्रशस्त किया

    A. ज्ञानमार्ग   B. भक्तिमार्ग

    C. वेद-मार्ग   D. सत्य और अहिंसा का मार्ग

33. कबीर की रचनाओं की भाषा बोलचाल की भाषा थी, क्योंकि उनके उपदेश थे

    A. असाधारण और असामान्य लोगों के लिए

    B. सम्पन्न एवं समृद्ध लोगों के लिए

    C. कवियों एवं लेखकों के लिए

    D. सर्वसाधारण के लिए

34. कबीर के साम्प्रदायिकता विरोधी तर्क अकाट्य थे, क्योंकि

    A. कबीर ने समाज का निरीक्षण बड़े समीप से किया था

    B. उनके तर्क पुष्ट प्रमाणों पर आधारित थे

    C. वे इनसे व्यक्तिगत लाभ उठाना चाहते थे

    D. वे इनसे यशोपार्जन करना चाहते थे

अनुच्छेद - 7

महासागर का पानी मानव जीवन में अति आवश्यक भूमिका निभाता है। बड़े महासागर के संग्रहण क्षेत्र में लगभग 30 करोड़ घन मील पानी होता है। इस बड़ी मात्रा के पानी में से लगभग 80,000 घन मील पानी प्रति वर्ष वातावरण में वाष्पित होकर सोख लिया जाता है और वर्षा के रूप में नालों द्वारा सागर में वापस मिल जाता है। प्रति वर्ष 24,000 घन मील से अधिक वर्षा का पानी महाद्वीप पर गिरता है। पानी का यह बड़ा हिस्सा झील और झरनों, जल-स्रोत के पानी का स्तर भरने में लग जाता है जिन पर वनस्पति और प्राणी-जगत का जीवन टिका है। अतः जल संग्रह पर जैव-जीवन निर्भर करता है।

जलमण्डल के विशेष लक्षण होते हैं, क्योंकि अन्य द्रव्यों की तुलना में पानी में विशेष गुण पाए जाते हैं। पानी का एक अद्भुत गुण यह है कि जमने पर उसकी सतह में 9% की बढ़त होती है, जबकि अन्य द्रव्य ठण्डे होने पर सिकुड़ जाते हैं। इसी कारण बर्फ डूबने के बजाय पानी की सतह पर तैरती है। यदि बर्फ पानी में डूब जाए, तो जलमण्डल जल्दी ही ठोस बन जाएगा। गर्मी की ऋतु में केवल एक पतली परत पिघल कर पानी हो जाएगा, इस तरह पूर्ण जल जीवन नष्ट हो जाएगा तथा गर्म और ठण्डे पानी के प्रवाहों का आपस में बदलकर वातावरण को सामान्य बनाए रखना सम्भव न होगा।

जल का एक और विशेष गुण यह है कि पानी की ऊष्मा क्षमता, जो सभी द्रव्यों और ठोस पदार्थ (केवल अमोनिया को छोड़कर) से अधिक होती है। जल के इस गुण के कारण महासागर, ऊष्मा की ज्यादा मात्रा को शोषित कर पाता है और वातावरण के तीव्र परिवर्तन को रोकता है। इसके अतिरिक्त पानी दूसरे द्रव्यों की तुलना में अधिक पदार्थों को अपने में घोल लेता है। इसी कारण महासागर बहुत से लवणों का संग्रह घर है, जो महाद्वीपों से बहकर महासागर में मिल जाते हैं। विश्व के बहुत से हिस्सों में इन लवणों का व्यापारिक दृष्टि से शोषण होता है। सौर अवशोषण द्वारा समुद्री जल से नमक का उत्पादन बहुत अधिक मात्रा में होता है। मृत समुद्र से पोटाश निकाला जाता है और अमरीकन गल्फ के किनारों पर समुद्री पानी से मैग्नीशियम का उत्पादन किया जाता है।

35. निम्नलिखित में से कौन-से कथन से ऊपरी अवतरण के तुरन्त आगे आने वाले परिच्छेद का आरम्भ अधिक उचित हो सकता है?

    A. मैग्नीशियम का उपयोग बड़े पैमाने पर धातुकर्मीय के निर्माण में होता है

    B. अब बड़े भू-खण्ड पर विचार किया जाए

    C. पानी में भूमि को क्षय करने की क्षमता होती है

    D. अकाल तथा बाढ़ दो प्रकार के विनाश जल से सम्बन्धित हैं।

36. अवतरण में लेखक ने पानी के निम्नलिखित में से कौन-से लक्षण बताए हैं?

    I. पानी जमने पर फैलता है

    II. पानी एक उत्तम विलायक है

    III. पानी ऊष्मा शोषित करता है

    A. केवल I   B. केवल I और II

    C. केवल II और III   D. I, II और III

37. लेखक का इस अवतरण में मुख्य उद्देश्य है

    A. पानी के गुण और उपयोग बताना

    B. पानी की बचत के महत्व को दर्शाना

    C. पानी के व्यापारिक और औद्योगिक उपयोग को स्पष्ट करना

    D. भूमि पर महासागर का फैलाव दर्शाना

38. अवतरण के अनुसार जलमण्डल (हाइड्रोस्फीयर) .... नहीं है

    A. सभी प्रकार के जीवन के लिए जिम्मेदार

    B. वातावरण में सुधार कर सकता

    C. प्राकृतिक साधनों का स्रोत

    D. जम जाने के खतरे में

39. अवतरण के अनुसार मछली महासागर में जीवित रहती है, क्योंकि

    A. उन्हें ऑक्सीजन की जरूरत नहीं होती

    B. बर्फ पानी पर तैरती है

    C. वाष्पीकरण और जमने द्वारा जल-चक्र का निर्माण होता है

    D. महासागर में पानी के प्रवाह होते हैं

अनुच्छेद - 8

व्यक्ति समाज की इकाई है और शिक्षा व्यक्ति को सत्, चित् और आनन्द की अनुभूति करने योग्य बनाती है, शिक्षा का अर्थ है जीना सीखने की कला। हम जीते हैं समाज में। अतः शिक्षा का मूल स्रोत है समाज। इस प्रकार शिक्षा और समाज का परस्पर घनिष्ठ सम्बन्ध है। शिक्षा व शिक्षण संस्थाओं का समाज में विशेष महत्वपूर्ण स्थान है, क्योंकि यहीं से भावी नागरिक ढल कर निकलते हैं। आज समाज के मूलरूप को परिष्कृत करने हेतु नैतिक शिक्षा के प्रश्न पर विशेष बल दिया जाने लगा है। यह आवश्यकता अनुभव की गई है कि हमारी मान्यताओं का स्खलन हो रहा है, सामाजिक जीवन में जो अनैतिकता दिनों-दिन बढ़ती जा रही है उसका मूल कारण नैतिक शिक्षा का अभाव है। आज हमने भौतिक उन्नति को एकमात्र उद्देश्य बना लिया है। हम भौतिकवादी से अतिभौतिकवादी होते जा रहे हैं और यही कारण है कि विफलताएँ हमारे मार्ग को अवरुद्ध करती जा रही हैं। आज शिक्षा का महत्त्व केवल पुस्तकीय ज्ञान मात्र

है जो पुस्तकों में ढलता जा रहा है। यह शैक्षिक-प्रक्रिया केवल मशीनीकरण का पर्याय न बने और व्यावहारिक सद्‌शिक्षा का स्वरूप विकसित हो इसके लिए अपेक्षित है कि नैतिक मूल्यों की शिक्षा दी जाए अन्यथा समाज में अपराध प्रवृत्ति निरन्तर बढ़ती रहेगी। यदि हम जीवन में सामंजस्य स्थापित करना चाहते हैं तो भौतिक प्रगति के साथ-साथ आध्यात्मिक प्रगति को भी जागरुक बनाए रखना आवश्यक है। आज विद्यार्थियों में व्याप्त अनुशासनहीनता, निराशा एवं हतोत्साह का प्रमुख कारण मानसिक एवं आध्यात्मिक अनुशासन का अभाव है। अतएव विद्यार्थियों में प्रारम्भ से ही चरित्र-निर्माण और देशभक्ति की भावना जाग्रत करने के लिए, उनमें दृढ़ संस्कारों का निर्माण करने के लिए नैतिक शिक्षा देना अतिआवश्यक है। नैतिक शिक्षा के बिना स्वस्थ समाज की कल्पना असम्भव है।

40. समाज में शिक्षण-संस्थाएँ इसलिए महत्व रखती हैं, क्योंकि शिक्षण

    A. संस्थाओं से ही शिक्षा की गुणात्मकता का बोध होता है

    B. संस्थाएँ शिक्षार्थियों को उपाधि-पत्र प्रदान करती हैं

    C. संस्थाओं में ही शिक्षार्थी पढ़-लिख कर होनहार बनते हैं

    D. संस्थाओं से ही भावी नागरिक ढलकर निकलते हैं

41. हमारी सामाजिक मान्यताओं के विघटन का प्रमुख कारण है

    A. नैतिक शिक्षा का अभाव   B. वैज्ञानिक शिक्षा का अभाव

    C. आध्यात्मिक शिक्षा का अभाव   D. सांस्कृतिक कार्यक्रमों का अभाव

42. नैतिक शिक्षा से समाज को लाभ होगा

    A. छात्रों के चरित्र-संस्कार के अभाव का   B. छात्रों के समन्वित चरित्र के निर्माण का

    C. छात्रों में धार्मिक जानकारी का   D. संघर्ष की प्रवृत्ति के विकास का

43. उपर्युक्त अवतरण का उपयुक्त शीर्षक है

    A. जीने की कला   B. शिक्षा का अर्थ

    C. शिक्षा और शिक्षण-संस्थाएँ   D. नैतिक शिक्षा की उपयोगिता

44. शिक्षा का अभिप्राय है

    A. जिन्दगी में कुछ बनने की कला   B. धनार्जन की कला

    C. जीना सीखने की कला   D. सभ्य समाज की कला

अनुच्छेद - 9

विचार-विनिमय के लिए केवल मनुष्य को ही वाणी का वरदान प्राप्त है। पशु-पक्षी अपने भाव और विचार शारीरिक मुद्राओं और संकेतों द्वारा प्रकट करते हैं। वाणी के अनेक रूप हैं जो भाषा या बोली कहलाते हैं। प्रायः सभी स्वतंत्र देशों की अपनी-अपनी भाषाएँ हैं। उनके साथ स्थानीय बोलियाँ भी हैं जो भाषा का ही प्रादेशिक रूप हैं। सबसे अधिक सुगम, सरल और स्वाभाविक भाषा मातृभाषा कहलाती है। यह बालक को जन्मजात संस्कार से मिलती है। अन्य

भाषाएँ अर्जित भाषाएँ होती हैं जो अभ्यास द्वारा सीखी जाती हैं। अपने घर-परिवार, वर्ग, जाति और देश के मध्य विचार-विनिमय के लिए सबसे सरल भाषा मातृभाषा ही है। अपनी मातृभाषा द्वारा जितनी सहजता से भाव व्यक्त किया जा सकता है वैसा सहज-सामर्थ्य किसी अन्य अर्जित भाषा में नहीं होता। राष्ट्र की एकता और पारस्परिक विचार-विनिमय की सुविधा के लिए राष्ट्रभाषा की आवश्यकता में किसी को भी संदेह नहीं हो सकता। सभी राष्ट्र अपनी राष्ट्रभाषा को सम्मान देते और व्यवहार में लाते हैं। स्वतंत्र भारत में भी हमें अपने राष्ट्र की भाषाओं को अपनाना चाहिए। राष्ट्रीय गौरव और स्वाभिमान के लिए यह आवश्यक है।

45. राष्ट्रभाषा का महत्व इस तथ्य में निहित है कि वह

    A. राष्ट्र को खंडित करने में सहायक होती है

    B. राष्ट्रीय एकता की द्योतक है

    C. राष्ट्रीय शक्तियों को दृढ़ करती है

    D. जातीय विकास में सहायक है

46. राष्ट्र का गौरव सुरक्षित रह सकता है

    A. भाषायी विवादों को प्रश्रय देने से   B. विदेशी भाषाओं को अपनाने से

    C. स्व-भाषाओं को ग्रहण करने से   D. राष्ट्रभाषा का विरोध करने से

47. भाषा द्वारा भावाभिव्यक्ति करने में समर्थ होते हैं

    A. चहचहाते पक्षी   B. वाणी का वरदान प्राप्त मनुष्य

    C. कलकल बहता पानी   D. विभिन्न प्रकार के पशु

48. मातृभाषा वह भाषा रूप है जो

    A. सर्वाधिक ग्राह्य, लचीला और स्वाभाविक है

    B. कठोर, निरर्थक और दुरूह है

    C. मस्तिष्क का विकास अवरुद्ध करता है

    D. ज्ञान-क्षेत्र को सीमित करता है

49. मातृभाषा की हमें आवश्यकता होती है क्योंकि वह

    A. धनोपार्जन में सहायक होती है

    B. भावाभिव्यक्ति का सहज साधन है

    C. शारीरिक मुद्राओं और संकेतों का दर्पण है

    D. ज्ञान-क्षेत्र का संकुचन करती है

अनुच्छेद - 10

स्वामी विवेकानन्द ने भारत के पुनर्निर्माण में कार्यरत मनुष्य के लिए जिन मुख्य बातों पर बल दिया था, वे हैं-चरित्र, आध्यात्मिकता, आत्मविश्वास और अन्ततः सबके प्रति प्रेम,

विशेषतः दरिद्र, अशिक्षित तथा पद-दलितों के लिए। यह कार्य वास्तव में महान है, किन्तु दृढ़ इच्छा के सामने कुछ नहीं टिक सकता।

भारतीयों में भारत माता के प्रति देशभक्ति की भावना जाग्रत करने के लिए स्वामी विवेकानन्द ने कहा था, ''तुम मत भूलना कि तुम्हारी स्त्रियों का आदर्श सीता, सावित्री, दमयन्ती है ... मत भूलना कि तुम्हारा जीवन अपने व्यक्तिगत सुख के लिए नहीं है—मत भूलना कि नीच, अज्ञानी, दरिद्र तुम्हारा रक्त और तुम्हारे भाई हैं।''

पं. जवाहरलाल नेहरू का कथन स्मरणीय है, जो उन्होंने एक बार स्वामी विवेकानन्द को श्रद्धांजलि देते हुए कहा था—''अतीत में संलग्न तथा भारतीय धरोहर के प्रति गर्व से परिपूर्ण होते हुए भी विवेकानन्द जीवन की समस्याओं के प्रति आधुनिक धारणा रखते थे तथा भारत के अतीत एवं वर्तमान के मध्य सेतु की भाँति थे।'' ''प्रत्यक्ष अथवा परोक्ष रूप से उन्होंने आज के भारत को अत्यन्त प्रभावित किया है। हमारी युवा पीढ़ी स्वामीजी से लाभान्वित होगी, जिनकी वाणी प्रज्ञा एवं शक्ति से ओतप्रोत है।''

स्वामीजी ने एक अधैर्यवान शिष्य को समझाया कि ''श्रद्धावान बन, वीर्यवान बन, आत्मज्ञान प्राप्त कर। यही मेरी इच्छा एवं आशीर्वाद है।'' श्रद्धा का अभिप्राय कई बातों से है। पहली है आत्मश्रद्धा (आत्मविश्वास)। दूसरी है हमारी सांस्कृतिक धरोहर के प्रति श्रद्धा। ''हमारी मातृभूमि का केन्द्र, प्राण-पखेरू धर्म में तथा केवल धर्म में ही है। मातृ देवो भव, पितृ देवो भव, आचार्य देवो भव—इन पर श्रद्धा, वीर्यवान भव''—''तुम्हारे अन्दर पूर्ण शक्ति निहित है। तुम सब कुछ करने में समर्थ हो। इस शक्ति को पहचानो। उठो और अपना अन्तस्थ ब्रह्मभाव अभिव्यक्त करो .... वीर बनो। वीर बनो मानव केवल एक बार ही मरता है। सारी शक्ति तुम्हारे अन्दर है। बल ही जीवन है, दुर्बलता मृत्यु .... शैशव से ही तुम्हारे मस्तिष्क में सकारात्मक, सशक्त एवं परोपकारी विचार प्रविष्ट होने चाहिएं।''

50. जीवन अपने 'व्यक्तिगत सुख के लिए न होने' से स्वामीजी का क्या अभिप्राय है?

    A. दूसरों का सुखी जीवन बनाना

    B. अपने सुख की अपेक्षा निर्बल एवं दरिद्र देशवासियों को सुखी रखने का प्रयास करना

    C. देशभक्त का जीवन दुःखदायी होना

    D. देशभक्त का सुखी न होना

51. विवेकानन्द अतीत एवं वर्तमान के मध्य सेतु की भाँति थे, क्योंकि वे

    A. भारतीय संस्कृति पर गर्व करते हुए भी आधुनिक विचारधारा का यथावश्यक लाभ उठाने में तत्पर रहते थे

    B. पुरातन एवं आधुनिक विचार-धारा का सहअस्तित्व चाहते थे

C. बीते हुए समय की तथा वर्तमान समस्याओं को एक नजर से देखते थे

D. चाहते थे कि हम आज की समस्याओं तथा पिछली बातों में समन्वय करें

52. 'अन्तस्थ ब्रह्मभाव की अभिव्यक्ति है' से अभिप्रेत है

A. मन में ब्रह्म के विषय में विचार लाना

B. परमात्मा को बाहर खोजने की अपेक्षा अपने ही अन्दर उस सर्वशक्तिमान का अनुभव करना

C. भगवान को अपना सहयोगी समझना

D. भगवान को पूरे मन से पुकारना

53. स्वामीजी ने पुनर्निर्माण कार्य हेतु कार्यकर्ताओं के गुणों पर ध्यान दिया, क्योंकि वे

A. ऐसे कार्यकर्ताओं से परिचित थे

B. पुनर्निर्माण के कार्य में सफलता हेतु कार्यरत व्यक्ति में इन गुणों का होना परम आवश्यक समझते थे

C. स्वयं ऐसे गुणवान थे

D. अपने सहयोगियों पर विशेष ध्यान रखते थे

54. स्वामीजी पुनर्निर्माण में कार्यरत् व्यक्ति में किस गुण का होना परम आवश्यक मानते थे?

A. चरित्र-निर्माण   B. शिक्षा-प्रसार में रुचि

C. सबके प्रति प्रेम   D. दृढ़ इच्छा

अनुच्छेद - 11

इसमें आश्चर्य नहीं कि ताज शाश्वत प्रेम के प्रतीक के रूप में देखा जाता है। इसमें भारत और इस्लाम की वास्तुकला का सम्मिश्रण है। ऐसा विश्वास है कि इस स्मारक को पूरा होने में लगभग बाईस वर्ष लगे और नौ करोड़ रुपए के लगभग धन राशि खर्च हुई। लगभग 20,000 लोगों को इसमें रोजगार मिला।

ताजमहल के निर्माण का कार्य 1632 ई. में आरम्भ होकर 1653 ई. में पूर्ण हुआ। यह 'आदर्श स्मारक' मुगल काल की सबसे सुन्दर इमारत मानी जाती है। पूर्णता के शीर्ष बिन्दु की प्रतिच्छवि के रूप में इसे माना जाता है। जिसे मुगल शिल्पियों ने वास्तुकला और प्रस्तरकला में प्राप्त किया। ताज का सूक्ष्म निरीक्षण करने पर ज्ञात होता है, इसमें मकबरे के प्रत्येक पक्ष को पूरी जागरूकता के साथ प्रकल्पित और निर्मित किया गया है। प्रत्येक छोटे-से-छोटे भाग का शेष भागों के साथ पूर्ण सामंजस्य है।

इसका प्रवेश द्वार ऊँची तीन आर्च का बना हुआ है। मकबरे पर पहली दृष्टि ही चकित कर देती है। सुसज्जित लम्बे बगीचे के अन्त में मोती जैसा सफेद संगमरमर का मकबरा बना

हुआ है। मकबरे के दोनों ओर एक जैसी समान संरचनाएं बनी हुई हैं। जबकि पूर्वी ओर इसी मस्जिद की आभासी आकृति स्थित है। इस इमारत को 'जवाब' भी कहा जाता है। इसका कोई धार्मिक महत्व नहीं है। इसे मात्र परिसर में एकरूपता स्थापित करने के लिए बनाया गया है।

ताजमहल भारत का गौरव है। आज 350 वर्ष बाद भी विश्व भर के सभी कोनों से लोग आकर ताज के सौंदर्य को निहारते हैं और उससे प्रभावित हुए बिना नहीं रह पाते।

55. ताजमहल किस पूर्णता का द्योतक है?
    A. भारत और इस्लाम की वास्तुकला का सम्मिश्रण
    B. मुगल शिल्पियों की वास्तुकला और प्रस्तरकला में दक्षता
    C. प्रत्येक छोटे से छोटे भाग का शेष भागों के साथ सामंजस्य
    D. इमारत का अपना सौंदर्य और वैभव

56. 'जवाब' किस इमारत के लिए प्रयुक्त हुआ है?
    A. मकबरा   B. ताजमहल
    C. प्रवेश द्वार   D. मकबरे की आभासी आकृति

57. ताजमहल के निर्माण में पूर्ण जागरुकता किस पक्ष से दृष्टिगत होती है?
    A. ताजमहल के निर्माण में लगे कारीगरों की बड़ी संख्या तथा लम्बा समय
    B. ताजमहल के निर्माण में व्यय धनराशि
    C. इमारत के छोटे से छोटे भाग का शेष भागों के साथ पूर्ण सामंजस्य
    D. परिसर में एकरूपता स्थापित करने के लिए किए गए आवश्यक निर्माण

58. मस्जिद के परिसर में एकरूपता स्थापित करने के लिए कौन-से निर्माण किए गए हैं?
    A. मकबरे से पूर्व सुसज्जित लम्बा बगीचा
    B. मकबरे के दोनों ओर की समान संरचनाएं
    C. मकबरे के पूर्वी ओर मस्जिद की आभासी आकृति
    D. उपर्युक्त सभी

59. ताजमहल किसका प्रतीक है?
    A. स्थायी प्रेम का
    B. मुगल वास्तुकला की श्रेष्ठता का
    C. भारत और इस्लाम की वास्तुकला के सम्मिश्रण का
    D. मुगल कारीगरों के जागरुक निर्माण का

अनुच्छेद - 12

बहुआयामी भारतीय समाज की स्वतन्त्र चिंतनधाराओं के अनुरूप जिस सामाजिक, धार्मिक या आर्थिक चक्र का उद्भव हुआ वह मूल रूप से न केवल दार्शनिक वरन् वैज्ञानिक कसौटी पर खरा था। सामाजिक क्रान्ति का यह इतिहास चिरकाल से महिलाओं से सम्बद्ध रहा है।

रूढ़ियों के उन्मूलन या किसी नवीन संस्कृति के उद्भव और विकास में महिला-वर्ग ने जो योगदान प्रस्तुत किया, वह न केवल इन आंदोलनों को व्यापक बनाने में समर्थ हुआ वरन् इसके द्वारा समाज में क्रांतिकारी विचारधारा को स्थायित्व प्राप्त हुआ। धीरे-धीरे समय के साथ उनमें विसंगतियाँ पनपीं और दया, प्यार, परोपकार की साक्षात् मूर्ति मैत्रेयी, गार्गी, सीता, सावित्री जैसी नारियों का देश रूढ़ियों, जाति-पाँति, छुआछूत जैसी सामाजिक कुरीतियों का पोषक बन गया। स्वतन्त्रता प्राप्ति के पश्चात् विभिन्न संगठनों एवं संस्थाओं के माध्यम से शिक्षा के प्रचार-प्रसार के साथ ही उनकी सक्रिय भागीदारी का प्रत्येक क्षेत्र में प्रयास किया गया।

60. ''धीरे-धीरे समय के साथ उनमें विसंगतियाँ पनपीं''

वाक्य में 'विसंगतियाँ' किससे सम्बद्ध है?

A. राजनैतिक क्रान्ति से B. आर्थिक असमानता से

C. धार्मिक अंधविश्वासों से D. सामाजिक कुरीतियों से

61. मैत्रेयी, गार्गी, सीता और सावित्री अपने किस गुण के कारण सर्वाधिक प्रसिद्ध हैं?

A. क्रान्तिकारी विचारधारा B. प्रेम और परमार्थ भावना

C. शिक्षा का प्रचार-प्रसार D. स्वतन्त्र चिन्तनधारा

62. भारतीय महिलाओं का सर्वश्रेष्ठ योगदान क्या है?

A. स्वतन्त्र चिन्तनधारा का विकास

B. रूढ़ियों का उन्मूलन और सांस्कृतिक विकास

C. शिक्षा के प्रचार-प्रसार में सक्रिय भागीदारी

D. सामाजिक, धार्मिक तथा आर्थिक विकास

63. स्वतन्त्रता-प्राप्ति के पश्चात् महिलाओं के सर्वाधिक सहयोग की अपेक्षा किस क्षेत्र में की गई?

A. राजनीति में B. धर्म में C. प्रत्येक क्षेत्र में D. संस्कृति में

64. इस गद्यांश का सर्वाधिक उपयुक्त शीर्षक क्या है?

A. प्राचीन भारत की नारी B. आधुनिक नारी

C. भारतीय नारी D. शिक्षित नारी

अनुच्छेद - 13

आधुनिक युग में समाज और राष्ट्र के जीवन में समाचार-पत्रों का बहुत ही विशिष्ट और ऊँचा स्थान है। समाचार-पत्र मानों अपने देश की सभ्यता, संस्कृति और शक्ति के मानदण्ड बन गए हैं। जिस देश में जितने अच्छे और जितने अधिक समाचार-पत्र होते हैं वह देश उतना ही उन्नत और प्रभावशाली समझा जाता है। बहुत से क्षेत्रों में जो काम समाचार-पत्र कर जाते हैं, उन्हें बड़ी-बड़ी सेनाएँ और बड़े-बड़े राजनीतिज्ञ भी नहीं कर पाते। समाचार-पत्र एक ओर

तो जनता का मत सरकार और संसद पर प्रकट करते हैं, दूसरी ओर देश में सुदृढ़ और सम्पुष्ट लोकमत तैयार करते हैं। देश को सब प्रकार से जाग्रत और सजीव रखने में जितनी अधिक सहायता समाचार-पत्रों से मिलती है उतनी शायद किसी और चीज से नहीं। इसलिए आजकल समाचार-पत्रों का बहुत महत्व है।

65. समाचार-पत्रों का मुख्य उद्देश्य है

    A. नागरिकों का मनोरंजन करना

    B. मानव-हित की भावना का प्रचार करना

    C. लोगों को समाज और राष्ट्र की गतिविधियों की जानकारी देना

    D. क्रान्तिसम्मत उपदेश देना

66. किसी देश की महानता और शक्ति का आधार है

    A. समाचार-पत्रों की संख्या में वृद्धि   B. समाचार-पत्रों का बृहदाकार

    C. समाचार-पत्रों की स्वतंत्रता   D. प्रकाशित समाचारों की सरल भाषा

67. प्रस्तुत अवतरण का सर्वाधिक उपयुक्त शीर्षक है

    A. समाचार-पत्र और भारतीय राजनीति   B. आधुनिक युग में समाचार-पत्रों का महत्व

    C. समाचार-पत्र और लोकमत   D. समसामयिक समाचार-पत्र

68. समाचार-पत्र बड़ी-बड़ी सेनाओं और बड़े-बड़े राजनीतिज्ञों को भी मात दे देते हैं। क्योंकि

    A. वे विभिन्न शस्त्रों से सज्जित होते हैं

    B. उनकी मारक शक्ति अचूक होती है

    C. वे जन-जागरण में अद्वितीय भूमिका निभाते हैं

    D. वे चटपटी खबरें देते हैं

69. समाचार-पत्रों का महत्व मुख्यतः

    A. चिरकालिक है   B. अल्पकालिक है   C. सामयिक है   D. शाश्वत है

अनुच्छेद - 14

घूमने-फिरने का शौक मुझे बचपन से है। मेरे पिताजी की भी यही आदत थी। पर मुझमें और उनमें थोड़ा-सा अन्तर है। वे जब भी घूमने-फिरने जाते घर के प्रत्येक सदस्य के लिए कोई-न-कोई उपहार की वस्तु आ जाती जो हमें उनकी याद दिलाती रहे। पर, मैं अक्सर ऐसी चीजें लाता हूँ जो स्थूल नहीं होतीं। भला स्मृतियों से बड़ा कोई खजाना हो सकता है क्या?

हाँ, तो बात घूमने-फिरने की हो रही थी, मैं अब तक भारत के एक बड़े हिस्से को अपने पैरों तले नाप चुका हूँ, कुछ तो दुर्गम पहाड़ी स्थल हैं, जहाँ शायद ही कोई जाने की हिम्मत करे। आगरा, बनारस, जयपुर, हैदराबाद, अहमदाबाद और कश्मीर तो बहुतों ने देखा होगा।

वे गए होंगे और ताजमहल, विश्वनाथ मन्दिर, हवामहल, चारमीनार, साबरमती आश्रम और डलझील देखकर उलट पड़े होंगे। मैं ऐसा नहीं करता हूँ मेरी रुचि गाँवों में है और उनसे परिचित भी हूँ। भोर होते ही उठकर खेतों की जुताई करने जाते किसानों को मैंने देखा है। उनके गीत सुने हैं, मैंने पूस की थरथराती सर्दी में अलाव जलाकर खेतों की रखवाली करते किसानों के साथ रातें भी काटी हैं। मैं जब अपनी यात्राओं से फिरता हूँ तो अनुभवों की एक शृंखला मेरे साथ होती है।

यूँ ही एक घटना याद आ गई। हम लोग इलाहाबाद के पास जिगना गाँव गए थे। हम लोग यानी मैं, मेरा मित्र श्रीधरन और मेरे अधिकारी श्री मनोहर दास इलाहाबाद से जिगना तक साथ गए, मुझे वहीं रहना था, जबकि शेष दोनों को अलग-अलग दिशाओं में बिखर जाना था। तय हुआ कि काम होने पर हम लोग वापस दो दिन बाद इलाहाबाद में ही 'प्रयाग' होटल में मिलेंगे, यही हमारा हमेशा का निवास स्थल था। व्यवसाय से कृषि उत्पादनों के विक्रय प्रतिनिधि हम तीनों इस बार अपनी बिक्री यात्रा पर आए थे। मैं जैसा सोचकर गया था दो दिनों में काम सिमटाकर लौट आया। आकर पाया कि श्रीधरन पिछली रात ही आ गया था। मनोहर दासजी को अभी आना था। अब वक्त हमारे हाथ में था और साथ था श्रीधरन पहले दर्जे का बातूनी और हँसमुख। हमने तय किया कि फलों का रस पिया जाए और निकल पड़े चौक की तरफ।

'मेरे लिए एक गिलास अनानास का रस और ...' 'मेरे लिए भी यही'—'श्रीधरन ने मेरे मुँह से बात छीन ली।' पर सुनो, मैं ठंडा, नहीं लूँगा बिना बर्फ का लाना। श्रीधरन बोला।

'जी अच्छा'—कहकर वह लड़का चला गया।

'यह रस तो बहुत गर्म है भाई, ऐसा करो थोड़ी बर्फ लाकर इसमें डालो। श्रीधरन बोला। लड़का बर्फ ले आया और गिलास में मिला दी। हाँ! मजा तो आया—श्रीधरन कश खींचता हुआ बोला। 'पर अब यह रस का गिलास दो रुपए का हो गया है न! नहीं बाबूजी बिना बर्फ का रस का गिलास तीन रुपए का होता है और बर्फ वाला दो रुपए का।

ठीक है, लेकिन इसमें बर्फ डाली है न अभी तुमने ही लाकर डाली है। फिर यह तो दो रुपए का हो गया है न! 'यह कह हम दोनों जोर से हँस पड़े'। लड़का दूसरे ग्राहकों में लग गया। वह काम में लगा तो था पर उसका मन भटक रहा था। जब तक उसे दोनों गिलासों के पैसे नहीं मिल गए उसकी जान अटकी रही। कहीं ऐसा न हो कि ये ग्राहक दोनों गिलासों के दो रुपए के हिसाब से ही पैसा दें। धन्यवाद ईश्वर का कि श्रीधरन को और मजाक न सूझा वरना वह शायद ऐसा ही करता।

70. गद्यांश के अनुसार श्रीधरन

    A. इलाहाबाद का ही रहने वाला था

    B. लेखक से फलों की दूकान पर मिल गया था

C. अन्य दो मित्रों से पहले प्रयाग होटल वापस आ गया था

D. लेखक से कुछ कृषि-उत्पादन खरीदने आया था

71. गद्यांश के आधार पर इस लेख के बारे में कौन-सा कथन सत्य है?

    A. वह आगरा और बनारस शहरों से अच्छी तरह परिचित है

    B. अपनी नौकरी के कारण उसे ज्यादातर किसानों के सम्पर्क में रहना पड़ता है

    C. लेखक का बचपन पहाड़ी स्थलों में बीता है

    D. मनोहर दास से उसका परिचय इलाहाबाद में हुआ था

72. गद्यांश के अनुसार लेखक की जिगना यात्रा का क्या उद्देश्य था?

    A. वह अपनी कम्पनी के उत्पादनों की बिक्री करने गया था

    B. वह अपने मित्र श्रीधरन से मिलने गया था

    C. उसके अधिकारी ने उसे वहाँ बुलाया था

    D. वह स्वभाव के अनुसार घूमने-फिरने गया था

73. 'पैरों तले नाप चुका हूँ'—गद्यांश के सन्दर्भ में इस वाक्यांश का अर्थ क्या है?

    A. चलते-चलते मैं अक्सर चीजों को पैरों से ठोकर मार देता हूँ

    B. मुझे पैदल यात्रा में बड़ा आनंद मिलता है

    C. मैं जहाँ भी गया हूँ पैदल ही गया हूँ

    D. मैं भारत के कई हिस्सों में गया हूँ

74. 'वह शायद ऐसा ही करता'—गद्यांश के सन्दर्भ में इस कथन का क्या अभिप्राय है?

    A. वह अक्सर दुकानदार को पैसा देना भूल जाता है

    B. श्रीधरन दुकानदारों से मजाक करता है

    C. वह यदि चाहता तो अपने रस के गिलास के दो ही रुपए देता

    D. यदि श्रीधरन चाहता तो जिगना में ही कई दिन बना रहता

अनुच्छेद - 15

कुछ लाख वर्षों की ही बात है जब मनुष्य जंगली था। वनमानुष जैसा, उसे नाखून की जरूरत थी। उसकी जीवन-रक्षा के लिए नाखून बहुत जरूरी थे। असल में वही उसके अस्त्र थे। दाँत भी थे, पर नाखून के बाद ही उनका स्थान था। उन दिनों उसे जूझना पड़ता था, प्रतिद्वन्द्वियों को पछाड़ना पड़ता था। नाखून उसके लिए आवश्यक अंग था। फिर धीरे-धीरे वह अपने अंग से बाहर की वस्तुओं का सहारा लेने लगा। पत्थर के ढेले और पेड़ की डालें काम में लाने लगे (रामचन्द्र जी की वानरी सेना के पास ऐसे ही अस्त्र थे)। उसने हड्डी के भी हथियार बनाए। हड्डी के इन हथियारों में सबसे मजबूत और सबसे ऐतिहासिक था देवताओं के राजा का वज्र जो दधीचि मुनि की हड्डियों से बना था। मनुष्य और आगे बढ़ा उसने धातु

के हथियार बनाए। जिसके पास लोहे के शस्त्र और अस्त्र थे, वे विजयी हुए। देवताओं के राजा तक को मनुष्यों के राजा से इसलिए सहायता लेनी पड़ती थी कि मनुष्यों के राजा के पास लोहे के अस्त्र थे, असुरों के पास अनेक विद्याएं थीं, पर लोहे के अस्त्र नहीं थे, शायद घोड़े भी नहीं थे, आर्यों के पास ये दोनों चीजें थीं। आर्य विजयी हुए। फिर इतिहास अपनी गति से बढ़ता गया। नाग हारे, सुवर्ण हारे, यक्ष हारे, गंधर्व हारे, असुर हारे, राक्षस हारे, लोहे के अस्त्रों ने बाजी मार ली। इतिहास आगे बढ़ा पलीते वाली बंदूकों ने, कारतूसों ने, तोपों ने, बमों ने, बमवर्षक वायुयानों ने इतिहास को किस कीचड़ भरे घाट पर घसीटा है यह सबको मालूम है। नख-धर मनुष्य अब एटम बम पर भरोसा करके आगे की ओर चल पड़ा है।

75. लाखों वर्ष मनुष्य को नाखूनों की आवश्यकता इसलिए थी, क्योंकि वह इनसे

    A. अपने शरीर को खुजला सकता था   B. फलों को छील या काट सकता था

    C. जमीन को खोद सकता था   D. अपने विरोधियों को पछाड़ सकता था

76. आरम्भ में मनुष्य के अस्त्र थे, उसके

    A. नाखून   B. दाँत   C. पर   D. भुजाएँ

77. रामचन्द्र जी की वानरी सेना के अस्त्र थे

    A. लोहे के बने बाण, भाले आदि   B. पत्थरों के ढेले और वृक्षों की डालें

    C. हड्डियों से बने वज्र आदि   D. बारूद के बने गोले, बम आदि

78. असुरों से देवता इसलिए जीते, क्योंकि उनके पास

    A. अनेक विद्याएं थीं   B. अश्व थे

    C. वज्र थे   D. अश्व और लोहे के अस्त्र दोनों थे

79. नख-धर मनुष्य को आज सबसे अधिक विश्वास है

    A. पलीते वाले कारतूसों और बमों पर   B. लोहे से बने अस्त्रों पर

    C. अपनी विद्याओं पर   D. अपने अश्वों पर

अनुच्छेद - 16

अनुशासन जीवन-निर्माण का मूल-मंत्र है। अभ्युदय एवं निःश्रेयस की प्राप्ति बिना अनुशासन के सम्भव ही नहीं। रणभूमि में युद्ध लड़ने वाले सैनिकों के लिए अनुशासन आवश्यक ही नहीं प्रत्युत जीवन के प्रत्येक क्षेत्र में इसकी आवश्यकता है। चाहे व्यक्ति का जीवन हो, समाज या राष्ट्र का जीवन हो। फिर जीवन भी तो कुरुक्षेत्र है, जिसमें निरन्तर युद्ध एवं संघर्ष चलता ही रहता है। जीवन के कुरुक्षेत्र में अनुशासनविहीन होकर जीना किसी भी प्रकार से श्रेयस्कर नहीं हो सकता। मानव जीवन जिस प्रकृति का अंग है, जिसके अंचल में वह पोषण और विकास पाता है जिसके चक्रवात से घिरा वह तिमिर आलोक प्राप्त करता है वह प्रकृति भी एक अनुशासन में चलती है और एक शिक्षिका की भाँति मानव को भी अनुशासन की शिक्षा देती है। ऋतु चक्र एक निश्चित अनुशासन का अनुवर्तन करता है। 'हुकुम बिना न झूले पाता'

उक्त पंक्ति इसी अनुशासनबद्धता की ओर संकेत करती है। अनुशासन शब्द का अर्थ है किसी एक शासन, आज्ञा, नियम अथवा नियंत्रण का अनिवार्य रूप से पालन। यदि व्यक्ति अपने जीवन में कतिपय निश्चित नियमों का अनुसरण नहीं करता जीवन में किसी उच्च लक्ष्य या ध्येय की प्राप्ति नहीं कर सकता, तो वह जीवन निर्माण में सफल नहीं हो सकता। अनुशासन के लिए यह जरूरी नहीं कि कोई दूसरा व्यक्ति शासन करने वाला हो और हम उसके द्वारा निर्धारित नियमों का पालन करें। ऐसा अनुशासन तो आरोपित अनुशासन होता है जो किसी व्यक्ति या देश की गुलामी का संकेत करता है। स्वाधीन देश में सच्चा अनुशासन वह है जो नागरिकों के हित के लिए होता है और नागरिक भी स्वेच्छा से उसका पालन करते हैं।

80. मानव लक्ष्य की प्राप्ति में असफलता का प्रमुख कारण है, उसका

    A. लक्ष्य निर्धारण में असमंजस

    B. व्यवहार कुशल न होना

    C. निश्चित नियमों का अनुसरण न करना

    D. निश्चित नियमों का निर्धारण न करना

81. अनुशासनबद्धता की सर्वप्रथम शर्त है

    A. नियमों का अनिवार्यतः पालन

    B. दूसरों द्वारा निर्धारित नियमों का पालन

    C. जीवन निर्माण के लक्ष्य की ओर उन्मुखता

    D. राष्ट्र एवं समाज के हित का अनुचिन्तन

82. जीवन को कुरुक्षेत्र कहने से लेखक का आशय है, जीवन

    A. युद्ध प्रधान है   B. हिंसा प्रधान है   C. संघर्ष प्रधान है   D. कर्म प्रधान है

83. मनुष्य के लिए प्रकृति को शिक्षिका इसलिए कहा गया है, क्योंकि

    A. स्वयं अनुशासन का अनुवर्तन करती है   B. मानव की हितैषिणी और पोषक है

    C. मानव को अनुशासन सिखाती है   D. ऋतुचक्र को अनुशासन में रखती है

84. आरोपित अनुशासन मनुष्य के लिए अस्वीकार्य है, क्योंकि

    A. वह दूसरों द्वारा निर्धारित होता है

    B. वह मनुष्य की पराधीनता का प्रतीक है

    C. वह सुविचारित नहीं होता

    D. उसमें मनुष्य के हित का ध्यान नहीं होता

अनुच्छेद - 17

साहित्यकार बहुधा अपने देशकाल से प्रभावित होता है। जब कोई लहर देश में उठती है, तो साहित्यकार के लिए उससे अविचलित रहना असम्भव हो जाता है। उसकी विशाल आत्मा अपने देशबन्धुओं के कष्टों से विकल हो उठती है और इस तीव्र विकलता में वह रो

उठता है, पर उसके रुदन में भी व्यापकता होती है। वह स्वदेश का होकर भी सार्वभौमिक रहता है। सच्चा साहित्य कभी पुराना नहीं होता। वह सदा नया बना रहता है। दर्शन और विज्ञान समय की गति के अनुसार बदलते रहते हैं पर साहित्य तो हृदय की वस्तु है और मानव हृदय में तब्दीलियाँ नहीं होती। हर्ष और विस्मय, क्रोध और द्वेष, आशा और भय, आज भी उसी तरह हमारे मन पर अधिकृत है जैसे आदिकवि वाल्मीकि के समय में थे और कदाचित् अनन्त तक रहेंगे। रामायण के समय का समय अब नहीं है; महाभारत का समय भी अतीत हो गया पर ये ग्रन्थ अभी तक नए हैं।

साहित्य ही सच्चा इतिहास है क्योंकि उसमें अपने देशकाल का जैसा चित्र होता है, वैसा कोरे इतिहास में नहीं हो सकता। घटनाओं की तालिका इतिहास नहीं है और न राजाओं की लड़ाइयाँ ही इतिहास हैं। इतिहास जीवन के विभिन्न अंगों की 'प्रगति' का नाम है। जीवन पर साहित्य से अधिक प्रकाश और 'कौन' वस्तु 'डाल' सकती है क्योंकि साहित्य अपने 'देशकाल' का प्रतिबिम्ब होता है।

85. साहित्यकार का रुदन कैसा होता है?

    A. सीमित   B. सामयिक   C. करुण   D. सार्वभौमिक

86. साहित्य इसलिए पुराना नहीं होता, क्योंकि

    A. वह अमर होता है   B. वह अपरिवर्तनीय है

    C. वह हृदय की वस्तु है   D. उपर्युक्त में से कोई नहीं

87. लेखक ने सच्चा साहित्य किसे कहा है?

    A. जो बहुत लोकप्रिय हो   B. जो मनुष्य के सुख-दुःख से जुड़ा हो

    C. जो प्रामाणिक हो   D. जो सरल और सुबोध हो

88. 'मानव हृदय में तब्दीलियाँ नहीं होती' वाक्य का अभिप्राय क्या है?

    A. व्यक्ति के मनोभाव स्थायी हैं   B. मानव हृदय कठोर होता है

    C. मानव हृदय सच्चा होता है   D. मनुष्य वचन का पक्का होता है

89. लेखक ने साहित्य को क्या कहा है

    A. मनुष्य का सच्चा मित्र   B. मनोरंजन का साधन

    C. सामाजिक हित साधन   D. सच्चा इतिहास

90. लेखक ने साहित्य की कौन-सी विशेषता नहीं बताई है?

    A. साहित्य कभी पुराना नहीं होता   B. साहित्य ही सच्चा इतिहास है

    C. साहित्य मनोरंजन का उत्तम साधन है   D. साहित्य समाज का प्रतिबिम्ब है

91. उपर्युक्त गद्यांश का शीर्षक है

    A. साहित्य का उद्देश्य   B. साहित्य और साहित्यकार

    C. साहित्य और समाज   D. साहित्य और इतिहास

92. साहित्य अपने देशकाल का प्रतिबिम्ब इसलिए कहा गया है, क्योंकि

    A. उसमें प्रमुख घटनाओं की सच्ची अभिव्यक्ति होती है

    B. उसमें घटनाओं का वर्णन होता है

    C. उसमें ऐतिहासिक वर्णन होता है

    D. उसमें इतिहास भी लिखा होता है

अनुच्छेद - 18

विद्यार्थी शब्द दो शब्दों के योग से बना है—विद्या + अर्थी अर्थात् विद्या को चाहने वाला। 'विद्यार्थी' शब्द की तरह 'अनुशासन' शब्द भी दो शब्दों के योग से बना है—अनु + शासन। अनुशासन का अर्थ है अपने को वश में रखना। आदेश या नियमों का पालन करना। नियंत्रण अथवा व्यवस्था का नाम ही अनुशासन है। अनुशासन समाज के नियमों का ही दूसरा नाम है। यद्यपि अनुशासन की आवश्यकता जीवन के हर क्षेत्र में है तथापि विद्यार्थियों के लिए तो यह नितांत आवश्यक है क्योंकि विद्यार्थी जीवन भावी जीवन की आधारशिला है। इस काल में जैसे संस्कार, जैसी प्रवृत्तियों और जैसी आदतों का विकास हो जाता है, वे जीवन-पर्यन्त साथ नहीं छोड़ती हैं। जिस प्रकार किसी भवन का स्थायित्व उसकी आधारशिला की दृढ़ता पर निर्भर होता है, उसी प्रकार मानव जीवन की सफलता उसकी बाल्यावस्था और विद्यार्थी काल के सिंचन और संरक्षण पर आश्रित होती है। विद्यार्थी जीवन ही वह काल है जिसमें शिशु के चरित्र, व्यवहार तथा आचरण को जैसा चाहे रूप दिया जा सकता है। यह अवस्था भावी वृक्ष की उस कोमल शाखा की भाँति है जिसे जिधर चाहे उधर मोड़ा जा सकता है। पूर्णतया विकसित वृक्ष की शाखाओं को मोड़ना सम्भव नहीं होता है। उन्हें मोड़ने का प्रयास करने पर वे टूट तो सकती हैं, मुड़ नहीं सकतीं। छात्रावस्था उस श्वेत चादर की तरह होती है जिसमें जैसा प्रभाव डालना हो, जो कुछ अंकित करना हो, किया जा सकता है। सफेद चादर पर एक बार कुछ अंकित हो जाए तो वह फिर से अपनी-अपनी पूर्वावस्था को प्राप्त नहीं हो सकती। इसलिए प्राचीनकाल से ही विद्यार्थी जीवन के महत्व को स्वीकार किया गया है तथा इस काल को भावी जीवन की तैयारी का काल मानकर इसमें तरह-तरह के सुसंस्कार और सद्वृत्तियाँ डालने का प्रयास किया जाता है।

93. अनुशासन शब्द में अनु उपसर्ग निम्नलिखित विकल्पों में से कौन-सा है?

    A. तत्सम उपसर्ग   B. तद्भव उपसर्ग

    C. आगत उपसर्ग   D. 'अनु' उपसर्ग नहीं है

94. अनुशासन का अर्थ है

    A. स्वयं पर नियंत्रण रखना

    B. समाज के नियमों का पालन करना

C. (A) तथा (B) दोनों

D. स्वयं तथा समाज के नियंत्रक नियमों की रचना करना

95. विद्यार्थी जीवन में अनुशासन क्यों आवश्यक है?

A. क्योंकि विद्यार्थी जीवन में विकसित अनुशासन की प्रवृत्ति जीवन-पर्यन्त साथ देती है

B. यदि विद्यार्थी अनुशासित न हो, तो उसे दंड दिया जा सकता है

C. विद्यार्थी जीवन का अनुशासन जीवन की आधारशिला को दृढ़ता प्रदान करता है

D. (A) तथा (C) दोनों

96. इस गद्यांश में मानव जीवन को निम्नलिखित विकल्पों में से किसकी उपमा दी गई है?

A. भवन

B. आधारशिला

C. समाज

D. इनमें से कोई नहीं

97. इस गद्यांश में विद्यार्थी काल के पर्यायवाची के रूप में कौन-सा शब्द प्रयुक्त किया गया है?

A. बाल्यावस्था

B. छात्रावस्था

C. शिशु

D. जीवनकाल

98. विद्यार्थी जीवन वह काल है जिसमें

A. शिशु के चरित्र, व्यवहार तथा आचरण को जैसा रूप चाहें, वैसा दिया जा सकता है

B. जैसे संस्कार और प्रवृत्ति डाले जाएंगे वे भावी जीवन तक स्थायी रहेंगे

C. विद्यार्थी उस कोमल शाखा की भाँति होता है जिसे जिधर चाहे मोड़ा जा सकता है

D. उपर्युक्त सभी

99. ‘विद्या + अर्थी’ संधि में निम्नलिखित विकल्पों में से संधि का कौन-सा भेद प्रयुक्त हुआ है?

A. दीर्घ संधि

B. गुण संधि

C. वृद्धि संधि

D. यण संधि

100. सद्वृत्तियाँ शब्द का संधि विच्छेद कीजिए

A. सत् + वृत्तियाँ

B. सत् + प्रवृत्तियाँ

C. सद् + वृत्तियाँ

D. सद् + प्रवृत्तियाँ

101. ‘सुसंस्कार’ शब्द की रचना इस प्रकार है

A. मूल शब्द + मूल शब्द

B. उपसर्ग + मूल शब्द

C. मूल शब्द + प्रत्यय

D. इनमें से कोई नहीं

102. इस गद्यांश का एक उचित शीर्षक लिखिए

A. विद्यार्थी-काल

B. जीवन की आधारशिला

C. विद्यार्थी और अनुशासन

D. मनुष्य-जीवन और अनुशासन

अनुच्छेद - 19

कालचक्र निरन्तर घूमता रहता है। समय बीतता जाता है। सभी व्यक्ति कभी-कभी उसके सम्मुख अपने को असहाय अनुभव करते हैं। जब से मनुष्य को इस बात की चेतना हुई है कि

काल है और वह गतिमान है, तब से उसे यह अनुभूति भी होती आई है लेकिन साथ ही मनुष्य को काल पर विजय पाने का सौभाग्य भी प्राप्त है। हमारी संस्कृति और कला में ही यह विजय निहित है। मिस्र के पिरामिडों का उनके निर्माताओं के विचार में कालजयी होना था, अपने ढंग से वे ऐसा करने में सफल भी रहे। दक्षिणी अमरीका की गुफा में बना बारहसिंगे का चित्र भी काल पर विजय का प्रतीक है। न वह वन्य वृषभ रहा है, न उसका कबीला, लेकिन आज भी पत्थर की छैनी से बना बारहसिंगा अपना गर्वीला सिर उठाए खड़ा है। ललित कला के प्रकट होने के क्षण से बीते दसियों हजार वर्षों के दौरान मंत्रमुग्ध करने, जीवन के पलों को रोकने से कला के इस गुण को लोग निरन्तर अधिक गहराई से समझते आए हैं।

103. इस गद्यांश का सर्वाधिक उपयुक्त शीर्षक है

    A. संस्कृति और कला   B. कला की महत्ता

    C. संस्कृति, कला और काल   D. कलाचिन्तन

104. काल के सम्मुख मनुष्य स्वयं को

    A. तुच्छ अनुभव करता है   B. असहाय अनुभव करता है

    C. आत्महीन अनुभव करता है   D. निर्बल अनुभव करता है

105. मनुष्य काल को

    A. चेतन मानता है   B. गतिमान मानता है

    C. व्यतीत मानता है   D. क्रियाशील मानता है

106. मनुष्य काल को विजित कर सकता है

    A. विज्ञान के माध्यम से   B. कला एवं संस्कृति के माध्यम से

    C. आध्यात्मिक शक्ति के माध्यम से   D. तांत्रिक शक्ति के माध्यम से

107. काल पर कला की विजय का प्रतीक है

    A. चीन की दीवार   B. ढाका की मलमल

    C. मिस्र की पिरामिड   D. अशोक के शिलालेख

108. मनुष्य भौतिक रूप से नश्वर है, क्योंकि वह

    A. विलासी है

    B. प्रकृति विरोधी है

    C. काल की गति को रोक सकने में असमर्थ है

    D. पर्यावरण को प्रदूषित कर रहा है

109. कला कालजयी है, क्योंकि वह

    A. आनन्द प्रदान करती है

    B. रमणीय होती है

    C. व्यक्तित्व को ऊँचा उठाती है

D. मंत्र मुग्ध कर काल के प्रवाह से अलग कर देती है

110. प्रत्येक व्यक्ति काल के समक्ष अपने को कब असहाय अनुभव करता है?

A. प्रायः　　　B. निरन्तर　　　C. सदैव　　　D. कभी न कभी

111. कला के कालजयी होने का अनुमान हम किस आधार पर करते हैं?

A. उसके सौन्दर्य के द्वारा　　　B. उसकी विराटता के द्वारा

C. उसकी विद्यमानता के द्वारा　　　D. उसके प्रभाव के द्वारा

112. प्रस्तुत गद्यांश का मूल तथ्य क्या है?

A. कला और संस्कृति ही काल पर मनुष्य की विजय का प्रतीक है

B. कला के समक्ष मनुष्य असहाय है

C. कला में मंत्र मुग्ध करने का गुण है

D. काल निरन्तर गतिशील है

अनुच्छेद - 20

देशाटन का अर्थ है देश-विदेश में घूमना, भ्रमण करना, विभिन्न महत्वपूर्ण स्थानों के ऐतिहासिक, धार्मिक, प्राकृतिक, भौगोलिक तथा सांस्कृतिक स्थानों का भ्रमण करना ही देशाटन कहलाता है। अपने व्यापार आदि के लिए किसी स्थान की यात्रा करना देशाटन नहीं कहा जा सकता। यदि कोई व्यक्ति किसी स्थान की सांस्कृतिक-सामाजिक परम्पराओं, वहाँ के रहन-सहन, रीति-रिवाजों, संस्कृति, भाषा, साहित्य, जीवन-दर्शन आदि का यथोचित ज्ञान प्राप्त करता है, तो निश्चय ही उसे देशाटन की संज्ञा दी जा सकती है। मानव स्वभाव से ही 'जिज्ञासु' रहा है। मानव की यही जिज्ञासा उसे अन्य बातों की ओर प्रेरित करती है। मानव अपने परिवेश से हटकर अपने आस-पास के ही नहीं, अपितु दूर-दराज के सौन्दर्य, पर्यावरण तथा संस्कृति का ज्ञान प्राप्त करने के लिए उत्सुक रहता है। विभिन्न जीवन-पद्धतियों के अध्ययन में, विभिन्न देशों के भ्रमण में, नाना प्रकार के प्राकृतिक दृश्यों को देखने में, नई-नई जीवन-शैलियाँ देखने में, नए-नए नगर, स्थान तथा ऐतिहासिक-सांस्कृतिक-धार्मिक स्थलों को देखने में उसे विशेष उत्साह, आनन्द तथा ज्ञान की प्राप्ति होती है। यद्यपि किसी स्थान की जानकारी पुस्तकों के माध्यम से भी प्राप्त की जा सकती है, तथापि साक्षात् दर्शन का तो आनन्द ही अनूठा होता है। केवल चित्र देखकर हम हिमालय के हिममंडित शिखरों के सौन्दर्य से अभिभूत नहीं हो सकते, वहाँ की उपत्यकाओं के अनुपम सौन्दर्य को नहीं देख सकते, वहाँ के देवदार के गहन वनों की गंध का अनुभव नहीं कर सकते। यह अनुभव तो इन स्थानों के भ्रमण या दर्शन द्वारा ही प्राप्त किया जा सकता है। देशाटन का बहुत महत्व है। किसी स्थान, दृश्य अथवा वस्तु के प्रत्यक्ष दर्शन से व्यक्ति का ज्ञान सर्वांगीण तथा स्थापित हो जाता है। हमारे प्राचीन ग्रंथों में भी देशाटन के महत्व का उल्लेख किया गया है। वेदों में तो 'चरैवेति चरैवेति' द्वारा निरन्तर

चलते रहने का आह्वान किया गया है। महर्षि नारद तो तीनों लोकों का भ्रमण करते रहते थे। प्राचीनकाल में अनेक यात्री देशाटन करते हुए अनेक देशों में पहुँचे। फाहियान, ह्वेनसांग, इब्नबतूता इत्यादि के नाम विशेष रूप से गिनाए जा सकते हैं जो भारत में आए तथा जिन्होंने अपने ग्रंथों में भारत की महिमा का वर्णन किया। देशाटन के कारण ही कोलंबस द्वारा नई दुनिया की खोज हुई। देशाटन की प्रेरणा से ही वास्को-डि-गामा भारत पहुँचा तथा भारत के अनेक 'घुमक्कड़ों' ने सिंहल द्वीप, मलाया, बर्मा, 'बोर्नियो' आदि अनेक देशों का पता लगाया, बौद्ध धर्म का प्रचार करने के लिए हमारे अनेक घुमक्कड़ दूर-दूर के देशों में गए। इस प्रकार इस कथन में अत्युक्ति नहीं है कि देशाटन द्वारा धर्म तथा संस्कृति के प्रचार को भी बल मिला है।

113. देशाटन का अर्थ है

    A. महत्वपूर्ण स्थानों के ऐतिहासिक, धार्मिक तथा सांस्कृतिक स्थानों का भ्रमण करना

    B. किसी स्थान की संस्कृति, भाषा और जीवन-दर्शन इत्यादि के बारे में ज्ञान प्राप्त करना

    C. व्यापार के लिए किसी स्थान की यात्रा करना

    D. (A) और (B) दोनों

114. देशाटन ..... समास का उदाहरण है

    A. तत्पुरुष   B. बहुब्रीहि   C. द्वन्द्व   D. अव्ययीभाव

115. यथोचित में कौन-सी स्वर संधि है?

    A. दीर्घ संधि   B. गुण संधि   C. यण संधि   D. अयादि संधि

116. यथोचित का संधि विच्छेद है

    A. यथा + उचित   B. यथा + ऊचित   C. यथः + उचित   D. यथा + चित

117. इस गद्य में 'इक' तद्धित प्रत्यय से बने शब्द हैं

    A. धार्मिक   B. सामाजिक   C. प्राकृतिक   D. उपर्युक्त सभी

118. 'देश-विदेश' .... समास का उदाहरण है

    A. तत्पुरुष   B. द्वन्द्व   C. कर्मधारय   D. अव्ययीभाव

119. 'चरैवेति चरैवेति' द्वारा निरंतर चलते रहने का आह्वान किस प्राचीन ग्रंथ में किया गया है?

    A. महाभारत   B. वेद   C. रामायण   D. पुराण

120. निम्नलिखित में से कौन-से यात्री भारत में देशाटन के लिए आए

    A. फाह्यान   B. वास्को-डि-गामा   C. नारद   D. (A) तथा (B)

121. देशाटन से .... का प्रचार-प्रसार हुआ

    A. बौद्ध धर्म   B. भारतीय वाणिज्य

    C. (A) तथा (B) दोनों   D. (A) तथा (B) दोनों ही नहीं

122. इस गद्यांश के लिए सर्वाधिक उपयुक्त शीर्षक है

    A. मानव की घुमक्कड़ प्रकृति   B. देशाटन का महत्व

    C. प्राचीन ग्रंथ और देशाटन   D. धर्म और देशाटन

अनुच्छेद - 21

आज हम इस असमंजस में पड़े हैं और यह निश्चय नहीं कर पाए हैं कि हम किस ओर चलेंगे ओर हमारा ध्येय क्या है? स्वभावतः ऐसी अवस्था में हमारे पैर लड़खड़ाते हैं। हमारे विचार में भारत के लिए और सारे संसार के लिए सुख और शान्ति का एक ही रास्ता है और वह है अहिंसा और आत्मवाद का। अपनी दुर्बलता के कारण हम उसे ग्रहण न कर सके, पर उसके सिद्धान्तों को तो हमें स्वीकार कर ही लेना चाहिए और उसके प्रवर्तन का इन्तजार करना चाहिए। यदि हम सिद्धान्त ही न मानेंगे तो उसके प्रवर्तन की आशा कैसे की जा सकती है? जहाँ तक मैंने महात्मा गांधी के सिद्धान्त को समझा है, वह इसी आत्मवाद और अहिंसा के जिसे वे सत्य भी कहा करते थे, मानने वाले और प्रवर्तक थे। उसे ही कुछ लोग आज गांधीवाद का नाम भी दे रहे हैं यद्यपि महात्मा गांधी ने बार-बार यही कहा था कि ''वे किसी नए सिद्धान्त या वाद के प्रवर्तक नहीं हैं और उन्होंने अपने जीवन में प्राचीन सिद्धान्तों को अमल कर दिखाने का यत्न किया।'' विचार कर देखा जाए, तो जितने सिद्धान्त अन्य देशों, अन्य-अन्य काल और स्थितियों में भिन्न-भिन्न नामों और धर्मों से प्रचलित हुए हैं, सभी अन्तिम और मार्मिक अन्वेषण के बाद इसी तत्त्व अथवा सिद्धान्त में समाविष्ट पाए जाते हैं। केवल भौतिकवाद इनसे अलग है। हमें असमंजस की स्थिति से बाहर निकलकर निश्चय कर लेना है कि हम अहिंसावाद, आत्मवाद और गांधीवाद के अनुयायी और समर्थक हैं न कि भौतिकवाद के। प्रेय और श्रेय में से हमें एक को चुनना हैं। श्रेय ही हितकर है, भले ही वह कठिन और श्रमसाध्य हो। इसके विपरीत प्रेय आरम्भ में भले ही आकर्षक दिखाई दे, उसका अन्तिम परिणाम अहितकर होता है।

123. लेखक के मत में विश्व में सुख-समृद्धि और शान्ति स्थापित हो सकती है

    A. अहिंसा और अनात्मवाद द्वारा

    B. अहिंसा और आत्मवाद द्वारा

    C. भौतिकवाद और आत्मवाद के समन्वय द्वारा

    D. अनिश्चय और असमंजस की स्थिति से उबर कर

124. हमारे पैर लड़खड़ाते हैं, क्योंकि हम

    A. अशक्त एवं दुर्बल हैं   B. भौतिकवाद में आस्था रखते हैं

    C. आत्मशक्ति में विश्वास नहीं रखते   D. लक्ष्यहीन और दिशाहीन हैं

125. अहिंसा एवं सत्य के मार्ग में सबसे बड़ी बाधा है

    A. हिंसा का दुर्दम्य होना   B. असत्य-मार्ग का सरल होना

    C. मनुष्य की अपनी दुर्बलता   D. सत्य मार्ग की दुर्गमता

126. किसी सिद्धान्त को न मानने का सबसे बड़ा कुपरिणाम यह है कि

    A. उस सिद्धान्त का कभी कार्यान्वयन न होना

    B. मनुष्य का सदैव असमंजस में पड़े रहना

    C. किसी ध्येय का निर्धारण न कर पाना

    D. सुख और समृद्धि से वंचित रह जाना

127. महात्मा गांधी जिस सिद्धान्त के प्रवर्तक थे, वह सिद्धान्त है

    A. श्रेय और प्रेय   B. भौतिकवाद एवं अनात्मवाद

    C. विज्ञान एवं अध्यात्मवाद   D. अहिंसा और आत्मवाद

128. विश्व के प्रमुख वाद और विचारधाराएं इस सिद्धान्त में समाहित हो जाती हैं

    A. करुणा में   B. अहिंसा में   C. सत्य में   D. विश्वशान्ति में

129. हमें किस दुविधा से स्वयं को मुक्त करना चाहिए?

    A. हिंसा और अहिंसा की   B. गांधीवाद और भौतिकवाद की

    C. युद्ध और शान्ति की   D. आत्मवाद और अनात्मवाद की

130. गांधीजी का मानना था कि वे

    A. सत्य और अहिंसा के प्रवर्तक हैं

    B. भौतिकवाद के संस्थापक हैं

    C. प्राचीन सिद्धान्तों को आचरण में ढाल रहे हैं

    D. प्राचीन सिद्धान्तों की व्याख्या कर रहे हैं

131. उक्त अवतरण का सर्वाधिक उपयुक्त शीर्षक हो सकता है

    A. जीवन का वास्तविक ध्येय   B. श्रेय और प्रेय

    C. आत्मवाद और भौतिकवाद   D. असमंजस और उससे मुक्ति

132. 'भौतिकवाद' से अभिप्राय उस सिद्धान्त से है जिसमें प्राधान्य रहता है

    A. सांसारिक सुख-साधनों का   B. प्रयोग और अन्वेषण का

    C. पंचभूतों की उपासना का   D. विज्ञान-सम्मत विचारधारा का

अनुच्छेद - 22

    मानव-जीवन के आदिकाल में अनुशासन की कोई संकल्पना नहीं थी और न आज की भाँति बड़े-बड़े नगर या राज्य ही थे। मानव जंगल में रहता था। 'जिसकी लाठी उसकी भैंस' वाली कहावत उसके जीवन पर पूर्णतः चरितार्थ होती थी। व्यक्ति पर किसी भी नियम का

बन्धन या किसी प्रकार के कर्तव्यों का दायित्व नहीं था, किन्तु इतना स्वतंत्र और **निरंकुश** होते हुए भी मानव प्रसन्न नहीं था। आपसी टकराव होते थे, अधिकारों-कर्तव्यों में संघर्ष होता था और नियमों की कमी उसे खलती थी। धीरे-धीरे उसकी अपनी ही आवश्यताओं की पूर्ति के लिए समाज और राज्य का उद्भव और विकास हुआ। अपने उद्देश्य की सिद्धि एवं आवश्यकताओं की पूर्ति के लिए मानव ने अन्ततः कुछ नियमों का निर्माण किया, उनमें से कुछ नियमों के पालन करवाने का अधिकार राज्य को और कुछ का अधिकार समाज को दे दिया गया। व्यक्ति के बहुमुखी विकास में सहायक होने वाले इन नियमों का पालन ही अनुशासन कहलाता है। अनुभव सबसे बड़ा शिक्षक होता है। समाज ने प्रारम्भ में अपने अनुभवों से ही अनुशासन के इन नियमों को सीखा, विकसित किया और सुव्यवस्थित किया होगा।

133. गद्यांश में गहरे काले शब्द से आशय ऐसे व्यक्ति से है

    A. जो किसी व्यवस्था को न माने   B. जिसका व्यवहार कुश जैसा न हो

    C. जो अहं भावना से ग्रस्त हो   D. जो निरपराध एवं निरभिमान हो

134. 'अनुशासन' से अभिप्रेत है

    A. शासन द्वारा निर्धारित नियमों की पहचान और परख

    B. व्यक्ति द्वारा अपने बहुमुखी विकास के लिए बनाए गए सामाजिक नियमों का पालन

    C. प्रजा पर शासक का पूर्णरूप से नियंत्रण जिससे राजव्यवस्था सुचारू बन सके

    D. शासित द्वारा शासक के आदेशों का सम्यक् रूप से पालन

135. इस गद्यांश का सर्वाधिक उपयुक्त शीर्षक हो सकता है

    A. जीवन का उद्देश्य   B. अनुशासन की संकल्पना

    C. जिसकी लाठी उसकी भैंस   D. आवश्यकता आविष्कार की जननी है

136. आदिकाल में मानव प्रसन्न नहीं था, क्योंकि

    A. उस काल में सामाजिक नियमों का निर्धारण नहीं हुआ था

    B. वह नगरों में न रहकर जंगलों में रहता था

    C. उसकी जीवन-आवश्यकताओं की पूर्ति नहीं हो पाती थी

    D. उसका जीवन और रहन-सहन सरल न था

137. इस गद्यांश का प्रतिपाद्य है कि मनुष्य को

    A. आवश्यकताओं की पूर्ति के लिए पशु बल का प्रयोग करना चाहिए

    B. अधिकारों के लिए संघर्ष करना चाहिए

    C. सामाजिक नियमों का पालन करना चाहिए

    D. स्वतंत्र और निरंकुश होना चाहिए

अनुच्छेद - 23

वास्तव में हृदय वही है जो कोमल भावों और स्वदेश प्रेम से ओतप्रोत हो। प्रत्येक देशवासी को अपने वतन से प्रेम होता है। चाहे उसका देश सूखा, गर्म या दलदलों से युक्त हो। देश-प्रेम के लिए किसी आकर्षण की आवश्यकता नहीं होती। बल्कि वह तो अपनी भूमि के प्रति मनुष्य मात्र की स्वाभाविक ममता है। मानव ही नहीं पशु-पक्षियों तक को अपना देश प्यारा होता है। संध्या-समय पक्षी अपने नीड़ की ओर उड़े चले जाते हैं। देश-प्रेम का अंकुर सभी में विद्यमान है। कुछ लोग समझते हैं कि मातृभूमि के नारे लगाने से ही देश-प्रेम व्यक्त होता है। दिन-भर वे त्याग, बलिदान और वीरता की कथा सुनाते नहीं थकते, लेकिन परीक्षा की घड़ी आने पर भाग खड़े होते हैं। ऐसे लोग स्वार्थ त्यागकर, जान जोखिम में डालकर देश की सेवा क्या करेंगे? आज ऐसे लोगों की आवश्यकता नहीं है।

138. देश-प्रेम का अंकुर विद्यमान है

    A. सभी मानवों में B. सभी प्राणियों में   C. सभी पक्षियों में   D. सभी पशुओं में

139. सच्चा देश-प्रेमी

    A. वीर सपूतों की कहानियाँ सुनाता है

    B. मातृभूमि का जयघोष करता है

    C. परीक्षा की कसौटी पर खरा उतरता है

    D. अपनी भूमि देश के लिए दान कर देता है

140. देश-प्रेम का अभिप्राय है

    A. देश के प्रति कोमल भावों का उदय

    B. अनथक प्रयत्न करके देश का उदय

    C. देशहित के लिए शत्रु से संघर्ष करना

    D. देश के प्रति व्यक्ति का स्वाभाविक ममत्व

141. संध्या समय पक्षी अपने घोंसलों में वापस चले जाते हैं, क्योंकि

    A. दिनभर घूमकर वे थक जाते हैं

    B. उन्हें रात को आराम करना है

    C. जानवर भी अपने निवास– स्थान को चले जाते हैं

    D. उन्हें अपना नीड़ प्यारा होता है

142. वही देश महान् है जहाँ के लोग

    A. शिक्षित और प्रशिक्षित हैं

    B. बेरोजगार तथा निरुद्यमी नहीं हैं

    C. कृषि और व्यापार से धनार्जन करते हैं

    D. त्याग और उत्सर्ग में सदा आगे रहते हैं

अनुच्छेद - 24

समस्त संसार के भिन्न-भिन्न राष्ट्रों और जातियों के इतिहास को देखने से मालूम हो जाता है कि राष्ट्रीयता का भाषा और साहित्य के साथ बहुत ही घनिष्ठ और गहरा सम्बन्ध है, ऐसा होना स्वाभाविक ही है, क्योंकि राष्ट्रीयता और जातीयता के अंगों में सबसे अधिक आवश्यक अंग एकता है और वह एकता किसी विषय विशेष में हो वह एकता जितनी व्यापक होगी, उतनी राष्ट्रीयता में स्थिरता होगी और वह शक्तिशाली होगी। भावों की एकता अन्य सब प्रकार की एकताओं का मूल है और यह भावों की एकता तभी हो सकती है जब वे विभिन्न व्यक्ति, जिनके द्वारा राष्ट्रीयता का निर्माण होता है, अपने भावों को एक-दूसरे पर व्यक्त न कर सकें। इस महान कार्य के लिए एक भाषा की अत्यन्त आवश्यकता है। साहित्य क्या है? साहित्य मानव जाति के उच्च-से-उच्च और सुन्दर-से-सुन्दर विचारों तथा भावों का वह गुच्छा है जिसकी बाहरी सुन्दरता और भीतरी सुगन्ध दोनों ही मन को मोह लेते हैं। कोई जाति तब तक बड़ी नहीं हो सकती, जब तक कि उसके भाव और विचार उन्नत न होंगे, तब उनका विकास उस जाति के साहित्य के रूप में हो सकता है। इसलिए जाति या राष्ट्र के साहित्य के उत्थान के साथ-साथ उस जाति या राष्ट्र की भी उन्नति और उत्थान का होना स्वाभाविक है। इस प्रकार साहित्य की अवनति उस जाति के पतन का अटल और अटूट प्रमाण है।

भारत के इतिहास को लीजिए, महाभारत, रामायण और उपनिषद् अवश्य ऐसे समय में लिखे गए थे, जब यह देश बहुत उन्नत था। यह कल्पना असम्भव नहीं, तो दुष्कर अवश्य है कि ऐसे ग्रन्थरत्न किसी असभ्य बर्बर जाति के आचार्यों द्वारा लिखे गए हों। जब बौद्धों का राज्य भारत में एक छोर से दूसरे छोर तक फैल गया और उनका प्रभुत्व तथा गौरव भारतवर्ष के बाहर भी पहुँच गया, तो पाली साहित्य की उन्नति भी उस साहित्य के साथ-ही-साथ बढ़ती गई।

143. राष्ट्रीयता और भाषा एवं साहित्य का गहरा सम्बन्ध है, क्योंकि

    A. राष्ट्रों और जातियों के इतिहास यही बताते हैं

    B. राष्ट्रीयता और जातीयता के अंगों में सबसे अधिक आवश्यक अंग एकता है

    C. राष्ट्रीयता साहित्य और भाषा का निर्माण करती है

    D. भाषा और साहित्य राष्ट्रीयता के दर्पण होते हैं

144. राष्ट्रीयता का शक्तिशाली होना निर्भर है

    A. एकता की व्यापकता पर   B. भाषा और साहित्य की शक्ति पर

    C. राष्ट्रवासियों के देशप्रेम पर   D. राष्ट्र के इतिहास पर

145. सब प्रकार की एकताओं का मूल है

    A. राष्ट्रीय भावना   B. साहित्य और भाषा की शक्ति

    C. भावों की एकता   D. साहित्य और राष्ट्रीयता का सम्बन्ध

146. किसी जाति के उन्नत होने के लिए अनिवार्य है

    A. राष्ट्रीय भावना   B. साहित्य श्रेष्ठता

    C. साहित्य में राष्ट्रीयता की अभिव्यक्ति   D. भाव और विचारों का उन्नत होना

147. साहित्य की अवनति प्रमाण है

    A. राष्ट्रीयता के पतन का   B. जातीय एकता के अभाव का

    C. जाति के पतन का   D. राष्ट्र के प्रति निष्ठा का

अनुच्छेद - 25

साहित्यकार की भूमिका जीवन और अमृत से जुड़ी है, संहार और गरल से नहीं। संहार और गरल तो राजनीतिज्ञ के जिम्मे हैं और वह बखूबी बड़े इत्मीनान से यह काम कर ही रहा है, तो आप भी उस भीड़ में क्यों जाकर जुड़ें! आप गरल में ही रुचि रखते हैं, तो आपका तरीका उससे भिन्न है। आप गरल का रसायन के रूप में व्यवहार करें, उसे रस रूप में दें, तो हमें कोई एतराज नहीं। रस रूप में गरल औषधि बन जाता है। अतः इस रूप में गरल साहित्य में स्वीकृत है। परन्तु औषधि औषधि है। वह मात्रा में दी जाती है। औषधि सम्पूर्ण भोजन नहीं बनाई जा सकती। वह तुष्टि-पुष्टि का स्रोत बन सकती है।

148. जीवन और अमृत से किसकी भूमिका जुड़ी है?

    A. ईश्वर की   B. रासायनिक की   C. राजनीतिज्ञ की   D. साहित्यकार की

149. संहार से तात्पर्य है

    A. यातना   B. विनाश   C. विभीषिका   D. विपत्ति

150. गरल साहित्य में किस रूप में स्वीकृत है?

    A. विष   B. रसायन   C. औषधि   D. रस

151. औषधि सम्पूर्ण भोजन नहीं बनाई जा सकती, क्योंकि

    A. उससे पेट नहीं भरता   B. महँगी होती है

    C. अप्राप्य हो सकती है   D. उसकी मात्रा निश्चित होती है

152. अनुच्छेद का उपयुक्त शीर्षक है

    A. जीवन और अमृत   B. साहित्यकार की भूमिका

    C. संहार और गरल   D. राजनीतिज्ञ की भूमिका

अनुच्छेद - 26

"अध्यापक, किसी भी अन्य स्तर से अधिक, सभ्यता के संरक्षक हैं। उन्हें सद्भावपूर्ण ज्ञान होना चाहिए कि सभ्यता क्या है और शिष्यों में सभ्य विचार भावना भरने की इच्छा होनी चाहिए। इस प्रकार हमारे सामने यह एक प्रश्न है कि सभ्य समुदाय का गठन किसके द्वारा होता है?

इस प्रश्न का उत्तर केवल पदार्थ परीक्षण को ध्यान में रखते हुए बड़ी सरलता से दिया जाएगा। एक देश सभ्य होता है जब उसके पास अधिक मशीनरी, अनेक मोटरकारें, बहुत्तर स्नानगृह एवं एक स्थान से अन्य स्थान तक आने-जाने के अनेक साधन होते हैं। ऐसी बातों को, मेरी राय में अत्यधिक आधुनिक मानव, अत्यधिक महत्व देते हैं। सबसे महत्वपूर्ण अर्थ में सभ्यता एक विचार वस्तु है, जीवित रहने के लिए शारीरिक पहलू से संलग्न सामग्री से सम्बन्धित नहीं है। यह आंशिक रूप में ज्ञान और भावना दोनों से सम्बद्ध है। जहाँ तक ज्ञान का सम्बन्ध है मनुष्य को वैश्विक समयबद्धता एवं स्थानीयता के संदर्भ में तत्कालीन वातावरण एवं स्वयं की सूक्ष्मता का भान होना चाहिए।

उसको चाहिए कि वह अपने देश को केवल अपना घर न समझकर विश्व के देशों में से एक समझे, जहाँ सभी को जीवित रहने, सोचने एवं अनुभव के समान अधिकार हैं, भूत एवं भविष्य के सन्दर्भ में उसे अपना वर्तमान देखना चाहिए और समझना चाहिए कि उसकी अपनी उलझनें/परेशानियाँ भविष्य के दिनों में अनजानी बन जाएंगी जैसे कि भूतकाल की घटनाएं आज हमें जान पड़ती हैं। विस्तृत दृष्टिकोण से देखने पर उसे भूगर्भीय कालों की एवं खगोलीय अन्तरहीन छिद्रों (गड्ढों) की विशालता के प्रति सजग होना चाहिए तथा सभी कुछ समझना चाहिए। यह नहीं समझना चाहिए कि यह अलग-अलग मानव भावना को कुचलने का एक भार है परन्तु यह एक विशाल दृश्य है जो यह सब सोचने वाले मस्तिष्क का विकास करता है। भावनाओं के पक्ष में यदि मनुष्य वास्तव में सभ्य है तो शुद्ध व्यक्तिगत की ओर से एक अति समान वृद्धि/विकास आवश्यक है।

मनुष्य जन्म से मृत्यु तक का मार्ग पार करता है। कभी उदार, कभी छीनने वाले और हीन, कभी वीरतापूर्ण, कभी कायरतापूर्ण तथा जो व्यक्ति सम्पूर्ण प्रक्रिया को ध्यान में लेता है उसके लिए अमुक बातें प्रशंसापात्र सिद्ध होती हैं। कुछ व्यक्ति मनुष्य जाति के प्रेम द्वारा प्रेरित हुए हैं। कुछ व्यक्तियों ने अद्भुत बुद्धिमत्ता द्वारा हम जिस संसार में जीवित हैं उसे समझने में हमारी सहायता की है और कुछ ने अनन्य समानता द्वारा सुन्दरता को जन्म दिया।

इन लोगों ने निर्दयता, क्रूरता तथा रूढ़िवादिता के लम्बे इतिहास को प्रकाश में लाने जैसे कुछ सकारात्मक भव्य कार्य का सूत्रपात किया। इन्होंने असभ्यता के छोटे-मोटे उपद्रवों के स्थान पर अपनी शक्ति से मानव जीवन की अच्छाई के लिए कार्य किए। सभ्य व्यक्ति जहाँ प्रशंसा नहीं कर सकता वहाँ धिक्कारने के स्थान पर समझने की ओर अधिक ध्यान देगा। वह बुरे कार्यों में लगे लोगों को धिक्कारने या उनसे घृणा के बजाए अमानुषी कारणों के उन्मूलन की खोज में अधिक ध्यान देगा। यह सब कुछ अपने अधीन युवकों तक अपने अध्यापन द्वारा पहुँचाएगा/सिखाएगा।

153. अध्यापक का कार्य क्या है?
  A. क्रूर एवं नृशंस लोगों के आक्रमण से सभ्यता की रक्षा
  B. सभ्यता के आवश्यक मूल्यों को बनाए रखना और विद्यार्थियों को उसकी शिक्षा देना
  C. सभ्यता का रूप (स्वभाव) परिवर्तित करना
  D. बुराई के अमानुषी कारणों की पुनः खोज करना

154. आधुनिक लोग, जिन्हें महत्व प्रदान करना चाहिए उन्हें छोड़कर किन बातों को अधिक महत्व देते हैं?
  A. मकान एवं स्वच्छता   B. ज्ञान
  C. भौतिक वस्तुएं   D. अंधविश्वास

155. किसी को स्वयं के जीवन काल को क्या समझना चाहिए?
  A. मानव इतिहास का एक छोटा-सा भाग
  B. भूतकालीन भ्रष्टाचार
  C. विश्व जीवन का सुनहरा काल
  D. प्रशंसा का विषय

156. जिसे अच्छा नहीं मान सकता, उसके प्रति सभ्य व्यक्ति की प्रतिक्रिया क्या होगी?
  A. हल्के रूप में इसे स्वीकार करना चाहिए
  B. इसे अस्वीकार करना चाहिए
  C. इसे समझने का प्रयास करना चाहिए
  D. इस पर ध्यान नहीं देना चाहिए

157. सभ्य समाज का निर्माण कौन करता है?
  A. मोटरकार, जहाज, रेलगाड़ियाँ और बस
  B. विश्व का ज्ञान तथा औरों के लिए सहानुभूति
  C. बुरे लोगों के प्रति घृणा
  D. धिक्कारने के बजाए समझने पर अधिक ध्यान केन्द्रित करना

158. व्यक्ति की अपने देश के प्रति क्या भावना होनी चाहिए?
  A. देशभक्ति
  B. उदासीनता
  C. संवेदनशीलता
  D. विश्व के समान अधिकारों वाले देशों में से एक

159. किसने मानव जीवन की गुणवत्ता का विकास किया?
  A. बुद्धिजीवियों ने
  B. कलाकारों ने
  C. कलाकारों, विद्वानों तथा मानव जाति के प्रेमियों ने
  D. मानव जाति के प्रेमियों ने

160. बुराइयों के प्रति सभ्य लोगों की क्या मान्यता है?

    A. वह समझने का प्रयास करते हैं और बुराई के कारणों को दूर करते हैं

    B. वह बुराई के प्रति उदासीन होते हैं

    C. वह बुराई करने वालों से घृणा करते हैं

    D. वह उनका शिकार बनते हैं

अनुच्छेद - 27

मनुष्य की बुद्धि ने जीवन और जगत के रहस्य को जानने और उसकी अंतर्निहित शक्तियों का उपयोग करने का अनेक सदियों पहले से जो उपक्रम किया है, उसके परिणामस्वरूप विविध ज्ञान शाखाओं के द्वार खुल गए हैं। दर्शन, गणित, ज्योतिष, आयुर्वेद, कला, शिल्प तथा खगोलशास्त्र आदि अनेक विद्या-शाखाओं तक मानव की ज्ञान-सीमा हजारों वर्ष पहले ही पहुँच चुकी थी। समय बीतने के साथ ज्यों-ज्यों मनुष्य के रागात्मक संबंध बनते-बिगड़ते गए उसके जीवन की संकुलता बढ़ती गई। प्रकृति तथा मानव-जीवन को लेकर मनुष्य स्वयं नए रहस्यों में उलझता ओर नए आविष्कार करता चला गया। यंत्र-युग ने हमारी अवधारणाओं को बदल डाला और उनका स्थान नई विद्याओं तथा नई तकनीकों ने ले लिया। एक विद्या शाखा के अंतर्गत गृहीत विचारों में से कुछ स्वतंत्र विद्या शाखा के रूप में विकसित होते गए। कालांतर में इन विद्या शाखाओं का पारस्परिक अंतरावलम्बन भी अधिकाधिक बढ़ता गया। आज ज्ञान के नित-नूतन अनंत विस्तार को वाणी देने का काम सरल नहीं रह गया है। आज प्रत्येक भाषा को विकासशील बनके संपूर्ण नए ज्ञान को समेटते हुए चलना है। इस दिशा में हिंदी भाषा में अनेक वैज्ञानिक एवं तकनीकी शब्द गढ़ने होंगे।

161. उपर्युक्त गद्यांश का सही शीर्षक है

    A. जीवन और जगत के रहस्य   B. ज्ञान शाखाओं के द्वार

    C. विद्या-शाखाओं में अंतरावलम्बन   D. विकास हेतु हिन्दी

162. मानव द्वारा जीव और जगत के रहस्य जानने के उपक्रम कब शुरू हुए?

    A. आधुनिक युग में   B. अनेक सदियों पूर्व

    C. वैदिक काल में   D. यंत्र युग में

163. निम्नोक्त में से कौन-सा ज्ञान हजारों वर्ष पूर्व मनुष्य की ज्ञान-सीमा में नहीं आया था?

    A. शिल्प शास्त्र   B. ज्योतिष शास्त्र   C. वैमानिकी शास्त्र   D. खगोल शास्त्र

164. नई विधाओं और नई तकनीकों का विकास तेजी से शुरू होने का काल था............।

    A. यंत्र युग   B. आधुनिक काल

    C. सैकड़ों वर्ष पहले   D. जब मानव का जन्म हुआ

165. नए ज्ञान को समेटते रहने के लिए हिन्दी भाषा को..........

    A. राष्ट्र भाषा घोषित किया जाए

    B. नई ज्ञान शाखाओं में प्रवेश दिया जाए

    C. निरंतर नई शब्दावली से सुसज्जित किया जाए

    D. ही शिक्षा का एकमात्र माध्यम बनाया जाए

अनुच्छेद - 28

इस किस्से का, या इतिहास के इस प्रसंग का सार क्या है? थोड़ा रूमानी और छायावादी रूप संदर्भ को अपराध शास्त्र के खून भरे परिभाषा शास्त्र में डालने की इजाजत दी जाय तो यह बात बिना किसी अकादमिक संकोच के कही जा सकती है कि कम से कम हत्या की हिंसा का मामला ऐसा है जहां हत्यारे और उसके शिकार के बीच कभी न कभी प्रेम, आसक्ति और सहमति का रिश्ता रहा होता है। मोहभंग से बड़ा और कोई विष नहीं होता और इसमें कहने की जरूरत नहीं कि पहली हत्या तो मोह की ही होती है और मोह मर गया तो फिर बचा ही क्या?

पढ़ने में शायद अजीब लगेगा पर हत्या के मामले में, अपवादों को छोड़ दिया जाए तो जो मारे जाते हैं उनकी भी काफी सक्रिय भूमिका अपने ही हनन में रहती है। अपराध शास्त्र के आदि सिद्धांतों में कहा ही गया है कि मरने वाला, मारने वाले के मन में असीम और कभी न पलट सकने वाली हिंसा का ज्वार जगाता है और कम से कम चालीस फीसदी मामलों में ऐसा होता है कि निर्णायक संघर्ष या षड्यंत्र शुरू होने तक यह तय नहीं होता कि असल में करने वाला कौन होगा और प्राण लेने वाली हिंसा का रूप क्या होगा? असम में एक मामला ऐसा भी पकड़ में आया था कि दो लोग एक-दूसरे को शराब में जहर मिलाकर मारने आए थे और एक-दूसरे से अपरिचित थे। दोनों ने एक-दूसरे के जाम में जहर मिलाया और सवेरे दोनों की लाशें एक साथ एक ही कमरे में पड़ी मिली।

166. उपर्युक्त गद्यांश का सही शीर्षक है

    A. प्रेम और शत्रुता   B. हत्या का समाज शास्त्र

    C. अपराध जगत्   D. हत्या के कारण

167. मृतक और हत्यारे के बीच पहले कौन-सा सम्बन्ध रहता है?

    A. प्रेम का   B. मोह का   C. भाई चारे का   D. आसक्ति का

168. हत्या के मामले में मृतक की क्या मानसिकता होती है?

    A. संघर्ष की   B. हिंसा की   C. धोखाधड़ी की   D. अज्ञान की

169. हत्या का क्या कारण है

    A. बदले की भावना   B. षड्यंत्र

    C. मोह भंग   D. धन

170. हत्यारा पहले किसे मारता है

A. दुश्मन को   B. अपने धर्म को   C. मोह को   D. अपने को

अनुच्छेद - 29

वर्तमान में धार्मिक, सामाजिक तथा आर्थिक साम्प्रदायिकताएं देश में अपनी चरम सीमा पर पहुँचती दृष्टिगोचर हो रही हैं और इन्होंने देश में दुश्मनों का-सा रूप धारण कर लिया है। यहां एक दो नहीं, बहुत सारे व्यक्ति ऐसे होंगे जो भारत का अन्न खाकर भी देश के अहित के बारे में सोचते हैं। उनकी देशभक्ति मात्र दिखाने की होती है। ऐसे लोगों को विदेशों से करोड़ों रुपयों की सहायता मिलती है और इसका प्रयोग देश की आन्तरिक व्यवस्था को डावाँडोल करने में किया जाता है।

इन भीतरी दुश्मनों के कारण देश की स्थिति का यह हाल है कि यदि दुर्भाग्यवश पड़ोसी देश के साथ युद्ध छिड़ जाए तो ये जयचन्द हमारे शत्रु को यहां के गुप्त रहस्य बताने के अतिरिक्त तोड़फोड़ एवं हिंसा के कार्यों में लगकर देश में अशांति का वातावरण उत्पन्न करने में नहीं हिचकिचाएंगे। आश्चर्य की बात है कि ज्यों-ज्यों लोग साम्प्रदायिकता के प्रति घृणा करते जाते हैं, त्यों-त्यों इसके क्षेत्र का विकास हुआ दिखाई पड़ता है। संसार का कोई भला मानस आज इसके पक्ष में नहीं है और सभी किसी-न-किसी रूप में इसे बहुधा कोसते रहते हैं। जिस प्रकार बीमारी का असली रूप और उसके मुख्य लक्षणों को बिना जाने उसका उपचार नहीं हो सकता ठीक उसी प्रकार जब तक साम्प्रदायिकता के सही रूप तथा कारणों को नहीं समझा जाता तब तक इसका उपचार होना सर्वथा असम्भव है।

मोम की आकृति से न रोशनी मिलती है न प्रेरणा, परन्तु जब इसमें आग का प्रवेश हो जाता है तो सारा खेल ही बदल जाता है। भारत की राष्ट्रीय आत्मा के भीतर आग नहीं है, ऐसा नहीं कह सकते, परन्तु आग दबी है और उसे प्रज्वलित करना पड़ेगा। इस आग में साम्प्रदायिकता की सभी बुराइयाँ भस्मीभूत हो जाएंगी।

हमें देशभक्ति की प्रसुप्त भावनाओं को पुनः जागृत करना होगा जिससे बलिदानों से प्राप्त हुई आजादी व राष्ट्र की अखण्डता को दृढ़ता के साथ स्थिर रखा जा सके।

171. इस गद्यांश का शीर्षक है

A. देशभक्ति

B. बढ़ती हुई साम्प्रदायिकता

C. देश के दुश्मन

D. धार्मिक उन्माद

172. वर्तमान में कौन-सी साम्प्रदायिकताएँ चरम सीमा पर हैं

A. धार्मिक   B. राजनीतिक   C. आर्थिक   D. तीनों

173. देश में दुश्मनी का रूप किसने धारण कर लिया?

A. महँगाई ने

B. व्यापक अशिक्षा ने

C. सामाजिक बुराईयों ने

D. साम्प्रदायिक तत्वों ने

174. देश को सबसे अधिक खतरा है
    A. सीमा पर दुश्मन से   B. अपने देश के जयचन्दों से
    C. तस्करों से   D. अशिक्षित जनता से

175. देश के भीतरी दुश्मन युद्ध व संघर्ष की दशा में
    A. देश छोड़कर भाग जाएंगे   B. देशभक्ति का दिखावा करेंगे
    C. आराम से रहेंगे   D. शत्रु को देश के गुप्त रहस्य बताएंगे

176. ज्यों-ज्यों लोग साम्प्रदायिकता से घृणा करते हैं
    A. त्यों-त्यों इसका क्षेत्र बढ़ता जाता है
    B. इसके विरुद्ध भाषण दिए जाते हैं
    C. इसका क्षेत्र घटता जाता है
    D. इस पर कानूनी रोक लगाने का प्रयत्न होता है

177. साम्प्रदायिकता को खत्म करने के लिए
    A. कानून द्वारा रोक लगाई जाए
    B. इस पर देश में बहस की जाए
    C. इसके मूल कारणों का पता लगाया जाए
    D. जनता को शिक्षित किया जाए

178. आज साम्प्रदायिकता के पक्ष में
    A. संसार का कोई भला व्यक्ति नहीं है   B. विदेशों के एजेण्ट हैं
    C. विरोधी पार्टी के लोग हैं   D. बेरोजगार युवक हैं

179. लेखक का दबी हुई आग से अर्थ है
    A. देशभक्ति की भावना   B. मोमबत्ती का प्रकाश
    C. निःस्वार्थ प्रेम की भावना   D. परोपकार का भाव

180. हमारी आजादी स्थिर रह सकती है यदि
    A. देश की जनता शिक्षित हो
    B. देश प्रेम की भावना हो
    C. देश के लिए बलिदान व त्याग करने की इच्छा हो
    D. उपर्युक्त तीनों

अनुच्छेद - 30

आज क्यों तेरी वीणा मौन

शिथिल शिथिल तन थकित हुए कर

स्पन्दन भी भुला जाता डर

मधुर कसक सा आज हृदय में

आन समाया कौन?

झुकती आती पलकें निश्चल

चित्रित निद्रित से तारक चल

सोता पाराबार दृगों में

भर-भर लाया कौन?

आज क्यों तेरी वीणा मौन?

181. इस कविता के रचयिता हैं

A. सुमित्रा नंदन पन्त

B. सुभद्रा कुमारी चौहान

C. महादेवी वर्मा

D. मीराबाई

182. नीरजा से उद्धृत इस कविता का आशय है

A. न जाने आज क्यों उनकी हृदयतंत्री बज नहीं रही

B. दुःखों से आपूरित हृदय तथा नेत्रों के अश्रुमय होने के बावजूद वीणा मौन क्यों है?

C. विरह व्यथा की कसक तन-मन को व्याकुल बना रही है, फिर भी आहें नहीं भरी जाती। रहस्य प्रकट करने में न जाने मैं क्यों असमर्थ हूँ

D. विरह व्यथा की कथा अकथनीय है

183. इस कविता का उपयुक्त शीर्षक होगा

A. सुधि बन छाया कौन

B. आज क्यों तेरी वीणा मौन

C. हृदय में आन समाया कौन

D. मौन वीणा का रहस्य

184. कवयित्री के बारे में यह निर्विवाद सत्य है कि वह

A. सर्वोत्कृष्ट कवयित्री थी

B. साधना में दूसरी मीरा थी

C. छायावादी भीड़ में न होकर अपनी विशिष्ट पहचान रखती थी

D. सुप्रसिद्ध छायावादी कवयित्री थी

185. भाव व्यंजना की दृष्टि से यह कविता

A. दुर्बोध रचना है

B. श्रेष्ठ रचनाओं में से एक है

C. आरम्भिक रचना है

D. प्रकृति चित्रण की दृष्टि से बेजोड़ है

अनुच्छेद - 31

सामान्यतः दुष्टों की वन्दना में या तो भय रहता है या व्यंग्य, परन्तु जहाँ हम हानि होने के पहले ही हानि के कारण की वन्दना करने लगते हैं वहाँ हमारी वन्दना के मूल में भय नहीं, बल्कि उसकी स्थायी दशा की आशंका है। इस वन्दना में दुष्टों को थपकी देकर सुलाने की

चाल है। जिससे विघ्न बाधाओं से जान बच सके। आशंका से उत्पन्न यह नम्रता गोस्वामी जी को आश्रय से आलंबन बना देती है। जब स्फुट अंशों के संचारी भावों तथा अनुभवों को छोड़कर वन्दना के पीछे निहित भावना की दृष्टि से देखते हैं, तो यह आश्रय से संक्रमित आलंबन का उदाहरण बन जाता है। संतों, देवताओं तथा राम की वन्दना पर्याप्त नहीं इसलिए दुष्टों की भी वन्दना की जाती है। इससे दुष्टों के महत्व की भायिक सृष्टि होती है और वह उन्हें और भी उपहास्य बना देती है।

186. दुष्ट वन्दना के पीछे लेखक का उद्देश्य है

    A. दुष्टों को लज्जित करना   B. दुष्टों को थपकी देकर सुलाना

    C. दुष्टों से अपना बचाव करना   D. दुष्टों का सहयोग प्राप्त करना

187. रामचरितमानस एक भक्ति काव्य है। इसमें दुष्ट वन्दना का रहस्य है

    A. तुलसी की व्यापक दृष्टि   B. तुलसी का सभी को राममय देखना

    C. तुलसी की उदारता   D. तुलसी का शील-सौजन्य

188. उपर्युक्त गद्यांश का शीर्षक हो सकता है

    A. तुलसी की दुष्ट वन्दना   B. तुलसी की उदारता

    C. तुलसी का मानवीय दृष्टिकोण   D. उपर्युक्त तीनों

189. देवताओं, महापुरुषों, सज्जनों के साथ दुष्टों की वन्दना इसलिए सार्थक कही जाएगी कि महाकवि तुलसी दास

    A. संत कवि थे

    B. उदारचेता थे

    C. हित-अनहित और अपने- पराए की भावना से ऊपर उठ चुके थे

    D. निर्वरता चाहते थे

190. जीवन में हास्य का महत्व इसलिए है कि वह जीवन को

    A. प्रेरणा देता है   B. आनन्दित करता है

    C. आगे बढ़ाता है   D. सरस बनाता है

अनुच्छेद - 32

लक्ष्मी थी या दुर्गा थी वह स्वयं वीरता की अवतार

देख मराठे पुलकित होते उसके तलवारों के वार

नकली युद्ध व्यूह की रचना और खेलना खूब शिकार

सैन्य घेरना, दुर्ग तोड़ना ये थे उसके प्रिय खेलवार

महाराष्ट्र कुल देवी उसकी भी आराध्य भवानी थी

बुन्देले हर बोलों के मुँह हमने सुनी कहानी थी

खूब लड़ी मरदानी वह तो झाँसी वाली रानी थी

191. उक्त पद्यांश का सही शीर्षक हो सकता है

    A. झाँसी की रानी   B. 1857 का गदर

    C. अंग्रेजों का आक्रमण   D. महाराष्ट्र की कुल देवी

192. इस कविता के कवयित्री का नाम है

    A. महादेवी वर्मा   B. सुभद्रा कुमारी चौहान

    C. तारा पाण्डेय   D. मीराबाई

193. इस कविता में प्रयोग किया गया रस है

    A. भक्ति   B. करुण   C. श्रृंगार   D. वीर

194. कवयित्री की अधिकांश रचनाएँ

    A. सामाजिक हैं   B. वात्सल्य पूर्ण हैं

    C. देशभक्ति पूर्ण हैं   D. धार्मिक हैं

195. 'खूब लड़ी मरदानी वह तो झाँसी वाली रानी थी' में 'मरदानी' शब्द का अर्थ है

    A. वीरांगना   B. पुरुषों जैसी   C. पुरुषत्व वान   D. लड़ाकू

अनुच्छेद - 33

सच्चे वीर अपने प्रेम के जोर से लोगों को सदा के लिए बाँध देते हैं। वीरता की अभिव्यक्ति कई प्रकार से होती है। कभी लड़ने-मरने से, खून बहाने से, तोप तलवार के सामने बलिदान करने से होती है, तो कभी जीवन के गूढ़ तत्त्व और सत्य की तलाश में बुद्ध जैसे राजा विरक्त होकर वीर हो जाते हैं। वीरता एक प्रकार की अन्तःप्रेरणा है। जब कभी उसका विकास हुआ तभी एक रौनक, एक रंग, एक बहार संसार में छा गई। वीरता हमेशा निराली और नई होती है। वीरों को बनाने के कारखाने नहीं होते। वे तो देवदार के वृक्ष की भाँति जीवन रूपी वन में स्वयं पैदा होते हैं और बिना किसी के पानी दिए, बिना किसी के दूध पिलाए बढ़ते हैं। "जीवन के केन्द्र में निवास करो और सत्य की चट्टान पर दृढ़ता से खड़े हो जाओ। बाहर की सतह छोड़कर जीवन के अन्दर की तहों में पहुँचो तब नए रंग खिलेंगे।" यही वीरता का संदेश है।

196. इस गद्यांश के लिए उपयुक्त शीर्षक होगा

    A. वीरता संस्मरण   B. सच्ची वीरता

    C. वीरों का उत्पन्न होना   D. देवदार और वीर

197. वीरता का संदेश क्या है

    A. यह संकल्प कि किसी भी हालत में युद्ध जीतना है

    B. बुद्ध जैसे राजा की भाँति विरक्त होना

C. उद्देश्य के लिए सच्चाई पर चट्टान की तरह अटल रहना

D. हमेशा नया और निराला रहना

198. वीरों की देवदार वृक्ष से तुलना की गई, क्योंकि दोनों

    A. खाना-पीना मिलने पर ही बढ़ते हैं

    B. का दिल उदार होता है

    C. सत्य का हमेशा पालन करते हैं

    D. स्वयं पैदा होते हैं और बिना किसी के दूध पिलाए बढ़ते हैं

199. निम्नलिखित में से कौन-सा रूप वीरता का नहीं है?

    A. क्रोध   B. युद्ध   C. त्याग   D. दान

200. वीरता का एक विशेष लक्षण है

    A. नयापन   B. नकल   C. हास्य   D. करुणा

अनुच्छेद - 34

अस्ताचल रवि, जल छल-छल छवि

स्तब्ध विश्वकवि, जीवन उन्मन

मन्द पवन बहती सुधि रह रह

परिमल की कह कथा पुरातन

      दूर नदी पर नौका सुन्दर

      दीखी मृदु तर बहती जयों स्वर

      वहाँ स्नेह की प्रतनु देह की

      बिना गेह की बैठी नूतन

ऊपर शोभित मेघ सत्र सित

नीचे अमित नील जल दोलित

ध्यान-नयन मन चिन्त्य-प्राण-धन

किया शेष रवि ने कर अर्पण

201. इस कविता का सार्थक शीर्षक हो सकता है

    A. दिवस का अवसान   B. दिवा-गमन

    C. अस्ताचल रवि   D. रवि का अर्पण

202. इस कविता में छायावादी कवि निराला ने

    A. प्रकृति का मनोरम चित्रण किया है

    B. अस्तगत सूर्य और उसकी प्रतीक्षा में रत् संध्या का वर्णन किया है

C. मादक भावनाओं की अभिव्यक्ति की है

D. सूर्यास्त का चित्रण किया है

203. इस पद्यांश में प्रयोग किया गया शब्द 'प्रतनु' अर्थ रखता है

A. प्रमुदित   B. क्षीण   C. मृत   D. प्रेत

204. पण्डित निराला हिन्दी के

A. श्रेष्ठ साहित्यकार थे

B. लेखक तथा कवि दोनों थे

C. समाजवादी कवि थे

D. प्रख्यात तथा सर्वोत्कृष्ट छायावादी कवि थे

205. उपर्युक्त पद्य में प्रयुक्त 'गेह' शब्द का प्रयोग अर्थ रखता है

A. गेहूँ   B. एक जीव   C. घर   D. द्वार

अनुच्छेद - 35

भूषण महाराज ने विषय और विशेषतया नायक चुनने में बड़ी बुद्धिमत्ता से काम लिया है। शिवाजी और छत्रसाल जैसे महानुभावों के पवित्र चरित्रों का वर्णन करने वाले की जितनी प्रशंसा की जाए थोड़ी है। शिवाजी ने एक जमींदार और बीजापुरधीश के नौकर के पुत्र होकर चक्रवर्ती राज्य स्थापित करने की इच्छा को पूर्ण कर दिखाया और छत्रसाल बुन्देला ने जिस समय मुगलों का सामना करने का साहस किया, उस उमय उसके पास केवल पाँच सवार और पच्चीस पैदल थे। इसी सेना से इस महानुभाव ने दिल्ली का सामना करने की हिम्मत की और मरते समय अपने उत्तराधिकारियों के लिए दो करोड़ वार्षिक मुनाफे का स्वतंत्र राज्य छोड़ा।

—भूषण ग्रंथावली

206. महाकवि भूषण दरबारी कवि थे। उनके आश्रयदाता राजा का नाम था

A. शिवाजी   B. छत्रसाल   C. औरंगजेब   D. वीर सिंह जूदेव

207. छत्रपति शिवाजी की प्रशस्ति में लिखे गए दो काव्य ग्रंथों के नाम हैं

A. शिवा बावनी, शिवराज भूषण

B. शिवा चरित्र, शिवा विलास

C. शिवा वैभव, शिवा चिन्तन

D. शिव कथा, शिवा विक्रम

208. इस गद्यांश का सार्थक शीर्षक हो सकता है

A. भूषण विवेक

B. भूषण की बुद्धिमत्ता

C. भूषण की कला

D. भूषण का काव्यनायक चयन

209. छत्रसाल बुन्देला ने जिस समय मुगलों का सामना किया, उस समय उनके पास थे

A. दो सवार और पाँच पैदल

B. पाँच सवार और पच्चीस पैदल

C. पच्चीस सवार और दो पैदल

D. पच्चीस सवार और पाँच पैदल

210. भूषण का प्रिय काव्य रस था

    A. करुण   B. शान्त   C. वीर   D. श्रृंगार

उत्तरमाला

1	2	3	4	5	6	7	8	9	10
D	C	B	D	C	C	D	C	A	B

11	12	13	14	15	16	17	18	19	20
D	D	A	A	C	A	B	C	A	D

21	22	23	24	25	26	27	28	29	30
D	D	B	C	C	B	D	B	D	C

31	32	33	34	35	36	37	38	39	40
A	A	D	B	A	D	A	D	B	C

41	42	43	44	45	46	47	48	49	50
A	D	B	C	B	C	B	A	B	B

51	52	53	54	55	56	57	58	59	60
A	B	B	D	A	D	C	C	A	A

61	62	63	64	65	66	67	68	69	70
B	B	C	C	C	A	B	C	A	C

71	72	73	74	75	76	77	78	79	80
B	A	D	B	D	A	B	D	A	C

81	82	83	84	85	86	87	88	89	90
A	C	A	B	D	C	B	A	D	C

91	92	93	94	95	96	97	98	99	100
B	A	A	C	D	A	B	D	A	B

101	102	103	104	105	106	107	108	109	110
B	C	C	B	B	B	C	C	D	D

111	112	113	114	115	116	117	118	119	120
C	A	D	A	B	A	D	B	B	D

121	122	123	124	125	126	127	128	129	130
A	B	B	D	D	A	D	C	B	C

131	132	133	134	135	136	137	138	139	140
B	A	A	B	B	A	C	B	C	D

141	142	143	144	145	146	147	148	149	150
D	D	D	A	C	D	C	D	B	C

151	152	153	154	155	156	157	158	159	160
D	B	B	C	D	C	A	D	D	A

161	162	163	164	165	166	167	168	169	170
D	B	C	A	C	B	A	A	A	C

171	172	173	174	175	176	177	178	179	180
B	D	D	B	D	A	C	A	A	B

181	182	183	184	185	186	187	188	189	190
C	A	B	B	B	B	B	C	D	D

191	192	193	194	195	196	197	198	199	200
A	B	D	C	C	B	C	D	A	A

201	202	203	204	205	206	207	208	209	210
C	B	B	B	C	A	A	B	B	C

अध्याय 15

रस एवं अलंकार

अलंकार का शाब्दिक अर्थ है—आभूषण या गहना। जिस प्रकार शरीर की शोभा को बढ़ाने के लिए लोग आभूषण धारण करते हैं उसी प्रकार काव्य की शोभा को बढ़ाने के लिए जिस शब्द का प्रयोग किया जाता है, उसे अलंकार कहते हैं। किसी ने सच ही कहा है कि ''काव्य शोभा करान् धर्मानलंकार पुत्रक्षते!'' अर्थात् काव्य की शोभा बढ़ाने वाले धर्म या गुण को अलंकार कहते हैं। इसके प्रयोग से काव्य में अर्थ व भाषा की दृष्टि से चार चाँद लग जाते हैं। वहीं दूसरी ओर कविता में रस का प्रयोग श्रोता या पाठक को आत्म-विभोर कर देता है। रस किसी पद्य में ऐसे तत्त्व का समावेश करता है जो पाठक के हृदय में ऐसे आनंद का संचरण करता है जिसे वह सिर्फ महसूस कर पाता है किन्तु मुँह से या शब्दों से उसकी व्याख्या नहीं कर पाता। प्रस्तुत अध्याय छात्रों की परीक्षाओं को ध्यान में रखते हुए तैयार किया गया है ताकि वे इसे पढ़कर अच्छे अंक अर्जित कर सकें।

निर्देश : *निम्नलिखित प्रश्नों में दिए गए वाक्यों में प्रयुक्त अलंकार के भेद का चयन उसके नीचे दिए विकल्पों में से कीजिए।*

1. कुन्द इन्दु सन देह, उमा रमन, करुणा 'अयन' में कौन–सा अलंकार है?
   A. श्लेष   B. उपमा
   C. अनुप्रास   D. रूपक

2. 'काली लहर कल्पना काली
   मेरी काल कोठरी काली'
   में कौन-सा अलंकार है?
   A. अनुप्रास   B. रूपक
   C. श्लेष   D. उपमा

3. ''लाल चेहरा है नहीं, फिर, लाल किसके'', में कौन-सा अलंकार है?
   A. यमक   B. रूपक
   C. उपमा   D. अनुप्रास

4. 'कनक-कनक ते सौ गुनी मादकता अधिकाय' में कौन-सा अलंकार है?
   A. यमक   B. श्लेष
   C. अनुप्रास   D. उपमा

5. 'हरिपद कोमल कमल से' में उपमा का कौन-सा भेद है?
   A. लुप्तोपमा
   B. मालोपमा
   C. पूर्णोपमा
   D. इनमें से कोई नहीं

6. रंग-रूप, गुण-धर्म की समानता के कारण किसी वस्तु में दूसरी वस्तु का सन्देह होने पर कौन-सा अलंकार होता है?
   A. भ्रान्तिमान
   B. सन्देह
   C. प्रतीप
   D. अतिशयोक्ति

7. संपत्ति चकई भरतु चक मुनि आयसु खेलवार

तेहि निसि आश्रम पिंजराँ राखे भाभिनुसार।

सम्पत्ति चकई में अलंकार बताइए।

A. उपमा   B. रूपक
C. संदेह   D. कोई नहीं

8. बीती विभावरी जाग री

अम्बर-पनघट में डूबो रही तारा घट उषा-नागरी।।

प्रस्तुत पंक्तियों में कौन-सा अलंकार है?

A. उपमा   B. रूपक
C. उत्प्रेक्षा   D. यमक

9. 'रघुपति राघव राजा राम' में निम्नलिखित में से किस अलंकार का प्रयोग किया गया है?

A. यमक   B. अनुप्रास
C. उपमा   D. उत्प्रेक्षा

10. एक शब्द के अनेक अर्थ होने पर कौन-सा अलंकार होता है?

A. उपमा   B. रूपक
C. श्लेष   D. यमक

11. ज्यों-ज्यों बढ़े स्याम रंग त्यों-त्यों उज्ज्वल होय। इसमें अलंकार है

A. अतिशयोक्ति   B. विशेषोक्ति
C. विरोधाभास   D. उत्प्रेक्षा

12. इस काल मारे क्रोध के, तनु काँपने उनका लगा।

मानो हवा के जोर से, सोता हुआ सागर जगा।।

A. उपमा
B. रूपक
C. उत्प्रेक्षा
D. अतिशयोक्ति

13. हनुमान की पूँछ में लगन न पाई आग।
लंकार सिगरी जल गई, गए निसाचर भाग।।

A. श्लेष   B. रूपक
C. अतिशयोक्ति   D. विरोधाभास

14. पीपर पात सरिस मन डोला।

A. उपमा   B. उत्प्रेक्षा
C. रूपक   D. उल्लेख

15. ध्वनि-मयी कर के गिरि-कंदरा।
कलित-कानन केलि-निकुंज को।

A. छेकानुप्रास   B. वृत्त्यानुप्रास
C. लाटानुप्रास   D. यमक

16. माला फेरत युग गया,
फिरा न मन का फेर।
कर का मनका डारि दे,
मन का मनका फेर।।

A. अनुप्रास   B. श्लेष
C. यमक   D. रूपक

17. या मुरली मुरलीधर की अधरान-धरी अधरान धरौंगी।

A. रूपक   B. यमक
C. उपमा   D. उत्प्रेक्षा

18. नदियाँ जिनकी यशधारा-सी
बहती हैं अब भी निशि-वासर।।

A. श्लेष   B. उत्प्रेक्षा
C. रूपक   D. उपमा

19. कहे कवि बेनी ब्याल की चुराई लीनी।

A. यमक   B. श्लेष
C. अतिशयोक्ति   D. रूपक

20. सब प्राणियों के मत्तमनोमयूर अहा नच रहा।

   A. उपमा   B. रूपक

   C. श्लेष   D. उत्प्रेक्षा

21. मखमल के झूले पड़े हाथी-सा टीला।

   A. उल्लेख   B. उत्प्रेक्षा

   C. उपमा   D. रूपक

22. ''पराधीन जो जन, नहीं स्वर्ग, नरक ता हेतु।

पराधीन जो जन नहीं, स्वर्ग नरक ता हेतु।।

   A. अनुप्रास   B. यमक

   C. श्लेष   D. उपमा

23. जोगी जटिल अकाम मन मनन अमंगल वेष।

अस स्वामी एहि कहं मिलिहि, परी हस्त असि रेख।।

   A. श्रृंगार   B. वीभत्स

   C. भयानक   D. रौद्र

24. ''मुख रूपी चाँद पर राहु भी धोखा खा गया'' पंक्तियों में अलंकार है

   A. श्लेष   B. वक्रोक्ति

   C. उपमा   D. रूपक

25. ''मूक होई वाचाल पंगु चढ़ाई गिरिवर गहन।

जसु कृपा सो दयाल, द्रवहु सकल कलिमल दहन।।''

प्रस्तुत पंक्तियों में कौन-सा छंद है?

   A. दोहा   B. चौपाई

   C. सोरठा   D. बरवै

26. अनुराग तड़ाग में भानु उदै बिगसी मानो कंज कली में कौन सा रस है?

   A. श्रृंगार रस

   B. भक्ति रस

   C. शांत रस

   D. इनमें से कोई नहीं

27. 'रुदन का हँसना ही तो गान'—पंक्ति में कौन-सा अलंकार है?

   A. विरोधाभास   B. विभावना

   C. असंगति   D. दीपक

28. ''देखो दो-दो मेघ बरसते, मैं प्यासी की प्यासी'—पंक्ति में कौन-सा अलंकार है?

   A. विशेषोक्ति   B. विभावना

   C. अनुप्रास   D. यमक

29. किस रस का संचारी भाव उग्रता, गर्व, हर्ष आदि है?

   A. श्रृंगार   B. वीर

   C. वात्सल्य   D. रौद्र

30. फूले कास सकल महि छाई।

जनु बरसा रितु प्रकट बुढ़ाई।।

   A. उत्प्रेक्षा   B. उपमा

   C. रूपक   D. श्लेष

31. ''रावन सिर सरोज—बनचारी

चल रघुवीर सिलीमुखी धारी।''

में कौन-सा अलंकार है?

   A. रूपक   B. श्लेष

   C. उपमा   D. उत्प्रेक्षा

32. जहाँ बिना कारण के कार्य का होना पाया जाए वहाँ कौन-सा अलंकार होता है?

   A. विरोधाभास

   B. विशेषोक्ति

   C. विभावना

   D. भ्रांतिमान

33. जहाँ उपमेय में अनेक उपमानों की शंका होती है वहाँ कौन-सा अलंकार होता है?

A. यमक   B. श्लेष
C. भ्रांतिमान   D. संदेह

34. ''भारत के सम भारत है'' में कौन-सा अलंकार है?

A. रूपक   B. अनन्वय
C. उपमा   D. यमक

35. ''पूत कपूत तो क्यों धन संचय
पूत सपूत तो क्यों धन संचय।।''

A. छेकानुप्रास   B. लाटानुप्रास
C. वृत्यानुप्रास   D. अन्त्यानुप्रास

36. ''उसी तपस्वी से लम्बे थे, देवदार दो चार खड़े।।''

इस पंक्ति में कौन-सा अलंकार है?

A. अनुप्रास   B. प्रतीप
C. रूपक   D. यमक

37. ''रहिमन पुतरी श्याम, मनहु जलज मधुकर लसै।''

प्रस्तुत पंक्ति में कौन-सा अलंकार है?

A. रूपक   B. उत्प्रेक्षा
C. यमक   D. उपमा

38. ''उदित उदय गिरि मंच पर,
रघुवर बाल पतंग।
विकसे संत सरोज सब,
हरषे लोचन भृंग।।''

इन पंक्तियों में प्रयुक्त अलंकार का नाम बताइए

A. उपमा   B. उत्प्रेक्षा
C. श्लेष   D. रूपक

39. 'कोई चाहे या न चाहे, मूक सी इस जिन्दगी को, शंख सा बजना पड़ेगा' इस उद्धरण में प्रयुक्त अलंकार है

A. उपमा   B. रूपक
C. प्रतीप   D. श्लेष

40. सती दीख कौतुक मग जाता।
आगे राम सहित श्री भ्राता।
फिरि चितवा पाछें प्रभु देखा।
सहित बंधु सियसुंदर वेषा।

A. श्रृंगार   B. भयानक
C. वीर   D. अद्भुत

41. ''तरिन तनूजा तट तमाल तरुवर बहु छाये'' में कौन-सा अलंकार है?

A. उत्प्रेक्षा   B. उपमा
C. यमक   D. अनुप्रास

निर्देश : *निम्नलिखित पंक्तियों से सम्बन्धित प्रश्न के उत्तर दीजिए।*

*हृदय सिंधु मति सीप समाना।
स्वाँति सारत कहहिं सुजाना।
जौ बरबई बरवारि विचारू।
होहि कविता मुकुता मनि चारू।।*

42. हृदय सिंधु में अलंकार है

A. उपमा   B. श्लेष
C. रूपक   D. वक्रोक्ति

43. सीप समाना में अलंकार है

A. उपमा   B. श्लेष
C. रूपक   D. अन्योक्ति

44. 'मेरी भव बाधा हरौ,
राधा नागरि सोई।
जो तन की झाई परत,
स्यामु हरित दुति होई।।'

उपरोक्त पद में कौन-सा अलंकार होता है

A. उपमा B. रूपक
C. यमक D. श्लेष

निर्देश : *निम्नलिखित पंक्तियों से सम्बन्धित प्रश्न के उत्तर दीजिए।*

चारू चन्द्र की चंचल किरणें

खेल रही हैं जल थल में

स्वच्छ चाँदनी बिछी हुई है

अवनि और अम्बर तल में

45. इन पंक्तियों में अलंकार बताइए

A. उपमा

B. रूपकातिशयोक्ति

C. वृत्यानुप्रास

D. छेकानुप्रास

46. 'आशाओं की करवट

फिर सुप्त व्यथा का जगना'

इस पंक्तियों में अलंकार है

A. उपमा

B. रूपक

C. उत्प्रेक्षा

D. मानवीकरण

47. बढ़त-बढ़त सम्पत्ति-सलिल मन-सरोज बढ़ जाए

सम्पत्ति-सलिल में अलंकार है

A. रूपक B. उपमा
C. उत्प्रेक्षा D. श्लेष

48. बढ़त-बढ़त में अलंकार है

A. यमक

B. पुनरुक्ति प्रकाश

C. वक्रोक्ति

D. श्लेष

49. ''नहिं पराग नहिं मधुर मधु, नहिं विकास येहि काल।

अली कली ही सों बंध्यो, आगे कौन हवाल।।

में कौन-सा अलंकार है?

A. अतिशयोक्ति B. अन्योक्ति
C. विशेषोक्ति D. रूपक

नीचे दी गई पंक्तियों के संदर्भ में प्रश्नों के उत्तर दीजिए

भरतहि होई न राजमदु विधि हरि हर पद पाइ।

कबहुँ कि काँजी सीकरनि छीर सिंधु बिनसाइ।।

50. इसमें अलंकार है

A. उदाहरण B. उपमा
C. दृष्टान्त D. रूपक

नीचे दी गई पंक्तियों के संदर्भ में प्रश्नों के उत्तर दीजिए

मो सम कौन कुटिल खल कामी?

51. मो सम में अलंकार है?

A. उत्प्रेक्षा B. उपमा
C. रूपक D. उत्प्रेक्षा

52. खल का अर्थ है

A. पापी

B. अपराधी

C. दुष्ट

D. इनमें से कोई नहीं

53. 'तिय लिलार बेंदी दिए अगनित बढ़त उदोत' में अलंकार है

A. अत्युक्ति

B. विरोधाभास

C. अतिशयोक्ति

D. अन्योक्ति

54. काव्य का अस्थिर धर्म क्या है?

    A. रस   B. शब्दशक्ति

    C. अलंकार   D. छंद

55. ''रहिमन जो गति दीप की,

कुल कपूत गति सोय।

बारे उजियारे लगै,

बढै अंधेरो होय।।''

इस दोहे में कौन-सा अलंकार है?

    A. श्लेष   B. यमक

    C. रूपक   D. अपह्नुति

56. ''मेरे तो गिरिधर गोपाल दूसरो न कोई।

जाके सिर मोर मुकुट मेरो पति सोई।।''

में किस रस की अभिव्यक्ति है?

    A. हास्य   B. करुण

    C. श्रृंगार   D. शान्त

57. साड़ी बीच नारी है कि नारी बीच साड़ी है। इसमें कौन-सा अलंकार है?

    A. यमक   B. वक्रोक्ति

    C. संदेह   D. श्लेष

58. ''राग है कि, रूप है कि

रस है कि, जल है कि

तन है कि, मन है कि

प्राण है कि, प्यारी है''

उपर्युक्त पंक्तियों में रस है

    A. श्रृंगार   B. वात्सल्य

    C. अद्भुत   D. शान्त

59. किस रस का संचारी उद्दीपन विभाव बादल की घटाएँ, कोयल का बोलना, बसन्त ऋतु आदि होते हैं?

    A. श्रृंगार   B. वात्सल्य

    C. अद्भुत   D. शान्त

60. ''सोहत कर नवनीत लिए

घुटुरुन चलत रेनु तन मंडित

मुख दधि लेप किए।''

उपर्युक्त पंक्तियों में रस है

    A. श्रृंगार

    B. रौद्र

    C. शान्त

    D. वात्सल्य

61. मारवे रदपदखन कुटिल भई भौंहें।

हृदयत फरकत नैन रिसौंहें।

    A. वीर रस

    B. रौद्र रस

    C. भयानक रस

    D. वीभत्स रस

62. ''किलक अरे मैं नेह निहारूँ।

इन दाँतों पर मोती वारूँ।।

इस पद्यांश में कौन-सा रस है?

    A. वात्सल्य   B. हास्य

    C. वीर   D. शांत

63. जिस वस्तु या व्यक्ति के कारण स्थायी भाव जाग्रत होता है, उन्हें कहते हैं

    A. उद्दीपन

    B. आलम्बन

    C. अनुभाव

    D. संचारी भाव

64. 'झांसी की रानी' कविता में रस है

    A. वीर रस

    B. भक्ति रस

    C. शान्त रस

    D. हास्य रस

65. 'दिनकर' किस रस के कवि माने जाते हैं?

    A. श्रृंगार रस
    B. वीर रस
    C. करुण रस
    D. रौद्र रस

66. रामचरितमानस का प्रधान रस है

    A. वीर   B. भक्तिरस
    C. शान्त   D. श्रृंगार

67. चौपाई के चारों चरणों में कितनी मात्राएँ होती हैं?

    A. तेरह   B. सत्रह
    C. चौदह   D. सोलह

68. छंद कितने प्रकार के होते हैं?

    A. तीन   B. दो
    C. पाँच   D. चार

69. दोहा के प्रथम और तृतीय चरण में कितनी मात्राएँ होती हैं?

    A. ग्यारह   B. बारह
    C. चौदह   D. तेरह

70. जहाँ किसी वस्तु का लोक-सीमा से इतना बढ़कर वर्णन किया जाए कि वह असम्भव की सीमा तक पहुँच जाए, वहाँ अलंकार होता है—

    A. अतिशयोक्ति
    B. विरोधाभास
    C. अत्युक्ति
    D. उत्प्रेक्षा

71. दोहे और रोले को क्रम से मिलाने पर कौन-सा छंद बनता है?

    A. हरिगीतिका
    B. कुण्डलियाँ

    C. सवैया
    D. बरवै

72. ''अवधि शिला का उर पर था गुरु भार। तिल-तिल काट रही थी दृग जल धार।।'' प्रस्तुत पंक्तियों में कौन-सा छंद है?

    A. दोहा   B. सोरठा
    C. रोला   D. बरवै

73. 'कमल' शब्द का गण बताएं

    A. नगण   B. जगण
    C. मगण   D. रगण

74. आचार्य मम्मट के अनुसार रस कितने हैं?

    A. नौ   B. ग्यारह
    C. दस   D. बारह

75. किस छन्द में वर्ण या मात्रा की गणना नहीं की जाती है?

    A. वर्णिक छन्द
    B. मात्रिक छन्द
    C. मुक्त छन्द
    D. इनमें से कोई नहीं

76. मात्रिक छंद नहीं है

    A. दोहा   B. चौपाई
    C. सोरठा   D. सवैया

77. जहाँ एक ही शब्द के अनेक अर्थ व्यंजित हों, वहाँ कौन-सा अलंकार होता है?

    A. श्लेष   B. यमक
    C. उत्प्रेक्षा   D. रूपक

78. जग मय मगन भई बानी इसमें कौन-सा रस है?

    A. रौद्र   B. वीर
    C. भयानक   D. अद्भुत

79. निम्नलिखित पंक्तियों में रस बताइए

मेरो सब पुरुषारथ पाको

विपति कटावन बंधु बाहु बिन करों भरोसो काको

  A. श्रृंगार   B. वीर

  C. शांत   D. करुण

80. 'जगुप्सा' किस रस का स्थायी भाव है?

  A. भयानक   B. वीभत्स

  C. शांत   D. अद्भुत

81. श्रृंगार रस का स्थायी भाव बताइए

  A. स्नेह   B. प्रेम

  C. उत्साह   D. रति

82. बालक के प्रति प्रेम को क्या कहते हैं?

  A. स्नेह   B. अनुराग

  C. वात्सल्य   D. विराग

83. निम्नलिखित में कौन-सा शब्दालंकार है?

  A. उपमा

  B. रूपक

  C. यमक

  D. उत्प्रेक्षा

84. ''मन पछितैहै अवसर बीते।

दुर्लभ देह पाइ हरि पद भजु, करम, वचन अरु नीके।।''

इन पंक्तियों में कौन-सा रस है?

  A. करुण

  B. शांत

  C. भक्ति

  D. वात्सल्य

85. आदिकाल के हिन्दी साहित्य में 'रासो' का क्या अर्थ है?

  A. वीर काव्य

  B. विविध रसों का मिश्रित काव्य

  C. रहस्यपरक काव्य

  D. 'रास' अर्थात् 'नृत्य' परक काव्य

86. जहाँ शब्दों, शब्दांशों या वाक्यांशों की आवृत्ति हो, किन्तु उनके अर्थ भिन्न हों, वहाँ निम्नलिखित अलंकार है

  A. श्लेष   B. वक्रोक्ति

  C. यमक   D. रूपक

87. ''वही मनुष्य है कि जो मनुष्य के लिए मरे'' में कौन-सा अलंकार है?

  A. रूपक

  B. यमक

  C. वक्रोक्ति

  D. लाटानुप्रास

88. ''ऊधव मोहिं बृज विसरत नाहीं'' में कौन-सा रस है?

  A. श्रृंगार रस   B. हास्य रस

  C. वीर रस   D. करुण रस

89. वीर रस का स्थायी भाव क्या होता है

  A. रति   B. उत्साह

  C. हास्य   D. परिहास

90. ''उस काल मारे क्रोध के, तन काँपने उसका लगा।

मानो हवा के जोर से, सोता हुआ सागर जगा।''

प्रस्तुत पंक्तियों में कौन-सा रस है?

  A. वीर रस

  B. रौद्र रस

  C. अद्भुत रस

  D. करुण रस

उत्तरमाला

1	2	3	4	5	6	7	8	9	10
B	B	A	A	C	B	B	B	B	D

11	12	13	14	15	16	17	18	19	20
C	C	C	A	B	C	C	D	A	B

21	22	23	24	25	26	27	28	29	30
C	A	C	D	C	A	B	A	B	A

31	32	33	34	35	36	37	38	39	40
B	C	D	B	B	B	B	D	B	D

41	42	43	44	45	46	47	48	49	50
D	C	A	D	C	D	A	B	B	C

51	52	53	54	55	56	57	58	59	60
B	C	C	C	A	C	C	C	A	D

61	62	63	64	65	66	67	68	69	70
B	A	B	A	B	C	D	A	D	C

71	72	73	74	75	76	77	78	79	80
B	D	A	A	C	D	A	C	D	B

81	82	83	84	85	86	87	88	89	90
D	C	C	B	A	C	D	A	B	B

अध्याय 16

लेखक और उनकी रचनाएँ

इस अध्याय के माध्यम से छात्रों व पाठकों के लिए हिन्दी के महान लेखकों व उनकी रचनाओं पर आधारित प्रश्नों को अवतरित किया गया है। ये प्रश्न नमूने के तौर पर इस पुस्तक के द्वारा आप तक पहुँचाये जा रहे हैं। आप से आग्रह है कि आप अन्य लेखक व उनकी रचनाओं की एक सूची तैयार कर लें जिससे आपको याद रखने में आसानी होगी।

निर्देश : *निम्नलिखित प्रश्नों में दी गई रचना के रचयिता के नाम का चयन दिए गए चार विकल्पों में से कीजिए*

1. गबन
   - A. श्यामसुन्दर दास
   - B. रामचन्द्र शुक्ल
   - C. मुंशी प्रेमचन्द
   - D. इनमें से कोई नहीं

2. कुरुक्षेत्र
   - A. रामधारी सिंह दिनकर
   - B. भारतेन्दु हरिश्चन्द्र
   - C. गांधी
   - D. केशवदास

3. चित्रलेखा
   - A. यशपाल
   - B. भगवतीचरण वर्मा
   - C. सुमित्रानन्दन पन्त
   - D. अमृतलाल नागर

4. यामा
   - A. मीराबाई
   - B. महादेवी वर्मा
   - C. सुभद्रा कुमारी चौहान
   - D. सुमित्रानन्दन पंत

5. 'गीतांजलि
   - A. महादेवी वर्मा
   - B. प्रेमचन्द
   - C. रबीन्द्रनाथ टैगोर
   - D. कल्हण

6. नीचे दिए गए अवतरण के रचयिता के नाम का चयन कीजिए

   'जाकी रही भावना जैसी।

   प्रभु मूरत देखी देखी तिन तैसी।।''
   - A. सूरदास
   - B. मीराबाई
   - C. तुलसीदास
   - D. गिरिधर

7. कोकिल कवि विद्यापति की 'पदावली' कौन-सी भाषा में रचित है?
   - A. मैथिली
   - B. अवधि
   - C. ब्रजभाषा
   - D. बघेली

8. काव्य क्षेत्र में 'प्रबन्ध शिरोमणि' की उपाधि किसे दी गई है?
   - A. सूर्यकान्त त्रिपाठी
   - B. हरिवंशराय बच्चन
   - C. मैथिलीशरण गुप्त
   - D. हरिऔध

9. बच्चनजी ने प्रथम बार जीवन और मानवीयता के प्रति अपने प्रौढ़ भावों की वाणी किस कृति में दी
   A. प्रणय पत्रिका
   B. आरती और अंगारे
   C. मधुशाला
   D. धार के इधर-उधर

10. भारतेन्दु किसकी उपाधि है?
   A. जयशंकर प्रसाद
   B. सोहन लाल द्विवेदी
   C. हरिश्चन्द्र
   D. मैथिली शरण गुप्त

11. दिनकर किसका उपनाम है?
   A. प्रताप नारायण मिश्र
   B. अयोध्या सिंह उपाध्याय
   C. रामधारी सिंह
   D. महाकवि भूषण

12. नासिकेतोख्यान के लेखक का नाम है
   A. लल्लू लाल
   B. सदल मिश्र
   C. मुंशी सदासुख लाल
   D. राजा लक्ष्मण सिंह

13. पल्लव किसका प्रमुख ग्रन्थ है?
   A. जयशंकर प्रसाद
   B. महादेवी वर्मा
   C. गिरिजा कुमार माथुर
   D. सुमित्रानंदन पंत

14. कृष्ण गीतावली किसकी रचना है?
   A. सूरदास
   B. मीराबाई
   C. तुलसीदास
   D. नंददास

15. हिन्दी की पहली कहानी लेखिका का नाम है
   A. बंग महिला
   B. सत्यवती
   C. चन्द्र किरन
   D. चन्द्र कान्ता

16. हिन्दी साहित्य में प्रयोगवाद के प्रवर्तक का नाम है
   A. निराला
   B. अज्ञेय
   C. सुमित्रानन्दन पंत
   D. जयशंकर प्रसाद

17. प्रेमचन्द का निधन किस वर्ष में हुआ था?
   A. 1908
   B. 1927
   C. 1930
   D. 1936

18. निम्नलिखित में से कौन-सा संत कवि अनपढ़ नहीं है?
   A. कबीरदास
   B. दादू दयाल
   C. रैदास
   D. सुन्दरदास

19. निम्नलिखित में से कौन-सी कहानी प्रेमचन्द की नहीं है?
   A. ईदगाह
   B. भाईसाहब
   C. छोटा जादूगर
   D. मिस पद्मा

निर्देश : *नीचे हिन्दी साहित्य के कुछ ग्रन्थों के नाम दिए गए हैं, प्रत्येक ग्रन्थ के साथ चार रचनाकारों के नाम दिए गए हैं। इनमें एक नाम सही है, आपको उस नाम का चयन करना है।*

20. मृगनयनी
   A. सेठ गोविंद दास
   B. वृन्दावनलाल वर्मा
   C. यशपाल
   D. धनानंद

21. धूप के धान
   A. गिरिजाशंकर
   B. रसखान
   C. धनानंद
   D. मैथिलीशरण गुप्त

22. चौदह फेरे
   A. नागार्जुन
   B. अज्ञेय
   C. शिवानी
   D. प्रेमचन्द

23. मधुशाला
   A. हरिवंश राय बच्चन
   B. निराला
   C. यशपाल
   D. महादेवी वर्मा

24. बैताल-पचीसी
   A. सुमित्रानंदन पंत
   B. सूरति मिश्र
   C. जयशंकर प्रसाद
   D. जैनेन्द्र कुमार

25. तितली
   A. जयशंकर प्रसाद
   B. इलाचन्द्र जोशी
   C. धर्मवीर भारती
   D. हरिऔध

26. रश्मिरथी
   A. नन्ददास
   B. सूरदास
   C. उग्र
   D. रामधारी सिंह 'दिनकर'

27. टेढ़े-मेढ़े रास्ते
   A. भगवतीचरण वर्मा
   B. बिहारीलाल
   C. शिवपूजन सहाय
   D. उपेन्द्रनाथ 'अश्क'

28. प्रेत और छाया
   A. चन्दबरदाई
   B. सूरदास
   C. इलाचन्द्र जोशी
   D. महादेवी वर्मा

29. कवितावली
   A. तुलसीदास
   B. सुमित्रानंदन पंत
   C. रसखान
   D. माखन लाल चतुर्वेदी

30. 'नमक का दरोगा' कहानी के लेखक हैं
   A. जयशंकर प्रसाद
   B. प्रेमचन्द
   C. गुलाब राय
   D. रामचन्द्र शुक्ल

31. उपन्यास और कहानी का मूल अन्तर है, उसका
   A. आकार–प्रकार
   B. विषय निरूपण
   C. घटना का चयन
   D. पात्रों की विविधता

32. प्रेमचन्द की एक सशक्त उपन्यास 'गोदान' है
   A. राजनैतिक
   B. धार्मिक
   C. सामाजिक
   D. ऐतिहासिक

33. सूरदास किस काल के कवि थे?
   A. रीति काल
   B. भक्ति काल
   C. आधुनिक
   D. उपर्युक्त में से कोई नहीं

34. वियोगी हरी जी का पूर्ण नाम था

A. श्री रामप्रसाद द्विवेदी

B. श्री हरिहर प्रसाद द्विवेदी

C. श्री हरि द्विवेदी

D. श्री गिरधर द्विवेदी

35. अवधी भाषा के सर्वाधिक लोकप्रिय महाकाव्य का नाम है

A. पद्मावत

B. मधुमालती

C. मृगावती

D. रामचरितमानस

36. प्रगीत काव्य में प्रधानता होती है

A. भावना और गीतात्मकता

B. संगीतात्मकता की

C. प्रकृति चित्रण की

D. उपर्युक्त में से किसी की नहीं

37. जायसी के सर्वोत्कृष्ट ग्रंथ का नाम है

A. आखिरी सलाम

B. अखरा पट

C. मधुमालती

D. पद्मावत

38. 'स्मृति की रेखाएँ' रेखांकन के रचनाकार हैं

A. डॉ. श्याम सुन्दर दास

B. महादेवी वर्मा

C. हजारी प्रसाद द्विवेदी

D. महावीर प्रसाद द्विवेदी

39. आचार्य महावीर प्रसाद द्विवेदी निम्नलिखित में से किस पत्रिका के सम्पादक थे

A. साहित्य संदेश

B. विशाल भारत

C. सरस्वती

D. विनय पत्रिका

40. आचार्य रामचन्द्र शुक्ल के निबन्ध संग्रह का नाम है

A. चिन्तामणि   B. झरना

C. आँसू   D. कामायनी

41. ''निज भाषा उन्नति अहै, सब उन्नति को मूल'' यह प्रसिद्ध उक्ति किसकी है?

A. महावीर प्रसाद द्विवेदी

B. गोस्वामी तुलसीदास

C. भारतेन्दु हरिश्चन्द्र

D. प्रेमचन्द

निर्देश : *नीचे हिन्दी ग्रन्थ एवं उनके रचयिताओं के नाम दिए गए हैं, इनमें सही विकल्प का चयन कीजिए।*

42. साहित्य लहरी

A. सूरदास   B. कबीरदास

C. तुलसीदास   D. केशवदास

43. सूरसागर

A. तुलसीदास   B. केशवदास

C. तुलसीदास   D. जायसी

44. आकाशदीप

A. सुमित्रानंदन पंत

B. जयशंकर प्रसाद

C. रामनरेश त्रिपाठी

D. हरिऔध

45. कामायनी

A. कालिदास

B. सुभद्राकुमारी चौहान

C. मैथिलीशरण गुप्त

D. जयशंकर प्रसाद

46. बीजक
- A. धनानन्द
- B. सूरदास
- C. कबीरदास
- D. तुलीसदास

47. 'ध्रुवस्वामिनी'
- A. मैथिलीशरण गुप्त
- B. महादेवी वर्मा
- C. निराला
- D. जयशंकर प्रसाद

48. 'मैथिलीशरण गुप्त' किस काल के कवि थे
- A. आदिकाल
- B. भक्तिकाल
- C. रीतिकाल
- D. आधुनिक काल

49. 'नौका विहार' काव्य की रचना किसने की है?
- A. रामधारी सिंह 'दिनकर'
- B. महादेवी वर्मा
- C. सुमित्रा नन्दन पन्त
- D. मैथिलीशरण गुप्त

50. रामधारी सिंह 'दिनकर' का अन्तिम काव्य-संकलन क्या है?
- A. नीम के पत्ते
- B. हारे को हरिनाम
- C. आत्मा की आँखें
- D. अंधायुग

51. कोमल कल्पनाओं का कवि किसे कहा जाता है?
- A. भारतेन्दु
- B. सुमित्रानंदन पंत
- C. जयशंकर प्रसाद
- D. डॉ. राम कुमार वर्मा

52. रामायण के रचयिता हैं
- A. वेद व्यास
- B. केशवदास
- C. तुलसीदास
- D. वाल्मिकि

53. लोकायतन में किसकी रचनाएँ संगृहीत हैं?
- A. जयशंकर प्रसाद
- B. महादेवी वर्मा
- C. सुमित्रानंदन पंत
- D. सोहन लाल द्विवेदी

54. पृथ्वीराज रासो के रचयिता हैं
- A. चन्दवरदाई
- B. जगनिक
- C. नरपति नाल्ह
- D. प्रताप नारायण मिश्र

55. गीत गोविंद की भाषा है
- A. हिन्दी
- B. संस्कृत
- C. मैथिली
- D. अवधि

56. हरिवंश राय बच्चन ने निम्नलिखित में से कौन-सी पुस्तक नहीं लिखी?
- A. मधुशाला
- B. मधुबाला
- C. मधुकलश
- D. मधुघट

57. निम्नलिखित में से कौन-सा उपन्यास प्रेमचंद का नहीं है?
- A. गबन
- B. कर्मभूमि
- C. रंगभूमि
- D. आग का दरिया

58. खड़ी बोली को परिमार्जित और व्याकरणबद्ध करने में किसका योगदान है?

A. भारतेन्दु हरिश्चन्द्र

B. बालकृष्ण भट्ट

C. रामचन्द्र शुक्ल

D. महावीर प्रसाद द्विवेदी

59. परहित सरिस धर्म नहिं भाई' पंक्ति कहाँ से ली गई है?

A. पद्मावत

B. रामचरितमानस

C. भारत-भारती

D. रामायण

60. 'कठिन काव्य का प्रेत' किसे कहा गया है?

A. मुक्तिबोध

B. पद्माकर

C. केशवदास

D. भूषण

61. अबला जीवन हाय तुम्हारी यही कहानी। आँचल में है दूध और आँखों में पानी। इस पंक्ति के रचनाकार हैं

A. महादेवी वर्मा

B. जयशंकर प्रसाद

C. भारतेन्दु हरिश्चन्द्र

D. मैथिलीशरण गुप्त

62. 'आवारा मसीहा' जीवनी किसके जीवन पर आधारित है?

A. गांधी

B. प्रेमचन्द

C. शरतचन्द्र

D. विवेकानन्द

63. 'सरस्वती' पत्रिका कहाँ से प्रकाशित होती थी?

A. इलाहाबाद   B. लखनऊ

C. बनारस   D. कलकत्ता

64. 'मृगनयनी' किस प्रकार का उपन्यास है?

A. यथार्थवादी

B. ऐतिहासिक

C. आदर्शवादी

D. मनोवैज्ञानिक

65. 'झण्डा ऊँचा रहे हमारा' गीत के रचयिता हैं

A. रामप्रसाद विस्मिल

B. सुमित्रा नन्दन पंत

C. सियारामशरण गुप्त

D. श्यामलाल गुप्त पार्षद

66. 'विज्ञान गीता' किसकी रचना है?

A. लोकमान्यतिलक

B. पद्माकर

C. केशवदास

D. महात्मा गांधी

67. निम्नलिखित में कौन विषम संयोजन है?

A. पूर्वी हिन्दी— अवधी

B. पहाड़ी हिन्दी — गढ़वाली

C. पश्चिमी हिन्दी — ब्रज

D. राजस्थानी हिन्दी — मैथिली

68. 'हिन्दी हैं हम, वतन है हिन्दोस्ताँ हमारा' पंक्ति में हिन्दी का अर्थ है

A. देशवासी   B. हिन्दी भाषा

C. हिन्दू   D. देश

69. 'जागो फिर एक बार' शीर्षक कविता को आप कहेंगे
   A. राष्ट्रगीत
   B. उद्बोधन गीत
   C. देशभक्ति का गीत
   D. देश का गौरव गान

70. पत्थर तोड़ती महिला को कवि ने कहाँ देखा था?
   A. बनारस में
   B. इलाहाबाद में
   C. वाराणसी में
   D. दिल्ली में

71. महादेवी वर्मा प्रियतम-विरह के दुःख को मिटाना चाहती हैं
   A. दुःख बाँटकर
   B. सबको सुखी बनाकर
   C. अपने को मिटाकर
   D. अज्ञात प्रियतम से मिलकर

72. 'मंदिर ऊँघते रहते जब रजनी भर तारा' में कौन-सा अलंकार है?
   A. रूपक
   B. मानवीकरण
   C. रूपकातिशयोक्ति
   D. विरोधाभास

73. निम्नलिखित में से कौन-सी रचना गोस्वामी तुलसीदास की नहीं है?
   A. गीतावली
   B. दोहावली
   C. साकेत
   D. विनयपत्रिका

74. हिन्दी साहित्य के प्रसिद्ध समालोचक थे
   A. जयशंकर प्रसाद
   B. राम विलास शर्मा
   C. रामचन्द्र शुक्ल
   D. बाबू गुलाब राय

75. 'हिन्दी साहित्य का इतिहास' के रचयिता हैं
   A. मुंशी प्रेमचन्द
   B. हजारी प्रसाद द्विवेदी
   C. महादेवी वर्मा
   D. आचार्य रामचन्द्र शुक्ल

76. 'हरिऔध' किसका उपनाम है?
   A. अयोध्या सिंह उपाध्याय
   B. प्रताप नारायण मिश्र
   C. मैथिलीशरण गुप्त
   D. रामनरेश त्रिपाठी

77. 'प्रेम सागर' किसकी रचना है
   A. सदल मिश्र
   B. सदासुख लाल
   C. राजा लक्ष्मण सिंह
   D. लल्लू लाल

78. 'पृथ्वीराज रासो' किसकी रचना है
   A. जगनिक
   B. नरपति नाल्ह
   C. चन्दबरदाई
   D. उसमान

79. 'ग्राम्या' की रचयिता कौन है?
   A. सुमित्रानंदन पंत
   B. महादेवी वर्मा
   C. डॉ. राम कुमार वर्मा
   D. नरेन्द्र शर्मा

80. भारत भारती किस भाषा में लिखा हुआ ग्रंथ है?
   A. खड़ी बोली   B. ब्रजभाषा
   C. राजस्थानी   D. अवधी

निर्देश : *नीचे दिए गए प्रश्नों का उत्तर चार विकल्पों में से दें।*

81. 'उद्धव शतक' किस भाषा में लिखा गया है?

A. अवधी

B. ब्रज

C. बुन्देली

D. भोजपुरी

82. महावीर प्रसाद द्विवेदी द्वारा सम्पादित पत्रिका है

A. सरस्वती   B. मधुमती

C. इन्दुमती   D. इरावती

83. भारत दुर्दशा

A. जयशंकर प्रसाद

B. सेठ गोविंद दास

C. कार्तिक प्रसाद खत्री

D. भारतेन्दु हरिश्चन्द्र

84. यशपाल पर किस विचार धारा का प्रभाव है?

A. गाँधीवाद

B. मार्क्सवाद

C. अरविन्द दर्शन

D. आर्यसमाज

85. 'मैं नीरभरी दुःख की बदली' किस कवि/कवयित्री की पंक्ति है

A. सुभद्रा कुमारी चौहान

B. महादेवी वर्मा

C. मीराबाई

D. इनमें से कोई नहीं

86. साहित्य लहरी

A. तुलसीदास

B. सूरदास

C. नंददास

D. महादेवी वर्मा

87. बरवै रामायण

A. रसखान   B. केशवदास

C. तुलसीदास   D. अज्ञेय

88. ''पैरों में पंख बाँधकर'' किसकी रचना है?

A. रामवृक्ष बेनीपुरी

B. सुमित्रानंदन पंत

C. जैनेन्द्र कुमार

D. प्रेमचन्द

89. बिहारी सतसई

A. चन्दवरदाई

B. धर्मवीर भारती

C. शिवानी

D. बिहारीलाल

90. 'हिन्दी हैं हम, वतन हैं हिन्दोस्ताँ हमारा' गीत के रचनाकार हैं

A. सियाराम शरण गुप्त

B. अकबर इलाहाबादी

C. सोहनलाल द्विवेदी

D. इकबाल

91. भारतेन्दु की कर्म-भूमि है

A. लखनऊ   B. पटना

C. काशी   D. कलकत्ता

92. निम्नलिखित में सूरदास की कौन-सी रचना नहीं है?

A. सूर सागर

B. सूर सारावली

C. साहित्य लहरी

D. कृष्णावली

93. 'मजदूरी और प्रेम' किसका निबन्ध है?

A. पूर्णसिंह

B. महादेवी वर्मा

C. रामचन्द्र शुक्ल
D. बालकृष्ण भट्ट

94. 'अंधायुग' किस प्रकार की रचना है?
A. उपन्यास   B. काव्य
C. नाटक   D. काव्य नाटक

95. कवि कालिदास की 'अभिज्ञान शाकुन्तलम्' का हिन्दी अनुवाद किसने किया?
A. राजा लक्ष्मण सिंह
B. सदासुख लाल
C. राजा शिव प्रसाद
D. गोस्वामी विट्ठलनाथ

96. ''वही मनुष्य है जो मनुष्य के लिए मरे'' यह कथन किस कवि का है?
A. मैथिलीशरण गुप्त
B. जगदीश गुप्त
C. बालमुकुन्द गुप्त
D. सियाराम शरण गुप्त

97. सूरदास ने किससे दीक्षा प्राप्त की
A. माधवाचार्य
B. शंकराचार्य
C. बल्लभाचार्य
D. रामानुजाचार्य

98. वाल्मिकि का अवतार किस कवि को माना जाता है?
A. सूरदास   B. केशवदास
C. मैथिलीशरण   D. तुलसीदास

99. 'कामायनी' की भाषा है
A. ब्रजभाषा   B. संस्कृत
C. खड़ी बोली   D. अवधी

100. छायावादी काव्य धारा के प्रमुख कवि हैं
A. जयशंकर प्रसाद
B. धर्मवीर भारती
C. राम विलास शर्मा
D. भारत भूषण

101. 'मारे गये गुलफाम' कहानी के कहानीकार निम्नलिखित में से कौन हैं?
A. मन्नु भंडारी
B. कमलेश्वर
C. फणीश्वरनाथ रेणु
D. विष्णु प्रभाकर

102. ''घृणा, अनादर, तिरस्कार
यह मेरी करुण कहानी।
देखो, सुनो कृष्ण! क्या कहता
इन आँखों का पानी।।'
यह पंक्तियाँ महाभारत के किस चरित्र के लिए कही गई हैं
A. गांधारी
B. शकुनि
C. कर्ण
D. दुर्योधन

103. 'कलम का सिपाही' क्या है?
A. आत्मकथा
B. जीवनी
C. संस्मरण
D. रेखाचित्र

104. 'इन्द्र धनुष रौंदे हुए' किसकी रचना है?
A. सियारामशरण गुप्त
B. अज्ञेय
C. बालमुकुन्द गुप्त
D. जगदीश गुप्त

105. ''ले चल मुझे भुलावा देकर, मेरे नाविक धीरे-धीरे'' के रचयिता हैं
    A. रामनरेश त्रिपाठी
    B. सूर्यकान्त त्रिपाठी 'निराला'
    C. जयशंकर प्रसाद
    D. नरेन्द्र शर्मा

106. आचार्य महावीर प्रसाद द्विवेदी ने सरस्वती.....द्वारा हिन्दी साहित्य के विकास में योगदान दिया।
    उपर्युक्त रिक्त स्थान के लिए निम्नलिखित विकल्पों में से सही शब्द का चयन कीजिए
    A. निबन्ध
    B. नाटक
    C. पत्रिका
    D. उपन्यास

107. 'कुटज' किसकी रचना है?
    A. विद्यानिवास मिश्र
    B. कुवेरनाथ राय
    C. हजारीप्रसाद द्विवेदी
    D. शान्तिप्रिय द्विवेदी

108. निम्नलिखित कहानियों में भीष्म साहनी की कहानी का चयन कीजिए
    A. आकाश दीप
    B. कानों में कंगना
    C. चीफ की दावत
    D. प्रायश्चित

109. गोदान के रचयिता हैं
    A. तुलसीदास
    B. प्रेमचन्द
    C. अमृतलाल नागर
    D. अज्ञेय

110. अयोध्या सिंह उपाध्याय की रचना है
    A. वैदेही वनवास B. यशोधरा
    C. द्रोपदी   D. आँसू

111. कृष्ण भक्ति काव्य के कवि हैं
    A. केशवदास   B. बिहारी
    C. नंददास   D. अगुदास

112. होरी किस कृति का नायक है?
    A. झाँसी की रानी B. तितली
    C. कफन   D. गोदान

113. सौ बार धन्य वह एक लाल की माई, जिस जननी से जना भरत सा भाई
    ये पंक्तियाँ किस पुस्तकसे सद्धृत हैं?
    A. प्रियप्रवास
    B. साकेत का संत
    C. साकेत
    D. रामचन्द्रिका

114. जहाँ सुमति तहँ संपत्ति नाना, जहाँ कुमति तहँ विपत्ति निदाना।
    ये पंक्तियाँ किसकी हैं?
    A. तुलसीदास
    B. जायसी
    C. मैथिलीशरण गुप्त
    D. महावीर प्रसाद द्विवेदी

115. 'अंधा युग' किसकी रचना है?
    A. गोपेश
    B. धर्मवीर भारती
    C. जयप्रकाश भारती
    D. शैलेश मटियानी

116. 'भारत-भारती' किसकी रचना है?
    A. धर्मवीर भारती
    B. नरेश मेहता
    C. मैथिलीशरण गुप्त
    D. गोपालशरण सिंह 'नेपाली'

निर्देश : *रिक्त स्थानों हेतु सही विकल्प का चयन कीजिए*

117. स्वामी दयानन्द सरस्वती ने 'सत्यार्थ प्रकाश' की रचना ..... में की।
   A. उर्दू
   B. हिन्दी
   C. संस्कृत
   D. फारसी

118. 'मंत्र' मुंशी प्रेमचन्द द्वारा रचित प्रसिद्ध ..... है।
   A. कहानी
   B. नाटक
   C. उपन्यास
   D. संस्मरण

119. 'कंकाल' उपन्यास ..... की रचना है।
   A. वृन्दावन लाल वर्मा
   B. आचार्य चतुरसेन शास्त्री
   C. जयशंकर प्रसाद
   D. शिवानी

120. 'कर्मभूमि' नाटक के नाटककार का नाम ..... है।
   A. वियोगी हरि
   B. प्रेमचन्द
   C. बाबू गुलाबराय
   D. रामवृक्ष बेनीपुरी

121. 'साकेत' महाकाव्य ..... की कृति है।
   A. सुमित्रानन्दन पंत
   B. सूर्यकान्त त्रिपाठी 'निराला'
   C. महादेवी वर्मा
   D. मैथिलीशरण गुप्त

122. 'मजहब नहीं सिखाता आपस में बैर रखना' के रचयिता कौन हैं?
   A. रबीन्द्रनाथ ठाकुर
   B. इकबाल
   C. सूर्यकान्त त्रिपाठी 'निराला'
   D. रामधारी सिंह 'दिनकर'

123. नई कविता के प्रवर्तक हैं
   A. मैथिलीशरण गुप्त
   B. निराला
   C. हरिऔध
   D. अज्ञेय

124. 'मेघदूत' किसकी कृति है?
   A. विक्रम सेठ
   B. कालिदास
   C. जयशंकर प्रसाद
   D. विष्णु शर्मा

125. 'कर्मभूमि' के लेखक कौन हैं
   A. उग्र
   B. कौशिक
   C. रहीम
   D. प्रेमचन्द

126. ''मैं बचपन को बुला रही थी, बोल उठी बिटिया मेरी' उपर्युक्त पंक्तियाँ किस कवयित्री ने कही है?
   A. महादेवी वर्मा
   B. सुभद्रा कुमारी चौहान
   C. प्रेमलता
   D. मीरा

127. 'आँसू' काव्य ग्रन्थ निम्नलिखित में से किसका है?
   A. भारतेन्दु हरिश्चन्द्र
   B. रामनरेश त्रिपाठी
   C. जयशंकर प्रसाद
   D. श्रीधर पाठक

128. ''पर्वत कहता शीश उठाकर तुम भी ऊँचे बन जाओ'' उपर्युक्त पंक्तियाँ किस कवि ने कही हैं?
   A. रामधारी सिंह 'दिनकर'
   B. अयोध्यासिंह उपाध्याय 'हरिऔध'
   C. द्वारिका प्रसाद माहेश्वरी
   D. सोहन लाल द्विवेदी

129. 'पंचतंत्र' क्या है
- A. उपन्यास
- B. कहानी संग्रह
- C. कविता
- D. नाटक संग्रह

130. रीतिकालीन काव्य का प्रमुख विषय निम्नलिखित में से कौन-सा है
- A. भक्ति
- B. श्रृंगार
- C. पाँडिल दर्शन
- D. वीर भावना

131. 'गीत गोविन्द' के रचयिता निम्नलिखित में से कौन हैं?
- A. राजशेखर
- B. जयदेव
- C. जयानक
- D. सूरदास

132. पंडित रामचन्द्र शुक्ल किस रूप में माने जाते हैं?
- A. कलाकार के रूप में
- B. कवि के रूप में
- C. उपन्यासकार के रूप में
- D. आलोचक के रूप में

133. 'हर्षचरित' के रचयिता कौन हैं?
- A. कालीदास
- B. बाणभट्ट
- C. कामन्दक
- D. महाकवि भास

134. 'अजगर करै न चाकरी, पंछी करे न काम' किस कवि का कथन है?
- A. धर्मदास
- B. मलूक दास
- C. सूरदास
- D. रैदास

135. तुलसीदास की भक्ति निम्नलिखित में से किस प्रकार की है
- A. दास्य
- B. मधुर
- C. वात्सल्य
- D. सख्य

136. रामचरितमानस की भाषा निम्नलिखित में से कौन-सी है?
- A. बृज
- B. अवधी
- C. खड़ी बोली
- D. बृजमिश्रित खड़ी बोली

137. निम्नलिखित में से कौन-सा कवि रीतिकालीन नहीं है?
- A. केशव
- B. भिखारी दास
- C. चिन्तामणि
- D. बिहारी

138. हिन्दी का पहला नाटक है
- A. चन्द्रगुप्त
- B. आषाढ़ का एक दिन
- C. अंधेर नगरी
- D. नहुष

139. इनमें अष्टछाप का कौन-सा कवि नहीं है?
- A. मीराबाई
- B. नन्ददास
- C. परमानन्द
- D. कुम्भन दास

140. कोणार्क नाटक के लेखक हैं
- A. जयशंकर प्रसाद
- B. जगदीश चन्द्र माथुर
- C. गिरिजा कुमार माथुर
- D. लक्ष्मीनारायण मिश्र

141. हिन्दी निबन्ध का वास्तविक उदय निम्नलिखित में से कब से माना जाता है?
- A. रीतिकाल से
- B. भारतेन्दु युग से
- C. द्विवेदी युग से
- D. शुक्ल युग से

142. निम्नलिखित में से किस ग्रंथ पर सर्वाधिक टीकाएं लिखी गई हैं
    A. बिहारी सतसई
    B. रामचन्द्रिका
    C. मतिराम सतसई
    D. बृन्द सतसई

143. सूरदास की रचना है
    A. कृष्णा गीतावली
    B. कृष्णमन
    C. साहित्य लहरी
    D. प्रेम-पचीसी

144. 'विनय पत्रिका' की भाषा निम्नलिखित में से कौन-सी है?
    A. अवधी
    B. बोल चाल की बृज भाषा
    C. साहित्यिक अवधी
    D. साहित्यिक बृज

145. उपन्यास 'चित्रलेखा' के रचयिता कौन हैं?
    A. यशपाल
    B. भगवती चरण वर्मा
    C. सुमित्रानन्दन पन्त
    D. अमृतलाल नागर

146. निम्नलिखित में से किसने 'जयद्रथ वध' की रचना की थी?
    A. महादेवी वर्मा
    B. सुमित्रानन्दन पन्त
    C. जयशंकर प्रसाद
    D. मैथिलीशरण गुप्त

147. 'एकदा नैमिषारण्ये' के लेखक हैं
    A. विद्यानिवास मिश्र
    B. अमृतलाल नागर
    C. हजारी प्रसाद द्विवेदी
    D. विष्णु कान्त शास्त्री

148. 'गंगा छवि वर्णन' किसकी कविता है?
    A. हरिऔध
    B. भारतेन्दु हरिश्चन्द्र
    C. मैथिलीशरण गुप्त
    D. जयशंकर प्रसाद

149. 'भिक्षुक' किसकी कविता है?
    A. निराला   B. महादेवी वर्मा
    C. पंत   D. प्रसाद

150. 'वीरों का कैसा हो वसंत' शीर्षक कविता किसकी है?
    A. धर्मवीर भारती
    B. अज्ञेय
    C. सुभद्राकुमारी चौहान
    D. केदारनाथ सिंह

151. 'पद्मावत' महाकाव्य की रचना किसने की है?
    A. सूरदास
    B. विद्यापति
    C. मलिक मुहम्मद जायसी
    D. तुलसीदास

152. जयशंकर प्रसाद का प्रसिद्ध महाकाव्य कौन–सा है?
    A. लोकायतन
    B. उर्वशी
    C. प्रिय प्रवास
    D. कामायनी

153. मर्यादा पुरूषोत्तम किसे कहा गया है?
    A. लक्ष्मण को
    B. राम को
    C. भरत को
    D. शत्रुघ्न को

154. शक्तिबाण किसको लगा था?

    A. भरत को   B. राम को

    C. लक्ष्मण को   D. हनुमान को

155. 'रामचरितमानस' की भाषा क्या है?

    A. अवधी   B. ब्रजभाषा

    C. प्राकृत   D. भोजपुरी

156. 'साखी' किसकी रचना है?

    A. रहीम   B. कबीरदास

    C. सूरदास   D. रसखान

157. 'ढाई अक्षर प्रेम के, पढ़ै सो पंडित होय' यह कथन किसका है?

    A. तुलसीदास   B. जायसी

    C. कबीरदास   D. मीराबाई

158. जातक कथाएं निम्न में से किसके जीवन पर आधारित हैं

    A. महावीर

    B. आदिनाथ

    C. गोरखनाथ

    D. गौतम बुद्ध

159. रामभक्ति विषय पर सबसे अच्छी कविता करने वाला कवि कौन हैं?

    A. कबीर

    B. तुलसीदास

    C. मैथिलीशरण

    D. निराला

160. 'साकेत' के रचनाकार कौन हैं?

    A. मैथिलीशरण गुप्त

    B. जयशंकर प्रसाद

    C. रामधारी सिंह दिनकर

    D. महादेवी वर्मा

161. 'आनंद मठ' के रचयिता कौन हैं?

    A. प्रेमचन्द

    B. शंकराचार्य

    C. शरतचन्द्र

    D. बंकिम चन्द्र चटर्जी

162. 'निज भाषा उन्नति अहै, सब उन्नति को मूल' किसकी रचना है?

    A. भारतेन्दु हरिश्चन्द्र

    B. बालकृष्ण भट्ट

    C. महावीर प्रसाद द्विवेदी

    D. रहीम दास

163. 'उसने कहा था' के लेखक हैं

    A. डा. रघुवीर

    B. हजारी प्रसाद

    C. हरिशंकर परसाई

    D. चन्द्रधर शर्मा गुलेरी

164. 'वैशाली कीनगर वधु' नामक ऐतिहासिक उपन्यासके उपन्यासकार कौन हैं?

    A. यशपाल

    B. मोहन राकेश

    C. चतुरसेन शास्त्री

    D. वृंदावन लाल वर्मा

165. 'पंचपरमेश्वर' किसकी रचना है?

    A. मैथिलीशरण गुप्त

    B. प्रेमचन्द

    C. महादेवी वर्मा

    D. महावीर प्रसाद द्विवेदी

166. ''दुःख ही जीवन की कथा रही

    क्या कहूँ आज जो नहीं कही।।''

    प्रस्तुत पंक्तियों के रचयिता का नाम है

    A. महादेवी वर्मा

    B. जयशंकर प्रसाद

C. सूर्यकान्त त्रिपाठी 'निराला'

D. सुमित्रानन्दन पंत

167. 'सौमित्र' शब्द किसके लिए प्रयुक्त होता है?

A. लक्ष्मण

B. लव-कुश

C. भरत

D. राम

168. 'उलट बाँसी' किसने लिखी है?

A. रहीम

B. कबीर

C. केशवदास

D. भारतेन्दु हरिश्चन्द्र

169. महाप्राण किस कवि को कहा जाता है

A. रामधारी सिंह दिनकर

B. सूर्यकांत त्रिपाठी

C. सोहन लाल द्विवेदी

D. श्याम नारायण पाण्डेय

170. 'त्यागपत्र' के लेखक हैं

A. नरेन्द्र शर्मा

B. यशपाल

C. जैनेन्द्र

D. इलाचन्द्र जोशी

171. 'हारे का हरिनाम' किसकी रचना है

A. जयशंकर प्रसाद

B. मैथिलीशरण गुप्त

C. दिनकर

D. सुमित्रानन्दन पंत

172. तुलसीदास ने अपनी रचना में किसका वर्णन किया है

A. शिव   B. कृष्ण

C. राम   D. विष्णु

173. रामचरितमानस में कुल कितने काण्ड हैं?

A. पाँच   B. सात

C. नौ   D. ग्यारह

174. लोकनायक किसको कहा जाता है?

A. तुलसीदास

B. कबीरदास

C. अज्ञेय

D. सूरदास

175. 'रामचरितमानस' के चौथे काण्ड का क्या नाम है?

A. अरण्ड काण्ड

B. किष्किंधा काण्ड

C. सुन्दर काण्ड

D. लंका काण्ड

176. 'नूतन ब्रह्मचारी' उपन्यास के रचनाकार का नाम है

A. भारतेन्दु हरिश्चन्द्र

B. आचार्य चतुरसेन

C. बालकृष्ण भट्ट

D. श्रीनिवास

177. 'विनयपत्रिका' के रचयिता का नाम है

A. सूरदास

B. रहीमदास

C. तुलसीदास

D. केशवदास

178. 'मानस का हंस' के लेखक का नाम है

A. जयशंकर प्रसाद

B. प्रेमचन्द

C. महावीर प्रसाद द्विवेदी

D. अमृतलाल नागर

179. निम्नलिखित में से कौन-सी पुस्तक प्रेमचन्द द्वारा लिखित नहीं है?
    A. कायाकल्प
    B. जय पराजय
    C. रंगभूमि
    D. प्रेमाश्रय

180. निम्नलिखित में कौन-सी पुस्तक सुमित्रानन्दन पंत द्वारा लिखित नहीं है?
    A. ज्योत्सना
    B. चिदम्बरा
    C. नीरजा
    D. युगवाणी

उत्तरमाला

1	2	3	4	5	6	7	8	9	10
C	A	B	B	C	C	A	C	A	C

11	12	13	14	15	16	17	18	19	20
C	B	D	C	A	B	D	D	D	B

21	22	23	24	25	26	27	28	29	30
A	C	A	B	A	D	A	C	A	B

31	32	33	34	35	36	37	38	39	40
B	C	B	C	D	A	D	B	C	A

41	42	43	44	45	46	47	48	49	50
C	A	C	B	D	C	D	D	C	B

51	52	53	54	55	56	57	58	59	60
B	D	C	A	B	D	D	D	B	C

61	62	63	64	65	66	67	68	69	70
D	C	A	B	D	C	D	A	B	D

71	72	73	74	75	76	77	78	79	80
C	B	C	B	D	A	D	C	A	A

81	82	83	84	85	86	87	88	89	90
B	A	D	B	B	B	C	A	D	D

91	92	93	94	95	96	97	98	99	100
C	D	A	D	A	A	C	D	C	A

101	102	103	104	105	106	107	108	109	110
C	C	B	B	C	C	C	C	B	A

111	112	113	114	115	116	117	118	119	120
C	D	C	A	B	C	B	A	C	B

121	122	123	124	125	126	127	128	129	130
D	B	D	B	D	B	C	C	B	B

131	132	133	134	135	136	137	138	139	140
B	D	B	B	A	B	A	D	A	B

141	142	143	144	145	146	147	148	149	150
B	A	C	D	D	D	C	B	A	C

151	152	153	154	155	156	1571	158	159	160
C	D	B	C	A	A	C	D	B	A

161	162	163	164	165	166	167	168	169	170
D	D	D	C	B	C	A	B	B	C

171	172	173	174	175	176	177	178	179	180
C	C	B	A	B	B	C	D	A	C

अध्याय 17

विविध

अन्य विषयों की भाँति हिन्दी की इस पुस्तक के द्वारा विविध प्रश्नों का प्रयोग अपने आप में बिल्कुल अनूठा है। इस अध्याय में वैसे प्रश्नों का समावेश किया गया है जिसे आप कहीं अन्यत्र नहीं देख पायेंगे। यह अध्याय परीक्षा में अच्छे अंक प्राप्त करने की दृष्टि से बहुत उपयोगी है। साथ ही, यह आपके सामान्य–ज्ञान में भी वृद्धि करेगा। अतः आप इसे भली–भाँति समझ कर तैयार कर लें।

निर्देश : *निम्नलिखित प्रश्नों का उत्तर दिए गए चार विकल्पों में से कोई एक चयन कर दें।*

1. वाक्य कितने प्रकार के होते हैं?
   - A. दो
   - B. चार
   - C. पाँच
   - D. तीन

2. 'मुझे' किस प्रकार का सर्वनाम है?
   - A. उत्तम पुरुष
   - B. अन्य पुरुष
   - C. मध्यम पुरुष
   - D. इनमें से कोई नहीं

3. जिस वाक्य में दो या दो से अधिक सरल या मिश्र वाक्य अव्यय के द्वारा जुड़े हों उसे .... कहते हैं
   - A. सरल वाक्य
   - B. मिश्र वाक्य
   - C. संयुक्त वाक्य
   - D. आश्रित वाक्य

4. जो शब्दांश शब्दों के बाद लगाए जाते हैं उन्हें कहते हैं
   - A. समास
   - B. सन्धि
   - C. उपसर्ग
   - D. प्रत्यय

5. 'उस पेड़ से बहुत पत्ते गिर रहे हैं' उपर्युक्त वाक्य में कर्त्ता है
   - A. पेड़
   - B. पत्ते
   - C. उस
   - D. बहुत

6. 'पेड़' का कारक है
   - A. सम्प्रदान
   - B. अपादान
   - C. करण
   - D. कर्म

7. वह बाजार से मेरे लिए मिठाई लाया। इसमें सम्प्रदान कारक है
   - A. वह
   - B. मेरे लिए
   - C. बाजार
   - D. मिठाई

8. इनमें से क्रिया-विशेषण है
   - A. वह धीरे से बोलता है
   - B. वह काला कुत्ता है
   - C. रमेश तेज धावक है
   - D. सत्य वाणी सुन्दर होती है

9. "मण्डल चलते–चलते **अचानक** रुक गया" इस वाक्य में गाढ़ा काला शब्द क्या है?
   - A. सर्वनाम
   - B. क्रिया

C. अव्यय

D. क्रिया-विशेषण

10. निम्नलिखित पद 'इक' प्रत्यय लगने से बने हैं, इनमें से कौन-सा पद गलत है?

A. पक्षिक   B. भौमिक

C. सामाजिक   D. दैविक

11. निम्नलिखित में कौन स्त्रीलिंग शब्द नहीं है?

A. कसरत   B. पहिया

C. आँत   D. घास

12. सम्प्रदान कारक की विभक्ति है

A. प्रथम   B. द्वितीया

C. तृतीया   D. चतुर्थी

13. कर्मकारक की विभक्ति है

A. ने   B. को

C. से   D. के द्वारा

14. श्री राम ने बाली को बाण से मारा। 'बाण से' में कारक है

A. कर्म कारक

B. अधिकरण कारक

C. करण कारक

D. कर्म कारक

15. हिन्दी में कितने सर्वनाम हैं

A. आठ   B. नौ

C. दस   D. ग्यारह

16. जिसकी लाठी उसकी भैंस—'जिसकी' में कौन-सा सर्वनाम है?

A. सम्बन्ध वाचक

B. प्रश्न वाचक

C. निज वाचक

D. अनिश्चय वाचक

17. निम्नलिखित शब्दों में कौन-सा शब्द गुणवाचक विशेषण है?

A. बलवान   B. थोड़ा

C. पाँच   D. आप

18. निम्नलिखित शब्दों में से कौन-सा शब्द संख्या वाचक विशेषण है?

A. कमजोर   B. अनेक

C. दयालु   D. दो

19. मुख्य रूप से क्रिया के कितने भेद हैं?

A. दो   B. चार

C. छः   D. आठ

20. स्थान का नाम बताने वाले शब्द को क्या कहते हैं?

A. अव्यय

B. सर्वनाम

C. संज्ञा

D. विशेषण

21. 'काम होना' बताने वाले शब्द को क्या कहते हैं?

A. संज्ञा   B. सर्वनाम

C. क्रिया-विशेषण   D. क्रिया

22. 'लिखा नहीं जाता' इसमें कौन-सा वाच्य है?

A. कर्तृ वाच्य

B. भाव वाच्य

C. कर्म वाच्य

D. इनमें से कोई नहीं

23. व्याकरण की दृष्टि से सौन्दर्य क्या है?

A. संज्ञा

B. विशेषण

C. सर्वनाम

D. क्रिया-विशेषण

24. हिन्दी भाषा में कितने कारक हैं?
A. आठ   B. सात
C. दस   D. नौ

25. हिन्दी वर्णमाला में स्वरों की संख्या कितनी है?
A. ग्यारह   B. बारह
C. तेरह   D. चौदह

26. निम्नलिखित में से किस वाक्य में अकर्मक क्रिया है?
A. श्याम भात खाता है
B. ज्योति रोती है
C. मैंने उसे पुस्तक दी
D. उसकी कमीज है

27. व्याकरण की दृष्टि से प्रेम शब्द क्या है?
A. अव्यय
B. भाववाचक संज्ञा
C. क्रिया
D. विशेषण

28. वह वर्ण जिसका उच्चारण तालु से होता है
A. मूर्धन्य वर्ग का
B. ओष्ठ्य वर्ग का
C. तालव्य वर्ग का
D. कण्ठ्य वर्ग का

29. 'दर्पण एक मासिक पत्रिका है' में विशेषण है
A. दर्पण
B. मासिक
C. पत्रिका
D. इनमें से कोई नहीं

30. परम्परा से एक निश्चित अर्थ में प्रयुक्त होने वाले शब्द कहलाते हैं
A. योगरूढ़   B. रूढ़
C. यौगिक   D. संकर

31. निम्नलिखित शब्दों में से कौन-सा शब्द क्रिया-विशेषण है?
A. सूर्योदय   B. नीला
C. विगत   D. धीरे-धीरे

32. 'बाल्टी' शब्द है
A. तत्सम   B. तद्भव
C. विदेशज   D. देशज

33. मैंने डण्डे से कुत्ते को मारा। 'डण्डे' में कौन-सा कारक है?
A. अपादान   B. करण
C. अधिकरण   D. सम्प्रदान

34. 'वह पहले पहुँचा'—में कौन-सा क्रिया-विशेषण है?
A. दिशावाचक   B. गुणवाचक
C. रीतिवाचक   D. कालवाचक

35. निम्नलिखित में से कौन पुल्लिंग संज्ञा है?
A. गाय   B. बन्दर
C. बकरी   D. भैंस

36. दिल्ली-मेरठ के आसपास कौन-सी बोली बोली जाती है?
A. ब्रजभाषा
B. बाँगरू
C. खड़ी बोली
D. अवधी

37. क्या तुम आज परीक्षा देने नहीं जाओगे? प्रश्नसूचक (?) शब्द है
A. तुम   B. क्या
C. नहीं   D. जाओगे

38. 'आज' शब्द है
  A. अव्यय
  B. विशेषण
  C. सर्वनाम
  D. इनमें से कोई नहीं

39. 'परीक्षा' का कारक है
  A. कर्त्ता   B. कर्म
  C. करण   D. सम्प्रदान

40. कौन-सा शब्द 'संज्ञा' है?
  A. दौड़ा   B. अच्छा
  C. घोड़ा   D. तेजी

41. कौन-सा शब्द 'विशेषण' है?
  A. होली   B. बहन
  C. ठग   D. काला

42. 'समय' से कौन-सा विशेषण बनेगा?
  A. सामयिक   B. साम्य
  C. समय से   D. दुस्समय

43. 'शिव' से बनने वाला विशेषण
  A. शिवम्   B. शैव
  C. अशिव   D. शिवाय

44. 'नाटक' से कौन-सा विशेषण बनेगा?
  A. नाटककार
  B. नट
  C. नाटकीय
  D. नाटकीयता

45. निम्नलिखित में पुल्लिंग है
  A. शिक्षा   B. मुर्गी
  C. हवा   D. दही

46. निम्नलिखित में से स्त्रीलिंग है
  A. पोथी   B. काव्य
  C. ग्रंथ   D. पुराण

47. संज्ञा शब्द का चयन कीजिए
  A. भारत   B. भारतीय
  C. भारतीयता   D. अभारतीय

48. निम्नलिखित शब्दों में से स्त्रीलिंग शब्द का चयन कीजिए
  A. अपराध   B. अध्याय
  C. स्वदेश   D. स्थापना

49. निम्नलिखित में से भाववाचक संज्ञा कौन-सी है?
  A. शत्रुता   B. वीर
  C. मनुष्य   D. गुरु

50. किस समास में द्वितीय पद प्रधान होता है?
  A. अव्ययी भाव   B. तत्पुरुष
  C. द्विगु   D. कर्मधारय

51. निम्नलिखित में से कौन-सा शब्द व्यक्तिवाचक संज्ञा है?
  A. गाय   B. पहाड़
  C. यमुना   D. आम

52. 'सुन्दर' शब्द का स्त्रीलिंग है
  A. सौन्दर्य
  B. सौन्दर्यता
  C. सुन्दरी
  D. सौन्दर्यीकरण

53. 'संस्कृति' का विशेषण है
  A. सांस्कृतिक   B. संस्कृतिक
  C. संस्कृत   D. सांस्कृति

54. राम ने लाठी से कुत्ते को मारा।
'लाठी' का कारक है
  A. कर्म   B. करण
  C. अपादान   D. अधिकरण

55. प्रश्न संख्या (54) में वाक्य का कर्ता है

   A. राम   B. कुत्ता

   C. लाठी   D. मारा

56. 'गोबर' का तत्सम रूप है

   A. गोमय   B. गोवर्धन

   C. गोमल   D. गोधूम्र

57. अनेक बालक खेल रहे हैं। बालक का वचन है

   A. एकवचन

   B. द्विवचन

   C. बहुवचन

   D. इनमें से कोई नहीं

58. अधोलिखित वाक्यों में सही कारक बताइए

    गोविन्द से रुपए ले आओ

   A. कर्ता   B. अपादान

   C. सम्बोधन   D. करण

59. बच्चों ने भोजन किया

   A. कर्म   B. सम्बोधन

   C. कर्ता   D. करण

60. किस वाक्य में अपादान कारक है?

   A. चाकू से फल काटो

   B. हिमालय से गंगा निकलती है

   C. मोहन से अब सहा नहीं जाता

   D. राम ने रावण को तीर से मारा

61. निम्नलिखित शब्दों में से स्त्रीलिंग शब्द का चयन कीजिए

   A. अपराध   B. अध्याय

   C. स्वदेश   D. स्थापना

62. 'तुमने पूरा पर्चा कर लिया है, कापी रखो और जाओ।' यह किस प्रकार का वाक्य है

   A. संयुक्त   B. मिश्र

   C. सरल   D. संयुक्त

63. ''बड़े बड़ाई ना करे,

बड़े न बोले बोल।

रहिमन हीरा कब कहे,

लाख टके का मोल।।''

रहीम द्वारा लिखित इन पंक्तियों में 'बड़े' शब्द का प्रयोग जिस रूप में हुआ है, वह है

A. विशेषण

B. संज्ञा

C. सर्वनाम

D. क्रिया-विशेषण

64. ''यह काम मैं आप कर लूँगा'' पंक्तियों में 'आप' है

A. सम्बन्धवाचक सर्वनाम

B. निजवाचक सर्वनाम

C. निश्चयवाचक सर्वनाम

D. पुरुषवाचक सर्वनाम

65. निम्नलिखित में से कौन-सा स्त्रीलिंग में प्रयुक्त होता है?

A. ऋतु   B. पण्डित

C. हंस   D. आचार्य

66. 'बदस्तुर' में उपसर्ग है

A. वद्   B. बद्

C. बद्स   D. ब

67. जब प्रथम शब्द संख्यावाचक और दूसरा शब्द संज्ञा हो, तब कौन-सा समास होगा?

A. तत्पुरुष   B. द्विगु

C. अव्ययीभाव   D. द्वन्द्व

68. निम्नलिखित में से कौन-सी भाषा देवनागरी लिपि में लिखी जाती है?

A. गुजराती
B. उड़िया
C. मराठी
D. सिंधी

69. रामचरित मानस के काण्ड संख्या पाँच का नाम है

A. अरण्य काण्ड
B. किष्किंधा काण्ड
C. सुन्दर काण्ड
D. अयोध्या काण्ड

70. बिहारी निम्नलिखित में से किस काल के कवि थे?

A. वीरगाथा काल
B. भक्ति काल
C. रीति काल
D. आधुनिक काल

71. भक्ति काल की रामाश्रयी शाखा के निम्नलिखित में से कौन-से कवि हैं?

A. सूरदास
B. मीराबाई
C. जायसी
D. तुलसीदास

72. हिन्दी भाषा की बोलियों के वर्गीकरण के आधार पर छत्तीसगढ़ी बोली है

A. पूर्वी हिन्दी
B. पश्चिमी हिन्दी
C. पहाड़ी हिन्दी
D. राजस्थानी हिन्दी

73. खड़ी बोली का प्रथम महाकाव्य है

A. प्रिय प्रवास
B. साकेत
C. कामायनी
D. पृथ्वीराज रासो

74. निम्नलिखित में से कौन–सी लिपि आधुनिक उर्दू की लिपि की तरह दाहिनी ओर से बाईं ओर को लिखी जाती थी?

A. सिंधु घाटी लिपि
B. ब्राह्मी लिपि
C. खरोष्ठी लिपि
D. देवनागरी लिपि

75. किस काल को हिन्दी साहित्य का स्वर्ण युग कहा गया है?

A. रीतिकाल
B. आदिकाल
C. भक्तिकाल
D. आधुनिककाल

76. यदि आप दिल्ली से लखनऊ होते हुए पटना जाएं तो इन क्षेत्रों में क्रमशः किस बोली का प्रयोग पाएंगे?

A. खड़ीबोली–ब्रज–अवधी
B. खड़ी बोली–अवधी–भोजपुरी
C. ब्रज–खड़ी बोली–भोजपुरी
D. अवधी–खड़ी बोली–भोजपुरी

77. हिन्दी का पहला समाचार पत्र है

A. भारत-मित्र
B. बनारस समाचार
C. उदन्त मार्तण्ड
D. अमृत प्रभात

78. संस्कृत किस लिपि में लिखी जाती है?

A. ब्राह्मी
B. देवनागरी
C. कैथी
D. गुरुमुखी

79. हिन्दी की मूल उत्पत्ति किससे हुई है?

A. लौकिक संस्कृत
B. वैदिक संस्कृत
C. मगधी
D. शौरसेनी अपभ्रंश

80. भारत की प्रथम देशभाषा कौन-सी है?
   A. पालि
   B. संस्कृत
   C. प्राकृत
   D. इनमें से कोई नहीं

81. भाषा के शुद्ध रूप का ज्ञान किससे होता है?
   A. लिपि
   B. व्याकरण
   C. लिखित भाषा
   D. इनमें से कोई नहीं

82. अवहट्ठ भाषा का तात्पर्य है
   A. प्राकृत
   B. अपभ्रंश
   C. डिंगल
   D. परिनिष्ठित अपभ्रंश

83. प्राकृत भाषा से आशय है
   A. प्रकृति द्वारा प्रदत्त भाषा
   B. जंगली भाषा
   C. अशुद्ध भाषा
   D. संस्कृत से पूर्व की भाषा

84. 'क', 'ग', 'ज', 'फ' ध्वनियाँ किसकी हैं?
   A. संस्कृत की
   B. फारसी-अरबी की
   C. अंग्रेजी की
   D. दक्षिणी भाषाओं की

85. हिन्दी में स्वतंत्र रूप से बोले जाने वाले अक्षर क्या कहलाए जाते हैं?
   A. स्वर
   B. संयुक्त अक्षर
   C. व्यंजन
   D. स्वतन्त्र ध्वनि

86. क, ख़, ग, फ में से कौन-सा उर्दू से लिया गया है?
   A. क
   B. ग
   C. फ
   D. ख़

87. ब्रजी का अर्थ है
   A. हिन्दी की एक बोली
   B. ब्रज का वासी
   C. बंगाल में बोली जाने वाली ब्रजभाषा
   D. इनमें से एक भी नहीं

88. जिन शब्दों के अन्त में 'अ' आता है, उन्हें क्या कहते हैं?
   A. अनुस्वार
   B. अयोगवाह
   C. अन्तस्थ
   D. अकारान्त

89. 'बम' शब्द है
   A. जापानी
   B. पुर्तगाली
   C. डच
   D. रूसी

90. हिन्दी में प्रयुक्त होने वाला 'पपीता' शब्द है
   A. तुर्की
   B. चीनी
   C. फ्रांसीसी
   D. पुर्तगाली

91. निम्नलिखित में से कौन-सी भाषा देवनागरी लिपि में लिखी जाती है?
   A. उड़िया
   B. मराठी
   C. गुजराती
   D. सिंधी

92. हिन्दी भाषा में वे ध्वनियाँ कौन-सी हैं, जो दूसरी ध्वनियों की सहायता से बोली या लिखी जाती हैं?
   A. स्वर
   B. व्यंजन
   C. वर्ण
   D. अक्षर

93. उर्दू किस भाषा का शब्द है?
   A. फारसी
   B. तुर्की
   C. अरबी
   D. ईरानी

94. 'हलवाई' किस भाषा का शब्द है?

    A. फारसी   B. तुर्की

    C. अरबी   D. पश्तो

95. 'परकार' शब्द किस भाषा का शब्द है?

    A. अरबी   B. पुर्तगाली

    C. अंग्रेजी   D. फारसी

96. 'चाय' शब्द है

    A. चीनी   B. जापानी

    C. तुर्की   D. अरबी

97. हिन्दी वर्णमाला में कुल कितने वर्ण हैं?

    A. चालीस   B. बयालीस

    C. चौवालीस   D. छियालीस

98. 'अंग्रेज' किस भाषा का शब्द है?

    A. फारसी   B. अंग्रेजी

    C. फ्रांसीसी   D. डच

99. 'तलब' शब्द है

    A. अरबी भाषा   B. फारसी भाषा

    C. तुर्की भाषा   D. उर्दू भाषा

100. 'हिन्दी दिवस' कब मनाया जाता है?

    A. 5 सितम्बर   B. 14 सितम्बर

    C. 15 नवम्बर   D. 2 अक्टूबर

101. 'उर्दू' किस लिपि में लिखी जाती है?

    A. अरबी   B. पश्तो

    C. फारसी   D. नागरी

102. पहेलियाँ किसकी प्रसिद्धि हैं?

    A. रहीम   B. कबीर

    C. सूरदास   D. अमीर खुसरो

103. निम्नलिखित में से कौन-सी भाषा संस्कृत भाषा की अपभ्रंश है?

    A. खड़ी बोली   B. ब्रज

    C. अवधी   D. पालि

104. हिन्दी को राष्ट्र भाषा का दर्जा कब मिला था?

    A. 14 सितम्बर, 1950

    B. 15 अगस्त, 1947

    C. 14 सितम्बर, 1949

    D. 26 जनवरी, 1950

105. वर्तमान हिन्दी का प्रचलित रूप है

    A. अवधी   B. ब्रज

    C. खड़ी बोली   D. देवनागरी

106. निम्नलिखित में कौन खड़ी–बोली का क्षेत्र नहीं है?

    A. बिजनौर   B. अलीगढ़

    C. सहारनपुर   D. मेरठ

107. निम्नलिखित में कौन स्वर नहीं है?

    A. अ   B. ए

    C. ए   D. ञ

108. निम्नलिखित में कौन 'ट' वर्ग नहीं है?

    A. ठ   B. ढ

    C. ण   D. व

109. निम्नलिखित में कौन व्यंजन नहीं है?

    A. क्ष   B. झ

    C. ञ   D. औ

110. हिन्दी भाषा में कितने कारक हैं?

    A. 8   B. 7

    C. 10   D. 9

111. व्याकरण की दृष्टि से सौन्दर्य क्या है?

    A. संज्ञा

    B. विशेषण

    C. सर्वनाम

    D. क्रिया-विशेषण

निर्देश : *निम्नलिखित प्रत्येक वाक्य के लिए उसके नीचे दिए गए विकल्पों में से उसके प्रकार को चिह्नित कीजिए।*

112. मजदूर मेहनत करता है, किन्तु उसके लाभ से वंचित रहता है।
   A. सरल वाक्य
   B. मिश्र वाक्य
   C. संयुक्त वाक्य
   D. इनमें से कोई नहीं

113. जिधर धुआँ दिखाई दिया, सब लोग उधर ही दौड़ पड़े।
   A. सरल वाक्य
   B. संयुक्त वाक्य
   C. मिश्र वाक्य
   D. इनमें से कोई नहीं

114. मैंने कहा कुछ और उसने सुना कुछ और।
   A. सरल वाक्य
   B. संयुक्त वाक्य
   C. मिश्र वाक्य
   D. इनमें से कोई नहीं

115. व्यवहार में वह बिलकुल वैसा ही है जैसे उसके पिताजी।
   A. सरल वाक्य
   B. संयुक्त वाक्य
   C. मिश्र वाक्य
   D. इनमें से कोई नहीं

116. सत्संग करो, सदाचारी बनो।
   A. इच्छावाचक
   B. आज्ञावाचक
   C. विधिवाचक
   D. संकेतवाचक

117. प्रथम आने की कौन कहे उससे परीक्षा पास भी नहीं की जाती?
   A. कर्तृवाच्य
   B. कर्मवाच्य
   C. भाववाच्य
   D. संयुक्त वाक्य

118. जब दो या दो से अधिक पद मिलकर एक नवीन शब्द की रचना करते हैं, तो उसे क्या कहते हैं?
   A. अव्यय   B. छन्द
   C. समास   D. संधि

119. वैसे शब्दांश या अव्यय जो किसी शब्द के पहले आकर उसका विशेष अर्थ प्रकट करते हैं, को कहते हैं
   A. उपसर्ग   B. प्रत्यय
   C. समास   D. संधि

120. जब प्रथम शब्द संख्यावाची और दूसरा शब्द संज्ञा हो, तब कौन—सा समास होगा?
   A. तत्पुरुष   B. द्विगु
   C. अव्ययीभाव   D. द्वन्द्व

121. स्वर-संधि कितने प्रकार की होती है?
   A. तीन   B. चार
   C. छ: D. पाँच

122. शब्दकोश में 'अं' किस वर्ण के पहले आता है?
   A. अ: B. अ
   C. आ: D. औ

123. निम्नलिखित में से भिन्न शब्द है
   A. जातक   B. चालक
   C. नाविक   D. लेखक

124. शब्दकोष में 'ङ' किस वर्ण के बाद आता है?

A. त्र   B. ग
C. त्रृ   D. ज

निर्देश : *प्रत्येक प्रश्न में चार शब्द दिए गए हैं। शब्दकोश में इसमें सर्वप्रथम कौन-सा शब्द आता है?*

125. A. अंक   B. अंकन
C. अंक पथ   D. अंकनीय

126. A. अंधानुकरण
B. अंधानुकृत
C. अंधानुगामी
D. अंधानुपायी

127. कृदन्त प्रत्यय किन शब्दों के साथ जुड़ते हैं?
A. क्रिया   B. विशेषण
C. संज्ञा   D. सर्वनाम

128. ''चारपाई पर पिताजी बैठे है'' इस वाक्य में 'चारपाई' शब्द किस कारक में है?
A. अधिकरण   B. सम्बन्ध
C. सम्प्रदान   D. करण

129. ''मीरा संजय से बड़ी है'' इस वाक्य में 'से' किस कारक का परसर्ग है?
A. सम्प्रदान   B. अपादान
C. करण   D. सम्बन्ध

130. ''जब तक वह रेलवे स्टेशन पहुँचा तब तक उसके दादा जा चुके थे।'' यह वाक्य किस प्रकार का वाक्य है?
A. सरल
B. संयुक्त
C. मिश्रित
D. इनमें से कोई नहीं

131. ''राधा को अब अकेले नहीं रहा जाता है'' यह वाक्य किस वाच्य में है?
A. कर्तृवाच्य
B. कर्मवाच्य
C. भाववाच्य
D. इनमें से कोई नहीं

132. ''घनश्याम, जरा उठकर बाहर देखो, दरवाजा कौन खटखटा रहा है।'' इस वाक्य में 'बाहर' किस प्रकार का शब्द है?
A. विशेषण
B. क्रिया-विशेषण
C. अव्यय
D. संज्ञा

133. नीचे की पंक्ति में छन्द बताइए
एहि कुरोग कर औषध नाहीं।
सोधेउँ सकल बिस्व मन माहीं।
A. रोला   B. दोहा
C. चौपाई   D. तोमर

134. दोहा की एक पंक्ति में कितनी मात्राएँ होती हैं?
A. 22   B. 24
C. 25   D. 20

135. इनके छन्द बताइए
जेहि सुमिरत सिधि होई गणनायक करिवर बदल
करहु अनुग्रह सोई बुद्धि रासि शुभ गुन सदन।
A. दोहा   B. चौपाई
C. रोला   D. सोरठा

136. दी गई पंक्तियों में छंद बताइए
मंदमंद चढ़ि चल्यौ चैत्र निसि चन्द
चारु मंदमंद चाँदनी पसारत लतन तें।
A. कवित्त   B. हरिगीतिका
C. चौपाई   D. सवैया

137. श्री गुरु चरन सरोज रज,
निज मन मुकुर सुधार।
बरनउ रघुवर विमल जसु,
जो दायक फल चार।

   A. दोहा   B. सोरठा
   C. चौपाई   D. बरवै

138. मात्रिक अर्द्धसम जाति का छन्द है

   A. रोला   B. दोहा
   C. चौपाई   D. कुण्डलिया

139. चौपाई के प्रत्येक चरण में मात्राएँ
होती हैं

   A. 11   B. 13
   C. 16   D. 15

140. संचारी भावों की संख्या कितनी मानी
गई है?

   A. 30   B. 33
   C. 36   D. 39

141. 19 मात्राओं के छन्द का नाम बताइए

   A. दोहा   B. सोरठा
   C. बरवा   D. नाराच

निर्देश : *निम्नलिखित प्रत्येक गद्यांश को समझकर सही छन्द का चयन कीजिए।*

142. जो जग हित पर प्राण निछावर है कर
पाता।
जिसका तन है किसी लोक हित में
लग जाता।

   A. दोहा   B. रोला
   C. बरवै   D. हरिगीतिका

143. ''नहीं पराग नहिं मधुर मधु,
नहिं विकास यही काल।
अली कली ही सौं बंध्यो,
आगे कौन हवाल।।''

144. ''धाए धाम काम सब त्यागी'' इस पंक्ति
में कौन-सा छन्द है?

   A. चौपाई   B. सोरठा
   C. दोहा   D. बरवै

145. भयानक रस का स्थायी भाव क्या
होगा?

   A. निर्वेद   B. विस्मय
   C. भय   D. क्रोध

146. जासों जात विषय विषाद की बेवाई
बेगी चोट चिकनाई चित चारु गहिवौ
करे। इसमें कौन-सा छन्द है?

   A. दोहा   B. सोरठा
   C. सवैया   D. कवित्त

147. ''वह चलते-चलते **अचानक** रुक
गया।'' इस वाक्य में गाढा काला
शब्द क्या है?

   A. अव्यय
   B. सर्वनाम
   C. क्रिया
   D. क्रिया विशेषण

148. 'मेरे घर से आपका घर पाँच किलोमीटर
दूर है।'' इस वाक्य में 'घर से' में
कौन-सा कारक है?

   A. कर्म   B. सम्बोधन
   C. सम्बन्ध   D. अपादान

149. ''चिड़िया आकाश में उड़ रही है।''
इस वाक्य में 'उड़ रही' क्रिया किस
प्रकार की है?

   A. अकर्मक   B. सकर्मक
   C. समापिका   D. असमापिका

150. "श्याम, जरा उठकर बाहर देखो, दरवाजा कौन खटखटा रहा है।" इस वाक्य में 'बाहर' किस प्रकार का शब्द है?

A. संज्ञा
B. विशेषण
C. अव्यय
D. क्रिया-विशेषण

151. "उससे अब अकेले नहीं रहा जाता है" यह वाक्य किस वाच्य में है?

A. कर्तृवाच्य
B. कर्मवाच्य
C. भाववाच्य
D. उपर्युक्त में से कोई नहीं

152. किस वाक्य में अधिकरण कारक है?

A. मैंने कल रात एक चोर देखा
B. मेज पर किताबें रखी हैं
C. वह कलकत्ता गया है
D. राम कल बाजार से कपड़ा लाया

153. कौन-सा वर्ण दन्त्य है?

A. ऋ
B. ऊ
C. लृ
D. म

154. त द स ष ध्वनियाँ किसकी हैं?

A. फारसी
B. अंग्रेजी
C. दक्षिणी भाषाएँ
D. संस्कृत

155. 'ज्ञ' वर्ण किन वर्णों के संयोग से बना है?

A. ज + ञ
B. ज् + ञ
C. ज + य
D. ज + न्य

156. "सज्जन मृदुभाषी होते हैं।" इस वाक्य में 'मृदु' का विलोम शब्द बताइए

A. मधुर
B. स्निग्ध
C. कटु
D. ललित

157. "आजकल भौतिक प्रगति की ओर लोगों का ध्यान अधिक है।" इस वाक्य में 'भौतिक' शब्द के विपरीतार्थक शब्द का चयन कीजिए

A. पाश्चात्य
B. दैविक
C. दैहिक
D. आध्यात्मिक

158. वह वर्ग जिसका उच्चारण कण्ठ से होता है

A. तालव्य
B. कण्ठ्य
C. मूर्धन्य
D. मदन्त्य

159. संधि के कितने भेद हैं?

A. दो
B. तीन
C. चार
D. पांच

160. स्वर संधि का उदाहरण कौन-सा है?

A. वागीश
B. दिगंबर
C. रत्नाकर
D. दुष्कर्म

161. दो या दो से अधिक शब्दों को मिलाकर एक नया शब्द बनाया जाता है, उस मेल को क्या कहते हैं?

A. समायोजक
B. योजक
C. सन्धि
D. काल

162. 'यशोदा' में कौन-सी संधि है?

A. स्वर संधि
B. व्यंजन संधि
C. विसर्ग संधि
D. इनमें से कोई नहीं

163. शुभागमन में संधि है

A. दीर्घ
B. गुण
C. वृद्धि
D. विसर्ग संधि

164. निम्नलिखित में से हिन्दी की विशिष्ट संधि है

A. मास्साब
B. राकेश
C. गजानन
D. चतुरानन

165. निम्नलिखित में से किस शब्द में आ + ई की गुण संधि छुपी है?
- A. चरणोदक
- B. गर्वोन्नत
- C. सूर्योदय
- D. रमेश

166. 'सन्मार्ग' में संधि है
- A. स्वर संधि
- B. यण संधि
- C. विसर्ग संधि
- D. व्यंजन संधि

167. कौन-सा उदाहरण यण संधि का है?
- A. विद्या + आलय = विद्यालय
- B. इति + आदि = इत्यादि
- C. देव + इंद्र = देवेन्द्र
- D. सदा + एव = सदैव

168. 'महेन्द्र' किस प्रकार की संधि का उदाहरण है?
- A. गुण स्वर संधि
- B. वृद्धि स्वर संधि
- C. दीर्घ स्वर संधि
- D. अयादि स्वर संधि

169. 'शिरोमणि' का संधि विच्छेद होगा
- A. शिरो + मणि
- B. शिः + मणि
- C. शिरः + मणि
- D. शिः + रो + मणि

170. 'संयोग' का संधि विच्छेद होगा
- A. सत् + योग
- B. सः + योग
- C. सम् + योग
- D. समो + योग

171. 'व्यर्थ' शब्द में किन वर्णों की संधि हुई है?
- A. इ + अ
- B. इ + उ
- C. इ + ए
- D. ई + अ

172. 'निषेध' शब्द किन ध्वनियों के मेल से बना है?
- A. न् + इ + ष् + ए + ध
- B. न् + इ + ष् + ए + ध् + अ
- C. नि + ष + ए + ध
- D. न + ई + ष + ऐ + ध् + अ

173. हिन्दी में मूलतः वर्णों की संख्या कितनी है?
- A. 50
- B. 51
- C. 52
- D. 53

174. व्यंजन कितने हैं?
- A. 31
- B. 32
- C. 33
- D. 34

175. निम्नांकित में स्वर वर्ण कौन-सा है?
- A. ग
- B. ण
- C. श
- D. ओ

176. इनमें व्यंजन वर्ण कौन-सा है?
- A. आ
- B. ए
- C. छ
- D. औ

177. इनमें संयुक्त व्यंजन कौन-सा है?
- A. ढ़
- B. ज्ञ
- C. ङ
- D. ड़

178. 'घ' का उच्चारण स्थान क्या है?
- A. दंत
- B. तालु
- C. कंठ
- D. मूर्द्धा

179. 'ष' का उच्चारण स्थान क्या है?
- A. मूर्द्धा
- B. तालु
- C. दंत
- D. कंठ

180. संविधान के किस अनुच्छेद के अनुसार हिन्दी भारत संघ की राजभाषा है?
- A. 343
- B. 256
- C. 410
- D. 334

181. ‘कुमायूँनी’ बोली किस उपभाषा वर्ग में आती है?
   A. पश्चिमी-हिन्दी   B. पूर्वी-हिन्दी
   C. पहाड़ी-हिन्दी   D. राजस्थानी

182. पश्चिमी हिन्दी की बोलियाँ नहीं हैं
   A. ब्रजभाषा   B. बुन्देली
   C. खड़ी बोली   D. बघेली

183. ‘ऊर्ध्व’ शब्द का सही विस्तार दें
   A. ऊ + र् + ध् + व्
   B. ऊ + ध् + व् + अ
   C. ऊ + ध् + र् + व् + अ
   D. ऊ + र् + ध् + अ + व् + अ

184. ‘कंकण से कंगन’ में किस तरह का ध्वनि परिवर्तन है?
   A. घोषीकरण
   B. अघोषीकरण
   C. महाप्राणीकरण
   D. अल्पप्राणीकरण

185. ‘सिन्धु से हिन्दू’ में किस तरह का ध्वनि परिवर्तन है?
   A. घोषीकरण
   B. अघोषीकरण
   C. अल्पप्राणीकरण
   D. महाप्राणीकरण

186. भाषा विज्ञान के क्षेत्र में ‘ग्रिम–नियम’ का सम्बन्ध है
   A. वर्ण-परिवर्तन
   B. अर्थ-परिवर्तन
   C. वाक्य परिवर्तन
   D. इनमें से कोई नहीं

187. इनमें से कौन-सा वर्ण मानक वर्तनी में लिखा गया है?
   A. ख   B. ध
   C. भ   D. झ

188. कौन-सा शब्द भाववाचक संज्ञा है?
   A. बूढ़ा   B. बुढ़िया
   C. बुढ़ापा   D. बुढ़ाना

189. ‘मैं’ का बहुवचन बताइए
   A. मैंने   B. मुझे
   C. हम   D. हमको

190. व्याकरण की दृष्टि से **ही** क्या है?
   A. क्रिया   B. विशेषण
   C. सर्वनाम   D. निपात

191. अकर्मक क्रिया वाला वाक्य है
   A. रानी खाना खाती है
   B. बच्चा जोर से रोता है
   C. मोहन पानी पीता है
   D. वह फल काटता है

192. किस शब्द में उपसर्ग लगा है?
   A. गोपनीय   B. लेनदार
   C. अभियान   D. सभ्याचरण

193. इनमें से कौन-सा संयुक्त वाक्य है?
   A. मुझे विश्वास है कि आप अवश्य आएंगे
   B. लड़का पढ़ रहा है
   C. क्या वह जाएगा
   D. आज शाम को रमेश आएगा और सुरेश भी आएगा

193. लर्निंग के लिए परिभाषिक शब्द है
   A. सीख   B. शिक्षा
   C. अधिगम   D. पढ़ाई

194. आर्टिकल के लिए पारिभाषिक शब्द है
   A. नियम   B. अनुच्छेद
   C. अधिनियम   D. उपनियम

.. ट्रस्ट के लिए कौन-सा पारिभाषिक शब्द प्रचलित है?
   A. न्यास   B. समिति
   C. सभा   D. संगठन

197. अपत्यवाचक संज्ञा नहीं है
   A. वसुदेव   B. राधेय
   C. कौन्तेय   D. पार्थ

198. ऊनार्थक शब्द नहीं है
   A. रस्सी   B. गगरी
   C. डफली   D. जूता

199. 'अरुण' का एक अर्थ सूर्य है और दूसरा
   A. हरा   B. लाल
   C. क्रोध   D. चाँद

200. 'सारंग' शब्द का अर्थ नहीं है
   A. मोर   B. सर्प
   C. हरिण   D. आग

201. 'विधाता' शब्द का स्त्रीलिंग रूप बताएं
   A. विधात्री   B. विधातृ
   C. विधात्रि   D. विधाती

202. महल के अन्दर का भाग कहलाता है
   A. अंतःपुर
   B. शयन कक्ष
   C. अंतःकक्ष
   D. आरक्षित स्थान

203. 'क्ष' किन दो व्यंजनों से मिलकर बना है?
   A. क् + छ   B. क् + ष
   C. क् + च   D. क् + ज

204. अवधी बोली किस जनपद में बोली जाती है?
   A. इटावा   B. लखनऊ
   C. गोरखपुर   D. झाँसी

205. कौन-सा शब्द सही है?
   A. क्रिपया   B. क्रपया
   C. कृप्या   D. कृपया

206. कौन-सी ध्वनि महाप्राण है?
   A. क   B. फ
   C. ग   D. च

207. ''विद्यालय के सभी अध्यापकों को पुनः सूचित किया जाता है कि कल 11 बजे प्रधानाचार्य के कमरे में एक मीटिंग है''—क्या है?
   A. परिपत्र   B. अनुस्मारक
   C. अधिसूचना   D. ज्ञापन

208. अधिसूचना कौन जारी करता है?
   A. कम्पनी   B. सरकार
   C. प्राचार्य   D. कोई भी

209. राज ने कहा कि मैं पढ़ूँगा। इसमें 'कि मैं पढ़ूँगा' क्या है?
   A. पदबंध
   B. सामासिक शब्द
   C. उपवाक्य
   D. अव्यय

210. रचना या स्वरूप की दृष्टि से वाक्य के कितने भेद हैं?
   A. दो   B. तीन
   C. चार   D. पाँच

211. इनमें सरल वाक्य कौन-सा है?
   A. जो बड़े हैं, उन्हें सम्मान दो
   B. मोहन धीरे-धीरे लिखता है
   C. सुबह हुई और वह आ गया
   D. उसने कहा कि कार्यालय बन्द हो गया

212. इनमें से मिश्रवाक्य कौन-सा है?

A. वह कौन-सा व्यक्ति है, जिसने महात्मा गांधी का नाम न सुना है

B. आकाश में बादल गरजता है

C. मैं देखता हूँ कि वह जा रहा है

D. राम आम खा रहा है

213. इनमें से विकारी शब्द कौन-सा है?

A. इधर   B. उधर

C. यहाँ   D. हाथी

214. हिन्दी के विकास में बाधक है

A. हिन्दी की लिपि

B. सरल वाक्य रचना

C. सरकार की उपेक्षा

D. अहिन्दी भाषी क्षेत्रों की उपेक्षा

215. नागरी लिपि कौन-सी भाषा की लिपि नहीं है?

A. संस्कृत   B. मराठी

C. गुजराती   D. हिन्दी

216. प्राथमिक स्तर पर शिक्षा का माध्यम होना चाहिए

A. राष्ट्रभाषा   B. राजभाषा

C. स्थानीय भाषा   D. मातृभाषा

217. खड़ी बोली का विकास हुआ

A. आदिकाल में

B. आधुनिककाल में

C. मध्यकाल में

D. तीनों में से किसी में नहीं

218. हिन्दी भारत में क्या नहीं है?

A. राष्ट्रभाषा

B. मातृभाषा

C. सम्पर्क भाषा

D. विदेशी भाषा

219. निम्नलिखित युगल शब्दों में सार्थक के साथ निरर्थक शब्द नहीं है

A. पूछ-ताछ

B. रोना-धोना

C. छेड़-छाड़

D. उठना-बैठना

220. संयुक्त व्यंजन नहीं है?

A. ज्ञ   B. त्त

C. क्ष   D. झ

221. वर्तनी सम्बन्धी दोष के निवारण के लिए

A. अध्यापक का उच्चारण शुद्ध हो

B. छात्रों को श्रुत लेख कराया जाए

C. लिखित कार्य का सावधानी के साथ संशोधन किया जाए

D. उपर्युक्त सभी

222. विद्यार्थियों में उच्चारण-दोष का कारण है

A. प्रयत्न लाघव

B. बलाघात

C. उच्चारण अभ्यास में कमी

D. सभी

223. निम्नलिखित में कौन-सा शब्द हिन्दी का है?

A. मुकदमा   B. कार्यालय

C. तकदीर   D. इमारत

224. 'काश! आज वर्षा होती।' इस वाक्य में 'काश' कौन-सा निपात् है?

A. प्रश्नबोधक

B. आदरबोधक

C. निषेधात्मक

D. विस्मयादिबोधक

284

२५. मोहन नहीं आने वाला है। इस वाक्य में कौन-सा निपात है?

A. बलदायक B. निषेधात्मक
C. स्वीकार्य D. नकारार्थक

226. थोड़ा पानी दीजिए। इस वाक्य में 'थोड़ा' शब्द क्या है?

A. विशेषण

B. क्रिया-विशेषण

C. संज्ञा

D. अव्यय

227. हवा धीरे-धीरे बहती है। इस वाक्य में 'धीरे-धीरे' क्या है?

A. संज्ञा B. विशेषण
C. क्रिया-विशेषण D. सर्वनाम

228. वहाँ जाओ। यह किस तरह का वाक्य है?

A. अनुरोधवाचक B. आज्ञार्थक
C. प्रश्नसूचक D. निषेधात्मक

229. परिश्रम न करने वाले छात्र अच्छे अंक नहीं पाते। इस वाक्य में 'परिश्रम न करने वाले' क्या है?

A. उपवाक्य B. पदबंध
C. सामासिक पद D. अव्यय

230. निम्नलिखित में से हिन्दी भाषा का शब्द है

A. अजायब घर B. टिकट घर
C. स्नान घर D. बेड रूम

231. किस शब्द में 'अप' का अर्थ बुरा नहीं है?

A. अपयश B. अपमान
C. अपशब्द D. अपनाना

232. निम्नलिखित में रूढ़ शब्द बताइए

A. पंकज B. पुस्तकालय
C. दशानन D. काला

233. निम्नलिखित में देशज शब्द बताइए

A. झुग्गी B. पुरोहित
C. ससुर D. अंतरिक्ष

234. निम्नलिखित शब्दों में से कौन-सा शब्द देशज नहीं है?

A. ढेबरी B. पोखर
C. ढोर D. पुष्कर

235. कौन-से दीर्घ स्वर हिन्दी में नहीं हैं?

A. ऋ

B. ॡ

C. ऐ

D. ॡ और ऋ दोनों

236. निम्नलिखित में से कौन–सा रूढ़ शब्द है?

A. दया सागर B. पंकज
C. विद्यालय D. जल

237. निम्नलिखित वर्णों में से कौन-सा वर्ण 'महाप्राण' है?

A. क B. ग
C. ख D. ट

238. नीचे दिए गए सामासिक शब्दों में कौन-सा –नञ् समास' का उदाहरण है?

A. अनिष्ट

B. कुरंगनयन

C. मुखचन्द्र

D. शीतोष्ण

239. इनमें से कौन व्यंजन संधि का उदाहरण है?

A. निष्फल

B. परोपकार

C. किंचित

D. इनमें से कोई नहीं

240. भूख-प्यास के .... उसकी दशा बहुत खराब हो गई थी।

    A. मारे

    B. लिए

    C. सहारे

    D. अनुरूप

241. इस कानून के .... उसकी कार्यवाही सही थी।

    A. बाहर

    B. सामने

    C. भीतर

    D. अनुसार

242. बहुत अनुनय विनय के .... भी उसके माता-पिता ने उससे कोई सम्बन्ध नहीं रखा।

    A. कारण

    B. बलबूते

    C. उपरान्त

    D. सहारे

243. उसको निजी सूत्रों .... सूचना मिली कि उसका स्थानान्तरण होने वाला है

    A. के साथ

    B. द्वारा

    C. के ऊपर

    D. के अंतर्गत

244. मुझे आपके कहने के .... चलने में कोई आपत्ति नहीं है।

    A. अनुसार   B. हेतु

    C. पर   D. समान

245. .... उसका अपनी कार्यक्षमता में विश्वास बढ़ने लगा।

    A. धीमे-धीमे

    B. धीरे-धीरे

    C. देर-सवेर

    D. पश्चात्

246. आक्रमणकारी सैनिकों ने कैदियों की .... हत्या कर दी।

    A. बर्बरतापरक

    B. बर्बरात्मक

    C. बर्बरतामय

    D. बर्बरतापूर्वक

247. उसने कहा, ".............. हो सके यह काम आज ही कर डालिए"

    A. जब तक   B. तब तक

    C. जहाँ तक   D. वहाँ तक

248. इस कार्यालय में .... ऐसा ही होता चला आ रहा है।

    A. परसों तक

    B. कल तक

    C. आज तक

    D. तब तक

249. उसने आकर बताया कि चपरासी .... चला गया है।

    A. इधर   B. कहीं

    C. किधर   D. जिधर

250. मोहन .... ही आया था।

    A. कैसे   B. जैसे

    C. तैसे   D. वैसे

251. वह .... नहीं था।
   A. जहाँ
   B. जिधर
   C. किधर
   D. वहाँ

252. राकेश .... काम चला रहा है।
   A. जैसे-जैसे
   B. कैसे-कैसे
   C. वैसे-वैसे
   D. जैसे-तैसे

253. रजनी ने .... आफत मोल ले ली।
   A. बैठे-बैठे
   B. बैठे-बैठाये
   C. उठते-बैठते
   D. बैठते-बैठते

254. दुनिया बहुत छोटी है, हम .... अवश्य मिलेंगे।
   A. कहीं न कहीं
   B. कहीं-कहीं
   C. कहीं भी
   D. कहीं ही

निर्देश : दिए गए गद्यांश में **गहरे काले** छपे शब्दों के उत्तर दीजिए।

भारत एक **विशाल** (255) देश है। वर्षों की पराधीनता के बाद इसे स्वाधीनता प्राप्त हुई है। फिर **यह** (256) गणतंत्र बना। इसकी उन्नति के लिए भारत के **युवकों** (257) को अपना तन, मन और धन लगाना होगा। भारत के लोगों को विश्व की विदूषित भावनाओं से अलग रहकर प्रेम, एकता और बन्धुत्व की भावना को **सबल बनाना होगा** (258)।

255. 'विशाल' निम्नलिखित में क्या है?
   A. संज्ञा
   B. सर्वनाम
   C. क्रिया
   D. विशेषण

256. 'यह' निम्नलिखित में से क्या है?
   A. संज्ञा
   B. सर्वनाम
   C. क्रिया
   D. विशेषण

257. 'युवकों' निम्नलिखित में से क्या है?
   A. संज्ञा
   B. सर्वनाम
   C. क्रिया
   D. विशेषण

258. 'सबल बनाना होगा' क्या है?
   A. संज्ञा
   B. सर्वनाम
   C. क्रिया
   D. विशेषण

259. ''राधा ईशान से बड़ी है।'' इस वाक्य में 'से' किस कारक का परसर्ग (चिह्न) है?
   A. करण
   B. सम्बन्ध
   C. सम्प्रदान
   D. अपादान

260. ''जब तक वह घर पहुँचा तब तक उसके पिता जा चुके थे।'' यह वाक्य किस प्रकार का वाक्य है?
   A. मिश्रित
   B. सरल
   C. संयुक्त
   D. उपर्युक्त में से कोई नहीं

उत्तरमाला

1	2	3	4	5	6	7	8	9	10
D	A	C	D	B	B	B	A	D	A

11	12	13	14	15	16	17	18	19	20
B	D	B	C	D	A	A	D	A	C

21	22	23	24	25	26	27	28	29	30
D	B	A	A	A	B	B	C	B	A

31	32	33	34	35	36	37	38	39	40
D	C	B	D	B	C	B	A	B	C

41	42	43	44	45	46	47	48	49	50
D	A	B	C	D	A	A	D	A	B

51	52	53	54	55	56	57	58	59	60
C	C	A	B	A	A	C	B	C	B

61	62	63	64	65	66	67	68	69	70
D	A	B	B	A	D	B	A	C	C

71	72	73	74	75	76	77	78	79	80
D	A	A	C	C	B	C	B	D	C

81	82	83	84	85	86	87	88	89	90
B	D	D	B	A	D	A	D	C	A

91	92	93	94	95	96	97	98	99	100
C	B	B	C	D	A	C	C	A	B

101	102	103	104	105	106	107	108	109	110
C	D	D	C	C	B	D	D	D	A

111	112	113	114	115	116	117	118	119	120
A	C	D	B	C	C	D	C	A	B

121	122	123	124	125	126	127	128	129	130
D	A	A	A	A	A	A	A	B	C

131	132	133	134	135	136	137	138	139	140
C	C	C	B	D	D	A	B	C	B

141	142	143	144	145	146	147	148	149	150
C	B	A	A	C	C	D	D	A	C

151	152	153	154	155	156	157	158	159	160
C	B	C	D	A	C	D	B	B	C

161	162	163	164	16	166	167	168	169	170
C	C	A	C	D	D	B	A	C	C
171	172	173	174	17	176	177	178	179	180
A	B	C	C	D	C	B	C	A	A
181	182	183	184	18	186	187	188	189	190
C	D	A	A	C	A	A	C	C	B
191	192	193	194	19	196	197	198	199	200
B	C	D	D	B	A	A	D	B	D
201	202	203	204	20	206	207	208	209	210
A	A	A	C	D	B	B	B	C	B
211	212	213	214	21	216	217	218	219	220
B	A	D	C	C	D	B	D	B	D
221	222	223	224	22	226	227	228	229	230
D	D	B	A	D	A	C	B	B	C
231	232	233	234	23	236	237	238	239	240
D	D	A	D	D	D	C	A	C	A
241	242	243	244	24	246	247	248	249	250
D	C	B	A	B	D	C	C	B	B
251	252	253	254	25	256	257	258	259	260
D	D	B	A	D	B	A	C	B	A